조선의 패왕 태종

朝鮮의 霸王 太宗

한충희 저

계명대학교 출판부

조선의 패왕 태종

초판1쇄 인쇄 2014년 11월 4일
초판1쇄 발행 2014년 11월 12일

지 은 이 한충희
펴 낸 이 신일희
펴 낸 곳 계명대학교출판부
출판등록 제347-1998-1호(1970. 9. 1.)
주 소 대구광역시 달서구 달구벌대로 1095
대표전화 053-580-6233
팩 스 053-580-6235

ISBN 978-89-7585-689-1 정가 19,000원

• 이 도서의 국립중앙도서관 출판예정도서목록(CIP)은 서지정보유통지원시스템 홈페이지(http://seoji.nl.go.kr)와 국가자료공동목록시스템(http://www.nl.go.kr/kolisnet)에서 이용하실 수 있습니다.(CIP제어번호: CIP2014030764)

한글초록

태종(太宗) 이방원은 태조(太祖) 이성계와 신의왕후(神懿王后) 한씨의 5남으로 1367년(고려 공민왕 16) 함흥에서 출생하였다. 1383년(우왕 9) 출사하였고, 고려말에는 밀직사 우대언을 거쳐 밀직제학에까지 승진하면서 이성계와 혁명파의 최대 정적인 수문하시중 정몽주의 살해를 지휘하는 등 조선왕조의 개창에 크게 기여하였다.

1392년 조선왕조의 개창과 함께 정안군(靖安君)에 책봉되고 도절제사가 되어 동북면과 전라도의 군사를 관장하였고, 일시는 실권자인 정도전과 신덕왕후 강씨의 견제로 칩거하기기도 하나 1398년 태조의 병환을 계기로 쿠데타를 일으켜 정도전 등 실권자 들을 살해하고 집권하였다.

1398년(정종 즉위) 정종의 즉위와 함께 군국정사를 총관하였고, 1400년(정종 2) 왕세자(王世子)로 책봉된 후 왕권강화의 기초작업으로 사병을 혁파하여 모든 군사를 중앙군에 통합하고 도평의사사를 의정부로 개편하여 정치와 군사를 분리하였다.

1400년 정종의 양위를 받아 조선 제3대왕으로 즉위하였고, 재위 18년과 상왕 4년을 통하여 신권을 약화하고 국왕 중심의 정치체제를 실현하는 등 왕권을 강화하고 왕통을 확립하였으며, 정치 · 군사 · 경제 · 문교를 정비하고 명 · 일본과의 외교를 정립하는 등 왕조개창의 혼란을 종식시키고 안정시켜 세종대 이후에 번창할 토대를 놓았다.

1418년에 세종에게 양위하고 정치 · 군사를 친히 관장하면서 세종 즉위초의 왕권을 안정시켰고, 외척을 제거하여 권신의 발호를 예방하였으며, 대마도정벌을 주도하고 남방을 안정시켜 세종치세의 토대를 놓았다.

태종 재위기와 상왕기를 통하여 정치에 큰 영향력을 발휘한 정치기구는 의정부 · 육조 · 승정원 · 삼군도총제부였고, 탁월한 자질과 태종의 신임을 받으면서 태종 치세를 협찬한 인물은 하륜 · 조영무 · 이숙번 · 황희 · 박은 등이었다.

태종은 원경왕후(元敬王后) 민씨와 효빈(孝嬪) 김씨 등과의 사이에서 세종과 3대군 4공주와 12군 17옹주를 두었고, 이들에게서 문종과 세조를 위시한 60여 명의 손자와 손녀를 보았다.

왕자였던 태종이 정도전 등 실권파를 제거하면서 집권하고, 나아가 왕위에까지 나아가게 된 것은 태조의 중병에서 크게 기인되었지만, 정세에 대한 통찰력이 탁월하고 그에 맞추어 과감하고도 적절한 조치에서 기인되었다고 하겠다. 또 재위기와 상왕기에는 국정을 통찰하였고, 그에 덧붙여 국왕을 중심한 국정운영체제를 실현하고 능력과 충성심이 있는 인재를 적재적소에 임용하여 능력을 발휘하게 하였으며, 외척을 제거하고 공신을 약화시켰기에 왕권을 강화하고 국정을 전단할 수 있었다고 하겠다.

요컨대 태종은 탁월한 경륜과 통찰력을 구비하였기에 왕권을 강화하면서 국정전반을 강력히 지휘하였고, 그 결과 재위기와 상왕기를 통해 왕조개창초의 혼란을 극복하고 문물제도를 정비 및 국방과 민생을 안정시키는 위업을 이루었으며, 세종대에 정치, 경제, 사회, 문화가 극성하게 되는 토대가 되었다고 하겠다.

머리말

太宗은 조선의 제3대 왕으로 시호가 "성덕신공문무광효대왕(聖德神功文武光孝大王)" 이었음에서 시사하듯이 麗朝 왕조개창의 혼란을 수습하고 왕권을 안정·강화하면서 제반 정치기구와 문물을 정비하여 세종성세의 토대를 놓음은 물론, 조선왕조의 정체성을 확립하였다.

태종은 1367년(고려 공민왕 16)에 단성양절익대공신 봉익대부밀직부사(端誠亮節翊戴功臣 奉翊大夫密直副使)[1] 李成桂와 密直副使 韓卿의 딸과의 사이에서 5남으로 東北面 咸州 貴州洞에서 출생하였다.[2] 이어 1383년(고려 우왕 9) 문과를 거쳐 출사하고 이후 고려말까지 密直司 右副代言을 거쳐 密直提學에까지 승진하면서 鄭夢周를 살해하는 등 조선왕조 개창에 크게 기여하였다. 1392년 조선이 개창된 후에 靖安君에 책봉되었고, 이후 1397년(태조 6)까지는 神德王后 康氏와 鄭道傳 등의 견제로 정치에서 배제되었지만, 1398년 정변을 일으켜 세자 芳碩과 정도전 등 집권파를 살해하고 정권을 잡은 뒤에는 정종을 내세우고 정치·군사를 주도하였다. 1399년(정종 1) 정종의 양위를 받아 즉위하여 세종에게 양위한 1418년까지는 공신·측근기구를 토대로 왕권을 강화하고, 정치·군사제도와 국정운영체제를 정비하고 국방을 강화하며 사대교린 외

1) 태종출생시 이성계가 재직한 관직은 뒤 주11) 참조.
2) 『태조실록』 권1, 총서.

교를 정착시키는 등 개국초의 혼란을 종식시키면서 왕조의 토대를 굳건이 하였다. 1418년 양위하여 훙서하는 1422년(세종 4)까지는 외척을 제거하고 대마도정벌을 단행하여 세종치세의 토대를 놓았다. 또 元敬王后 閔氏와 후궁들 사이에서 4 大君 8 君의 아들과 4 公主 13 翁主의 딸을 두어 왕실을 굳건히 하였다.

본서는 이러한 태종의 생애 · 치적 · 자손과 관련하여 크게 潛邸期(1367, 고려 공민왕 16 ~ 1400, 정종 2), 在位期(1400 ~ 1418), 上王期(1418 ~ 1422)와 가정생활 · 자손의 4부로 나누고, 그 서술은 각각의 기간과 치적 및 고찰대상과 관련하여 재위기를 중심으로 하였다. 또 본문의 이해를 돕기 위하여 태종과 관련된 가계, 조선초기 3공신, 태종대 주요관직 재직자, 태종관련 주요 연보를 도 · 표로 정리하여 덧붙였다. 서술에 있어서는 일반인과 대학생의 수준에 맞추고자 노력하기는 하나 본서의 토대가 되는 주자료가 한문사료이고, 그 연구성과도 대부분이 전문학자에 의한 논문인 점에서 독자들에게는 다소 난해한 부분이 있을 것으로 생각된다.

본서(『조선의 패왕 태종』)는 1998년에 서울대학교 출판부의 청탁을 받아 2000년 2월말까지 원고를 제출하기로 하면서 착수되었다. 청탁 교섭시에는 필자의 능력으로 이 작업을 완수할 수 있을까 하고 염려되기도 하였다. 그렇지만 그간에 전문적인 연구는 아니나 1983년에 한국정신문화원의 의뢰를 받아 「태종」(1991년에 간행된 『한국민족문화대백과사전』에 수록)을 간단하나마 종합적으로 고찰한 바 있고, 또 태종대에 왕권과 정치를 뒷받침한 「議政府」, 「六曹」, 「承政院」, 「朝鮮初期 政治構造」 등을 고찰한 바가 있으므로 감히 용기를 내어 맡게 되었다. 그러나 막상 집필하려고 하니 1983년 이후의 연구성과를 검토하여야 했고, '잠저기와 상왕기' 및 '가

정생활과 자손'은 구체적인 연구성과가 없었다. 또 게으른 소치로 원고작성이 지지부진 하였다. 그러다가 2010년에 그간에 걸친 성과를 계승하여 마무리하기로 결심하고 후속작업에 착수하였고, 이 과정에서 부득이 간행처를 계명대학교출판부로 변경하게 되었다. 또 본래는 2012년 8월까지 출판하기로 되었지만 사료의 재검토와 내용의 보충, 정년퇴직을 전후한 일시적인 집필중단 등으로 이제야 마무리하게 되었다. 이렇게나마 출판하게 되어 다행스럽게 생각한다.

서울대학교출판부에 약속을 지키지 못함을 사죄함과 동시에 흔쾌히 출판을 허락해주신 계명대학교 申一熙 총장님께 감사의 말씀을 드린다. 아울러 대학시절부터 오늘에 이르기까지 필자의 학문활동을 깨우쳐 주시고 격려해주신 崔承熙 서울대학교 명예교수님과 李秉烋 경북대학교 명예교수님, 영문초록을 작성한 殷銀基 교수와 표작성에 수고한 임삼조 외래교수, 그리고 짜임새 있게 편집해 준 계명대학교 출판부장 서경석 교수님 이하 편집담당 여러분께 심심한 사의를 표한다.

2014년 9월 25일

梨谷洞에서 계명대학교 사학과 명예교수

明齋 韓忠熙 삼가 씀

사진

1 『선원세보기략』
2 『태종실록』 총서
3 한양도
4 경복궁 근정전
5 동궐도 부분
6 한성전도
7 종묘내부
8 헌릉전경
9 태종어필

1 『선원세보기략』(계명대학교 도서관 소장)

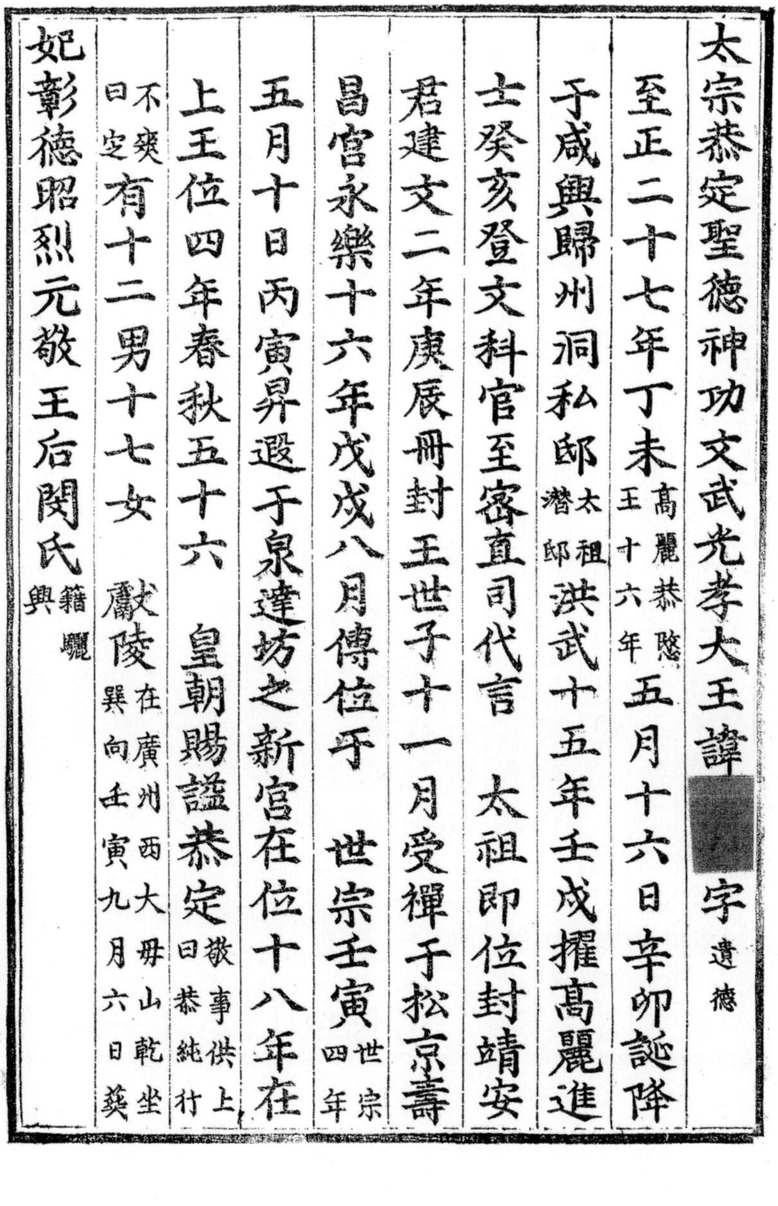

太宗恭定聖德神功文武光孝大王諱[illegible]字遺德
至正二十七年丁未高麗恭愍王十六年五月十六日辛卯誕降
于咸興歸州洞私邸太祖潛邸洪武十五年壬戌擢高麗進
士癸亥登文科官至密直司代言 太祖即位封靖安
君建文二年庚辰冊封王世子十一月受禪于松京壽
昌宮永樂十六年戊戌八月傳位于 世宗壬寅世宗四年
五月十日丙寅昇遐于泉達坊之新宮在位十八年在
上王位四年春秋五十六 皇朝賜謚恭定敬事供上曰恭純行
不爽曰定有十二男十七女 獻陵在廣州西大母山乾坐巽向壬寅九月六日葬
妃彰德昭烈元敬王后閔氏籍驪興

太宗恭定大王實錄卷第一

太宗恭定聖德神功文武光孝大王諱芳遠字遺德太祖第
五子恭靖王之母弟也妣神懿王后韓氏以元至正二十
七年高麗恭愍王十六年丁未五月十六日辛卯誕生于咸
興府歸州私第韓氏問諸卜者文成允答曰此命貴不可言
愼勿輕問卜人南誾每見太宗必謂人曰斯人蓋天庭鳳
太宗生而神異稍長英睿絶倫好讀書學日進皇明洪武十五
年壬戌登高麗進士試明年癸亥中丙科第七人及第自僞
姓竊國以來姦臣執命政散民離太宗慨然有濟世之志而
能折節下士太祖待之異於諸子顯妣康氏亦奇愛之
太宗又盡孝誠太祖隆準龍顔而太宗貌類焉河崙與驪
興府院君閔霽爲同志之友崙素好相人謂霽曰吾相人多矣
未有如公之二甥者吾欲謁見請公道之霽謂太宗曰河崙
欲見君太宗乃見之崙遂傾心事焉庚午恭讓王進官密直
司代言常置近密辛未遭母后之喪廬于陵側每爲覲太

3 한양도(서울역사 박물관(2006) 『고지도로 본 서울』 소수)

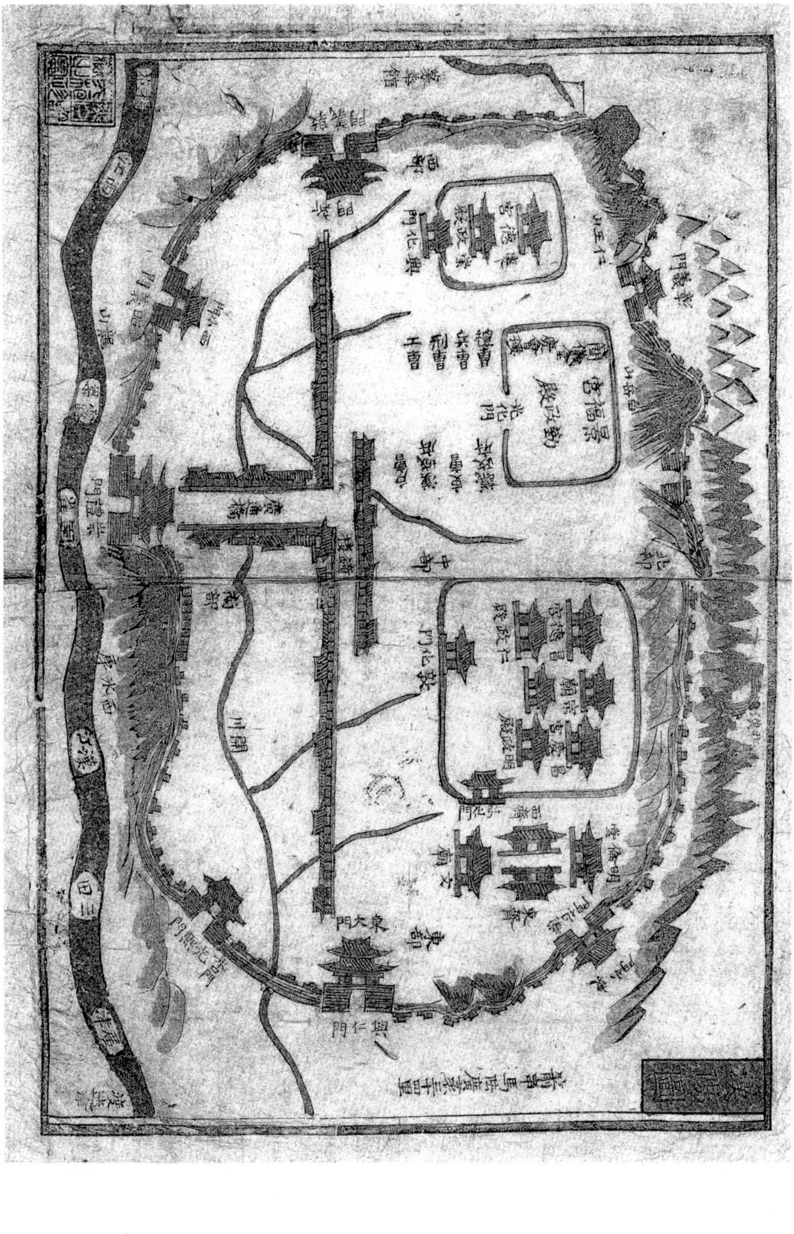

4 경복궁 근정전(필자 촬영)

5 동궐도 부분(한국정신문화연구원 『한국민족문화대백과사전』 권7 소수)

6 한성전도(서울대학교 규장각한국연구원,『규장각소장 국보·보물 및 세계기록유산』소수)

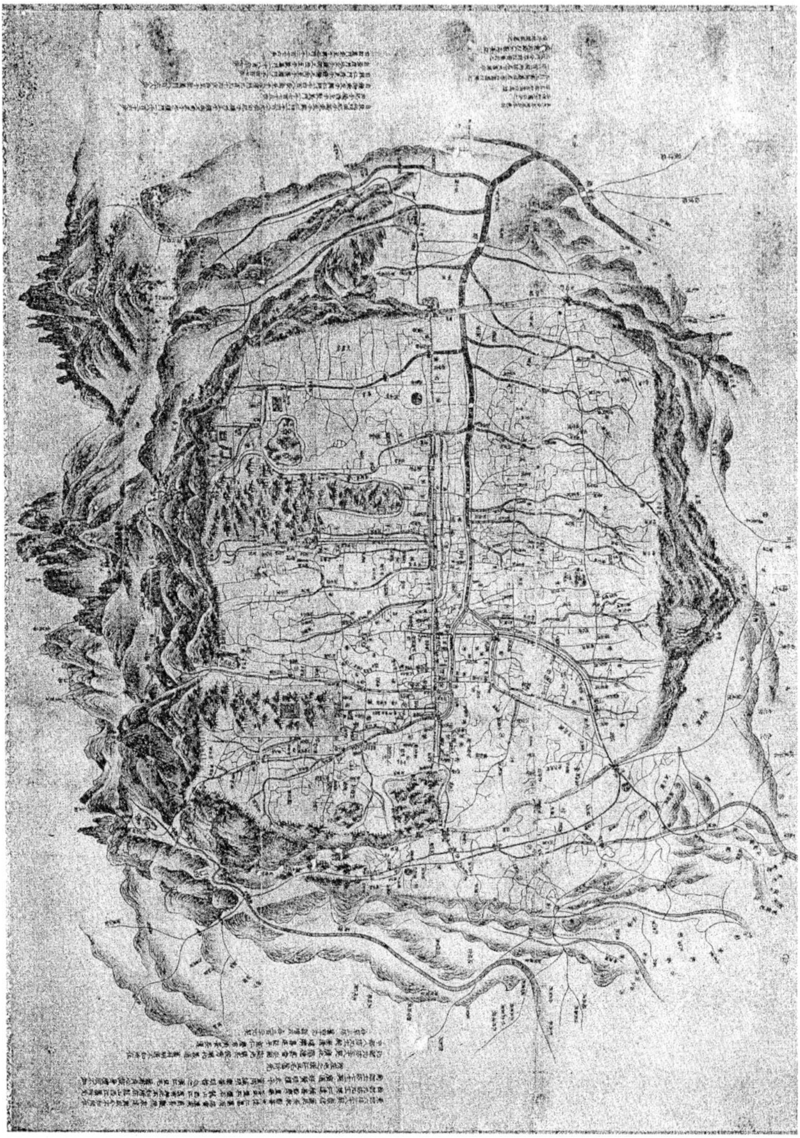

7 종묘내부(중앙일보, 『유네스코 세계유산』 동아시아·러시아편 소수)

8 헌릉전경(국립문화재연구소, 『조선왕릉』 [1] 소수)

9 태종어필(『蓮江先生遺集上』 소수)

太宗恭定大王 御筆

목차

표 및 도

太宗 李芳遠(고려 공민왕 16, 1367 ~ 세종 4, 1422, 재위 1400 ~ 1418)은 조선의 제3대 왕이다. 고려말에 문과를 거쳐 사관하고 密直司 代言 · 提學 등을 역임하면서 이성계와 혁명파의 교량역활을 하고 반이성계파를 지휘하였던 鄭夢周를 擊殺하는 등 조선개창에 크게 공헌하였다.

조선개국 초에는 처음에는 靖安君에 책봉되고 일시는 世傳의 가별치(家別赤)를 받고 東北面都節制使로서 동북면 군사를 지휘하기도 하였으며, 세자책봉 논의 때에는 물망에 오르기도 하였다. 그러나 곧 이복 동생 芳碩이 세자로 책봉되고, 그의 영향력을 꺼려한 神德王后 康氏와 실권자 鄭道傳 · 南誾 등의 기피로 가별치와 동북면도절제사직을 이복 동생인 撫安君 芳蕃에게 내주고 전라도도절제사로 옮겼다. 또 당시에 가장 핵심적인 군사를 보유한 義興親軍衛와 義興三軍府의 지휘에서도 배제되었다. 그런 중에서도 측근세력을 확대하였고, 강비의 홍서와 정도전 등 실권파의 독주에 반발한 개국공신 · 종친세력을 포섭하였다. 이어 1398년(태조 7) 태조의 중병을 기화로 쿠데타를 일으켜 세자 방석과 정도전 · 남은 등을 살해하고 태조를 퇴위시키고 定宗을 즉위시키면서 집권하였다.

정종대(1399 ~ 1400)에는 1400년 4월까지는 三軍府右軍節制使江原道東北面都節制使兼判尙瑞司事로서나 都督內外諸軍事로서 경외

의 정치 · 군사 등 모든 국정을 지휘하였고, 1400년 4월 이후에는 세자로서 監國하였으며, 1400년 11월 정종을 퇴위시키고 즉위하였다. 이 시기를 통하여 자신의 집권에 반기를 든 懷安君 芳幹 · 中樞使 朴苞 등을 제거하였고, 私兵을 혁파하고 都評議使司를 議政府로 개편하여 왕권의 안정 · 강화를 위한 정치 · 군사적 기초를 다졌다.

1400년 정종에 이어 조선 제3대 왕으로 즉위하였고, 이후 22년간 王(1400 ~ 1418)으로서나 上王(1418 ~ 1422)으로서 무자비한 공신 · 외척의 숙청, 중앙집권체제의 정비, 국왕중심의 국정운영체계 실현 등을 통하여 강력한 왕권을 구축하고 행사하였다. 또 대명관계를 정상화하였고, 정치 · 경제 · 사회 · 문화 등 제반 문물을 정비 · 개선하면서 민생을 안정시켰다. 태종의 이러한 정치를 통하여 그 시호가 "聖德神功文武光孝大王"[3] 이었음과 같이 조선개창과 개국초의 왕위계승으로 야기된 혼란이 수습되면서 조선왕조의 토대가 구축되었고, 동시에 세종대 극성의 계기가 마련되었다.

이러한 태종의 조선왕조 개창 · 토대확립, 왕권의 안정 · 강화 등에 끼친 역할과 관련되어 지금까지 태종대의 왕권 · 정치 · 군사 · 경제 · 인물 등을 주제로 한 연구,[4] 조선초기의 정치 · 경제 · 사

---

3) 『세종실록』 권17, 4년 9월 병진.

4) 그 중 한충희는 1998년에 「潛邸期(1367 ~ 1400) 太宗硏究」(『대구사학』 56)를 발표하여 잠저기 태종의 성장 · 수학과정과 사관생활, 교우관계, 왕조개창에 끼친 역할과 왕조개창 이후로부터 즉위하기까지의 활동상을 천착하였다. 다시 1999년과 2001년에 「上王期(세종즉위, 1418 ~ 세종4, 1422) 太宗硏究」(『대구사학』 58)와 「太宗王權의 政治的 基盤硏究」(『대구사학』 63)를 연속으로 발표하여 선위과정과 상왕으로 재위한 세종 즉위 ~ 4년의 정치 · 군사지휘의 실제와 외척을 제거하는 등 세종치세의 토대를 놓았음과 재위기에 왕권을 강화하면서 강력한 기능을 발휘하였던 기반을 규명하였다. 본서 제1부 1 ~ 2장, 제2부 1장, 제3부 1 ~ 2장은 이들 논문을 토대로 부분적으로 수정 · 보완하면서 작성한 것이다. 그 외에 태종과 관련된 주요 연구를 적기하면 다음과 같다.

회 · 경제 · 문화[5] 등의[6] 연구에 수반되어 태종대의 왕권 · 정치 ·

金成俊, 1962, 「太宗朝의 外戚除去에 대하여」, 『歷史學報』 17 · 18.
尹炳奭, 1962, 「所謂 趙思義亂에 對하여」, 『西洋史論』 3.
李樹健, 1969, 「朝鮮 太宗朝에 있어서 對奴婢 施策」, 『大丘史學』 1.
韓永愚, 1969, 「太宗 · 世宗朝의 對私田施策」, 『韓國史硏究』 3.
權仁赫, 1982, 「朝鮮初期 貨幣流通硏究 -特히 太宗代 楮貨를 중심으로-」, 『歷史敎育』 32.
李喜寬, 1988, 「朝鮮朝 太宗의 執權과 그 王權의 性格」, 『歷史學報』 120.
金瑛泰, 1988, 「朝鮮 太宗朝의 佛事와 斥佛」, 『(단국대)東洋學』 18.
崔承熙, 1990, 『太宗末 世子廢立事件의 政治史的 意義」, 『李載龒博士 還曆紀念韓國史學論叢』.
崔承熙, 1991, 「太宗朝의 王權과 政治運營」, 『國史館論叢』 30.
文炯萬, 1990, 「河崙의 勢力基盤과 그 家系」, 『李佑成博士 停年退職記念 史學論叢』.
李東熙, 1991, 「朝鮮 太宗代 承政院의 政治的 役割」, 『歷史學報』 132.
柳昌圭, 1992, 「太宗代 軍事指揮體系의 變化와 執權層의 葛藤」, 『水邨朴永錫教授 華甲紀念史學論叢』.
鄭杜熙, 1993, 「朝鮮初期 黃喜의 政治的 役割」, 『吉玄益教授 停年紀念 史學論叢』.
金基烈, 1994, 「朝鮮 太宗의 忠義精神 高揚」, 『芝村金甲周教授華甲紀念 史學論叢』.
崔先惠, 1995, 「朝鮮初期 太宗代 藝文館의 設置와 그 歷史的 意義」, 『震檀學報』 80.
韓忠熙, 2000, 「朝鮮 太宗代(정종 2년 ~ 세종 4년) 摠制研究」, 『이수건교수 정년기념 한국중세사논총』, 논총간행위원회.

5) 그 주요 논저는 다음과 같다.
李相佰, 1949, 『李朝建國의 硏究』, 乙酉文化社.
李鉉淙, 1964, 『朝鮮前期 對日交涉史硏究』, 한국연구원.
車文燮, 1973, 『朝鮮初期 軍制硏究』, 단국대학교 출판부.
崔承熙, 1976, 『朝鮮初期 言官 · 言論硏究』, 韓國文化硏究所.
閔賢九, 1983, 『朝鮮初期의 軍事制度와 政治』, 韓國硏究院.
鄭杜熙, 1983, 『朝鮮初期 政治支配勢力硏究』, 一潮閣.
李樹健, 1989, 『朝鮮時代 地方行政史』, 民音社.
李存熙, 1990, 『朝鮮時代 地方行政制度硏究』, 一志社.
이존희 외, 1994, 『한국사』 23 조선초기의 정치구조, 국사편찬위원회.
李載龒 외, 1994, 『한국사』 24 조선초기의 경제구조, 국사편찬위원회.
이수건 외, 1994, 『한국사』 25 조선초기의 사회와 신분구조, 국사편찬위원회.
최승희 외, 1995, 『한국사』 22 조선왕조의 성립과 대외관계, 국사편찬위원회.
金泰永 외, 1995, 『한국사』 26 조선초기의 문화 1, 국사편찬위원회.
全相運 외, 1996, 『한국사』 27 조선초기의 문화 2, 국사편찬위원회.

군사 · 경제 등이 구체적이고도 종합적으로 고찰되었다. 즉 태종의 왕조개창에 끼친 역할, 무인정변을 일으켜 정도전 등을 살해하고 집권하였다가 즉위한 과정, 재위기에 왕권을 강화하면서 국정운영 체계 · 정치기구를 개편하고 제반 문물을 정비하는 과정, 상왕기에 외척제거 · 대마도정벌 등을 통해 세종왕권의 토대를 놓았음 등이 체계적이고도 깊이 있게 규명되었다.

본서에서는 『高麗史』 · 『朝鮮王朝實錄』 · 『龍飛御天歌』 등 관계 사료를 검토하고, 지금까지에 걸친 태종을 주제로 하거나 태종과 관련된 연구성과를 수렴하며, 가정생활과 자손 등을 덧붙이면서 태종의 생애와 치적을 潛邸期, 在位期, 上王期 그리고 가정생활과 자손으로 구분하여 살피고자 한다.

韓忠熙, 1998, 『朝鮮初期 六曹와 統治體系』, 계명대학교출판부.
한충희, 1980 · 1981, 「朝鮮初期 議政府研究」 상, 하, 『韓國史研究』 31, 32.
한충희, 1987, 「朝鮮初期 承政院研究」, 『한국사연구』 59.
南智大, 1993, 「朝鮮時代 中央政治制度研究」(서울대학교 박사학위논문).
한충희, 1996, 「朝鮮初期 儀賓研究」, 『朝鮮史研究』 5.
한충희, 2001, 「朝鮮初期 六曹屬衙門研究 1 - 官員의 性分 · 官歷과 官職의 地位를 중심으로 -」, 『조선사연구』 10.
한충희, 2001, 「朝鮮初期 六曹屬衙門研究 2 - 官職의 整備를 중심으로 -」, 『啓明史學』 12.
한충희, 2001, 「중앙 정치 기구의 정비」, 『세종문화사대계』 3, 세종대왕 기념사업회.
한충희, 2001, 「중앙 관부의 구성과 기능」, 『세종문화사대계』 3, 세종대왕 기념사업회.

6) 한충희는 「태종」(1991, 『한국민족문화백과대사전』 23, 한국정신문화연구원)에서 태종관련 사실을 수록하고 있는 제 사료와 1982년까지의 연구성과를 종합하면서 태종의 생애와 치적을 즉위 이전의 행적 · 즉위과정 · 왕권강화책 · 중앙제도의 정비 · 지방제도의 정비 · 조세제도의 정비와 국방의 강화 · 토지 및 조세제도의 정비 · 조세수송책의 강구 · 산업의 장려 · 노비제도의 정비 · 사회정책의 실시 · 서적편찬과 간행 · 유교의례의 보급 · 불교와 도참사상의 억제 · 대외정책 · 기타로 나누어서 개조식으로 정리하였다. 본서의 목차는 이를 토대로 하고 잠저기 · 상왕기 및 가정생활과 자손을 덧붙인 것이다.

제1부에서는 출생으로부터 즉위하기까지(잠저기)의 행적을 성장·수학과정과 사관기의 관력·왕조개창에 끼친 역할, 왕조개창 이후에 쿠데타를 일으켜 집권·즉위하게 된 과정과 그 기반이 된 측근·지지세력 등을 저자가 발표한 「潛邸期(1367 ~ 1400) 太宗研究」(『대구사학』 56, 1998)를 토대로 수정·보완하면서 정리한다.

제2부에서는 재위기의 왕권강화와 제반 치적을 종합적으로 고찰하기로 한다. 왕권의 강화와 왕통의 확립은 저자의 「太宗王權의 政治的 基盤研究」(『대구사학』 63, 2001)를 토대로 수정·보완하면서 정리한다. 제반 치적은 육조제의 정립, 공신·외척의 제거, 육조직계제의 실시 등과 관련하여 초기(즉위 ~ 4년)·중기(5 ~ 13년)·후기(14 ~ 18년)로 나누고, 또 그 내용과 관련하여 정치제도와 국정운영체제의 정비, 군사제도의 정비와 국방의 강화, 경제제도의 정비와 사회정책의 실시, 사대교린책의 정립과 교육·과거제의 정비로 구분하여 그 진행과정과 성과를 정리한다.

제3부에서는 상왕이 되기(선위하기)까지의 배경과 과정, 상왕으로서 행한 정치·군사의 지휘와 외척제거의 실상을 저자의 「上王期(세종즉위, 1418 ~ 세종4, 1422) 太宗研究」(『대구사학』 58, 1999)를 토대로 수정·보완하면서 정리한다.

제4부에서는 태종의 가정생활과 자손을 잠저기·재위기·상왕기와 세종계(선파)·3대군계·8군계·17왕녀로 나누어서 고찰한다.

결어에서는 위에서의 고찰을 정리하면서 태종의 군왕으로서의 위상이 어떠하고, 세종왕권과 조선왕조의 기반확립에 끼친 영향이 어떠하였는가 즉, 조선왕조에서 점하는 태종의 역사적 위상을 정리하고자 한다.

덧붙여 조부인 桓祖로부터 그 증손까지의 가계, 조선초기의 정치를 주도한 開國·定社·佐命功臣, 태종대의 주요 관직 재직자, 태종관련 주요 사건을 표로 정리하여 덧붙인다.

이 연구를 통하여 태종이 집권·즉위에 성공하고 재위기에 탁월한 치적을 남기게 된 토대와 실상 즉, 潛邸期·在位期·上王期 태종에 대한 구체적이고 종합적인 이해를 증진시킬 것으로 생각한다. 나아가 일반 독자와 동학들에게 태종에 대한 관심과 이해를 증진시키고, 태종연구를 심화시킬 수 있는 한 토대를 제공할 수 있다고 생각한다.

第 1 部

潛邸期

(1367, 고려 공민왕 16 ~ 1400, 정종 2)

第1章

成長과 仕官

1. 成長과 受學

1) 成長

太宗 李芳遠은 1367년(고려 공민왕 16)에 단성양절익대공신 봉익대부밀직부사(端誠亮節翊戴功臣 奉翊大夫密直副使)[7] 李成桂와 밀직부사(密直副使) 韓卿의 딸과의 사이에서 5남으로 東北面 咸州 貴州洞(현 북한의 함흥시)에서 출생하였다.[8]

이방원은 유년기는 함흥 귀주동에서 어머니 한씨(사후 神懿王后에 추봉), 형 芳雨·芳果(후의 定宗)·芳毅·芳幹 및 동생 芳衍과 함께 보내었다.[9] 소년기에는 부 이성계의 자식들에 대한 교육

---

7) 이성계는 1364년(공민왕 13) 上護軍東北面兵馬使로서 공민왕을 폐위하고 德興君 譓를 옹립하고자 원병 1만을 이끌고 고려에 침입한 崔濡의 군사를 隨州의 㺚川에서 대패시키고, 그 공로로 端誠亮節翊戴功臣에 책봉되고 奉翊大夫密直副使에 승진하였다. 이후 공민왕 17년까지는 그 활동상과 역관이 불명하다가, 1369년(공민왕 18)에 知門下省事兼東北面元帥에 제수되었음이 확인되었다. 그런데 공민왕 13년에 제수된 밀직부사는 정3품직이고 공민왕 18년에 제수된 지문하성사는 종2품직이지만, 공민왕 13년에 제수된 봉익대부는 종2품계였다. 또 공민왕 14 ~ 17년에는 그 활동상이 확인되지 않았다. 이에서 태종이 출생한 때의 재직관직은 불명하지만, 공민왕 13년에 제수된 관직이 이 당시까지도 계속된 것으로 추측하여 밀직부사로 파악하였다(『고려사』 공민왕 세가 13 ~ 18년조, 『고려사절요』 공민왕 13 ~ 18년조에서 종합).

8) 『태조실록』 권1, 총서.

열망, 이성계의 서울(개경)에서의 생활이 본격적으로 전개됨과 관련하여 함흥을 떠나 부 및 庶母 康氏와 함께 개경에서 살았다.

이방원이 개경에서 살기 시작한 시기는 명확하게 알 수 없다. 그런데 이방원은 어린 시절 개경에서 朴錫命(1370 ~ 1406)과 한 이불을 덮고 자면서 우의를 다졌다.[10] 또 이성계의 官歷을 볼 때[11] 1371년(공민왕 20)경부터 본격적인 개경생활을 시작하였다고 추측된다. 서모 강씨는 맏이인 慶順公主가 1392년(공양왕 4) 4월 이전

---

9) 맏형인 芳雨, 셋째형인 芳毅, 넷째형인 芳幹의 생년은 불명하나, 둘째형인 芳果(후의 정종)가 1357년생이고 방원이 1367년생이며 어머니 한씨가 1337년생이었던 만큼 대략 방우는 1354년 전후, 방의는 1360년 전후, 방간은 1363년 전후에 각각 출생하였다고 추측된다. 또 방우 등이 1390년에 재직한 관직 또는 역임관직이 모두 방원 보다 상위직인 前禮儀判書(방우), 奉翊大夫知密直司事兼軍簿判書鷹揚軍上護軍(방과), 中正大夫神虎衛大護軍(방의), 前軍器少尹(방간)이었음에서(『牧隱文藁』 권15, 李子椿神道碑銘) 방원 보다 먼저 출사한 것으로 추측된다. 방우 등이 출사한 구체적인 시기는 알 수 없지만 방원이 17세에 출사하였고, 이성계의 군공·직질 등을 고려할 때 이들 모두 20세 이전에 출사한 것으로 추측된다. 따라서 방우·방과와 방원은 10세 이상의 차이가 있지만, 방원의 출생 ~ 방우 등의 출사 때까지는 형제가 함께 생활한 것으로 추측된다.

10) 『大東野乘』 권1, 庸齋叢話 3. 박석명과 함께 생활한 곳을 명확하게 알 수는 없지만 박석명은 부가 檢校右政丞 可興이고 외조부가 贊成事 鄭乙輔이며, 장인이 공양왕의 아우인 歸義君 王瑀였음에서 소싯적부터 개경에서 살았다고 추측된다. 따라서 두 사람이 교우한 곳은 개경이었다고 하겠다.

11) 사관한 1358년(공민왕 7, 24세)으로부터 이방원이 진사과에 급제하는 1382년(우왕 8)까지에 걸친 역관을 『고려사』, 『태조실록』 권1, 태조총서 등에서 뽑아 적기하면 다음과 같다.

1358년; 出仕,
1361 ; 金吾衛上將軍兼東北面上萬戶,
1363 ; 上護軍東北面兵馬使, 朴儀亂 진압,
1364 ; 崔濡침입격퇴, 密直副使端誠亮節翊戴功臣,
1369 ; 知門下省事兼東北面元帥,
1370년; 東寧府征伐 지휘,
1371 ; 知門下省事,
1372 ; 和寧府尹,
1377 ; 慶尚道·智異山 등지 왜구 격퇴,
1382 ; 門下贊成事 兼東北面都指揮使.

에 李濟에게 출가하였음에서[12] 늦어도 1373년경 이전에 이성계에게 출가한 것으로 추측된다.[13] 이에서 이방원은 일러도 1373년(공민왕 22) 이후부터 개경에서 살았던 것으로 추측된다.

또 이방원이 부 이성계 및 서모 신덕왕후와 함께 살았던 집도 명확하게 알 수 없다. 그런데 조부인 李子春은 1356년(공민왕 5)에 공민왕의 失地(동북면)회복에 기여하고 저택을 하사받았다.[14] 부 이성계는 사관한 1356년(공민왕 5)으로부터 본격적인 개경생활을 시작한 것으로 추측된 1371년(공민왕 20)경까지는 빈번한 출정 등으로 분주하였다. 이를 볼 때 이방원이 개경에서 살았던 집은 조부 이자춘이 하사받은 저택이었을 것이라고 추측된다.

그러면 이방원의 개경생활은 어떠하였겠는가? 먼저 서모 강씨와의 관계를 보면 고려의 전통적인 부부는 一夫一妻制였지만, 몽고에 복속된 동북면지역에서는 몽고의 영향으로 一夫多妻制가 점차 보급되었고,[15] 이성계의 조와 부도 다처를 취하였다.[16] 『龍飛

12) 『高麗史』 권117, 列傳 30, 鄭夢周조.

13) 태조가 강씨를 언제 聚妻 취하였는가는 알 수 없다. 그런데 강씨는 부가 贊成事를 역임한 允成이고, 숙부가 충혜왕 ~ 공민왕초에 정치에 큰 영향력을 발휘한 允忠(? ~ 1359, 공민왕 8)이었음에서 처녀 때에는 개성에 거주한 것으로 추측된다. 또 태조의 관력을 보면 1364년 이후에는 주로 경직에 재직하였고, 강씨 소생인 방번이 1381년(우왕 7)생이고, 그 누이인 경순공주는 고려말에 李濟와 혼인하였다. 경순공주가 출생한 해는, 그 출가한 해를 태종비 元敬王后 민씨(1365 ~ 1420)의 예에 따라 18세로 추정한다면 늦어도 1374년(공민왕 23) 이전일 것으로 추측된다. 이를 볼 때 태조는 늦어도 1373년 이전에 강씨를 후실로 맞이한 것으로 추측된다.

14) 『고려사』 권39, 세가 권39 공민왕 5년 9월조.

15) 許興植, 1992, 「高麗時代의 夫妻形態와 그 變遷」(『역사학회편 『韓國親族制度研究』, 一潮閣), 49 ~ 59쪽 참조.

16) 이성계 선대의 혼인관계를 보면 다음의 가계도와 같이 조부와 부는 다처를 거느렸다(『璿源錄』과 『全州李氏完昌大君派大同譜』 권1(天盛出版社, 1978)에서 종합).

御天歌』 권9, 81章에

> 태조는 평소에 儒學(儒術)을 중히 여겨 일을 보는 여가에 항상 유학자인 劉敬 등과 유교경전과 역사서를 보며 즐거워하여 피로함도 잊으니, 뜻을 떨쳐 세상의 도를 돌이킬 뜻이 있었다. 일찍이 가문에 유학을 딲을 사람이 없는 것을 싫어하여 태종으로 하여금 학문에 나아가게 했다. 태종이 날마다 힘써 책 읽기를 게을리 하지 않으니 태조는 일찍이 말하기를 "나의 뜻을 이룰 자는 반드시 너로다" 라고 했다. 강씨(신덕왕후)가 매번 태종의 책 읽는 소리를 들을 때면 "어찌하여 내게서 나지 않았는가" 라고 했다.

고 하였다. 또 우왕 14년 威化島回軍 때에는 抱川 滓壁洞 농장에 옮겨와 살던 어머니 한씨, 개경에서 抱川 鐵峴 농장에 낙향해 살던 서모 강씨와 어린 이복동생 芳蕃·芳碩을 극진히 보살피면서 世居地인 동북면 방향(兎山郡 伊川 韓忠家)으로 피신시켰다.[17] 강

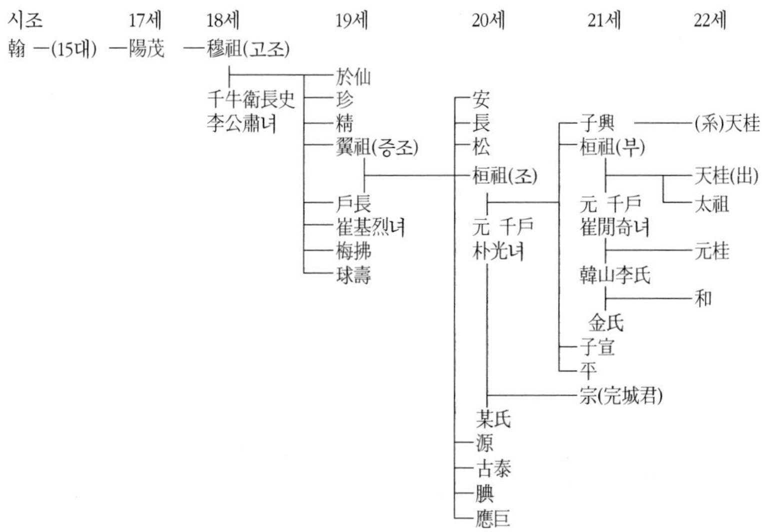

씨도 평소에 이방원을 각별하게 사랑하였고,[18] 이방원의 청에 따라 鄭夢周를 살해한 이방원의 행위에 격노한 이성계의 노기를 진정시키고 있는[19] 등에서와 같이 강씨와의 사이가 원만하였다. 이러한 이방원의 부 이성계 및 서모 강씨와의 생활은 1382년(우왕 8) 判典校寺事 閔霽의[20] 딸과 혼인하면서 開城府 中部 星化坊 崇教里로 분가할 때까지[21] 계속되었다.

1392년 조선개창 직후 숭교리에서 楸洞으로 옮겼고, 추동에서 재위하는 1400년(정종 2)까지 살았다.[22] 이 추동에서 민씨(元敬王后)와의 사이에 장남 禔(뒤의 讓寧大君, 1394 ~ 1462)와 차남 補(뒤의 孝寧大君, 1396 ~ 1486)를 낳았다. 또 김씨(孝嬪)와의 사이에서 裶(뒤의 敬寧君, 1395 ~ 1458)를 낳았다.

이방원의 추동에서의 생활은 민씨의 투기가 많은 성격을[23] 감안할 때 김씨를 첩으로 맞으면서는 민씨와 다소의 문제가 있었을 것으로 추측된다. 그러나 민씨는 1397년(태조 7) 8월 戊寅政變 때에 입궐하여 위기에 처할 뻔한 이방원을 구원하고 동생 閔無咎·閔無疾과 시종 金小斤[24] 등을 무장시켜 출동에 대비하였음과[25]

---

17) 『용비어천가』 권1, 9장.

18) 『태조실록』 권1, 태조총서.

19) 이방원은 정국을 일거에 反轉시키기 위하여 공양왕 4년 4월에 趙英珪 등을 시켜 이성계의 최대 정적인 守門下侍中 鄭夢周를 善竹橋에서 擊殺하였다. 이를 두고 이성계가 크게 노여워하자 강씨에게 도움을 청하였고, 강씨는 "公께서는 항상 大將軍으로 자처하셨는데 무엇 때문에 이렇게까지 놀라고 두려워하십니까?" 라고 하면서 진노를 가라안쳤다(『용비어천가』 9장).

20) 『國朝人物考』 閔霽 墓地銘.

21) 『龍飛御天歌』 권1, 9장.

22) 『태종실록』 권1, 태종총서.

23) 『태종실록』 권1, 1년 6월 을해, 권3, 2년 3월 경인조 등 참조.

24) 『태종실록』 권1, 태종총서에는 정안군가에서 함께 숙식하는 인물중의 1인(執饌人)으로 묘사되어 있어 그 신분이 불명하다. 그러나 무인정변 때에 무장을

같이 정치가적인 자질이 있었다.

이방원은 태조 1 ~ 7년에는 그 야망과는 달리 불우한 처지에 있었고, 태조 7년 무인정변 이후에는 집권자로서 정치를 총관하면서 즉위를 위한 토대를 구축하여 나갔다. 이를 볼 때 고려말 ~ 조선 초에는 민씨의 내조를 받으면서 관직에 종사하고 경륜을 쌓음은 물론 왕자로서나 집권자로서의 생활을 영위 · 대처하여 나간 것으로 생각된다. 이 시기 서모 강씨와의 관계는 1392년(태조 1) 8월에 태조가 강씨의 의사를 존중하여 撫安君 芳碩을 세자로 삼았고, 이후 강씨가 태조의 총애와 신임을 받는 鄭道傳 · 南誾 등으로 하여금 방석을 보좌하게 한 등에서 갈등이 예상되기도 한다. 그러나 1396년(태조 5) 8월 강씨가 사망하기까지는 태조가 엄존하고 강씨의 지위가 확고하였기에 정도전 · 남은 등 실권파와 대립하기가 어려웠을 것이다. 따라서 이방원과 강씨의 관계는 내면적으로는 다소의 갈등이 있었겠지만 외면적으로는 큰 문제없이 지속된 것으로 추측된다.

2) 受學

이방원은 영특하고 英明한 자질을 토대로 개경에서 元天錫에게서 학문을 배우고[26] 원주의 覺林寺 등지에서 학문을 연마하여[27] 진사과에 급제하였다. 이후 문과에 급제하기까지 한 마을에 사는 吉再(1353 ~ 1419)와 함께 성균관에 다니면서 수학하였다.[28] 이 때

하고 정안군을 최측근에서 호위하고 있음을 볼 때 호위를 담당한 시종으로 추측되어 시종으로 파악한다.

25) 『燃藜室記述』 권1, 太祖朝故事本末 太宗定社 戊寅秋條.

26) 『東史綱目』 제17하, 壬申年(공양왕 4년) 추7월조.

27) 『태종실록』 권20, 10년 12월 임자 降香于覺林寺 上之在潛邸也 讀書是寺.

이방원이 성취한 학문수준은 구체적으로 알 수는 없다.

그런데 이방원은 가문의 후광이 작용하기도 하였겠지만, 16세에 진사과에 급제하고, 그 1년 후에 문과에 급제하였음과 같이 동기의 진사·문과급제자 보다 그 급제시기가 월등히 빨랐다.[29] 이 때의 國子監試 고시과목은 6韻詩·賦나 10운시였고,[30] 東堂試(예부시)는 초·중·종장의 3장으로 구분하고 초장에서는 6經(易經·書經·詩經·春秋·禮記·樂記)義·4書(大學·論語·孟子·中庸)疑, 중장에서는 부, 종장에서는 시로서 각각 시험하였으며, 3장을 모두 통과하여야 급제할 수 있었다.[31] 또 사관한 초에는 그 역관상 학문을 연마할 시간적 여유가 있었다고 추측됨에서 계속 학문을 연마하여 큰 성취를 이룬 것으로 생각된다.

그리하여 태조가 매양 손님들과 연회할 때에는 태종으로 하여금 싯귀(詩句)를 짓게 하면서 이르기를 "내가 손님들과 즐기는 데는 너의 힘이 많다" 라고 하면서 태종의 文才를 칭찬하였다.[32] 또 成俔(1439 ~ 1504)은 태종이 지은

> 풍탑에 의지했을 때는 밝은 달을 생각하고(風榻依時思朗月),
> 월헌에 읊조리는 곳에는 맑은 바람을 생각하도다(月軒吟處想淸風).

---

28) 『東史綱目』 제17하, 庚午年(공양왕 2년) 3월조.

29) 朴龍雲, 1990, 高麗時代 科擧의 考試와 體系에 대한 檢討」(『高麗時代蔭敍制와 科擧制硏究』, 一志社), 169 ~ 170쪽 〈표 1〉 국자감시 합격자의 연령표에서 의종 9년 ~ 공민왕 14년에 국자감시에 급제한 李仁成 등 33명의 국자감시와 東堂試 급제시의 연령을 적기하였다. 전자의 경우는 몇 명만이 14·5세였고 대개는 18 ~ 20세였으며, 후자의 경우는 몇 명(1 ~ 3년)을 제외한 대개가 5년 이상이 경과한 후에 동당시에 급제하였다.

30) 朴龍雲, 1990, 「高麗時代의 科擧 - 製述科의 運營」(위 책), 249 ~ 250쪽 참조.

31) 박용운, 위 논문, 262 ~ 263쪽 [표1-3] 동당제술업의 고시과목 변천표 참조.

32) 『大東野乘』 권53, 東閣雜記 상, 本朝璿源錄.

대를 깎아 단선을 이룸으로부터(自從削竹成團扇),
명월청풍이 손바닥 속에 있도다(朗月淸風在掌中).

라는 부채에 쓴 시(扇詩)를 두고 "옛날부터 일찌기 문사로서 대업을 이룬자는 있지 아니하였고, 문장이 이와같이 기교한 제왕도 있지 아니하였다. 그 사물을 인용하여 비유한 것과 함축된 뜻과 意趣는 성인이 아니면 할 수 없을 것이다." 라고 하면서 격찬하였다.[33] 그 외에도 1411년(태종 11년) 7월에 權近·河崙이 지은 「太祖行狀과 碑文」에 불경한 문자가 있다고 하면서 3功臣(開國·定社·佐命功臣)·臺諫이 수차에 걸쳐 이들의 죄를 청하자, 특히 대간에게 『禮記』 등에 "세번 간하여 허락을 받지 못하면 벼슬을 버리고 떠나간다(三諫不請則去)"[34] 라고 한 기사를 인용하여 대간을 억압하는 등[35] 고전에 정통하였다.

2. 仕官

이방원의 관직생활은 1383년(우왕 9) 진사로서 門下評理 禹玄寶(知貢擧)와 政堂文學 李仁敏(同知貢擧) 주재하의 예부시에 응시하여 병과 7등으로 급제한 후 정6품 司設署令에 제수되면서 시작되었다.[36]

---

33) 『大東野乘』 권2, 慵齋叢話 7.
34) 『禮記』 典禮 하, 『史記』 日者傳, 『公羊傳』 莊 24.
35) 『태종실록』 권22, 11년 7월 신유·기묘·갑신, 권28, 14년 11월 임자. 권31, 16년 6월 갑자.
36) 『高麗禮部試登科錄』 癸亥(우왕 9)榜.

고려후기의 문과 급제자는 충렬왕 이후의 경우 바로 제수되지 못하고 1 ~ 5년간 대기하는가 하면, 그 제수관직도 관직이 없는 자(初仕者)는 대개 8 ~ 9품의 文翰 · 學館職이나 寺 · 署 등의 임시(權務)직 내지 8 ~ 9품의 일반직 등에 제수되고 특별한 경우에 6 ~ 7품직에 제수되었다. 관직에 있는자는 대개 권무관은 7 ~ 9품의 實職에 제수되고 실직자는 1 ~ 2품계를 올려줌에 그쳤다.[37)]

이를 볼 때 이방원이 초직으로 정6품 사설서령을 제수받은 것은 매우 파격적인 인사라고 하겠다. 이것은 아마도 이성계가 당시의 핵심 정치인에는 끼지 못하였지만,[38)] 이 직전에 門下贊成事兼東北面都指揮使로서 吉州에서 胡拔都軍을 섬멸하였던 만큼 종1품 찬성사의 직위와 공로에서[39)] 기인된 것으로 생각된다. 그러나 이 이후 우왕말까지의 역관은 파격적인 초임직 제수와는 달리 정5품직

---

37) 박용운, 앞 논문, 293 ~ 301쪽에서 종합.

38) 이성계가 띈 찬성사는 문하시중, 수문하시중, 판삼사사에 이은 제4위급의 높은 관직이고, 도평의사사에 참여하는 관직이기는 하나 자주 외방의 전투에 출정하였고, 또 당시의 정치가 李仁任(領門下) · 林堅味(侍中) · 廉興邦(三司左使) · 李成琳(시중) · 都吉敷(門下評理) 등이 政房提調 등을 겸대하면서 정치를 전단한 까닭에 당시의 정치에 큰 영향력을 발휘하지 못하였다(이인임 · 염흥방 등의 정치전단에 대해서는 高惠玲, 1981, 「李仁任政權에 대한 一考察」, 『歷史學報』91) 16 ~ 47쪽 참조).

39) 이 이전에도 10여 차의 대소전투에 참전하여 승리함으로써 고려의 국체유지와 민생의 안녕에 크게 기여하였다. 특히 최유군의 침입을 격퇴한 공로로 단성양절익대공신에 책록되고 상호군에서 추신직인 밀직부사에 승진하였다. 이성계가 참전한 전투를 적기하면 다음과 같다(『고려사』 공민왕세가 · 신우열전, 『태조실록』 권1, 총서, 『용비어천가』에서 종합).

공민왕	10년; 朴儀亂 진압	공민왕	21년; 胡拔都軍 격퇴, 東北界 왜구방어
	11년; 趙小生 · 納哈出侵入 격퇴	우왕	3년; 경상 · 전라도일대 왜구토벌
	13년; 崔濡軍侵入 격퇴		4년; 강화도일대 왜구토벌
	13년; 三善 · 三介侵入 격퇴		6년; 전라도일대 왜구섬멸
	18년; 奇賽因帖木兒入寇 방비		8~9년; 호발도침입 격퇴
	19년; 1, 2차 東寧府征伐(1, 8월)		

典理司正郎에까지 승진함에 그쳤다.[40] 또 그 후도 1390년(공양왕 2)까지는 1388년(우왕 14) 1월 趙胖(1341 ~ 1401)의 옥사를 계기로 崔瑩과 이성계가 李仁任·林堅味·廉興邦 등 집권자를 제거하고 門下侍中과 守門下侍中이 되어 정치·군사를 주도하였고,[41] 동년 5월에 이성계와 그 일파가 위화도회군을 단행하고 정치·군사적 실권을 장악하면서 국정운영을 주도하였지만,[42] 형인 芳果 등이 파격적으로 승진하고 있음과는 달리[43] 관직에 큰 변동이 없었다. 즉, 1390년(공양왕 2) 12월에 이성계가 공양왕 추대에 끼친 공로로 분충정난광복섭리좌명공신 화령군개국충의백(奮忠靖難匡復燮理佐命功臣 和寧君開國忠義伯)에 책봉됨에 따른 賞典으로 3등이 超資되었고,[44] 1390년 1월 이전에 禮儀司正郎知製教로 옮김에 그쳤다.[45] 이 중간인 1388년(창왕 1) 12월 ~ 1389년(공양왕 1) 4월에는 하정사로서 창왕의 보호를 위해 고려를 監國하여 줄 것을 요청하기 위해 명에 간 문하시중 李穡의 書狀官이 되어 중국을 다녀왔다.[46]

---

40) 『용비어천가』 권1, 9장.

41) 『고려사』 권137, 신우열전 5, 우왕 14년 1월조. 조반의 옥사는 고혜령, 앞 논문, 41 ~ 43쪽 참조.

42) 위화도회군 직후의 인사를 보면 이성계와 같이 회군을 지휘하였던 曺敏修와 반이성계파인 禹玄寶가 문하시중과 수문하시중에 제수되고, 그 1개월후인 창왕 즉위년 7월에 조민수가 탄핵을 받아 거세되면서 다시 반이성계파인 李穡이 문하시중이 되기도하나 이성계가 수문하시중으로서 都摠中外諸軍事事를 겸대하고 정치·군사의 실권을 장악하는 등 이성계와 그 일파가 정국을 주도하였다(『고려사』 권137, 신우열전 5 우왕 14년조에서 종합).

43) 芳果는 巡軍副萬戶에서 節制使(창왕 1년 7월), 推忠勵節翊衛功臣密直副使(공양왕 1년 1월), 慈惠府尹(동 6월)을 거쳐 知密直司事兼軍簿判書鷹揚軍上護軍(공양왕 2년 1월경)이 되었고, 芳毅와 芳幹도 神虎衛大護軍과 軍器監少尹에까지 승진하였다(『고려사』 신우열전·공양왕세가, 『牧隱文藁』 李子春神道碑銘에서 종합.

44) 『태조실록』 권1, 총서.

45) 『牧隱文藁』 권15, 李子春神道碑銘.

그러다가 1390년(공양왕 2) 4월에 이성계의 위세와 그의 정무협찬을 절감한 공양왕의 의도에 따라 정랑에서 정3품 密直司右副代言에 초자되고 승직되었으며,[47] 1391년 6월 이전에 우대언이 되었으며,[48] 동년 8월 모상으로 사직하였다. 대언 때에는 왕 측근에서 機密事에 관여하고 공양왕과 이성계의 사이에서 교량적인 역할을 수행하였다.[49] 1392년 4월에는 이성계의 가장 큰 정적인 수문하시중 鄭夢周를 살해하여 조선개창의 토대를 구축하였고, 이 직후에 복직되면서 密直提學에 승진하였다.[50] 이후 조선개창 때까지 이 관직에 재직하면서 조준 · 정도전 등과 함께 왕조개창을 주도하였다.[51]

이방원이 사관한 시기중 1383년(우왕 9) ~ 1388년(우왕 14)에는 이인임 · 임견미 · 영흥방 · 이성계 · 최영 등이 1 ~ 2품 재상으로서 인사를 관장하는 政房提調와 군권을 장악하면서 정치를 주도하였는데, 특히 이인임 · 임견미 · 염흥방 등의 친원책과 부패탐학한 정치로 정치기강이 해이하고 민생이 도탄에 빠졌다.[52] 1388년(창왕 1) ~ 1392년(공양왕 4)에는 시중 최영의 주도로 요동정벌군이 출동하였고, 위화도회군으로 최영을 제거하고 정치 · 군사의 실권을 장

---

46) 『고려사절요』 권33, 신우 14년(신창 즉위) 10월조에는 "이색이 자신이 귀국하기 전에 변이 있을까 두려워하여 태조의 한 아들을 딸려 보내기를 청하니, 태조가 이방원을 서장관으로 삼았다"고 기록되었다. 그러나 이 당시의 정치 · 군사가 이성계와 그 일파에 의하여 주도되었음을 감안할 때 『고려사절요』가 제시한 이유에서라기 보다는 오히려 이성계일파가 그들과는 정치노선을 달리하는 이색의 동정을 엿보고, 이에 더하여 명의 정세를 관찰하기 위해 의도에서 의도적으로 파견하였을 것이라고 추측된다.

47) 『고려사절요』 권34, 공양왕 2년 4월조.

48) 『고려사』 권46, 세가 46 공양왕 3년 6월조.

49) 『고려사』 공양왕 세가 2 ~ 3년조, 『태종실록』 권1, 태종총서에서 종합.

50) 『고려사절요』 권35, 공양왕 4년 4월조.

51) 『고려사』 권117, 열전 30 정몽주조, 『태종실록』 권1, 태종총서에서 종합.

52) 고혜령, 앞 논문, 16 ~ 51쪽 참조.

악한 개혁파가 私田改革을 추진하나 이색 등 舊家世族의 반발로 지지부진하였다. 또 구가세족을 몰아내고 사전개혁을 단행하고 신왕조를 개창할려는 개혁파와 이성계와 그 일파를 축출하고 고려왕실을 지속시키려는 정몽주일파 간의 정쟁이 치열하였다.[53]

이러한 상황에서 이방원은 권신을 제거하고 국가·민생을 안정시키기 위한 정치혁신이 필요함을 절감하였다.[54] 동시에 1389년(창왕 2) 4월 명 南京에서 해로로 귀국할 때에

> 이색이 남경에서 돌아왔다. (중략) 이색이 발해에 이르러 두 客船과 같이 왔는데 半洋山에 이르러 회오리 바람이 일어났다. 두 객선이 모두 침몰되고, 태종이 탄 배도 역시 거의 구할 수 없게 되어 사람들이 모두 두려워하여 자빠지고 넘어졌으나, 태종은 신색이 태연하더니 마침내 보전되어 돌아왔다.[55]

라고 하였듯이 성격이 침착하고 담대하였다. 이러한 상황인식과 기질은 다음의 설명과 같이 위화도회군(①), 정몽주일파와의 정쟁(②) 등 때에 적절하게 대처하면서 왕조개창 시기를 앞당기는 토대가 되었다. 이 점은 또 태조 7년에 무인정변을 일으켜 집권하고 왕위를 획득하는 토대가 되었을 것이라고 생각된다.

① 1388년(우왕 14) 5월 典理司正郞 재직 중 위화도회군이 단행되었다는 소식을 듣자 조정의 회군장수 가족들에 대한 구금조치를 예상하고 본가에 들리지 아니하고 곧바로 모 한씨와 서모 강씨

---

53) 구체적인 내용은 劉璟娥, 1996, 「鄭夢周의 政治活動 硏究」(1995년도 이화여자대학교 박사학위논문), 111 ~ 152쪽 참조.

54) 『太宗實錄』 권1, 太宗總書 (전략) 自僞姓竊國以來 姦臣執命 政散民離 太宗慨然有濟世之志 而能折節下士.

55) 『고려사절요』 34, 공양왕(창왕) 1년 4월조.

가 거주하는 포천으로 올라가 한씨와 강씨를 호송하여 동북면을 향해 가던 중 兎山郡 伊川 韓忠의 집에 도착하여 인근의 장정 100여 명을 모아 변란에 대비하면서 "최영은 일에 밝지 못한 사람이므로 우리를 쫓지 못할 것이다. 우리를 쫓더라도 두려워 할 것이 없다" 고 하면서 그 곳에서 머물다가 난이 평정되었다는 말을 듣고 돌아왔다. 처음에 최영이 회군 장수들의 처자를 잡아 가두려고 하였으나 일이 너무 급박해져서 시행하지 못하였다.[56]

② 1392년(공양왕 4) 4월 이성계가 명에서 귀국하는 태자 奭을 黃州에서 영접한 후 귀로에 해주에서 사냥하다가 낙마하여 중상을 입었다. 이를 기화로 1390년경부터 이성계일파와 대치하면서 고려왕조의 유지를 도모하던 정몽주일파는[57] 諫官(門下府郎舍) 金震陽 등으로 하여금 이성계파의 핵심인물인 三司左使 조준과 외지에 유배중인 前政堂文學 정도전·前密直副使 남은 등을 공격하여 살해하고, 이성계까지도 제거하려고 하였다. 이에 이방원은 해주에서 碧瀾渡에 이르러 유숙하고자 하는 이성계를 강권하여 개성 본가에 안착시켜 정몽주파의 책동에 대비하였고, 이어 이성계를 문병하고 돌아가는 守門下侍中 정몽주를 判典農寺事 趙英珪 등을 시켜 善竹橋에서 擊殺하고 정몽주일파를 축출함으로써 일거에 정국을 전환시켰다.[58]

---

56) 『용비어천가』 권1, 9장에서 종합.
57) 劉璟娥, 앞 논문, 96 ~ 110쪽 참조.
58) 『고려사』 권117, 열전 30 정몽주조, 『고려사절요』 권35, 공양왕 4년조에서 종합.

3. 交友

이방원은 개경생활 때에 어린 나이로 朴錫命과 사귀고 친분을 두텁게 하였고, 한 동리에 살던 吉再와 사귀고 함께 성균관에서 수학하면서 친분을 다졌다.[59] 길재와의 교우는 그가 1390년(공양왕 2)에 향리(현 구미시 해평면)에 은거한 관계로 단절되었지만, 박석명과는 잠저기를 통하여 계승되었다.[60]

이 두 사람 외에 이방원이 교우를 맺은 인물은 명확하지 못하다. 그런데 고려시대의 고시관인 座主와 그 시험에서 급제한 門生은 부자관계 이상으로 친밀하였고, 급제자 간에도 형제 이상의 친분이 있었다.[61] 이에서 金漢老 등 우왕 9년 예부시 급제자와 교우가 있었을 것으로 추측된다. 이를 살피기 위해 김한로 등 예부시급제자 30명 중 고려말·조선초에 정치행적이 확인되지 않는 金愭·李藻·朴簿·鄭安道·尹宗文·金若時·李孟蕃·王廉·安希德·孫九成 등 9명을 제외한 21명의 고려 우왕 9년 ~ 조선 태종 18년까지의 주요 역관과 정치동향을 정리하여 제시하면 다음의 표와 같다.

그런데 고려말에는 원·명 외교, 우·창왕 옹립, 사전개혁, 尹彝·李初獄事 등과 관련하여 관료가 파당을 이루며 대립·상쟁하였다. 즉, 1388년(우왕 14)에는 최영 등 친원파와 이색·이성계·정몽주 등 친명파, 1388년 ~ 1389년에는 曺敏修·李穡 등 우·창왕 추대파와 이성계 등 종친추대파, 1390년경 이후에는 정몽주 등 온건개혁파와 이성계 등 급진개혁파 및 윤이·이초옥사에 소극적인

59) 앞 주10), 28) 참조.
60) 『冶隱集』 年譜, 『태종실록』 권12, 6년 7월 경자 平壤君朴錫命卒記 참조.
61) 『태종실록』 권25, 13년 1월 병술, 『大東野乘』 권2, 「慵齋叢話」 7 참조.

〈표 1〉 우왕 9년 예부시급제자 여말선초 역관경향과 정치동향(성적순)[62]

성명	여말선초 주요역관				정치동향
	고려말	태조대	정종대	태종대	
金漢老	禮曹佐郎			禮·兵判, 參贊, 都摠制, 判都摠制, 贊成.	사위 讓寧大君 李禔
沈孝生	門下舍人, 掌令	開國功臣, 同知中樞			서 世子 芳碩, 태조 7년 坐鄭道傳伏誅
李來	掌令, 右諫議大夫	은거	左諫議, 中軍同知摠制	佐命2등공신, 工判, 大司憲, 知議政	鄭夢周黨與
柳琰	左副代言			全羅道觀察使, 判漢城府事	장인 李成琳
尹珪	右正言			刑·兵參議, 右副·左副代言, 吏參議, 敬承府尹	
成溥	六曹摠郎				
權文毅		禮賓少卿, 侍御史		判司宰監事	
張子秀				(歷開城留後司敎授)	
李蟠	右獻納, 刑曹正郎			掌令	鄭夢周黨與
鄭易				參知議政, 禮·刑·戶判, 贊成	서 孝寧大君 李補, 태종 原從功臣
申鳳生	大護軍				坐林堅味伏誅
尹須	正言				鄭夢周黨與
吳陞		諫官		承旨, 參議, 漢城尹, 京畿觀	
申包翅				세종시 工曹參議역임	

62) 『고려사』 공양왕세가 및 신우·정몽주열전, 『고려사절요』 우왕 ~ 공양왕조, 『조선왕조실록』 태조 1년 ~ 태종 18년조 등에서 종합.

성명	여말선초 주요역관				정치동향
	고려말	태조대	정종대	태종대	
李云老				判軍資監 · 濟用監事	여 태종후궁
權壎	左正言			獻納, 直藝文館	정몽주당여
李次點					부 李崇仁
玄孟仁			三軍府都事	掌令, 知司諫, 執義, 右司諫, 全羅道水軍都萬戶	
安束		諫官		知錦州事, 左司諫, 兵參議	
朴習				慶尙道觀察使, 刑判	
尹思修		禮佐郎兼都評議使司都事	좌동	代言, 吏參議, 藝文提學, 江原觀, 參知議政	

정몽주일파와 이를 계기로 정적을 일거에 제거하려는 이성계일파가 각각 대립 · 상쟁하였다.[63]

이에서 이방원은 고려말에는 1389년(창왕 1) 11월 창왕 폐위시까지는 김한로 등(신봉생은 1388년〈우왕 14〉 1월까지) 모두와, 1389년(공양왕 1) 11월 ~ 1392년(공양왕 4) 6월에는 정몽주당여로서 이성계파와 대립하였던 이래 · 이반 · 윤수 · 권훈, 임견미와 함께 복주된 李成琳의 사위인 류염 및 이성계일파의 박해를 받았던 李崇仁의 아들인 이차점을 제외한 모두와 교우하였을 것으로 추측된다.

또 조선개국후에는 태조 ~ 정종대를 통하여 세자 방석의 장인이 된 심효생과 공양왕 2년 이후부터 정치노선을 달리하였던 이래 · 류염 · 이반 · 윤수 · 권훈 · 이차점 등을 제외한(이래는 정종대)

63) 유경아, 앞 논문, 77 ~ 152쪽 참조.

모두와 교류하였을 것으로 추측된다. 특히 태종은 즉위 이후에 김한로 · 이래 · 류염 · 윤규 · 정역 · 오승 · 현맹인 · 안속 · 박습 · 윤사수 등을 당상관 이상에 발탁하였고, 다음의 설명과 같이 김한로(①) · 정역(②) · 윤규(③) · 류염 · 권문의(④) 등을 아끼고 우대하였다. 이것은 아마도 태종이 동년급제자를 왕권의 한 토대로 삼을려는 의도와 밀접히 관련되었겠지만, 태종과 동년급제자의 교우가 각별하였음을 시사하는 한 예라고 하겠다.

① 김한로의 딸을 세자빈으로 삼았고, 조정에서 그를 부를 때에는 이름을 부르지 않고 '壯元'이라고 불렀다.[64]

② 정역은 "충직하고 유덕하다"고 하면서 그 딸을 차남 孝寧大君 補의 배필로 삼았고, 그를 우대하고 예로서 대하였다.[65]

③ 윤규를 두고 知申事 黃喜에게 "대언을 맡길만 하니 대언에 결원이 생기면 제수하라"고 하였고, 동년급제자라하여 후하게 대우하였다.[66]

④ 判晉州牧事 류염이 1418년(태종 18)에 실정으로 탄핵되었으나 논하지 말라고 하면서 단지 파직시킴에 그쳤다. 判司宰監事 권문의가 1410년에 대간으로부터 "豊海道敬差官 때에 토지를 부실하게 審察하였다"고 탄핵되었으나 용서해 주었고, 1412년에도 딸의 혼사로 물의를 빚어 사헌부의 탄핵을 받자 그를 보호하기 위하여 巡禁司에 하옥시켰다.[67]

그 외에도 1382년(우왕 8)에 진사시에 함께 급제한 이승상도 동

---

64) 『대동야승』 권2, 「慵齋叢話」 권7.
65) 『세종실록』 권27, 7년 1월 정유 前判中軍府事 鄭易卒記.
66) 『태종실록』 권28, 14년 12월 을축 前判敬承府尹 尹珪卒記.
67) 『태종실록』 권35, 18년 3월 신미, 권20, 10년 12월 신유, 권24, 12년 10월 신묘 (전략) 命下巡禁司 蓋優之也 上嘗曰巡禁司是予私情之地也.

방장원이라하여 총애하면서 佐命4등공신에 책록하고 代言兼尙瑞尹에 제수하여 인사를 관장시킨 등에서[68] 1382년 이후 잠저시를 통하여 교우관계가 지속되었다고 추측된다.

그러나 김한로 등과의 교우관계는 1390년(공양왕 2) ~ 1400년(정종 2)에 있어서는 고려말에는 왕조개창론이 확산되고 이방원의 관직적 지위가 높아지면서 정치적인 역할이 크게 증대되었으며, 개국초에는 왕자이거나 집권자로서 정국을 주도하였던 만큼 교우관계에서 상하관계로 변질되어졌을 것이라고 생각된다.

68) 『태종실록』 권25, 13년 2월 을묘 鷄林君 李升商卒記.

第 2 章

王朝開創 參與와 執權

1. 王朝開創 參與

조선왕조의 개창은 1388년(고려 우왕 14) 위화도회군을 계기로 한 이성계일파의 정치·군사권의 장악, 사전개혁안의 제기와 함께 시작되고 1392년(공양왕 4)에 공양왕을 퇴위시키고 이성계가 즉위하면서 실현되었다.

이방원은 이러한 조선왕조의 개창과 관련되어 우왕 14년 ~ 공양왕 2년에는 위화도에서 회군할 때 同知密直司事 南誾과 吏曹判書 趙仁沃 등이 은밀히 태조를 추대하기로 의논하고 돌아와서 그에게 말하자 "이 일은 큰 일이니 가볍게 말 할 수 없다"고 하면서 만류하여 그 논의를 일단 중단시켰다.

1391년(공양왕 3)으로부터 왕조개창 때까지는 다음의 설명과 같이 당시의 실권자인 이성계의 아들로서 공양왕과 이성계(①), 재상(宰樞)과 이성계(②), 이성계휘하와 이성계(③)의 사이에서 중간역할을 하는가 하면, 이성계휘하를 지휘하여 정몽주를 격살하는(④) 등으로 점차 그 정치력을 증대시켜나갔다.

① 공양왕 3년 6월에 왕명에 따라 이성계에게 臺諫이 禹玄寶의 유배를 청하는 상소를 금지하여 줄 것을 청하였다. 그 얼마후에

이성계가 “이번에 저에게 대간의 일을 금지하라고 명령하니 이것은 제가 시킨 것이라고 의심한 것입니다” 라고 하면서 이방원을 통하여 사직소를 올리자 공양왕은 이방원에게 명하여 취직할 것을 간곡히 설득하였다. 또 1392년(공양왕 4) 7월에는 정몽주피살로 고립무원에 빠진 공양왕이 왕조를 연명시키기 위하여 이성계와 君臣同盟을 추진하면서 이방원·趙庸에게 그 일을 이성계에게 고하고 주선하게 하였다.[69]

② 공양왕 4년 7월에 태종은 남은과 이성계를 추대할 계책을 정했다. 남은은 은밀히 判典儀寺事 趙仁沃·判三司事 趙浚·忠義君 鄭道傳·大司憲 趙璞 등 52인과 더불어 힘을 합쳐 추대하기로 했다. 그러나 태조의 노여움을 겁내 감히 말하지는 못하였다. 태종이 서모(강씨)에게 말하여 태조에게 알리게 했으나 강씨도 감히 고하지 못했다. 태종이 밖으로 나가 남은 등에게 “바로 (국왕의) 儀仗을 갖추어 왕위에 오르시도록 해야겠다”고 말했다.[70]

③ 공양왕 4년 4월 이성계가 명에 입조하였다가 귀국하는 세자 奭을 黃州에 나가 맞이하고 귀로에 海州에서 사냥을 하던 중 낙마하여 중상을 입자, 정몽주가 이를 기화로 조준·정도전·남은 등을 제거하고 이성계까지 도모할 것을 꾀하였다. 이에 이방원은 李和·李濟 및 태조휘하와 함께 정몽주를 제거할 것을 의논하였다.[71]

④ 공양왕 4년 4월에 判典客寺事 趙英珪·中郎將 高呂·判軍器寺事 李敷 등을 시켜 이성계를 문병하고 귀가하는 守門下侍中 정몽주를 선죽교에서 살해하였다.[72]

---

69) 『고려사』 권46, 공양왕세가 2, 3년·4년조에서 종합.
70) 『용비어천가』 권2, 9장에서 종합.
71) 『고려사』 권117, 열전 30 정몽주조에서 종합.
72) 『용비어천가』 권2, 9장, 『고려사』 권116, 열전 29 심덕부조에서 종합.

2. 戊寅政變 主導와 執權

1) 戊寅政變 主導

이방원은 1392년(태조 1) 7월 親王子의 봉군에 따라 靖安君에 책봉되었고,[73] 태조의 "개국에 끼친 공로가 제 왕자와 비교가 되지 않는다"는 배려에 따라 특별히 조상으로부터 전래된 동북면 가별치(加別赤) 500여 호를 받았다.[74] 또 종친과 대신에게 제도의 군사를 나누어 지휘하게 한 조치에 따라 세거지이고 제도 중에서 군사력이 가장 강력한 東北面都節制使가 되었다.[75]

그러나 정안군은 태조 1년 8월에 단행된 개국공신책록에서는 태조의 친왕자 배제방침에 따라 공신에 책록되지 못하였다.[76] 곧 이은 세자책봉에 있어서도 裵克廉·趙浚·鄭道傳에 의해 정안군을 염두에 둔 "나이가 지긋하고 공이 많은 왕자를 세워야 한다"는 의견이 제시되었다. 그러나 神德王后 康氏의 의사를 존중한 태조의 결심에 따라 이복동생 芳碩이 세자로 책봉되는 상황을 감내하여야 하였다.[77] 또 1도의 군사를 총관하는 제도 都節制使 조정에 따라 가별치와 동북면도절제사를 이복 동생 撫安君 芳蕃에게 내주고 전라도도절제사로 옮겨야 하였다(이후 태조 7년 9월까지 겸대).[78] 그 외에 개국초의 핵심이 된 군사기구인 義興親軍衛와 義興三軍府에도 永安君 芳果·撫安君 芳蕃·興安君 李濟가 각각 節

73) 『태조실록』 권1, 1년 7월 병진.
74) 『태조실록』 권14, 7년 8월 기사.
75) 『태조실록』 권1, 1년 7월 정유.
76) 崔承熙, 앞 논문, 138쪽.
77) 『태조실록』 권1, 1년 8월 기사.
78) 『태조실록』 권14, 7년 8월 기사.

制使가 되어 동 기구를 지휘하였음과는 달리 참여하지 못하였다.[79)]

한편 태조대의 정치운영을 보면 유약한 세자의 장래를 염려한 태조와 신덕왕후 강씨의 의도에 따라 정도전 · 남은 · 이제 등이 세자와 밀착되게 되면서 趙浚 등 정승 이하와 개국공신들을 제치고 부상하게 되었다. 이들 정도전 · 남은 · 이제 · 심효생(여가 세자빈이 된 3년 11월 이후) 등이 門下府 · 三司 · 中樞院職과 判義興三軍府事 · 判尙瑞司事職 등 즉, 정권 · 군권을 함께 장악하고[80)] 태조의 총애를 받는 환관 金師幸 · 曺恂과 결탁하고 內廂節制使 南贇 · 親軍衛都鎭撫 朴葳 · 商議門下 柳蔓殊[81)] 및 휘하 무장을 지휘하면서[82)]

---

79) 『태조실록』 권1, 1년 8월 병진, 권4, 2년 4월 기축. 의흥친군위와 삼군부의 연혁과 운영은 한충희, 1994, 「朝鮮初期(태조 2년 ~ 태종 1년) 義興三軍府연구」, 『啓明史學』 5, 3 ~ 7쪽 참조.

80) 정도전 등의 역관을 『태조실록』에서 뽑아 적기하면 다음의 표와 같다(( ) 는 재직시기).

성명	본직	겸직
鄭道傳	贊成事(1.7~), 判三司事(2.9~), 奉化伯(3.7~7.8)	判尙瑞司事(1.7~6.3), 世子貳師(1.8~7.8), 判義興三軍府事(3.1~7.8), 慶 · 全 · 揚 3道都統制使(3.3~), 有備庫提調(6.3~), 東北面都按撫察里使(6.12~7.3), 成均館提調(7.4~)
南誾	判中樞(1.7~), 參贊門下(3.1~5.7~), 宜城君(6.~7.8)	世子傅(1.8~7.8), 義興親軍衛同知節制使(1.7~2.9), 義興三軍府右軍節制使(3.1~7.8), 判尙瑞司事(5.12~7.8)
李濟	興安君(1.7~7.8)	義興親軍衛右軍節制使(1.7~2.9),義興三軍府右軍節制使(3.1~7.8)
沈孝生	中樞學士(4.2~), 知中樞(5.12~), 富城君(~7.8)	

81) 『태조실록』 권14, 7년 8월 기사.

82) 정도전휘하라고 추측된 인물(무인정변시 피죄자)을 적기하면 다음과 같다(『태조실록』 권14, 7년 8월 병인 · 을사조).
康澤(大將軍), 韓珪(대장군), 孫源萬(대장군), 宋千祐(대장군), 任得邦(將軍), 河承海(前將軍), 睦仁海, 朴비, 李千祐, 康繼權(商山君), 吳蒙乙(寶城君), 鄭臣義(知中樞), 趙洪(장군), 李登(前將軍), 趙思義(前僉節制使), 李伯由(完城君) 등.

국정을 주도하였다.

그러던 중 1395년(태조 4) 7월부터 신덕왕후 강씨가 병이 들게 되고, 이후 차도가 있기도 하였지만 태조 5년 8월에 사망하였다.[83] 강씨의 신병과 사망은 개국 이래로 강씨·정도전 등의 위세로 인해 정치에 참여하지 못하고 사냥 등으로[84] 울분을 삭이고 있었던 정안군에게 그 야심을 실현할 수 있겠다는 희망을 주었을 것이다. 이를 전후하여 정안군은 자질과 전라도도절제사직 및 그 이전부터 그에게 심복하였던 河崙·閔無咎·閔無疾 등을 통해 지지세력을 규합해 나가 徐益·文彬·沈龜齡·尹柢·金宇·馬天牧·楊春茂·權希達 등 무장을 포섭하여 측근세력으로 삼았다.

1396년 이후에는 명이 表箋問題를 제기하면서 정도전의 압송을 요구하고 억류하고 있던 西原君 鄭摠·光山君 金若恒을 살해함에 따라 대명관계가 악화되었다.[85] 그러나 정도전은 태조의 신임하

83) 『태조실록』 권8, 4년 7월 계묘, 권10, 5년 8월 무술.

84) 『태조실록』 권8, 4년 10월 계묘. 그런 중에서도 태조 1년 8월 ~ 10월에는 동북면에 파견되어 4대 능실에 제사를 지내고 태조의 즉위를 고하였으며, 定陵(皇考)·和陵(皇妣)·義陵(황조)·純陵(황조비)·智陵(황증조)·淑陵(황증조비)·德陵(황고조)·安陵(황고조비)의 능호를 올렸다(『태조실록』 권1, 1년 8월 정사, 권2, 1년 10월 병자). 태조 2년 3월 ~ 4월에는 前全州節制使 陳乙瑞를 대동하고 전라도에 파견되어 왜구를 방비하였다(『태조실록』 권3, 2년 3월 계해, 2년 4월 무자). 태조 3년 6 ~11월에는 南在·趙胖을 대동하고 남경에 파견되어 사신내왕문제를 해결하였다(『태조실록』 권6, 3년 6월 기사·11월 을묘).

85) 표전문제는 명이 조선의 北元과의 결탁을 의심하고 태조 4년 11월에 誥命과 印信을 청하러 간 예문춘추관대학사 鄭摠을 그 표문에 '불손한 언사가 있다'고 트집을 잡아 억류하면서 야기되었다. 그 과정에서 '朝明관계'가 악화되고 태조 6년에 억류된 정총과 金若恒이 살해되었다. 그러다가 태조 7년에 정안군이 주동한 정변으로 대명강경책을 주도하던 정도전 등 집권파가 살해되고 태조가 정종에게 양위하면서 일단락되기까지 조선의 최대 현안사가 되었다(『태조실록』 권12, 6년 11월 무인, 외. 표전문제를 둘러싼 대명관계는 李相佰, 1978, 「鄭道傳論」, 『李相佰著作集』 권1, 을류문화사, 315 ~ 328쪽 참조.

에 判三司事에서 奉化伯으로 개수되었을 뿐 여전히 판상서사사 · 판의흥삼군부사 등을 겸대하면서[86] 정치를 주도하였다. 또 정도전 등은 대명관계를 타개하기 위하여 요동공격을 주창하고[87] 그 일의 실현을 위해 진법훈련을 실시 · 강화해 나가는가 하면, 종친 · 훈신이 사적으로 거느린 도절제사 군관 등의 사병을 혁파하여 의흥삼군부로 병권을 집중시키는 군제개혁을 도모하였다. 즉, 1397년(태조 6) 6월에는 訓導官을 두어 節制使 · 軍官과 西班各品 · 成衆愛馬에게 陣圖 등을 교습하였고, 진법에 통달한 자를 각도에 파견하여 절제사 이하에게 진법을 교습시켰다[88] 1398년 7월에는 제도에 관리를 파견하여 진도에 불통한 諸鎭 僉節制使에게 태장을 쳤고,[89] 7년 8월에는 진도강습에 불참한 삼군 절제사 이하 292인을 파직으로부터 태장에 이르기까지 치죄하였다.[90] 이에 따라 정안군도 다음의 공신 · 종친 · 원종공신과 함께 본인 대신에 그 휘하가 태장 50을 맞는 수모를 당하였다.[91]

> 공신; 南誾(절제사), 李之蘭(절제사), 張思吉(절제사).
> 종친; 李天祐(내갑사제조), 李和(의안백), 李芳幹(회안군), 李芳毅(익안군), 李芳蕃(무안군), 李良祐(영안군), 李芳果(영안군), 李枝(순령군).
> 부마; 李濟(홍안군)
> 원종공신; 柳曼殊(찬성사), 鄭臣義(지중추부사)

---

86) 앞 주80) 참조.
87) 『태조실록』 권11, 6년 6월 갑오.
88) 『태조실록』 6년 6월 갑오 ~ 7년 8월조 참조.
89) 『태조실록』 권14, 7년 7월 경자.
90) 『태조실록』 권14, 7년 8월 갑진 · 정미 · 임자.
91) 『태조실록』 권14, 7년 8월 임자.

정도전 등은 또 종친·훈신이 나누어서 거느린 제도 번상병(사병)을 의흥삼군부로 통합하고자 1398년 8월에는 우선 여러 왕자가 거느린 侍衛牌 중 무안군 방번의 그것을 제외한 모두를 해산하도록 명령하였다.[92] 이에 따라 모든 군사지휘(典兵)자는 병권을 박탈당할 처지에 직면하게 되었다. 이러한 사병혁파와 병권집중의 도모는, 아마도 연로한 태조의 건강을 염려한 정도전 등이 정안군 등의 측근·지지세력 규합을 봉쇄하고 세자를 보호할 의도도 크게 작용한 것으로 추측된다.

이러한 정도전 등 실권파의 외교·군사정책은 내면적으로 이들에게 불만을 품었던 조준 등 원로재상, 대소 관료·군직자, 전병을 박탈당한 종친·훈신에게 불만을 표출할 구실과 여건을 제공하게 되었다. 조준은 직접으로 요동공격이 불가함을 역설하면서 정도전과 대립하는가 하면,[93] 병권에 참여한 정안군과 종친·훈신 등의 광범한 반발을 초래하였다.[94] 이러한 원로대신과 종친·훈신의 반발은 정안군에게 측근·지지세력을 규합할 좋은 여건을 제공하였다고 하겠다.

바로 이 시점에서 태조가 중병으로 국사를 총관할 수 없게 되고, 세자도 정식 혼례(吉禮)를 거행할 정도로 성장하여[95] 유사시에 대처할 능력을 갖추게 되었다. 정안군은 '이 시기를 놓치면 왕위를 획득할 기회가 없을 것이다' 라는 판단하에 安城郡守 李叔蕃에게

---

92) 『태조실록』 권14, 7년 8월 기사.
93) 『태조실록』 권11, 6년 6월 갑오.
94) 鄭杜熙, 1983, 『朝鮮初期 政治支配勢力研究』, 一潮閣, 29 ~ 32쪽.
95) 『태조실록』 권14, 7년 8월 병진.

(우리의) 세력으로서는 적을 이기기 어렵다. (먼저) 정도전과 남은 등 (실권자)을 죽인 다음에 우리 4, 5 형제가 3군부 문 앞에 군사를 주둔하여 나라 사람들의 여론을 보아 여론이 지지하지 않으면 죽을 것이고, 여론이 흔쾌히 지지하면 우리가 살 수 있을 것이다(勢力則不可敵矣 斬道傳誾等 然後我四五兄弟 駐馬于三軍府門前 以觀國人之心 人心不從則已 翕然後之則我得生矣 ( ) 필자 보).[96]

라고 말하였음과 같이 성공을 자신하지 못하면서도 급하게 정변을 일으켰다.

정안군은 京畿道觀察使 河崙의 헌책에 따라 먼저 남은의 집에서 회합중이던 정도전·남은을 습격하여 죽이고, 이어 측근·지지세력과 함께 궁궐을 포위하고 세자 방석·무안군 방번·흥안군 이제 등을 살해하고 집권하였다.[97]

정변당시에 동원된 군세를 보면 처음에는 閔無咎·閔無疾·金小斤과 기병 10명 및 보병 10여 명에 불과하였고, 이후 측근·지지세력인 李叔蕃·李芳毅·李佇·李芳幹·李孟宗·李居易·趙英武·辛克禮·徐益·文彬·沈龜齡·趙溫·李天祐·李茂·朴苞 등이 가세함에 따라 본격적인 군세를 갖추게 되었다.[98] 그러나 이러한 군세는 의흥삼군부군과 궁궐을 수비하고 있던 禁軍(의흥친군좌·우위)과는 수적으로나 전투력에서 비교가 되지 못하였다. 다행이도 태조의 위독, 군권을 총관한 정도전·남은의 참살, 친군위의 최고 지휘관인 도진무 박위(#)와 절제사인 조영무(*)·조온(*)·이천우(*)·이지(#)·남지(#)가 정변군(*)과 관망 내지 반

96) 『태조실록』 권14, 7년 8월 기사.
97) 『태조실록』 권14, 7년 8월 기사.
98) 이들의 당시 관직은 뒤 별첨 〈표 1〉 태조 6 ~ 7년조 참조.

정변군(#)으로 분렬되는 등 지휘체계가 붕괴되었기에 정변에 성공할 수 있었다.

이어 정안군은 정도전의 당여를 처단하고 측근·지지세력을 추요직에 제수하며,[99] 태조를 양위하게 하고 정종을 옹립함으로써 집권을 위한 정지작업을 마무리하였다.

2) 執權

정안군은 무인정변의 성공과 함께 정종을 추대하고 정안군으로서나(정종 즉위 ~ 2년 1월) 세자로서(정종 2년 1월 ~ 11월) 집권하였다. 정안군은 먼저 조준 등 최고위 관료와 정변에 공헌한 하륜·이거이·조영무 등 지지·측근세력을 定社功臣에 책록하고(뒤 주152) 참조), 이어 정사공신과 그 외의 측근세력(대개 佐命功臣에 책록)을 정치·군사의 요직에 제수하여 집권기반으로 삼았다.

정종대의 인사를 보면 다음의 표와 같이 즉위 직후에는 문하부·삼사·중추원·삼군부의 종2품 이상의 관직자 20(겸대자 포함시는 27)명 중 정사공신이나 좌명공신에 책록되지 않은 인물은 禹仁烈·沈德符·金輅의 3인에 불과하였다. 관직 구성을 보면 조준·김사형·우인렬·성석린·이지란·장사길 등이 유임되고, 정안군의 숙부인 이화와 형인 이방의·이방간이 우용되었으며, 심덕부·이거이·하륜·박포·이무·김로·조영무·조온·이천우가 領三司事 이하와 삼군부 절제사 이하에 제수되었다. 이 중에서 이화·이지란·장사길·이무·김로·이천우는 정권·군권을 장악하였고, 이거이·하륜·이무·조영무·조온·이천우는 관직상으로는 조준 등 보다 낮지만 정

99) 뒤 〈표 2〉 정종 즉위년 9월 계유조 참조.

안군의 측근이고 戊寅政變에 기여한 공로와 관련되어 〈표 2〉의 정종 1년 12월과 2년 9월의 인사에서와 같이 정종대를 통하여 정권과 군권을 관장하면서 정안군의 집권을 뒷받침하였다.

〈표 2〉 정종대 주요관직 인사 (*은 유임자, 開·定·佐는 開國·定社·佐命功臣)[100]

		즉위년 9월 계유	1년 12월	2년 9월 기사
門下府	判事	李和(開·定·佐)	趙浚(개·정)	李居易(정·좌)
	左·右侍中	趙浚(開·定)*·金士衡(開·定)*	沈德符·成石璘(좌)	成石璘(좌)·閔霽
	贊成事	禹仁烈*, 成石璘(佐)*	李居易(정·좌)	李之蘭(개·정·좌)·河崙(정·좌)*
	參贊事 등	李之蘭(開·定·佐)*, 茂(定·佐)*, 張思吉(開·定)*, 趙璞(개·정·좌), 李居易(정·좌), 河崙(정·좌)	李稷(개·좌), 趙英武(개·정·좌), 河崙(정·좌), 權近(좌)	張思吉(개·정)*, 李茂(정·좌)*, 趙溫(개·정·좌), 趙英武(개·정·좌)*, 權近(좌)*
三司	領事	沈德符	李和(개·정·좌)	
	判事		閔霽	禹仁烈
	左·右使			李稷(개·좌)
中樞院	判事	金輅(개)*	鄭洪*	혁파후삼군부에병합
	中樞使 등	朴苞(개·정), 李天祐(정·좌)		
三軍府	領事	李和	李和*	
	判事			李佇(정·좌)
	節制使	李芳毅(개·정), 李芳幹(개·정), 李芳遠(개·정), 李之蘭(개·정·좌)*, 張思吉(개·정)*, 李茂(정·좌)		李居易(정·좌), 李佇(정·좌), 趙英武(개·정·좌)
	同知節制使	趙英武(개·정·좌), 趙溫(개·정·좌), 金輅(개)		馬天牧(좌)*, 趙卿(좌)*
	參判事			趙英武(개·정· 좌), 李茂(정·좌)
	知事	李天祐(정·좌)	李天祐(정·좌)*	李天祐(정·좌)*

100) 『태조실록』 7년 8월 ~ 『정종실록』 2년 11월조에서 종합.

이어 靖安公[101] 이방원은 三軍府右軍節制使 江原道東北面都節制使와 兼判尙瑞司事나 都督內外諸軍事 등을 띠고[102] 이거이·하륜·이무·조영무·이천우 등 측근세력을[103] 지휘하면서 정종대의 모든 정치를 관장하였다.

즉, 1398년(정종 즉위) 9월에는 정사공신의 선정을 주관하고 이화 등 29명을 1·2등공신에 책록하여 무인정변을 마무리지었고, 동년 12월에는 자신과 방의·방간을 개국1등공신에 추록하여 그의 형제가 왕조개창에 끼친 공로를 확인하였다.[104] 1399년 1월에는 '建文' 년호를 사용하고[105] 우정승 김사형·정당문학 하륜·판삼사사 偰長壽를 명에 파견하여 태조(홍무제)를 조문하고 建文帝의 즉위를 하례하면서 태조의 선위와 정종의 즉위를 승인 받는 등[106] 조선과 명의 우호관계를 이룩하였다. 1399년 3월에 한양에서 開城留後司로 천도하여 무인정변으로 인한 분위기의 쇄신을 도모하였다.[107] 1399년 10월에는 條例詳定都監을 설치하여 국가통치의 근간이 될 법률제정에 착수하였다.[108]

---

101) 태조 7년 9월 친왕자를 공에 책봉함에 따라 정안군에서 정안공으로 개봉되었다(『태조실록』 권14, 7년 9월 계유).

102) 정안군이 겸대한 제관직을 『태조·정종실록』에서 찾아 적기하면 다음과 같다.
義興三軍府右軍節制使 ; 태조 7. 9. ~ 정종 2. 2,
江原道東北面都節制使 ; 정종 1. 11 ~
兼判尙瑞寺事 ; 정종 즉. 9 ~ 1. 2, 2. 2
條例詳定都監判事 ; 정종 1. 10 ~ 2. 2,
都督內外諸軍事 ; 정종 2. 2 ~ 4.

103) 이들의 역관은 뒤 〈표 4〉 참조. 이 중에서도 河崙은 정안공의 전폭적인 신임을 받으면서 동기 정치·군사개혁 등 정치전반을 주도하였다(앞 주 4) 文炯萬 논문, 참조).

104) 『태조실록』 권15, 7년(정종 즉위) 12월 정사.

105) 『정종실록』 권1, 1년 1월 임신.

106) 『정종실록』 권1, 1년 1월 경진·6월 병인.

107) 『정종실록』 권1, 1년 3월 무인.

1400년(정종 2) 1월에는 자신의 정치주도에 불만을 품고 정권을 찬탈하기 위하여 거병한 회안공 방간과 중추사 박포 등을 토벌하고 兎山에 유배하거나 賜死하는 등으로서[109] 집권기반과 권력을 더욱 강화하였다. 이어 세자(王世第)에 책봉되면서 동년 11월 정종의 양위를 받아 즉위하는 명분을 확립하였다.[110]

1400년 4월에는 찬성사 하륜에게 명하여 都評議使司를 議政府로 개편하여 정권을 전장시켜 국정운영체제를 도평의사사 중심에서 의정부 중심으로 전환하였고, 중추원을 삼군부로 개칭하고 병권을 관장하게 하였으며, 중추원 승지를 승정원으로 독립시키는 등의 관제를 개편하였다.[111] 동년 5월에는 李佇의 전횡에 대한 대간의 탄핵을 기화로 종친·부마의 정치참여를 금지하였다.[112]

한편 군사분야에서는 1398년(정종 즉위) 9월에 종친·훈신을 義興三軍府 領事 이하에 제수하여 정변후의 혼란에 대비하면서 집권기반을 구축하였다.[113] 익년 11월에는 종친·훈신을 제도 都節制使에 제수하였고, 동시에 사병혁파의 전단계로서 군사지휘자를

---

108) 『정종실록』 권2, 1년 10월 기유.

109) 『정종실록』 권3, 2년 1월 갑오, 2년 2월 병신·경신조. 이들과 함께 피죄된 인물과 그 처분은 다음과 같다.

斬首 ; 前少尹 閔原功
削職決杖; 檢校參贊 崔龍蘇
決杖 ; 中樞使 李沈, 前判事 桓愉, 前典書 薛崇, 護軍 元胤
流邊郡 ; 朴蔓, 李沃
流遠方 ; 上將軍 吳用權, 郭承祐, 閔公生, 閔道生, 鄭承吉, 鄭綸, 金月下, 金貴南, 閔校, 李君弼, 金國珍
杖流 ; 護軍 朴元吉·郭凡·金寶海
付外方 ; 元尹 李伯溫, 前典書 任天年, 右軍將軍 金旴, 將軍 李蘭·李巨賢·黃載, 前殿中卿 姜昇平, 宣略將軍 李允良, 內官 姜仁富
罷職 ; 同知中樞 張湛

110) 『정종실록』 권3, 2년 2월 병신, 권5, 2년 11월 신유.

111) 『정종실록』 권4, 2년 4월 신축.

112) 『정종실록』 권4, 2년 5월조.

113) 『태조실록』 권14, 7년 9월 계유. 이 때의 절제사 등은 앞 〈표 2〉 참조.

축소하여 자신과 방의·방간·이저·이거이·조영무·조온·이천우를 제외한 여타의 典兵(병권, 군사지휘권)을 혁파하였다.[114] 1400년 1월경에는 三軍府鎭撫所를 三軍府經歷所로 개칭하고 그 관직에 經歷·都事를 두었고, 동년 2월에는 무인정변 직후에 혁파한 判三軍府事를 복설하고 중·좌·우군에 知節制使를 신설하였다.

1400년 4월에는 兼大司憲 權近과 左散騎常侍 金若采의 상소에 따라 서울에 머물던 제도의 절제사를 모두 혁파하고 경외의 모든 군마를 삼군부에 소속시킨 즉, '私兵革罷'를 단행하였다.[115] 이와 동시에 병권집중에 따라 비대해진 삼군부의 관제를 개편하여 領事를 폐지하고, 중·좌·우군의 都節制使·節制使·同知節制使를 각각 都摠制·총제·동지총제로 개칭하며, 參判三軍府事(1인)·僉書三軍府事(각 2인)를 신설함으로써[116] 삼군부에 대한 통제를 강화하였다. 다시 동년 6월에는 왕을 시위하던 삼군부진무소 甲士 300명을 혁파하고 단지 정종 잠저 때의 휘하병 100인만을 잔류시켰고,[117] 동년 9월에는 정종의 原從侍衛牌를 혁파하고 그들을 모두 삼군부에 소속시켰다.[118] 이로써 1398년(태조 7) 이래로 큰 근심거리가 되었던 사병이 혁파되면서 국가의 모든 병사가 義興三軍府에 집중되었다.

---

114) 『정종실록』 권2, 1년 11월조. 이 때 제도병을 분장한 인물은 다음과 같았다.
정안공 이방원; 강원도·동북면,
익안공 이방의; 경기·충청도,
회안공 이방간; 풍해도·서북면,
상당후 李佇 ; 경상·전라도,
그 외 ; 참찬문하 이거이·조영무, 참지문하 전병자 조온, 동지중추 이천우.

115) 『정종실록』 권3, 2년 4월 신축.

116) 한충희, 1994, 「朝鮮初(太祖 2년 ~ 太宗 1년) 義興三軍府硏究」, 『啓明史學』 5, 8쪽.

117) 『정종실록』 권4, 2년 6월 계축.

118) 『정종실록』 권5, 2년 9월 기사.

靖安公(뒤의 태종)이 이와 같이 종친·훈신의 비대한 정권·군권을 약화시키면서 도평의사사를 의정부로 개편하고 중추원을 삼군부에 병합하며, 사병혁파 등의 시책을 결행한 것은, 아마도 우왕대의 李仁任 등과 태조대의 鄭道傳 등의 독주로 인한 폐단인식에서 크게 기인된 것으로 생각된다.[119] 이들 정책은 그대로 태종 재위기로 계승되면서 왕권을 강화하고 의정부 기능을 약화하면서 강력한 중앙집권을 이룩하는 토대가 되었다.

이러한 정안공의 위세와 정국주도에서 정종은 학식과 품행을 갖추었지만[120] 정치에 의욕을 잃고 나날을 擊毬 등의 오락으로 보내었고,[121] 1400년 11월에 하륜 등의 요청에 따라 선위의 형식을 빌어 정안공에게 양위하였다. 이후 정종은 1419년(세종 1)까지 상왕의 지위를 누리기는 하나, 태종대 이래로 정당하게 왕위를 계승한 왕(繼世之主)의 대우를 받지 못하고 임시로 왕위를 이은 왕(寄生之君)으로 간주되고 그 소생도 益安大君(방의)의 자녀와 같이 취급되는 등 정당한 대우를 받지 못하였다.[122]

119) 태종대의 외척·공신의 무자비한 제거, 의정부기능의 약화와 승정원·육조 중심의 국정운영 도모와 실현 등도 이를 방증한다고 본다.
120) 『정종실록』 권1, 초두.
121) 『정종실록』 권1, 1년 1월 경진·경인 등조 참조.
122) 『세종실록』 권54, 13년 10월 을사.

3. 側近 및 支持勢力[123]

이방원의 측근세력이 본격적으로 형성되기 시작한 시기는 이방원의 역관·신분과 정치에 끼친 영향력 등을 볼 때 일러도 密直司右副代言이 되는 1390년(공양왕 2) 4월까지나 조선왕조가 개창된 1392년(태조 1) 7월까지는 상정하기 어렵다. 그러면 이방원의 측근·지지세력은 언제부터 어떻게 형성되고 규합되었겠는가?

먼저 고려말의 측근·지지세력을 보면 이 시기에 측근세력이 분명하다고 생각되는 인물은 閔無咎·閔無疾·姜尙仁이라고 생각된다. 민씨형제는 이방원이 민씨와 혼인한 1382년(우왕 8)경부터 측근세력이 된 것으로 추측된다. 강상인은 이방원이 생원이 된 우왕 8년에 이방원가의 집사(書題)가 되었고, 이후 상왕 태종의 세종 외척제거와 관련되어 복주되는 세종 즉위년까지 시종직 등에 종사하였다.[124] 또 金小斤은 무인정변 때에는 무기를 들고 정안군을 옆에서 호위하였으며,[125] 1399년(정종 1)에 정안군과 같은 집에 거주하였음이 확인되었다.[126] 이에서 김소근도 고려말에 측근세력이 된 것으로 추측된다.

한편 이방원은 당시의 실권자인 이성계의 아들로서 공양왕과 이성계, 재상과 이성계, 이성계휘하와 이성계의 사이에서 중간

---

123) 측근세력은 이방원과 빈번히 접촉하면서 신변을 호위하거나 각종 공사를 함께 의논·결정·수행하고 조언하는 인물이고, 지지세력은 이방원과 관계된 정사 등 때에 지지한 형제숙질, 사돈, 연로한 고위관인 등을 포괄하여 파악한다.

124) 『세종실록』 권2, 즉위년 11월 무신.

125) 『태종실록』 권1, 태종총서, 『태조실록』 권14, 7년 8월 기사.

126) 『태종실록』 권1, 태종총서.

역할을 하는가 하면, 이성계휘하를 지휘하여 정몽주를 격살하는 등으로 점차 그 정치력을 증대시켜나갔다.[127] 이러한 과정에서 趙浚 · 鄭道傳 · 南誾 · 趙仁沃 · 李和 · 李濟 · 趙英珪 · 高呂 · 李敷 등의 인물과 접촉하면서 친분을 다졌다. 그러나 이 중 조영규 · 고여 · 이부는 측근세력이고, 조준 등과도 밀접한 관계가 형성된 것처럼 보인다. 그러나 조준 · 정도전 · 남은 · 조인옥은 왕조개창을 주도하는 개혁파의 핵심인물이고, 이화는 숙부였고, 이제와 조박은 매부(부인이 慶順公主)와 손위의 동서였으며, 조영규 · 고여 · 이부도 이성계의 측근이었다. 이에서 이방원은 이들과의 친분은 쌓아갔지만, 사적인 관계는 형성되었다고 보기 어렵다고 하겠다. 따라서 이방원의 측근세력은 고려말까지는 서제인 강상인과 시종인 김소근, 그리고 처남인 민무구 · 민무질 등에 불과하였다고 하겠다.

다음으로 조선 개창 이후의 측근세력과 지지세력을 살펴 본다. 이방원은 개국직후에 靖安君에 봉군되었고,[128] 비록 세자책봉에서는 탈락하였지만 1398년(태조 7)까지 명에 사신으로 파견되어 朝明외교의 개선에 공헌하는가하면,[129] 전라도도절제사 등의 군직을 겸대한 까닭에 휘하를 거느리면서[130] 군사에 상당한 영향력을 발

127) 구체적인 내용은 앞 42 ~ 47쪽 참조.

128) 『태조실록』 권1, 1년 8월 병진.

129) 태조 3년 6월 ~ 11월에 명의 친왕자 입조요구에 의하여 參贊門下 南在 · 知中樞 趙胖을 대동하고 입명하여 태조 2년 이래 당시까지 명 태조가 조선의 여진인유인 · 조선해적의 중국연안 침입, 요동정벌기도를 의심하여 조선사신의 입국을 금지시킨 일과 3年1使 문제를 '1年3使'가 입국하는 것으로 해결하였다(박원호, 1995, 「명과의 관계」, 국사편찬위원회 『한국사』 권22, 294쪽에서 종합).

130) 『태조실록』 권14, 7년 8월 임자. 이 때의 휘하가 누구인가는 알 수 없지만 뒤의 ㄴ) ~ ㄹ)에서 언급될 宋居信 · 金德生 · 姜尙仁 · 尹柢 · 金宇 · 徐益 · 文彬 ·

휘하였다. 무인정변으로부터 1400년(정종 2) 11월까지는 정안군으로서나 세자로서 정치·군사권을 장악하면서 정치를 주도하였다.[131] 이러한 정안군의 지위와 정치·군사적인 영향력을 볼 때 정안군의 측근·지지세력의 규합·형성은 조선개국 이후부터 본격적으로 행해지게 되었다고 생각된다.

이 시기 측근세력으로는 우선 河崙(①), 宋居信(②)·金德生(③), 金小斤(④)·閔無咎(⑤)·閔無疾(⑥)·李叔蕃(⑦)·李佇(⑧)·李居易(⑨)·辛克禮(⑩)·徐益(⑪)·文彬(⑫)·沈龜齡(⑬)·朴苞(⑭)·李茂(⑮)·趙英武(⑯)·趙溫(⑰)·李天祐(⑱)와 田興(⑲)·尹柢(⑳)·金宇(㉑)·楊春茂(㉒)·姜尙仁(㉓)·馬天牧(㉔)·權希達(㉕) 등을 꼽을 수 있을 듯 하다.[132] 즉, 이들은 다음의 ㄱ) ~ ㅁ)의 설명과 같이 무인정변에 단독으로나 휘하를 거느리고 참여하였고, 정안군의 친척·인척이거나 정안군을 시종하였음에서 그 모두가 측근세력이었을 것이라고 생각된다.

ㄱ) 하륜(①)은 『태종실록』 권1, 태종총서에

> 하륜은 관상을 잘 보았다. 閔霽에게 "내가 관상을 본 사람이 많지만 공의 둘째사위(정안군)와 같은 자는 보지 못하였다. 내가 한 번 보기를 원하니 청컨대 공께서 주선해달라" 고 하였다. 민제가 태종에게 "하륜이 그대를 보기를 원한다"고 하여 태종이 하륜과 상면하였다. 하륜이 마음을 기울여 태종을 섬겼다.

고 하였듯이 정안군에게 심복하였다. 또 무인정변을 일으키기에

沈龜齡·馬天牧·權希達 등 중의 일부가 해당되지 않겠는가고 추측된다.

131) 앞 45 ~ 55쪽 참조.

132) 이거이에 있어서는 그 역할은 여타의 측근세력과 같지만, 아들 저가 정안군의 매부였음에서 지지세력으로 봄이 좋을 듯하다.

앞서 정안군이 사람을 물리치고 계책을 묻자 "이 때에는 다른 대책이 없고 단지 마땅히 먼저 공격하여 정도전 등을 제거하는 것뿐이다" 라고 말하였고, 정변일에는 정안군과 함께 정변을 지휘하였다.[133]

ㄴ) 정안군은 1395년(태조 4) 10월 義安伯 李和와 함께 서쪽 교외에서 사냥을 하던 중 노한 표범의 습격을 받아 거의 죽게될 지경이었는데, 郎將 宋居信(②)이 말을 달려와 표범을 막아 위험에서 구하고 대신 위험에 처한 것을 다시 낭장 金德生(③)이 표범을 사살하여 송거신을 구하였다.[134]

ㄷ) 1398년 8월 1차 왕자의난 때에 김소근(④)은 정안군을 호위하였고, 민무구(⑤) · 민무질(⑥)은 이숙번 등 정변참여 무장과의 연락을 담당하면서 군사를 지휘하였으며, 이숙번(⑦)은 정변의 주력군을 동원하였다. 이어 익안공 방의 · 상당후 이저(⑧) · 회안공 방간 부자, 정안군에게 심복한 이거이(⑨) · 신극례(⑩) · 서익(⑪) · 문빈(⑫) · 심구령(⑬), 이무(⑭) · 박포(⑮) 등은 단독으로나 휘하를 거느리고 정변에 참여하였다. 또 조영무(⑯)와 조온(⑰) · 이천우(⑱)는 도진무와 내상절제사로서 금군을 지휘하였던 만큼 당연히 세자를 도와 정안군의 군사를 토벌해야 하였지만, 단독으로나(조영무 · 조온) 금군을 이끌고(이천우) 반정군에 참여하였다.[135]

ㄹ) 전흥(⑲)은 서리로서 잠저의 태종을 섬겼고,[136] 윤저(⑳) · 김

---

133) 『태종실록』 권32, 16년 11월 계사 진산부원군 하륜졸기에서 종합.

134) 『태조실록』 권8, 4년 10월 계묘조에서 발췌.

135) 『태조실록』 권14, 7년 8월 기사조에서 종합. 동일의 기사는 정안군의 집권배경과 과정을 서술한 만큼 전문을 제시하여야 되겠지만, 그 분량이 많아 전문을 제시하기가 어려워 생략한다.

136) 『세조실록』 권7, 3년 5월 정사 前中樞院使 田興卒記.

우(㉑)·양춘무(㉒)·송거신(②)·심구령(⑬)·강상인(㉓) 등은 잠저시부터 태종을 시종하였다.[137] 마천목(㉔)은 잠저시 태종에 의해 군직을 제수받았고,[138] 권희달(㉕)은 측근에서 장기간 시종하였으며,[139] 신극례(⑩)·서익(⑪)은 잠저 때부터 태종에게 심복하였다.[140]

그러면 위에서 살펴본 하륜 등은 언제부터 정안군의 측근·지지세력이 되었겠는가? 민무구(⑤)·민무질(⑥)·김소근(④)·강상인(23)·송거신(②)·김덕생(③)·이무(⑭)의 7명은 측근세력이 된 시기가 명확하였다. 즉, 민무구·민무질·김소근·강상인은 조선이 개창된 뒤에도 이전처럼 측근세력이 되었고, 송거신·김덕생과 이무는 1395년 이전과 무인정변 이후부터 측근세력이 되었다.[141]

그 외의 하륜 등 18명은 측근세력이 된 명확한 시기는 알 수 없다. 하륜(①)은 고려말 이래로 정도전 등 개혁파와는 정치노선이 달랐고, 표전문제·요동출병론을 둘러싸고 정도전의 배척을 받아 1397년 1월 藝文春秋館學士에서 鷄林府尹으로 좌천되었다.[142] 이숙번(⑦)은 장인인 鄭摠이 1395년에 태조의 즉위승인(誥命)을 청하

137) 『태종실록』 권24, 12년 8월 기사 漆原君 尹柢卒記, 권35, 18년 2월 정유 熙川君 金宇卒記, 『세종실록』 권43, 11년 2월 기축(楊春茂), 『세종실록』 권116, 29년 5월 임인 礪山府院君 宋居信卒記, 『태종실록』 권25, 13년 6월 정묘 豊山君 沈龜齡卒記, 『세종실록』 권2, 즉위년 12월 기미조(강상인) 참조.

138) 『세종실록』 권51, 13년 2월 병신 長興府院君 馬天牧卒記.

139) 『세종실록』 권65, 16년 9월 신사 前知中樞院事 權希達卒記.

140) 『태조실록』 권14, 7년 8월 기사.

141) 이무는 무인정변 직전에 정도전 등의 정안군 등 제거 음모를 정안군에게 알려주고 무인정변에 참여하기도 하지만, 평소에는 중립적인 태도를 견지하였고, 정변 때에도 태도를 정하지 못하다가 정변군이 禁軍都鎭撫인 朴威를 참살한 뒤로부터 본격적으로 참여하였다(『태조실록』 권14, 7년 8월 기사조 참조).

142) 『태종실록』 권32, 16년 11월 계사 晉山府院君 河崙卒記.

는 사신이 되어 명에 들어갔다가 표전문으로 인해 大理에 유배되었다가 1497년(태조 6)에 사망하였으며,[143] 정안군이 정변군의 동원을 그에 의지할 정도로 무인정변 이전부터 밀착되었다.[144] 이저(⑧)는 이거이(⑨)의 아들로서 고려말에 태종의 동복 동생(慶愼公主)과 혼인하였다.[145] 신극례(⑩)는 민무구와 교분이 깊었다.[146] 전흥(⑲)은 서리로서 잠저시부터 섬겼다. 이를 볼 때 하륜 · 이숙번 · 이저 · 이거이 · 신극례 · 전흥의 6명은 1396년(태조 5) 이전부터 측근세력이 되었을 것으로 추측된다.

조영무(⑯) · 조온(⑰) · 이천우(⑱)는 모두 태조잠저 때의 휘하이고, 다시 조온과 이천우는 태조의 외손과 4촌이었기 때문에 고려말부터 정안군과 친분이 있었다. 그러나 이들은 정변직전까지 태조의 신임과 정도전 등의 승인하에 도진무나 절제사로서 금군을 관장하였던 만큼, 내면적으로는 정안군을 지지하였을지는 몰라도 측근세력이 되었다고 보기는 어렵다. 또 박포(⑭)는 1394년에 정도전 등의 정치 · 군사권 독점을 비판하였고,[147] 정사공신의 논공(2등)에 대한 불만 등에서 1400년(정종 2)에 회안군 방간과 함께 군사를 일으켜 정안군을 타도하려다가 실패한 후 복주되었다.[148] 따라서 조영무 · 조온 · 이천우 · 박포는 무인정변 이전에 지지세력이 되었고, 무인정변 때부터 측근세력이 된 것으로 추측된다.

서익(⑪) · 문빈(⑫) · 심구령(⑬) · 윤저(⑳) · 김우(㉑) · 마천목

---

143) 『태조실록』 권12, 6년 11월 정축. 대리는 현재의 운남성 대리이다.
144) 『태조실록』 권14, 7년 8월 기사.
145) 韓忠熙, 1966, 「朝鮮初期 儀賓研究」, 『朝鮮史研究』 5, 10쪽.
146) 『태종실록』 권14, 7년 7월 기묘.
147) 『태조실록』 권6, 3년 11월 갑자.
148) 『태조실록』 권15, 7년 9월 계미, 『정종실록』 권3, 2년 2월 병신 · 경오조.

(㉔)·양춘무(㉒)·권희달(㉕)은 무인정변 직전에 대개 대장군 등 군직에 재직하였고,[149] 앞 5인은 민무구 등과는 달리 좌명공신에 책록되고 뒤 2인은 공신에 책록되지 못하였다. 또 태조 1 ~ 5년에는 태조가 강력한 왕권을 행사하였고,[150] 태조·강비의 절대적인 신임을 받는 정도전일파가 군권장악을 토대로 정치를 주도하였다. 태조 6 ~ 7년에는 정도전 일파의 정국주도가 계속되기는 하나 강비의 사망·표전문제를 둘러싼 명과의 관계악화로 집권기반이 동요되었고, 진법훈련과 병권집중책의 강행으로 조준 등 재상과 정안군 등 군사지휘자 간에 반발이 야기되고 점증되었다.[151] 이를 볼 때 정안군 등 종친과 조준 이하 재추와 장군들은 1396년경까지는 정도전 등 실권파에 대한 비판·반발을 표면화하기 어려웠을 것이라고 추측된다. 따라서 서익 등 7명은 태조 6 ~ 7년경에 측근세력이 되었을 것으로 추측된다.

다음으로 定社功臣과 佐命功臣에 책록된 이화 등 63(중복을 고려하면 77)명 중 앞에서 분석된 이거이 등, 정안군의 숙부인 李和·태조의 의형제인 李之蘭, 정안군과 그 형인 芳毅·芳幹 등 24명을 제외한 趙浚 등 39명도 측근세력이나 지지세력에 포함시킬 수 있다고 하겠다.[152] 이들 공신은 태조 ~ 정종대 역관·왕실과의 관

149) 權希達은 정종 1년에 대장군이 되고 태종 4년 이전에 상호군에 승진하였으며, 楊春茂는 태종 7년 이전에 갑사가 되었다(『정종·태종실록』에서 종합). 徐益 등은 뒤 〈표 4〉 참조.

150) 이에 대하여는 崔承熙, 1987, 「朝鮮太祖의 王權과 政治運營」, 『震檀學報』 64 참조.

151) 태조대의 정국운영, 정치분위기, 그리고 재추 및 전병자 등의 반발은 앞 55 ~ 61쪽 참조.

152) 定社·佐命功臣과 功臣冊錄 당시의 관직 및 왕실과의 관계를 적기하면 다음의 표와 같다(『태조실록』 7년 10월 계묘, 『태종실록』 1년 1월 을해에서 종합).

계 등을 감안할 때 다음의 설명과 같이 심종(26)·조박(㉗)·이백강(㉘)·이양우(㉙)·이복근(㉚)·이숙(㉛, ㄱ)), 박석명(㉜, ㄴ))과 박은(㉝)·류기(㉞)·윤자당(㉟)·이원(㊱)·이승상(㊲)·서유(㊳)·이종무(㊴)·이응(㊵)·연사종(㊶)·한규(㊷, ㄷ)) 등 17명은 측근세력이거나 측근세력이었다고 추측된다. 이래(ㄴ)), 조준·김사형 등(ㄹ)), 그리고 조희민·윤목(ㅁ))의 22명은 지지세력이거나 지지세력이었다고 추측된다.

ㄱ) 심종(26, 매부), 조박(27, 동서), 이백강(28, 거이의 아들이고 부마), 이양우(29)·이복근(30)·이숙(31, 종형제) 등은 인척이고, 고려 말부터 정안군과 자주 접촉하였음에서 측근세력이었다고 추측된다.

定社功臣(29명-1등 12, 2등 17)				佐命功臣(47명-1등 9, 2등 3, 3등 12, 4등 23)			
1등	李和(義安伯,宗親) 李芳毅(益安公, 종) 李芳幹(懷安公, 종) 李芳遠(靖安公, 종) 李伯卿(上黨侯,외척) 趙浚(左政丞) 金士衡(右政丞) 李茂(參贊門下) 趙璞(參贊門下) 河崙(政堂文學) 李居易(參贊門下,외) 趙英武(參知門下)	2등	張勘(同知中樞,외) 張哲(中樞副使) 李叔蕃(右副承旨) 辛克禮(上將軍) 閔無咎(大將軍,외) 閔無疾(戶曹議郞, 외)	1등	李佇(上黨侯, 외척) 李居易(左政丞, 외) 河崙(右政丞) 李茂(判三軍府事) 趙英武(贊成事) 李叔蕃(左軍摠制) 閔無咎(中軍摠制, 외) 辛克禮(左軍摠制) 閔無疾(驪城君, 외)	4등	柳沂(奉常寺卿) 趙璞(參贊門下) 趙溫(三司左使) 權近(參贊門下) 李稷(三司右使) 柳亮(參知三軍府事) 趙卿(中軍摠制) 金承霔(左軍摠制) 洪恕(前同知摠制) 尹子當(兵曹典書) 李原(左承旨) 李升商(右承旨) 徐愈(承旨) 李從茂(上將軍) 李膺(") 沈龜齡(") 延嗣宗(大將軍) 韓珪(") 金宇(") 文彬(") 宋居信(軍資少監) 尹穆(前將軍)
				2등	李來(藝文春秋館學士) 李和(義安公, 종) 李天祐(完山侯, 종)		
2등	李良祐(寧安侯,종) 沈悰(靑安侯,외) 李福根(奉寧侯,종) 李之蘭(贊成事) 張思吉(贊成事) 趙溫(商議門下) 金稇(判中樞) 朴苞(前商議中樞) 鄭擢(中樞學士) 李天祐(同知中樞,종) 張思靖(商議中樞)			3등	成石璘(昌寧伯) 李淑(完川君, 종) 李之蘭(贊成事) 黃居正(開城留後) 尹柢(知三軍府事) 金英烈(") 尹坤(右軍同知摠制) 朴誾(禮曹典書) 朴錫命(都承旨) 馬天牧(上將軍) 趙希閔(判殿中寺事)		

ㄴ) 朴錫命(㉜)은 정안군의 죽마고우이기는 하나 장인이 歸義君 王瑀(공양왕 동생)인 까닭에 조선개국과 함께 禁錮되었다가 정종대에 측근이 되었다.[153] 李來는 정몽주당여로 활동한 까닭에 조선개창과 함께 유배되었다가 정종 1년에야 左諫議大夫에 서용되었고, 정종 2년 1월에 방간의 난을 우현보를 통해 정안군에게 고발하였음에서[154] 지지세력이었다고 추측된다.

ㄷ) 박은(㉝)·류기(㉞)·윤자당(㉟)·이원(㊱)·이승상(㊲)·서유(㊳)·이종무(㊴)·이응(㊵)·연사종(㊶)·한규(㊷)는 그 역관상 정안군의 측근에서 그의 정치·군사지휘를 보좌한 측근세력이었다고 추측된다.[155]

ㄹ) 조준·김사형·이무·장사길·김곤·정탁·장사정·장감·장철·성석린·황거정·김영렬·윤곤·권근·이직·류량·조경(涓)·김승주·홍서·김정경 등은 공신책록 이전에 1 ~ 2품직을 역임하였다. 이에서 일부는 정변후의 민심수습·관료융화책으로 공신에 책록되었지만,[156] 이들 모두가 그 후에 계속 중용되고 승진됨에서 지지세력으로 분류할 수 있다고 생각된다.[157]

---

153) 정종 1년 左散騎常侍에 서용되었고, 이어 안주목사·좌승지를 거쳐 정종 2년 9월에 도승지에 발탁되어 이후 태종 5년 12월까지 동직에 재직하면서 지밀사를 총관하였다. 태종과의 관계는 『태종실록』 권12, 6년 7월 경자 平陽君 朴錫命卒記 참조.

154) 『정종실록』 권3, 2년 1월조.

155) 박은 등 문관직에 재직한 경우는 그 관직에서 공신에 책록될 여지가 있는 만큼 지지세력에 포괄될 여지가 있겠지만, 일단 측근세력으로 파악하였다.

156) 무인정변 당일에 조준·김사형 등은 정안군의 몇 번에 걸친 독촉을 받고서야 겨우 지휘부에 출석할 정도로 정변에 소극적이었다(『태조실록』 권14, 7년 8월 기사). 이점에서 이들의 공신책록은 태조와의 관계나 관료의 회유 등을 위한 배려에서 기인된 것으로 추측된다.

157) 군직을 역임한 金英烈 등 6명에 있어서는, 무인정변의 정치상황을 고려할 때 고위 군직자는 정안군의 측근이고 신임이 두터운 인물이 제수되는 경향

ㅁ) 조희민 · 윤목은 민무구당여로서 민무구옥사에 연루되어 복주되었던 만큼[158] 지지세력이었다고 추측된다.

이들 중 심종 등의 측근세력이 된 시기를 보면 박석명을 제외한 모두는 그 시기가 명확하지 못하다. 그러나 정안군과의 관계, 역관경향, 그리고 태조대의 정치분위기 등을 관련시켜 볼 때 조박(㉗) · 이백강(㉘)은 태조 5년 이전, 심종(㉖) · 이양우(㉙) · 이복근(㉚) · 이숙(㉛)은 태조 6 ~ 7년, 박은(㉝) ~ 한규(㊷)는 무인정변 이후에 각각 측근세력이 된 것으로 추측된다.

또 무인정변 직전에 문하부 · 삼사 · 중추원 · 의흥삼군부 등의 종2품 이상직에 재직한 인물과 정도전당여, 정사 · 좌명공신을 비교하여 보면[159] 문하부 · 삼사 · 중추원 재직자는 23명 중 14명이 공신이거나(12명) 정도전당여 였으며(2명), 삼군부 · 금군 재직자는 14명 모두가 공신이거나(6명) 정도전당여 였다(8명). 그런데 공신 ·

이 현저하였음에서 이들 중의 일부는 측근세력에 포함되었다고도 생각되나, 그 역관상 일단 지지세력으로 파악한다.

158) 『태종실록』 권14, 7년 7월 기묘, 권19, 10년 2월 정유.

159) 문하부 · 삼사 · 중추원 2품 이상 관직자와 그들의 성분을 표로 제시하면 다음과 같다(( )의 定은 定社功臣, 佐는 佐命功臣, *은 鄭道傳黨與이다. 『태조실록』, 『국조인물고』에서 종합)

관직		재직자
문하부	判事	沈德符
	侍中	趙浚(정),金士衡(정)
	贊成事	禹仁烈,成石璘(좌)
	參贊事	李之蘭(정 · 좌),李茂(정 · 좌),張思吉(정)
	知事	
	政堂文學	韓尙質
삼사	領事	權仲和
	判事	崔永沚
	左 · 右使	安翊,李恬*

관직		재직자
중추원	判事	金輅(정)
	使	李至
	知事	趙狷
	同知事	李天祐(정 · 좌) 張勘(정)
	僉書事	李稷(좌)
	副使	崔有慶,張哲(정),鄭津*
	學士	鄭擢(정)

관직		재직자
삼군부	判事	鄭道傳*
	節制使	李芳果(정),李芳蕃*,李濟*,南誾*,李之蘭(정 · 좌),張思吉(정)
	知事등	
금군	都鎭撫	朴威*
	節制使	李天祐(정 · 좌),李枝*,南贄*,趙溫(정 · 좌).趙英武(정 · 좌)

정도전당여가 아닌 심덕부 · 우인렬 · 한상질 · 권중화 · 최영지 · 안익 · 이지 · 조견 · 최유경의 9명도 무인정변 이후에 계속 사관하고 의정에까지 진출하였음에서 이들도 정안군의 지지세력에 포괄시킬 수 있다고 생각된다.[160] 그 외에도 정안군과 교우관계를 유지하였다고 생각된 김한로 · 류염 · 윤규 · 권문의 · 정역 · 오승 · 현맹인 · 안속 · 박습 · 윤사수 등 예부시 동년급제자도 무인정변때까지는 지지세력이 되었을 것으로 추측된다.

한편 지지세력은 태조 1 ~ 5년에는 이화 · 이지란 · 조희민 · 윤목 등 소수에 불과하였다. 그러다가 태조 6 ~ 7년에 조영무 · 조온 · 이천우와 조준 · 김사형 이하 宰樞 등이 대거 가세하고 포섭되면서 크게 증가되었다. 정종대에는 정안군이 국정운영을 주도한 만큼, 그 의미가 약화되기는 하나 이래 · 심덕부 등 대다수의 문 · 무반이 참여하였다. 이 중 조준 · 김사형 등 재추는 하륜 · 민무구 · 이숙번 · 조영무 · 이천우 등의 측근세력과 함께 무인정변 직후 정안군에게 격노한 태조를 무마하고 민심을 안정시키면서 정안군의 집권 · 즉위를 뒷받침하였다.

그런데 위에서 살핀 측근세력의 성분을 종합하여 보면 다음의 〈표 3〉에서와 같이 태조 1 ~ 5년에는 민무질 · 김소근 등 처족 · 시종이 중심이 되고, 문 · 무반은 하륜 · 송거신 등 몇 명에 불과하였

160) 沈德符 등의 정종대 이후 주요 역관을 동기의 『조선왕조실록』에서 뽑아 적기하면 다음과 같다(( )는 제수시기).

沈德符; 領三司事(정종 즉위), 左政丞(정1)
禹仁烈; 判三司使(정종 2), 檢校左政丞(태종 3)
韓尙質; 藝文春秋館大學士(정종 즉위)
權仲和; 醴泉伯(정종 즉), 領議政府事(태종대)
安翊 ; 찬성사(태종대)
李至 ; 藝文春秋館大學士(정종 2), 政堂文學(태종 1), 戶 · 刑 · 禮曹 判書(태종 5 ~ 7)
趙狷 ; 三司右僕射(정종 2), 都摠制(태종 2 · 3)
崔有慶; 中樞副使 兼西北面都察理使(정종 즉), 參贊議政府事(태종 1)

다. 그러나 태조 6 ~ 7년에는 서익 등 10여 명의 무장이 가세함에 따라 그 세력이 크게 확대되고, 그 비중도 처족 등과 문 · 무반이 비슷하였다. 정종대에는 이천우 · 박석명 · 조영무 등 친족 · 문반 · 무반 20여 명이 가세하면서 측근세력이 정치 · 군사를 주도하기에 이르렀다. 이러한 측근세력은 태조의 위독과 정도전 · 남은 등의 살해로 의흥삼군부 · 금군의 지휘체계가 마비되었다고는 하나, 정안군이 불시에 정변을 일으켜 집권에 성공함은 물론 정종대의 정치 · 군사를 주도하고 등위하는 가장 중요한 토대가 되었다고 하겠다.

〈표 3〉 정안군 측근세력의 형성시기와 성분

	태조1~5년	태조6~7년	정종대(무인정변이후)
친족 등			李天祐 · 李良祐 · 李福根 · 李淑 · 趙溫
처족 등	閔無咎 · 閔無疾 · 李居易 · 李佇 · 李伯剛 · 趙璞	閔無咎 등	閔無咎 등, 沈悰.
문반	河崙 · 李叔蕃	河崙 등	河崙 등,李茂 · 朴錫命 · 朴訔 · 柳沂 · 尹子當 · 李原 · 李升商 · 徐愈 · 李膺
무반	宋居信 · 金德生 · 辛克禮	宋居信 등, 徐益 · 文彬 · 沈龜齡 · 尹柢 · 金宇 · 馬天牧 · 楊春茂 · 權希達	宋居信 등,朴苞 · 趙英武 · 李從茂 · 韓珪 · 延嗣宗
시종 등	金小斤 · 姜尙仁 · 田興	金小斤 등	金小斤 등

〈표 4〉 定社 · 佐命功臣 太祖 ~ 定宗代 주요 역관과 가계 · 기타

공신	성명	주요역관			가계 · 기타
		태조 1 ~ 5년	태조 6~ 7년	정종대	
定社 · 佐命功臣	閔無咎		大將軍	中軍摠制	태종 처남
	閔無疾		戶曹議郎	驪城君	“
	辛克禮		上將軍	禮曹典書, 三軍摠制	
	李居易	右散騎常侍	兵馬都節制使	參贊門下, 中軍節制使, 判門下府事	자 태조부마 佇
	李茂	中樞使, 判中樞院事	都體察使	參贊兼判禮曹事左軍節制使, 判三軍府事	河崙친구, 坐閔無咎獄伏誅
	李叔蕃		安城郡守	右副承旨	장인 鄭摠
	李佇	上黨候	상당후	判三軍府事兼左軍都節制使, 慶尙全羅道節制使	태조 부마
	李之蘭	參贊門下兼義興親軍衛節制使, 東北面都按察使	都兵馬使	贊成事兼判刑曹事義興三軍府中軍節制使	태조 의형제
	李天祐	商議中樞	寧安君	同知中樞兼兵曹典書義興侍衛司上將軍知三軍府事,內甲士提調	태조 질
	李和	商議門下, 義興親軍衛都節制使	義安伯	判門下府事兼領義興三軍府事, 領三司事兼判議政府事	태조 제
	趙璞	禮曹典書, 全羅道觀察使	參贊門下	參贊門下兼大司憲	태종 동서
	趙英武	商議中樞兼江界等處都兵馬使	忠淸道兵馬都節制使	判中樞兼義興三軍府同知節制使, 贊成事	태조 휘하
	趙溫	西北面都巡問使	商議門下	中樞使兼義興三軍左軍同知節制使, 參贊	태조 휘하
	河崙	京畿道觀察使, 僉書中樞	忠淸道觀察使	政堂文學, 判義興三軍府事, 右政丞	태종측근

공신	성명	주요역관			가계 · 기타
		태조 1 ~ 5년	태조 6~ 7년	정종대	
定社功臣	金梱		判中樞		
	金士衡	贊成事, 右侍中	右侍中	右侍中, 上洛伯	
	朴苞		商議中樞	知中樞	起亂伏誅
	沈悰	青原尉	青原尉	青原君	태조 부마
	李芳幹	懷安君, 道節制使		三軍府 左軍節制使, 西北黃海道節制使	태조 4남
	李芳遠	靖安君, 全羅道都節制使			태조 5남
	李芳毅	益安君, 道節制使		三軍府 中軍節制使, 京畿忠淸道節制使	태조 3남
	李伯剛				태종 부마
	李福根		奉寧候		태조 손
	李良祐		寧安侯		태조 질
	張勘		同知中樞		
	張思吉	知中樞兼義興親軍同知節制使	贊成事	參贊兼判工曹事義興三軍右軍節制使	태조 휘하
	張思靖		商議中樞		
	鄭擢	持平, 直門下, 左承旨	中樞副使	政堂文學	
	張哲		中樞副使		
	趙浚	右侍中, 5道都統使	右侍中	左政丞, 判門下府事	자태종부마
佐命功臣	權近	中樞使	成均提調	政堂文學	자 부마珪
	金承霔	三軍僉節制使, 刑曹典書	戶 · 吏曹典書	中樞副使, 吉州道察理使	
	金英烈	京畿右道水軍僉節制使	前水軍僉使	摠制	
	金宇			大將軍	
	金定卿	判禮賓寺事		漢城尹	
	馬天牧		大將軍	上將軍	
	文彬			大將軍	
	朴錫命			左散騎, 都承旨	죽마고우

공신	성명	주요역관			가계 · 기타
		태조 1 ~ 5년	태조 6~ 7년	정종대	
佐命功臣	朴誾	左補闕, 知錦州事	侍御史,中丞	左常侍, 刑曹典書	
	徐愈			司憲中丞, 左散驥	
	徐益			右軍同知摠制	
	成石璘	贊成事, 判漢城府事	贊成事	贊成事, 左政丞	
	宋居信	郎將		軍資監少監	
	沈龜齡		大將軍	上將軍	
	延嗣宗		將軍	大將軍	
	柳沂			奉常寺卿	
	柳亮	中樞副使, 鷄林府尹	商議中樞	參知三軍府事	
	尹坤		大將軍	右軍同知摠制	
	尹穆			將軍	坐無咎 伏誅
	尹子當			在軍職?	
	尹柢			在軍職?	
	李來	右諫議大夫	前右諫議	左諫議	芳幹亂 告變
	李淑	鷹揚衛前領將軍		右副 · 右承旨	태조 질
	李升商	諫官		司憲中丞	태종 동방
	李原	侍御史		承旨	
	李膺			上將軍	
	李從茂		萬戶, 僉使	上將軍	
	李稷	都承旨, 大司憲	大司憲	參贊門下	
	趙涓	大將軍		上將軍, 右承旨	
	趙希閔			判殿中寺事	坐無咎 伏誅
	韓珪		大將軍	巡軍千戶, 大將軍	坐鄭道傳
	洪恕			同知摠制	
	黃居正	判軍器監事, 中樞副使		開城留後	

第2部

在位期

(1401 ~ 1418)

第1章 王權의 强化와 王統의 確立

第2章 政治制度와 國政運營體系의 整備

第3章 軍事制度의 整備와 國防의 强化

第4章 經濟制度의 整備와 社會政策의 實施

第5章 事大交隣策의 定立과 敎育·科擧制의 整備

第1章

王權의 强化와 王統의 確立

1. 王權强化의 基盤

1) 太宗의 資質

太宗 李芳遠은 李成桂의 5남으로 1367년(고려 공민왕 16)에 咸興에서 출생하였다. 1383년(우왕 9) 禮部試를 거쳐 出仕하였고, 고려말에는 密直司 右代言을 거쳐 종2품 密直提學에까지 승진하면서 이성계의 최대 정적인 守門下侍中 鄭夢周의 살해를 지휘하는 등 왕조개창에 크게 기여하였다. 조선의 개창과 함께 靖安君에 책록되면서 東北面(태조 1년 7월 ~ 8월) 이나 전라도(태조 1년 8월 ~ 7년 9월)의 군사를 관장하였고, 1398년(태조 7) 쿠데타를 일으켜 집권하고 곧이어 부왕을 퇴위시키고 정종을 즉위시켰다. 1400년(정종 2) 芳幹亂 직후에 세자로 책봉되고 곧 정종을 퇴위시키고 즉위하였으며,[161] 이후 1422년(세종 4)까지 군림하였다.

이러한 태종의 경력, 『태종실록』 권1, 태종총서와 『세종실록』 권16, 4년 5월 병인 태종훙서조를 볼 때 그의 자질이 탁월하였을 것임은 재언할 여지가 없을 것이다. 그러나 이것만으로는 그 구체적인 면모를 알기 어렵다. 이에 따라 여기에서는 잠저기의 활동상

161) 한충희, 1998, 「潛邸期(1367 ~ 1400) 太宗硏究」, 『大丘史學』 56, 82 ~ 98쪽.

과 재위기의 치적을 중심으로 친화력, 학식, 결단력, 인재운용 등을 살펴본다.

태종은 1373년(공민 22)경 개경으로 상경하여 이후 잠저기를 통하여 開京(공민왕 22년경 ~ 태조 3, 정종 1년 이후)과 漢城府(태조 3 ~ 정종 1)에서 살았다. 1382년(우왕 8) 성혼하여 분가하기까지는 서모 康氏(神德王后)와 함께 살았는데, 이 때에 그는 그녀의 각별한 보살핌 하에 학업에 전력하여 소과와 예부시에 급제하는 성과를 거두었다. 분가한 후에도 1489년(우왕 14) 威化島回軍 때에 이성계가족에 대한 조정의 체포에 대비하여 생모 한씨는 물론 강씨와 어린 이복동생도 함께 피난시켰다.[162] 또 사관하기 전에는 朴錫命·吉再 등과 교우하였고,[163] 사관한 뒤에는 처남인 閔無咎·閔無疾은 물론 進士試 同榜인 李升商과 禮部試 同榜인 金漢老·鄭易·吳陞·朴習 등[164] 및 姜尙仁·金小斤을 측근세력으로 삼고 趙英珪·高呂·李敷 등과 친분을 쌓으면서[165] 鄭夢周를 격살하였다. 조선건국 후에는 왕후 강씨와 실권자인 鄭道傳·南誾 등의 배척으로 왕자로서의 지위를 누리는데 그쳤지만[166] 새로이 李居易 부자·趙璞·河崙·李叔蕃·宋居信·金德生·辛克禮·田興·徐益·文彬·沈龜齡·金宇·馬天牧·楊春茂·權希達 등을 포섭하여[167] 쿠데타의 주력으로 삼았다. 재위하여서는 초기에는 부마인 趙大臨·權跬와 朴子靑·辛有定·韓珪·金繼志·李和英·朴誾·延嗣宗·

162) 위 논문, 3 ~ 7쪽.
163) 『대동야승』 권1, 용재총화 3 및 『東史綱目』 제17하, 庚午年(공양왕 2년) 3월조.
164) 한충희, 앞 논문, 75 ~ 77쪽.
165) 위 논문, 78 ~ 80쪽.
166) 위 논문, 89 ~ 90쪽.
167) 위 논문, 80 ~ 88쪽.

李貴齡, 중기 이후에는 成達生 · 曺備衡 · 崔潤德 · 河敬復 등 무과 출신자와 黃喜 · 金汝知 · 金益精 · 李明德 · 趙末生 · 河演 등 승지 역임자를 측근세력으로 삼았다.[168]

태종은 16세(1382, 우왕8)에 6韻詩 · 賦나 10韻詩로 보는 國子監試에 급제하였고,[169] 그 1년 후에는 初 · 中 · 終場의 3장으로 구분하고 초장에서는 6經(易經 · 書經 · 詩經 · 春秋 · 禮記 · 樂記)義 · 4書(大學 · 論語 · 孟子 · 中庸)疑, 중장에서는 賦, 종장에서는 詩로서 각각 시험하였으며, 3장을 모두 통과하여야 급제하는 禮部試에 급제하였다.[170] 그 급제시의 연령은 동기의 진사 · 문과급제자 보다 월등히 빨랐다.[171] 또 仕官한 뒤에도 학문연마에 노력하여 이성계가 손님들과 연회할 때에는 이방원으로 하여금 詩句를 짓게하면서 "내가 손님들과 즐기는 데는 너의 힘이 많다" 라고 하였듯이 文才가 있었다.[172] 재위기에는 經筵 등을 통한 경전과 고금의 정적에 대한 체계적인 검토도[173] 학문적 수준을 크게 향상시켰겠지만 『태종실록』에 자주 "경서와 중국 및 우리나라 역대의 史書에 정통하였다"[174] 고 한 것처럼 경서와 사서에 정통하였다. 그 외에도 成俔(1439 ~ 1504)이 태종이 지은 "風榻依時思朗月 月軒吟處想淸風.

---

168) 뒤 (4) 측근 참조.

169) 朴龍雲, 1990, 『高麗時代 蔭敍制와 科擧制硏究』, 一志社, 249 ~ 250쪽.

170) 위 책, 262 ~ 263쪽 〈표 1-3〉 東堂製述業의 고시과목 변천표.

171) 위 책, 169 ~ 170쪽 〈표 1〉 국자감시 합격자의 연령표 참조.

172) 『大東野乘』 권53, 東閣雜記 상, 本朝璿源錄.

173) 태종은 즉위로부터 "늙고 병들었다"고 하면서 경연을 기피하는 왕 11년경까지 수시로 경연에 참석하여 權近 · 金科 등과 함께 『大學』 · 『尙書』 · 『論語』 · 『春秋』 등의 경전과 『十八史略』 · 『資治通鑑』 등의 사서를 섭렵하였다(權延雄, 1982, 「世宗朝의 經筵과 儒學」, 『世宗朝의 文化硏究』 (1), 博文社, 71 ~ 72쪽).

174) 『태종실록』 권18, 9년 8월 병인, 권28, 14년 8월 정사, 권 34, 17년 12월 을유, 외.

自從削竹成團扇 朗月淸風在掌中"라고 한 扇詩를 두고 "옛날부터 일찌기 문사로서 대업을 이룬자는 있지 아니하였고, 문장이 이와 같이 기교한 제왕도 있지 아니하였다. 그 사물을 인용하여 비유한 것과 함축된 意趣는 성인이 아니면 할 수 없을 것이다" 라고 격찬하였듯이[175] 문재가 탁월하였다.

이방원은 1388년(창왕 1) 12월 ~ 1389년(공양왕 1) 4월에는 賀正使로서 창왕의 보호를 위해 監國 요청차 明에 出使한 門下侍中 李穡의 書狀官이 되어 明을 다녀왔는데,[176] 南京에서 해로로 귀국할 때에

> (전략) 이색이 渤海에 이르러 두 客船과 같이 왔는데 半洋山에 이르러 회오리 바람이 일어났다. 두 객선이 모두 침몰되고, 태종이 탄 배도 역시 거의 구할 수 없게 되어 사람들이 모두 두려워하여 짜빠지고 넘어졌으나, 태종은 신색이 태연하더니 마침내 보전되어 돌아왔다.[177]

라고 하였듯이 성격이 침착하고 담대하였다.

또 1392년(고려 공양왕 4)에는 鄭夢周와 그 일파를 제거하여 고려를 유지하려든 정몽주와 그 일파의 책동을 일거에 좌절시켰다.[178] 1398년(태조 7)에는 비록 태조가 중병이라고는 하나, 鄭道傳 · 南誾 등이 世子 芳碩을 보필하면서 정치 · 군사권을 확고히 장악한 상황에서 성공을 자신하지 못하는 가운데 쿠데타를 일으켜 집권에 성공하였다.[179] 재위시에는 집권 · 즉위에 한 축이 되고 신

---

175) 『大東野乘』 권2, 慵齋叢話 7.
176) 『고려사절요』 권33, 신우 14년(신창 즉위) 10월조.
177) 『고려사절요』 34, 공양왕(창왕) 1년 4월조.
178) 한충희, 앞 「잠저기(1367 ~ 1400)의 태종연구」, 73 ~ 74쪽.

임하면서 정치 · 군사를 맡겼던 李茂 · 閔無咎 · 閔無疾 등을 제거하고,[180] 李居易 부자와 李叔蕃 등을 내쫓았다.[181] 세자인 讓寧大君을 폐하고 忠寧大君을 세자로 책봉하였으며, 그 직후에 세자에게 禪位하였다.[182] 또 上王時에는 세종 국구인 領議政府事 沈溫과 그 일파를 과감하게 제거하고, 對馬島征伐을 주도하였다.[183]

이처럼 태종은 고려말의 다사다난한 시기에 이성계파를 지휘하면서 왕조개창에 크게 공헌하였고, 재위기는 물론 상왕기에도 백관을 압도하면서 국정을 주도하였다.[184] 재위기에는 開國功臣系인 趙英茂와 定社 · 佐命功臣인 河崙 · 李茂, 정사 · 좌명공신이면서 척족인 閔無疾과 정사 · 좌명공신인 李叔蕃 등을 경쟁시키면서 신권의 균형을 도모하였다.[185] 또 承旨를 신임하여 議政 · 判書를 견제하였고,[186] 무과출신자를 중용하고 발탁하여 3軍鎭撫所 都鎭撫 · 內禁衛節制使 등에 제수하여 공신이 중심이 된 의정부 · 육조 등과 양립시켰다.[187]

이를 볼 때 태종은 친화력이 있고, 박학하며, 정치력과 결단력이 탁월하였다고 하겠다. 이러한 태종의 자질은 戊寅政變을 성공시켜 집권함은 물론, 왕권을 강화하고 문물제도를 정비하여 조선

179) 위 논문, 89 ~ 93쪽.
180) 김성준, 앞 논문, 607 ~ 620쪽.
181) 이거이는 태종 4년 10월에 鎭州에 부처되고 익월에 폐서인이 된 후 왕 12년에 사망하였으며, 이숙번은 태종 16년 6월에 안성으로 방되었다가 세종 22년에 사망하였다.
182) 한충희, 앞 「상왕기(세종즉위, 1418 ~ 세종4, 1422) 태종연구」, 92 ~ 96쪽.
183) 위 논문, 96 ~ 100, 105 ~ 106쪽.
184) 위 논문, 96 ~ 111쪽.
185) 최승희, 1995, 「개국초 왕권의 강화와 국정운영체계」, 『한국사』 22, 44 ~ 45쪽.
186) 한충희, 앞 「조선초기 승정원 연구」, 52 ~ 53쪽.
187) 뒤 〈표 7〉 참조.

왕조의 토대를 구축하는 근인이 되었다고 하겠다.

2) 人的 基盤

(1) 功臣

조선 개국이래 1401년(태종 1)까지는 3차에 걸쳐 공신(開國·定社·佐命)이 책록되면서 총 128명(중복 책록된 인물을 고려하면 101명)의 공신이 배출되었다.[188] 이들 공신은 연령과 태조·정종 시의 정변 및 책록당시의 관직[189]과 관련되어 태종 1년까지 裵克廉·金仁贊 등 13명이 사망하고, 鄭道傳·南誾(태조7) 등 11명이 피살·유배되기는 하나[190] 70여 명이 議政府 左政丞 이하의 추요

---

188) 개국공신 52명, 정사공신 29명, 그리고 좌명공신 47명의 성명·공신등급·가계·책록당시의 관직 등은 정두희, 1983, 『조선초기의 정치지배세력연구』, 일조각, 9 ~ 10쪽 〈표 1-1〉, 31쪽 〈표 1-4〉, 41 ~ 41쪽 〈표 1-6〉 참조. 좌명공신에 있어서는 위 책에서 누락된 宋居信을 추가하여 파악한다(공신여부는 『세종실록』 권116, 29년 9월 임신 졸기 참조). 중복으로 공신에 책록된 인물은 다음과 같다(개는 개국공신, 정은 정사공신, 좌는 좌명공신).

개·정·좌; 李和·李之蘭·趙璞·趙溫·趙英茂
개·정　; 趙浚·金士衡·張思吉·金稛·鄭擢·張思靖·張湛
개·좌　; 黃居正·李稷
정·좌; 李居易·河崙·李茂·李叔蕃·閔無咎·閔無疾·辛克禮·李天祐

189) 이들 공신의 공신책록 당시의 관직(관품)과 태종 1년의 관직은 다음과 같다(좌명공신은 책록 때의 관직, 정두희, 위 책 〈표 1-1·4·6〉 및 『태종실록』 1년조에서 종합, 피죄자 제외).

	태조1년						태조7년						태종1년					
	정1	종1	정2	종2	기타	계	정1	종1	정2	종2	기	계	정1	종1	정2	종2	기	계
개국공신	4	5	3	7	33	52	4	4	8	17		33	3	4	11	9		26
정사							10	2	8	5	4	29	8	2	1	4		15
좌명													7	3	7	12	18	47
합계	4	5	3	7	33	52	11	5	11	18		45	10	4	11	20	18	63

직에 재직하면서 정치 · 군사에 큰 영향력을 발휘하였다.

이들 공신이 태종대(태종 즉위 ~ 세종 4년)의 정치와 군사에 끼친 영향력을 보자. 이를 살피기 위해 동기에 정치 · 군사를 주도하였던 3議政 · 6判書 · 知申事, 三軍府 · 三軍都摠制府 · 三軍鎭撫所 · 內禁衛 · 義勇巡禁司事 등의 정2품직 이상 및 兼摠制 · 兼上護軍[191] 재직자를 보자. 공신으로서 이들 관직에 재직한 인물은 3의정 · 6판서 · 지신사에 있어서는 다음의 〈표 5〉에서와 같이 3의정은 18명 중 16명, 6판서는 67명 중 21명(이 · 병판은 21명 중 13명), 지신사는 13명 중 1명을 각각 점하였다. 그런데 6 판서를 국왕을 중심한 국정운영체계(六曹直啓制)가 정립된 1414년을 기점으로 그 이전과 이후로 구분하여 보면 전자는 42명 중 18명(이 · 병판은 13명 중 10명), 후자는 39명 중 7명(이 · 병판은 16명 중 6명)이 각각 공신이었다.

190) 그 외의 사망자와 복주 · 유배자는 다음과 같다(( )는 사망 · 복주 · 유배년).
사망; 尹虎(태조2), 黃希碩(3), 李敏道 · 趙英珪 · 趙琦(4), 鄭熙啓 · 趙仁沃(5), 鄭摠(6, 명에 의해 유배중 사망), 金稇(7), 柳爰廷 · 張哲(정종1).
복주; 李濟 · 吳蒙乙 · 李懃 · 沈孝生 · 張至和(태조7), 李伯由(정종1, 유배중 사망), 朴苞(정2), 張湛(정2, 유배 도중 사망).
유배; 李芳幹(정종2).

191) 3군부 영사 등의 관직적 성격은 한충희, 앞「조선 태종대(정종 2년 ~ 세종 4년) 총제연구」, 2000,「朝鮮 世宗代(세종 5 ~ 14년) 摠制硏究」,『朝鮮史硏究』 9), 韓沽劤, 1961,「麗末鮮初 巡軍硏究」,『震檀學報』 22, 참조.

〈표 5〉 태종 1년 ~ 세종 4년 3의정 · 6판서 · 지신사 재직자
(모모는 공신, 모모는 측근, 모모는 공신인 측근)[192]

		영의정부사	좌정승	우정승	이조판서	병판	호판	예판	형판	공판	지신사
태종	1년	李舒	李居易 金士衡	河崙 李舒 李茂							朴錫命
	2	李居易 成石璘	김사형 河崙	이무							박석명
	3	성석린 趙浚	하륜	成石璘							박석명
	4	조준	하륜 趙浚	성석린 이서							박석명
	5	조준 성석린	하륜	趙英茂	李稷	南在	李至	李文和 全伯英	柳亮 李文和	崔迤 韓尙敬 金承霔	박석명 黃喜
	6	성석린	하륜	조영무	이직	趙溫 남재 李貴齡	이지	전백영 이문화	이문화 유량 金希善	김승주 李來	황희
	7	성석린 李和	하륜 成石璘	조영무 이무	南在 남재	尹柢 柳亮 유량	이지 鄭矩 金希善	이문화	김희선 柳寬 李至 李行 林整	이래 鄭矩 柳龍生 朴信	황희
	8	河崙	성석린	이무 이서 조영무	남재 이직	남재	김희선 李文和 趙璞 成石珚	이문화 鄭矩 李至	임정 成石珚 朴誾	박신 偰眉壽 朴子靑	황희

192) 『태종실록』 즉위 ~ 18년조, 『세종실록』 즉위 ~ 4년조, 『국조인물고』 등에서 종합. 뒤 〈표 6, 7〉의 출전도 같다.

		영의정 부사	좌정승	우정승	이조판서	병판	호판	예판	형판	공판	지신사
태종	9	하륜	성석린	조영무	남재 柳亮 尹柢	남재 李天祐 이귀령	성석인 柳龍生 李彬 李膺	이지 金漢老 徐愈	박은 李彬 黃居正 이문화 柳龍生 咸傅霖 黃喜	박자청	황희 安騰
	10	하륜	성석린	조영무	윤저	이귀령 朴訔	이응	서유 柳廷顯 偰眉壽	황희 정진 柳廷顯 함부림 임정	박자청	안등 金汝知
	11	하륜	성석린	조영무	윤저 이직	박은 黃喜	이응 朴訔 韓尙敬	설미수	임정 李升商	박자청	김여지
	12	하륜 성석린	성석린 하륜	조영무	이직 柳廷顯	황희	한상경 朴信	설미수	이승상 鄭鎭 呂稱 崔迤	박자청	김여지
	13	성석린	하륜	조영무 南在	유정현 李天祐 韓尙敬	황희 李叔蕃 柳廷顯	박신	설미수 黃喜	최이 成發道	박자청 趙涓 유용생 尹向	김여지 李灌
	14	성석린 하륜	하륜 南在	남재 李稷	한상경	李膺 金承霔	박신	황희 설미수	성발도 沈溫	박자청 權衷 金南秀	이관 柳思訥
	15	하륜 성석린	남재 하륜	이직 柳亮 남재	한상경 黃喜 朴訔	김승주 朴信	박신 沈溫 尹向 黃喜	황희 鄭易 李原 趙庸	심온 尹向 鄭易 성발도	김남수	유사눌
	16	성석린 南在 柳廷顯	하륜 柳廷顯 朴訔	남재 朴訔 韓尙敬	박은 황희 朴信	박신 李原	황희 成發道 鄭易	조용 孟思誠	성발도 安騰	김남수 閔汝翼 鄭矩 黃喜	유사눌 卓愼 趙末生

		영의정부사	좌정승	우정승	이조판서	병판	호판	예판	형판	공판	지신사
태종	17	유정현	박은	한상경	박신 沈溫	이원 尹向 金漢老	정역 孟思誠	맹사성 卞季良	안등 權軫 黃喜	황희 成發道 金汝知	조말생
	18	유정현 韓尙敬 沈溫	박은 박은	한상경 李原	심온 李原 鄭易	김한로 박신 朴習 趙末生	정역 崔淹 申浩 權軫	金汝知 閔汝翼 변계량 權弘 許稠	윤향 朴習 趙末生 金汝知	정구 沈溫 孟思誠 崔潤德	조말생 李明德 河演
세종	1	유정현	박은	이원	정역 박신 孟思誠 尹坤	조말생	권진 閔汝益	허조	김여지 金漸	최윤덕 安純 李之實	하연 元肅
	2	유정현	박은	이원	윤곤 맹사성	조말생	金漸 정역 李之剛	허조	許遲	이지실	원숙 金益精
	3	유정현	박은 李原	이원 鄭擢	맹사성 許遲	조말생	이지강 신호	허조 李之剛	허지 李潑	이지실 曺備衡 최윤덕	김익정
	4	유정현	이원	정탁	허지 許稠	조말생	신호 이지강	이지강 김여지	이발	최윤덕	김익정 趙瑞老

공신으로서 軍職을 역임한 자는 다음의 〈표 6, 7〉에서와 같이 三軍府(2 ~ 11년) 領事 · 知事는 9명 중 8명, 3軍都摠制府 都摠制는 31명 중 7명이 각각 공신이었다. 兼都摠制 · 摠制 · 同知摠制는 16명 중 4명, 兼上護軍은 10명 중 6명이 각각 공신이었다. 義勇巡禁司 上萬戶 · 判事 · 知事는 14명 중 10명이 공신이었다. 內禁衛 · 內侍衛 등 節制使는 64명 중 11명(태종 1 ~ 13년에는 38명 중 11명)이 공신이었다(태종 14년 ~ 세종 4년은 〈표 6, 7〉 포괄). 3軍鎭撫所 都鎭撫와 義禁府 提調는 다음의 〈표 7〉에서와 같이 8명 중 4명과 16명 중 5명이 각각 공신이었다.

〈표 6〉 태종 1 ~ 14년 판삼군부사 · 도총제 · 도진무 · 판의용순금사사 · 시위군 절제사 재직자

	삼군부영 · 판 · 지사, 도총제, 도진무	겸도총제 · 총제 · 동지총제, 겸상호군	의용순금사만호 · 판사 · 지사	내금 · 내시위등절제사
1년	朴子安(도총제)			李叔蕃 · 延嗣宗 · 趙涓 · 韓珪
2	河崙 · 李茂(판사) · 趙狷 · 金輅李龜鐵 · 郭忠輔(도총)	李茂 · 李天祐 · 趙英茂 · 李和 · 李良祐 · 李佇 · 李居易 · 李淑 · 李彬(도총제)	李叔蕃(상만호)	
3	이무(영사), 조영무(판사), 조견 · 김로 · 이구철 · 곽충보(도총)	이무 · 이천우 · 조영무 · 이저 · 이거이 · 이숙 · 이빈(도총제)		
4	조영무(영사), 이무(판사), 조견 · 김로 · 이구철 · 張思吉 · 金定卿 · 趙涓 · · 林整 · 姜思德(도총)	이천우 · 이저 · 이숙 · 이빈(도총제), 閔無疾(총제)	南在(판사), 남재 · 李彬 · 尹柢 · 李佇(만호)	
5	조견 · 김로 · 이구철 · 김정경 · 조연 · 임정 · 강사덕 · 박자안 · 崔迤 · 李貴齡(도총)	민무질(총, 도총)	윤저(만호)	
6	조견 · 김로 · 이구철 · 박자안 · 김정경 · 조연 · 임정 · 최이 · 이귀령 · 金南秀 · 李和英(도총)	민무질(도총), 이숙번 · 韓珪 · 李宗茂延嗣宗(총), 沈龜齡(동지총제)		
7	조견 · 김로 · 이구철 · 조연 · 임정 · 최이 · 이귀령 · 이화영 · 朴子靑 · 柳廷顯(도총)	이숙번(총 · 도총), 한규 · 이종무 · 연사종 · 金宇(총), 심구령(도총)	閔無疾 · 이숙번(만호)	
8	조영무(영사), 김로 · 조연 · 박자청 · 이화영 · 李枝 · 김남수(도총)	李伯剛 · 이숙번 · 연사종 · 이종무 · 趙大臨 · 趙涓 · 馬天牧 · 權跬 · 한규 · 趙秩(상호군)	남재 · 李膺 · 李貴齡 · 柳廷顯 · 朴誾(만호)	宋居信, 韓長壽, 河久
9	조영무(영), 이천우 · 尹柢(판사), 韓珪 · 李叔蕃 · 박자청(지사), 이지 · 이화영 · 박자청 · 權跬 · 한규 · 柳龍生 · 이천우(도총), 이천우(도진무)	이숙번 · 이종무 · 조대림 · 연사종 · 권규 · 한규 · 마천목(상호군)		李枝, 韓劒, 姜祐

	삼군부영 · 판 · 지사, 도총제, 도진무	겸도총제 · 총제 · 동지총제, 겸상호군	의용순금사만호 · 판사 · 지사	내금 · 내시위등절제사
10	권규 · 한규 · 辛有定(도총)		이천우 · 남재 · 李原 · 李膺	辛有定
11	조영무(영), 이천우 · 윤저(판), 이숙번 · 심구령(지), 河久 · 권규 · 한규 · 신유정 · 成發道(도총)			연사종 · 김만수 · 조연 · 윤자당 · 이종무 · 조비형 · 이지 · 정경 · 마천목 · 곽승우 · 유습 · 성발도 · 김중보 · 하경복
12	하구 · 권규 · 한규 · 신유정 · 성발도 · 李龜鐵 · 趙涓 · 金漢老 · 閔無恤 · 李伯溫 · 呂稱 · 鄭鎭(도총)			송거신 · 곽승우 · 한규 · 이담 · 최윤덕 · 심구령 · 이화영 · 조질 · 김남수 · 이홍발 · 이종무 · 성발도 · 이징 · 유습 · 김만수 · 하구 · 권희달 · 유은지 · 황록 · 조온 · 심인봉 · 김승주 · 이지실 · 최용화 · 홍부 · 문효종
13	하구 · 권규 · 한규 · 성발도 · 이화영 · 이구철 · 조연 · 민무휼 · 여칭 · 趙敍 · 박자청 · 權衷(도총)		박은 · 이응 · 김한로(판)	곽승우 · 김만수 · 최윤덕
14			박은(판), 마천목(지)	하구 · 이굉

〈표 7〉 태종 14년 ~ 세종 4년 3군도진무, 의금부제조, 내금위 등 절제사 재직자

		3군진무소도진무	의금부제조	내금·내시위 등 절제사
태종	14		이천우·박은·심온·안성	
	15	한규	이천우·박은·윤향·허조	
	16		이천우·허조·박습	
	17	최윤덕·연사종·이원	이안우·박신·정역	
	18	이원·연사종·이춘생·이종무·조질·하경복·최윤덕	유정현·이원·김점·변계량·전흥	李和英·文孝宗·趙涓·李植·李湛·柳殷之, 李伯剛·馬天牧·趙大臨·郭承祐·李澄·朴實, 權希達·禹博, 權跬·沈泟·南暉·李順蒙·洪海·成達生, 李伯溫·洪涉·盧龜山·鄭耕·鄭鎭·權弘
세종	1	연사종·최윤덕·하경복·이춘생	유정현·변계량	권희달·우박·이백온·홍섭·노구산·정경·정진·권홍·李叔畝, 이백강
	2	연사종·최윤덕·이춘생	유정현·변계량	이화영·권희달
	3	최윤덕	유정현·전흥	조연·정구·권만·한장수·송거신·왕린·조비형·문귀·홍해·박지·박성양
	4	최윤덕	유정현·전흥·원숙	최운

이를 볼 때 태종 1 ~ 13년에는 의정·판서와 3군부 영사 등·겸상호군·의용순금사 판사 등 재직자는 대개가 공신이었고, 겸총제와 시위군절제사도 공신이 많았다. 태종 14년 ~ 세종 4년에는 앞 시기에 비하여는 수가 줄었지만 의정·도진무·의금부제조 재직자의 다수가 공신이었다.

한편 공신 중에서도 중추가 된 인물을 보면 위의 〈표 5 ~ 7〉을 볼 때 대개 태종 즉위 ~ 8년에는 趙英茂(개·정·좌)·李稷(개·좌)과 河崙·李茂·李天祐·李佇·李叔蕃·閔無疾(정·좌), 南在·趙狷·

金輅(정), 成石璘 · 朴錫命 · 延嗣宗 · 趙涓 · 韓珪(좌) 등이었다. 태종 9 ~ 15년에는 趙英茂 · 李稷과 河崙 · 李天祐 · 李叔蕃, 南在, 成石璘 · 延嗣宗 · 趙涓 · 韓珪 · 尹柢 · 朴訔 · 沈龜齡 · 李膺 · 馬天牧 등이었다. 태종 16년 ~ 세종 4년에는 李天祐와 南在 · 韓尙敬 및 延嗣宗 · 朴訔 · 李原 · 李從茂 등 이었다(개는 개국공신, 정은 정사공신, 좌는 좌명공신).[193] 이에서 태종대를 통하여 중심이 된 공신은 定社 · 佐命功臣과 佐命功臣이었다고 하겠다.

그런데 태종대에는 태종의 왕권 확립 · 강화도모와 관련되어 의정부기능과 공신세력의 약화가 지속적으로 추구되었다. 또 1401(태종 1)에 70여 명이었던 공신은 태종의 외척 · 공신제거 및 노쇠로 인한 사망과 관련되어 1412년경까지는 50여 명 이상이 생존하였지만, 태종말에는 30여 명(세종 4년에는 20여 명)으로 격감되었고 그나마 모두 노쇠하였다.[194]

이상에서 태종대의 공신은 태종의 왕권강화 도모와 관련되어 견제를 받으면서 점차로 약화되기는 하나 태종 집권 · 즉위에 끼친 공로 및 개인적인 자질 · 관력과 관련하여 태종왕권의 강력한

193) 이 중 하륜 · 박은과 박석명의 정치력 발휘는 한충희, 1985, 「朝鮮初期 判吏 · 兵曹事硏究」, 『韓國學論集』 11, 122 ~ 123쪽과 앞 「朝鮮初期 承政院硏究」, 83쪽 참조.

194) 사망하거나 피죄된 공신은 다음과 같다(( )는 연대).
사망; 趙胖 · 李之蘭 · 高呂 · 李芳毅 · 金英烈(태종1~4), 趙浚 · 朴錫命 · 李淑 · 吳思忠 · 辛克禮 · 李和 · 趙璞 · 權近(5~9), 李舒 · 咸傅霖 · 金士衡 · 徐愈 · 尹柢 · 鄭龍壽 · 徐益 · 沈龜齡 · 文彬 · 李升商(10~13), 成石璘 · 趙英茂 · 李佇 · 李膺 · 河崙 · 金輅 · 韓珪 · 李來 · 柳亮 · 趙溫 · 李良祐 · 李天祐 · 金宇 · 洪恕 · 張思吉(14~18), 南在 · 金定卿 · 劉敬 · 安景恭 · 李福根 · 朴訔 · 尹坤 · 李敷 · 尹子當(세종1~4).
복주; 李茂(태종9), 閔無咎 · 閔無疾(7년유배, 10년 사사), 趙希閔 · 柳沂(9년유, 10년 복주), 尹穆(10).
유배; 李居易 · 李佇(태종4), 孫興宗() · 黃居正(11) · 沈淙 · 李叔蕃(16) · 張思靖(17).

토대가 되었고, 중심이 된 공신은 정사 · 좌명공신과 좌명공신이었다고 하겠다.

(2) 宗親

태종대에 생존한 종친(환조의 자 · 손 · 증손)에는 다음의 〈도 1〉에서와 같이 義安大君 李和 등 30여 명이 있었다(태조 · 정종 · 태종왕자 제외). 이 중 태종대에 각급 관직에 종사한 인물에는 이화 등 20여 명이 있었다.

李和는 領議政 · 兼都摠制, 李天祐는 兵判 · 兼都摠制 · 都鎭撫 · 都摠制 · 判義勇巡禁司事 · 義禁府提調, 李良祐 · 李淑은 兼都摠制, 李興發 · 李澄 · 李宏 · 李伯溫 · 李湛은 侍衛軍節制使와 贊成 이하의 제관직을 역임하였으며,[195] 李興濟 · 李興露 · 李之崇 · 李皎 · 李漸 · 李淮도 都摠制 이하의 각급 관직을 역임하였다.[196]

그런데 이들 종친의 활동상과 그 시기를 보면 李天祐는 태종 즉위 ~ 14년에 걸쳐 정치 · 군사의 최상위직을 두루 역임하면서 河崙 등과 함께 당시의 정치를 주도하였다. 그 외에 있어서는 이화 · 이양우 · 이숙이 태종 2 ~ 4년에 겸도총제에 재직하기도 하나 대개는 태종 12년 ~ 세종 1년에 시위군절제사 등 군직을 역임하였다.

이를 볼 때 태종대의 종친은 태종 2 ~ 4년과 태종 13년 ~ 세종

---

195) 그 재직시기는 앞 〈표 6, 7〉 해 관직조 참조.

196) 역임관직과 그 재직시기는 다음과 같다(『조선왕조실록』 태종 1년 ~ 세종 4년조에서 종합).

李興濟; 경승부윤(태종12), 인수부윤(세종2), 총제(3)
李興露; 총제(태종12)
李之崇; 판공안부윤(태종13), 판삼군부사(14), 판도총제부사(15 · 18)
李皎; 동지총제(태종12), 도총제(세종2)
李漸; 첨총제(태종12)
李淮; 첨총제(태종12)

1년에 겸도총제나 시위군절제사 등의 군직에 주로 재직하면서 태종왕권의 군사적기반이 되었다고 하겠다.

〈도 1〉 환조계 가계(■은 태종 즉위 이전 사망 · 피죄자, *은 공신)[197]

- 桓祖
  - 太祖
    - 定宗 — 義平君 元生 등 15남
    - 太宗 — 世宗 등 12남
    - 鎭安大君 芳雨 — 奉寧君 福根*, 恒寧君 德根
    - 益安大君 芳毅 — 益平君 石根, 正尹 昇
    - 懷安大君 芳幹 (정종2년 유) — 義寧君 孟衆, 昌寧君 泰, 錦城郡 善, 金山君 仲窘
    - 德安大君 芳衍
    - 撫安大君 芳蕃
    - 폐세자 芳碩
  - 永城君 天桂 — 密陽君 蘭, 攝, 陟, 實, 種, 芬
  - 完豊君 元桂
    - 完原府院君 良祐* — 善平君 興發, 善城君 興濟, 善山君 興露
    - 完山府院君 天祐* — 驪陽君 宏, 驪城君 完, 驪興君 宣, 宭
    - 完平君 朝 — 驪安君 君實
    - 完寧君 曙 — 驪江君 永錫
    - 元尹 伯溫
  - 義安大君 和 — 完城君 之崇, 完川君 淑*, 鶴川君 澄, 寧川君 湛, 正尹 皎, 正尹 漸, 正尹 淮

197) 『太宗實錄』·『世宗實錄』, 『璿源系譜』, 『萬姓大東譜』 전주이씨조, 『全州李氏完昌大君派大同譜』, 『全州李氏完豊大君派世譜』 등에서 종합.

(3) 戚族

태종의 척족(처족·사돈·부마)에는 다음의 표에서와 같이 국구인 閔霽와 처남인 閔無疾 등 40여 명이 있었다. 이 중 朴安命·許之惠·尹忭·申淑生은 외척이 되기 이전에 사망하고 趙賚는 태종 사후에 외척이 되었지만[198] 權弘 등 20여 명은 척족이 된 후에 파격적으로 승진되고 발탁되면서 다음의 표에서와 같이 判書 이하와 侍衛軍節制使 등을 역임하였다.

외척에 있어서 元敬王后의 친족은 閔霽는 府院君으로서 우대됨에 그쳤지만, 閔無咎·閔無疾과 閔無恤·閔無悔는 태종 즉위 ~ 7년에 걸쳐 정치·군사의 요직을 두루 역임하면서 당시의 정치에 주도적으로 참여하거나[199] 도총제 이하를 역임하였다. 懿嬪權氏 등의 부는 權弘·金漸과 盧龜山은 判書와 都摠制·侍衛軍節制使 등을 역임하였고,[200] 金九德은 參知議政 등을 역임하였다.

사돈에 있어서는 세종국구인 沈溫과 世子 讓寧大君의 장인인 金漢老는 吏判·贊成·領議政 등과 兵判·判義勇巡禁司事 등을, 孝寧大君의 장인인 鄭易은 戶判 등을, 公主 등의 시아버지인 李居易와 趙浚 및 權近은 領議政·兼都摠制와 政丞 및 參贊 등을 각각 역임하였다.[201]

부마에 있어서는 李伯剛과 南暉는 侍衛軍節制使 등을, 趙大臨과 權跬는 兼都摠制·侍衛軍節制使 등을 각각 역임하였는데,[202] 특히

---

198) 딸이 태종 승하직전에 후궁으로 간택되었다가 태종이 홍서한 뒤(세종 4년 9월)에 義貞宮主로 책봉되었다(『세종실록』 권17, 4년 9월 기묘).

199) 역임한 추요직과 그 재직시기는 앞 〈표 6, 7〉 참조.

200) 추요직 재직시기는 앞 〈표 6, 7〉 참조.

201) 의정 등 추요직 재직시기는 앞 〈표 6, 7〉 참조. 이거이·조준·권근은 공신책록·관력을 볼 때 외척이라하여 제수되었다고 보기는 어렵지만 포괄하여 파악한다.

권규는 태종 7년 ~ 15년까지 9년간 숙위병을 관장하였다.[203)]

그런데 이들의 주 활동시기를 보면 왕실과 관계를 맺은 시기와 관련되어 민무구 · 민무질 · 이거이 · 조준 · 권근은 대개 태종 즉위 ~ 7년, 권홍 · 김한로 · 심온 · 정역 · 이백강 · 조대림 · 권규는 태종 7년 ~ 세종초, 김구덕 · 노구산 · 김점 · 성억 · 최사강은 태종 15년 ~ 세종초에 걸치었다. 또 민무질과 권규는 태종초와 태종중기에 정치 · 군사에 큰 영향력을 발휘하기도 하지만, 태종 17년 ~ 세종 1년에는 박신 · 정역 · 김점과 권규 · 남휘 · 조대림 · 노구산의 다수가 각각 체제를 뒷받침하던 의금부제조와 시위를 관장한 시위군절제사에 재직하였다.[204)]

〈표 8〉 태종대 척족 주요 관력(성명 및 관력불명자 제외)[205)]

		생몰년	본관	척족편입년과 관직	척족시주요관력	비고
처 족	閔霽	1339~1408	여흥	태종즉위, 역좌정승	부원군, 守城都統使	女元敬王后
	閔無咎	?~1410	〃	〃, 君	총제, 참지승추, 驪江君	姉원경왕후
	閔無疾	?~1410	〃	〃, 군	참지승추, 동북면병마도절제사, 참지의정겸총제겸도총제, 겸판의용순금사사	〃
	閔無恤	?~1416	〃	〃, 불	군, 동지총제, 도총제, 지돈령	〃
	閔無悔	?~1416	〃	〃, 불	군, 예문제학, 한성부윤	〃
	權弘	1360~1445	안동	태종2, 前成均樂正	첨서승추부사, 지의정, 판경승부사, 판한성, 판돈령, 예판	여 懿嬪

202) 그 재직시기는 앞 〈표 7〉 참조.

203) 『세종실록』 권11, 3년 4월 을미 권규졸기.

204) 앞 〈표 7〉 참조.

205) 『璿源世系』, 『조선왕조실록』 태종 즉위 ~ 세종 4년조, 『국조인물고』 등에서 종합.

		생몰년	본관	척족편입년과 관직	척족시주요관력	비고
	金九德	?~1428	안동	태종11, 判通禮	동지총제, 한성부윤, 참지의정, 지돈령	여 明嬪
	盧龜山	?~1419		태종11, 前提學	총제, 함길도관찰사, 도총제, 내시위절제사	여昭惠宮主
	金漸	?~?		태종11, 前知州事	참의, 敬承府尹, 참찬, 형판, 호판, 평안관찰사	여淑恭궁주
	張思吉	?~1418	안동	태종12년이전, 군	군, 부원군	여順惠궁주
	李稷	1362~1431	성주	세종4, 유배	부원군	여愼順궁주
	李云老	?~?		세종4, 유배	前判濟用監事	여淑順옹주
	安義	?~?		세종3, 檢校漢城尹	檢校判漢城	여淑善옹주
	趙賚	1374~1449	한산	세종4(태종사후)		여義貞궁주
사돈	金漢老	1367~?	광산	태종7, 前摠制	참지의정, 판한성, 예판, 대사헌, 참찬, 도총제겸판의용, 소금사자, 찬성, 병판	壻讓寧大君
	沈溫	?~1418	청송	태종8, 右副代言	동지총제, 풍해도관찰사, 참지의정, 대사헌, 총제, 형, 호판, 도총제, 판한성, 이판, 찬성, 영의정	서 世宗
	鄭易	?~1425	해주	태종8, 歷右司諫	동지총제, 한성윤, 참지의정, 대사헌, 호판, 찬성	서孝寧大君
	成抑	1386~1448	창령	태종14, 大護軍	대언, 동지총제, 慶昌府尹	서誠寧대군
	金灌	?~1416		태종16, 僉摠制	參議贈贊成	서 敬寧君
	崔士康	1385~1443	전주	태종17, 中軍經歷	찬성	서 咸寧군
	朴安命			?副正卒	副正贈贊成	서 溫寧군
	許之惠			?觀察使졸	관찰사증찬성	서 謹寧군
	尹忭		무송	?司直졸	사직증찬성	서 惠寧군
	崔淑生			?僉知졸	첨지증찬성	서 熙寧군
	申敬宗			?	部令	서 厚寧군
	朴宗智			?	절제사	서 益寧군
	李居易	1348~1412	청주	태종즉위, 左政丞	부원군, 영의정, 영사평부사	子 李伯剛

		생몰년	본관	척족편입년과 관직	척족시주요관력	비고
	趙浚	1346~1405	평양	태종3, 判門下	좌정승, 영의정	자 趙大臨
	權近	1352~1409	안동	태종4, 參贊	찬성, 예문대제학	자 權踶
	南景文		의령	태종16, 불명	병조의랑	자 南暉
	朴信	1362~1444	운봉	태종18, 判都摠制事	병판, 이판	자 朴從愚
사위	李伯剛	1381~1451	청주	태종즉위, 監察	군, 전라도도절제사, 우금위절제사, 부원군	婦貞順公主
	趙大臨	1387~1430	평양	태종3, 護軍	군, 겸도총제, 평양도도절제사, 우금위절제사,부원군	부慶貞공주
	權踶	1393~1430	안동	태종4, 未仕	군, 호분사상호조, 겸도총제, 안주도도철제사, 의용위절제사	부慶安공주
	南暉	?~1454	의령	태종16, 未仕	군, 의용위, 내금위절제사, 군	부貞善공주
	朴從愚	?~1464	운봉	태종18, 未仕	군	부貞惠翁主

이를 볼 때 태종의 처족·사돈·부마는 인원수로는 공신·측근과 비교가 되지 못하지만 왕실과의 관계를 토대로 다수가 의금부제조·시위군절제사 등에 재직하면서 태종왕권의 한 토대가 되었다고 하겠다.

(4) 側近

측근은 잠저기와 재위기에 태종의 측근에서 시위·시종 등에 종사하거나 태종의 신임을 받으면서 정치·군사의 추요직에 종사한 인물이다. 『太宗實錄』·『世宗實錄』·『國朝人物考』 등의 기사를 볼 때 이러한 행적을 보이는 인물은 총 70여 명이 확인된다. 이 중 閔無咎·閔無疾·河崙·李叔蕃 등 40여 명은 고려말 ~ 정종대에 측근이 되고 재위기에도 측근으로 활동하였으며,[206] 黃喜 · 朴誾 · 柳廷顯 · 崔潤德 등 30여 명은 즉위초 이래로 측근이 되고 이후 세종초까지 측근으로 활동하였다.[207]

이들의 성분을 보면 다음의 표에서와 같이 閔無疾 · 李天祐 · 李佇 · 尹柢 등 10명은 외척(부마)이거나 종친 또는 시종출신이면서 공신이었고, 河崙 · 李叔蕃 등 18명은 공신이었다. 李伯剛 · 趙大臨 · 權跬 · 南暉 등 4명은 駙馬였고, 權希達 · 成達生 · 田興 · 姜尙仁 등 4명은 시종출신이었으며, 黃喜 · 趙末生 등 6명은 승지출신이었다. 즉 공신 등이 75%(43/59명)이고 그 외가 25%(16명)였다. 또 측근이 된 시기를 보면 잠저기가 63%(37명)이고 재위기가 37%(22명)이며, 공신 등이나 승지출신 등이 점하는 비중은 잠저기는 34명 97%이고 재위기는 9명 39%였다.

---

206) 이들을 포함한 36명과 그 중요 관력 · 성분은 뒤 〈표 9〉 참조. 그 외의 5명은 김소근 · 목인해 · 김덕생 · 유춘무 · 김옥겸(이상 시위나 시종출신)과 이복근(종친) · 심종(부마) · 유기(공신)이다. 이 중 성달생(『세종실록』 권104, 26년 4월 기축 성달생졸기)과 목인해(『태종실록』 권14, 8년 12월 임오 복주조) · 김옥겸(『세종실록』 권19, 10년 3월 임술)을 제외한 인물의 출전은 한충희, 「잠저기(1367 ~ 1400) 태종연구」, 『대구사학』 56, 77 ~ 88쪽 참조.

207) 이들을 포함한 22명과 그 중요 관력 · 성분은 뒤 〈표 9〉 참조. 그 외의 3명은 李伃 · 宋希美 · 洪約인데 모두 첨총제를 역임하였다. 이들은 모두 『태종실록』 · 『세종실록』의 기사(각 인물의 卒記 · 賜祭文) 등에서 측근임이 확인된다. 출전의 제시는 번다함을 피하여 생략한다.

〈표 9〉 태종 즉위 ~ 세종 4년 태종측근 역임 주요관직[208)]

	의정	판서	지신사	삼군영·판사	삼군도총제	삼군도진무	겸도총제·총제	겸상호군	판의용순금사사	의금부제조	시위군절제사	참찬	참판·총제	비고(공은 공신, 종은 종친, 외는 외척, 부는 부마, 승과 시는 승지와 시위나 시종 출신)
河崙	*			*			*							공
李茂	*			*			*							공, 태종9년복주
趙英茂	*			*										공
朴誾	*	*							*	*				공
李原	*	*							*					공
李良祐							*							공, 종
趙溫		*									*			공
李貴齡		*			*				*					원종공신
尹柢		*		*					*					공, 시
李天祐		*		*	*	*	*		*					공·종
李叔蕃		*		*			*	*	*		*			공, 태종16년거세
韓珪				*	*	*	*				*			공
李從茂							*	*			*			공
趙璞		*												공
徐愈		*												공
李膺		*					*				*			공
延嗣宗						*	*				*			공
李升商		*												공
朴錫命			*											공·승, 태종7년졸.

208) 의정 ~ 시위군절제사는 앞 〈표 6, 7〉, 찬성 이하는 『태종실록』 등에서 종합.

	의정	판서	지신사	삼군영·판사	삼군도총제	삼군도진무	겸도총제·총제	겸상호군	판의용순금사사	의금부제조	시위군절제사	참찬	참판·총제	비고(공은 공신, 종은 종친, 외는 외척, 부는 부마, 승과 시는 승지와 시위나 시종 출신)
沈龜齡				*			*				*			공·시
金宇							*							공·시
馬天牧									*		*			공·시
宋居信											*			공
權希達											*			시
李伯剛											*			부
柳殷之											*			
成達生											*			시
田興										*				시
閔無疾							*		*					공·외, 태종7년유·10년사사
李佇							*		*					공·부
李淑							*							공·종
閔無咎													*	공·외, 7년유·10년사사
姜尚仁													*	시, 세종즉위년복주
辛克禮												*		공
徐益													*	공
文彬													*	공, 이상잠저기
柳廷顯	*	*			*				*	*				
黃喜		*	*											승
朴子青		*		*	*									총신

	의정	판서	지신사	삼군영·판사	삼군도총제	삼군도진무	겸도총제·총제	겸상호군	판의용순금사사	의금부제조	시위군절제사	참찬	참판·총제	비고(공은 공신, 종은 종친, 외는 외척, 부는 부마, 승과 시는 승지와 시위나 시종 출신)
金汝知		*	*											승
趙末生		*									*			승
崔潤德		*				*					*			
曺備衡		*												
李明德			*											승
河演			*											승
金益精			*											승
李和英					*						*			
辛有定					*						*			
河敬復						*					*			
文孝宗											*			
李春生						*								
李順蒙											*			
趙大臨											*			부
權跬					*						*			부
南暉											*			부
趙治											*			원종공신
李叔畝											*			
金繼志													*	이상 재위기
계	6	17	5	5, 4	8	6	10, 3	2	11	4	24	1	5	

한편 측근·공신, 측근, 공신이 태종대의 의정·판서·영삼군부사·판의용순금사사·시위군절제사·지신사 등 재직자에서 점하는 비중을 보면 다음의 표에서와 같이 태종 1 ~ 13년에는 각각 25%(28/111)와 17%(18/111) 및 14%(15/111)였고, 태종 14년 ~ 세종 4년에는 10%(10/97)와 24%(23/97) 및 10%(10/97)였다. 또 태종 14년 ~ 세종 4년에는 공신·잠저기 측근 출신은 노쇠한 반면에 승지 출신인 황희·조말생 등과 무과 출신인 최윤덕·조비형·하경복 등 재위기 측근 출신이 대두되면서 장기간 판서와 도진무·시위군절제사 등에 재직하였다. 또 측근 중에서도 태종 13년까지는 공신인 하륜 등과 비공신인 유정현·황희·이귀령·박자청·이화영·권희달·유은지 및 부마인 조대림·권규 등이, 태종 14년 이후에는 공신인 박은 등과 유정현·조말생·최윤덕·조비형·하경복·이춘생·권희달 및 조대림·권규·남휘 등이 중심이 되었다.

이를 볼 때 태종대의 측근은 태종 전반기에는 공신과 함께 정치·군사를 주도하면서 왕권의 가장 중요한 인적 토대가 되었고, 태종 후반기에는 공신을 능가하면서 공신과 함께 정치·군사·시위를 주도하면서 왕권의 가장 중요한 인적 토대가 되었다고 하겠다.

〈표 10〉 태종왕권의 인적기반 종합[209)]

	태종즉위~13년								태종14년~세종4년							합계							
	의정	판서	3군영사 등	겸총제·상호군	판의용순금사사	시위군절제사	지신사	계	의정	판서	3군영사 등	겸총제·상호군	판의용순금사사	시위군절제사	지신사	의정	판서	3군영사 등	겸총제·상호군	판의용순금사사	시위군절제사	지신사	계
공신·측근 등*	5	10	8	16	9	8	1	28	3	3	4	3	3	0	10	8	10	11	16	9	9	1	28
공신	5	7	5	1	1	2	0	15	6	4	0	1	0	0	10	8	11	5	1	1	2	0	18
측근	0	4	6	3	2	9	2	18	1	6	3	2	13	4	23	1	8	9	4	3	16	6	27
종친 등*	0	1	4	0	1	7	0	10	1	5	0	3	8	0	11	1	5	4	0	4	12	0	17
그 외	0	18	14	2	1	14	2	40	0	21	1	7	16	5	43	0	33	15	2	8	28	6	70
계	10	40	37	22	14	40	5	11	11	39	8	15	41	9	97	18	67	44	23	25	65	13	160

* 공신·측근 등은 공신·측근, 공신·종친, 공신·외척 포괄, 종친 등에는 종친과 외척 포괄.

209) 『태종실록』·『세종실록』·『국조인물고』(재위기), 한충희, 앞 「잠저기(1367 ~ 1400) 태종연구」에서 종합.

3) 제도적 기반

(1) 承政院(承旨)

태종대(태종 즉위 ~ 18년)의 승지재직자는 50명이었는데, 20여 명은 재임중이나 체직된 5년 미만에 사망하기도 하나[210] 그 외는 대개 세종즉위 이후까지 생존하면서 정치에 큰 영향력을 발휘하였다.

승정원(승지)은 왕 측근에 시종하면서 왕명을 출납하고 국왕과 百司·百官 간에 上達되고 下達되는 모든 上啓·上疏를 매개한 국왕의 시종·비서기관이었다. 태종은 1405년(태종 5)에 同副代言을 加置하여 6代言制로 승정원제를 정립하고 6대언으로 하여금 6조사를 분방하게 하였다.[211] 이와 동시에 知申事와 5代言에 신임의 인사를 발탁하고 이들로 하여금 分房事를 확고히 장악하고 행사하게 하였다.[212]

한편 태종은 1405년부터 육조제를 정비하고 의정부의 기능을 약화시키면서 육조 중심의 국정운영을 모색하였으며, 군사제를 정비하면서 병권을 강력히 지배하였고, 1414년에 六曹直啓制를 실시하여 국정전반을 강력히 통제하였다.[213] 이와 관련되어 육조직계제가 실시되기 이전은 물론 그 이후에도 政丞(議政)인 河崙·成石

---

210) 『조선왕조실록』 태종 즉위 ~ 세종 1년조에서 종합. 사망·피죄자와 그 시기는 다음과 같다(*은 재임중 사망, **은 복주).
사망; 朴錫命(태종6), 李詹(5,*), 曺援(9), 尹須·柳斗明(8,*), 李慥(12), 尹珪(14), 李伯持(세종1).
피죄; 盧閈·金科(태종9), 李垠(15), 李灌·朴習·金孝孫(세종즉위,**).

211) 『태종실록』 권9, 5년 1월 임자.

212) 한충희, 앞 「朝鮮初期 承政院硏究」 44쪽 〈표 7-ㄱ〉, 47쪽 〈표 7-ㄴ〉, 52쪽.

213) 구체적인 내용은 뒤 2장 4절 국정운영체제의 정비 참조.

璘·李茂·朴誾은 判吏曹事와 判兵曹事를 겸하면서 吏判과 兵判을 지휘하면서 文班과 武班의 인사 등 吏, 兵曹의 주요 정사를 지휘하였다.[214)]

이러한 승정원(승지)의 기능, 승지에 대한 태종의 신임 및 정치 분위기와 관련되어 승지는 재임시에는 태종이 승지를 두고 "汝等秩雖(정3품)通政(大夫) 參決大事 無異於宰相"[215)] 이라고 하였음과 같이 재상으로 인식되는 우대를 받았다. 승지는 대개 參判 등의 종2품직 이상에 승진하면서 체직되었고,[216)] 이후 태종대와 세종초를 통하여 종1품 찬성·정2품 판서 이하 각급 관직에 재직하면서 정치·군사에 큰 영향력을 발휘하였다. 즉 孟思誠·黃喜·尹向·安純·沈溫·安騰·金汝知·許遲·朴習·李潑·趙末生 등은 判書 이하의 각급 관직을 역임하였고,[217)] 그 외의 尹思修·吳陞 등 20여 명은 參知議政(정2) 이하의 각급 관직을 역임하였다.[218)]

이들의 활동시기는 그 승지 재직기간과 관련되어 朴錫命과 黃喜는 1405년(태종 5)과 1409년에 정2품직인 參知議政과 判書에 진출하기도 하나 대개는 1414년 이후에 판서 이하에 진출하였다.[219)] 특히 朴錫命·黃喜·趙末生 등은 다음의 설명에서와 같이 재임시

---

214) 하륜은 좌정승으로서 判吏曹事(태종 6.8 ~ 7.7, 12.8 ~ 14.6), 성석린은 좌정승으로서 판이조사(7.7 ~ 7.12, 8.2 ~ 12.2), 이무는우정승으로서 判兵曹事(7.7 ~ 7.12, 8.2 ~ 9.7), 박은은 우의정과 좌의정으로서 판병조사(16.5 ~ 16.11)와 판이조사(태종16.11 ~ 세종 3.12)를 각각 겸하였다(한충희, 1985, 「朝鮮初期判吏·兵曹事研究」, 『韓國學論集』 11, 122 ~ 123쪽).

215) 『태종실록』 권35, 18년 4월, 신묘.

216) 한충희, 앞 논문, 40 ~ 41쪽 〈표 6〉 참조.

217) 판서 재직시기는 앞 〈표 7〉 참조.

218) 李安愚·李灌·卓慎·徐選·洪汝方·李明德·元肅은 參判, 李承幹·李慥는 摠制, 權緩·柳思訥·韓尙德·河演·尹思永은 府尹이나 觀察使 등 이하를 각각 역임하였다(『조선왕조실록』 태종 7년 ~ 세종 4년조).

219) 앞 〈표 7〉 참조.

와 그 이후를 통하여 의정 등을 견제하면서 당시의 정치를 주도하는 영향력을 발휘하였다.

박석명은 잠저 이래에 걸친 태종과의 교분을 토대로 태종의 지극한 신임을 받으면서 태종 즉위 ~ 5년에 걸쳐 左承旨와 知申事로 재직하면서 국정 전반에 강력한 영향력을 발휘하였다.[220] 황희는 탁월한 재식과 태종의 지극한 신임을 토대로 태종 5 ~ 9년에 걸쳐 지신사로서 吏曹를 分房하면서 이, 병조판서는 물론 이, 병조판서의 상위에서 판이조사와 판병조사를 겸대하고 문반과 무반의 인사를 지휘하였던 좌정승 成石璘과 우정승 李茂를 제치고 인사에 강력한 영향력을 행사하였다.[221] 조말생은 태종의 신임을 토대로 왕 11 ~ 18년까지 6승지를 두루 역임하면서 분방한 該曹의 정사에 큰 영향력을 발휘하였으며, 특히 知吏, 兵曹事 때에는 문, 무반의 인사에서 이, 병판을 능가하는 영향력을 발휘하였다.[222]

이를 볼 때 승지는 태종대를 통하여 재직시에는 측근에 시종하면서 왕권의 토대가 되었고, 체직된 뒤에는 의정 · 판서 이하의 각급 관직에 재직하면서 왕권의 토대가 되었다고 하겠다.

(2) 侍衛軍과 義勇巡禁司(義禁府)

태종은 시위군의 기능과 관련하여 재위기와 상왕기를 통하여 이를 강력히 육성하였다. 즉위와 함께 別侍衛를 설치하여 측근에서 시위에 종사하게 하였고, 이후 1409년까지 忠順扈衛司(3)와[223] 鷹揚衛(4) · 內禁衛(7) · 內侍衛(9)[224] 및 別司禁(8년경, 司禁) · 別牌

---

220)『태종실록』권12, 6년 7월 경자 박석명졸기.
221)『태종실록』권15, 8년 2월 계미.
222)『세종실록』권31, 8년 3월 신축.
223)『태종실록』권5, 3년 6월 을해.

(14년경)[225] 등을 신치하여 측근에서 시위를 전담하게 하였다. 또 선위초에는 자신과 세종의 시위와 관련하여 좌·우별패를 좌·우금위로 개편하였다가 곧 혁파하여 내금위와 내시위에 합병하였고,[226] 사금을 3번으로 나누었으며,[227] 응양위는 혁파하였다.[228] 또 좌·우금위(각 3번), 사금(2邊(번)), 내금·내시위(각 3번) 등의 각번에 1(사금) ~ 2(그 외)인의 절제사를 임명하여 지휘하게 하였다.[229]

이들 시위군은 편제상으로는 1414년(태종 14) 5월까지는 中·左·右軍都摠制府에 分屬되고, 그 이후는 모두 중군도총제부에 소속되었다.[230] 그러나 그 지휘는 직장과 관련되어 별도로 임명된 2 ~ 3인의 절제사가[231] 국왕의 지시를 받으면서 행하였다. 이 때 절제사에 재직한 인물을 보면 확인된 67명 중 39명이 잠저기 이래의 측근이나 자신의 집권·즉위에 기여한 공신인 등과 같이 신임하는 인물을 제수하였다.[232]

義勇巡禁司(義禁府)는 警察·詔獄기관인데, 1403년에 전년에 개국 이래의 都府外가 개칭되면서 성립된 巡衛府를 다시 개칭하면

224) 閔賢九, 앞 책, 128 ~ 129쪽, 車文燮, 앞 책, 83쪽. 설치시의 인원은 별시위가 200명이고 내금위가 60 ~ 90명이었으며, 내시위가 120명이었다(응양위는 불명).

225) 『태종실록』 권16, 8년 10월 을류·권34, 17년 9월 을사, 권28, 14년 12월 계유.

226) 『세종실록』 권1, 즉위년 8월 무자·10월 경인.

227) 『세종실록』 권2, 즉위년 11월 경오.

228) 『세종실록』 권3, 1년 2월 을해.

229) 『세종실록』 권1, 즉위년 8월 무자. 또 3군도진무에 李從茂·趙秩·河敬復을 임명하였다. 그 성명은 앞 〈표 6, 7〉 참조.

230) 『태종실록』 권27, 14년 6월 무신.

231) 『태종실록』 권24, 12년 7월 무신, 권17, 9년 6월 경술, 권26, 13년 8월 기사.

232) 공신·측근이 9명이고 공신과 측근이 2명과 19명이며, 종친이 4명(이지·이담·이고·이백온)이고 외척이 5명(심증·권홍·노구산·한장수·한검)이다. 공신과 측근의 성명과 그 재직기간은 앞 〈표 7〉 참조.

서 성립되었고, 1414년에 의금부로 개칭되면서 운영되었다.[233] 그 최상층 관원을 보면 순위부에는 上萬戶·萬戶, 의용순금사에는 判事·知事, 의금부에는 提調가 각각 있었다. 이들 관직에 재직한 인물은 태종대를 통하여 26명이 확인되는데 이중 18명이 공신·측근이거나 친인척 등이었다.[234] 특히 왕권의 확립을 위해 외척인 閔無疾(태종 8)·沈溫(세종 즉위) 일파를 제거할 때와 장기간 재직한 인물은 태종의 신임이 깊은 측근이었다.[235]

이를 볼 때 시위군(절제사)과 의용순금사(의금부, 판사·제조 등)에는 그 직장과 관련되어 대부분이 태종의 신임하는 인물로 제수되면서 태종왕권의 군사적 기반이 되었다고 하겠다.

(3) 六曹制·六曹直啓制

태종은 1405년에 육조를 정3품아문에서 정2품아문으로 승격하고 六曹 屬司·屬衙門을 정비하면서 국정을 분장하게 하고, 동시에 의정부중심의 국정체제(議政府署事制)를 국왕중심의 국정체제(六曹直啓制)로 전환시킬려고 하였다.[236]

六曹制는 1405년 1월에 장관에 정2품의 判書를 신치함에 따라 육조가 正2品衙門으로 승격하면서 朝政에 참여하고, 동시에 錢穀을 관장하던 司平府, 甲兵을 관장하던 承樞府, 文·武班의 인사를 관장하던 尙瑞司判事(좌·우정승겸)를 각각 혁파하여 호, 병, 이·

233) 韓沽劤, 1961, 「麗末鮮初 巡軍硏究」, 『震檀學報』 22, 54 ~ 56쪽.

234) 앞 〈표 7, 8, 9〉 참조.

235) 이숙번과 박은은 양 옥사를 지휘하였고, 이들과 남재·유정현·이응·이천우 등은 의용순금사 판사 등에 장기간 재직하였다. 이중 이숙번 등 4인은 공신·측근이고, 남재와 유정현은 공신과 측근이었다(재직기간은 앞 〈표 7, 8〉 참조).

236) 『태종실록』 권9, 5년 1월 임자·3월 정유.

병조로 귀속시키면서 국정 중심기관으로서의 기초가 놓였다.[237] 이 육조제는 2개월후에 육조의 기능을 조정하고 18 屬司(6조 각 3사)와 屬衙門制를 정하면서 정책·서정분장기관으로 정착되었으며,[238] 이후 태종대의 관제·통치체계의 정비와 함께 정립되었다.[239] 이에 따라 육조는 의정부의 지배를 극복하면서 조정에 참여하고 속아문을 지휘하면서 庶務를 분장·집행하는 정책·집행기관으로 정립되었다.

六曹直啓制는 1405년(태종 5) 1월 육조제를 정비하면서 의정부의 서무관장권을 육조에 귀속시킬 것을 지시하면서 도모되었다. 그러나 육조직계제는 바로 실시되지 못하였고, 이후 수차에 걸쳐 실시가 천명되기도 하나 태종의 정치운영 방침 및 의정부 대신의 정치력발휘 등과 관련되어 1414년에 실시되기까지 의정부가 육조를 지휘하면서 국정운영을 주도하는 議政府署事制가 계속되었다.[240] 육조직계제가 실시된 1414년 이후에는 육조는 분장한 서무를 직접 왕에게 보고하고 지시를 받으면서 처리하는 국정주도 기관이 되었고, 의정부는 그 기능이 크게 약화되었다.[241]

---

237)『태종실록』 권9, 5년 1월 임자.

238)『태종실록』 권9, 5년 3월 병신. 그 구체적인 내용은 한충희, 앞 책, 45 ~ 47쪽 참조.

239) 왕 16년에 參判(종2, 각1)이 신치 및 左·右參議(정3당상, 각1)가 參議 1인으로 감원되고, 왕 14년에 屬衙門인 忠順扈衛司가 忠扈衛로 개칭되며, 왕 18년에 속아문인 義勇巡禁司가 종1품아문인 義禁府로 개칭되면서 직계아문이 되고 정5품아문으로 신치된 世子翊衛司가 속아문이 되면서 판서·참판·참의 - 정랑·좌랑의 관원과 속아문으로 정립되었다(한충희, 1982, 「朝鮮初期 六曹研究 - 制度의 確立과 實際機能을 중심으로 -」, 『대구사학』 20·21합, 187쪽, 1983, 「朝鮮初期 六曹屬衙門의 行政體系에 대하여」, 『韓國學論集』 10, 365 ~ 366쪽).

240)『태종실록』 권27, 14년 4월 경신. 그 실시배경과 내용은 한충희, 1980, 「朝鮮初期 議政府研究」 상, 『韓國史研究』 31, 125 ~ 128쪽 참조.

태종은 의정부가 육조를 지휘하면서 국정을 주도하던 의정부서사제가 실시된 때에도 朝政에서 判書 등을 대면하고 정무를 보고받고 지시하며, 인사와 병사 등 주요 국정을 親掌하였다. 그러나 1414년 육조직계제가 실시된 이후에는 육조에 대한 지배는 물론 국정전반에 대한 영향력을 더욱 강화하면서 왕권을 크게 강화하였다.[242]

이를 볼 때 육조제의 정비와 육조직계제는 왕의 육조에 대한 지휘·지배와 왕권을 강화하는 중요한 제도적 기반이 되었다고 하겠다.

(4) 軍政·軍令機關

태종은 쿠데타를 일으켜 집권하고 즉위하였던 만큼 1409년 8월에 左代言 金汝知에게 "자고로 병권의 연혁에 대해서는 나만큼 고심을 한 이가 없었을 것이다"[243] 라고 한 바와 같이 병권의 장악과 군정·군령기관의 정비에 특별히 관심을 기울였다.

태종의 병권장악은 1398년(태조 7) 집권과 함께 신임하는 측근을 삼군부 영사 ~ 지사·동지절제사에 제수하여 지휘하게 하면서

---

241) 법제적으로는 事大文書와 사형수에 대한 覆按의 기능으로 축소되었다. 그러나 실제로는 의정은 국왕의 신임이 깊고 재식과 경륜이 구비된 인물이 제수되는 최고위직이고, 태종이 군국중사는 이들과 상의하여 결정·집행하는 국정운영과 관련되어 의정부서사제 시기에 비하여는 약화되었지만 국정 전반에 큰 영향력을 발휘하였다(한충희, 위 논문, 128 ~ 133쪽).

242) 육조의 정치활동은 왕으로부터 명을 받는 受命活動, 왕에게 상계한 啓聞活動, 국왕의 명에 따라 육조 단독으로나 의정부 등과 논의하는 擬議活動으로 수행되었다. 활동건수는 태종 5 ~ 13년과 태종 14년 이후 모두 계문활동이 78%와 79%로 중심이 되기는 하나, 연평균건수는 전자는 26.7건이나 후자는 187.8건이었다(한충희, 앞 책, 171쪽 〈표 36〉 참조).

243) 『태종실록』 권18, 9년 8월 정묘 自古兵權沿革 未有如寡人之用心者.

비롯되었고,[244] 이후 재위기·상왕기를 통하여 군정·군령·시위군을 정비·강화하고 추요의 군직에는 공신·측근을 중심으로 제수하면서 실현하였다.[245]

군정기관의 정비는 1405년(태종 5) 1월과 3월 육조제를 정비할 때 甲兵(군사)을 관장한 承樞府와 무반의 인사를 관장한 兼判尙瑞司事를 혁파하여 병조에 귀속시키고 기능을 조정하며, 군정·군사에 간여하던 모든 관아·군사기구를 병조속아문으로 소속시키면서 기초가 놓였다.[246] 이후 병조는 군령권까지 관장하고[247] 參判(종2, 1직)이 신치되고 參議 1직이 감소 및 속아문인 義勇巡禁司가 義禁府로 개칭되면서 직계아문이 되는 등으로 변동되며,[248] 상왕기에는 상왕의 지휘를 받기도 하나[249] 시종 군정전장기관이 되었다. 병조판서에는 병조의 기능과 관련되어 태종대를 통하여 대개 공신이나 측근으로 제수되었다.[250]

군령기관 정비는 1401년에 삼군부를 승추부로 개편하여 왕명출납과 군기를 관장하게 하면서 시작되었다. 이후 세종초까지에 걸쳐 태종의 병권장악, 관제정비 등과 관련되면서 다음의 표에서와 같이 승추부·삼군도총제부 → 병조·3군도총제부 → 병조·영삼

---

244) 정종 즉위년 9월, 1년 12월, 2년 9월에 삼군부 영사·판사·절제사·동지절제사·참판사·지사에 제수된 이화 등 15명은 모두 정사·좌명공신이 중심이 된 공신이었다(한충희. 앞 「잠저기(1367 ~ 1400) 태종연구」, 94쪽 〈표 3〉 삼군부조 참조).

245) 앞 〈표 6, 7〉 참조.

246) 앞 주 238)과 동. 속아문은 中軍, 左軍, 右軍, 10司, 訓鍊觀, 義勇巡禁司, 忠順扈衛司, 別侍衛, 鷹揚衛, 引駕房, 各殿行首牽龍이다.

247) 뒤 〈표 10〉 참조.

248) 변동시기 등 구체적인 내용은 앞 주 239) 참조.

249) 『세종실록』 권1, 즉위년 10월 기묘.

250) 판서에 재직한 18명 중 14명이 공신과 측근이고, 그 외는 김한로(외척)와 박신·윤향·박습이었다(공신·측근과 판서 재직기간은 앞 〈표 7〉 참조).

군사처 · 3군도총제부 → 병조 · 3군진무소 · 3군도총제부 → 의흥부 · 3군도총제부 → 병조 · 의흥부 · 3군도총제부 → 3군진무소 · 3군도총제부 → 의건부진무소 · 3군진무소 · 3군도총제부 → 3군부 · 3군도총제부로 변천되면서 운영되었다.[251] 이들 군령기관을 지휘하는 정1 ~ 정2품직에는 대개 공신과 측근 등이 제수되었다.[252]

〈표 11〉 태종 즉위년 ~ 세종 14년 군령기구 변천[253]

<table>
<tr><td colspan="10">태종대</td><td colspan="2">세종대</td></tr>
<tr><td>즉위년</td><td>1년</td><td>3년</td><td>5년</td><td>8년</td><td>9년</td><td>9년</td><td>12년</td><td>14년</td><td>18년</td><td>즉위년</td><td>14년</td></tr>
<tr><td rowspan="3">三軍府</td><td></td><td></td><td></td><td>領三軍事處</td><td>三軍鎭撫所</td><td>義興府</td><td>→</td><td>3군진무소</td><td>義建府鎭撫所</td><td>폐(3군부)</td><td></td></tr>
<tr><td rowspan="2">承樞府</td><td>→</td><td>兵曹</td><td>→</td><td>→</td><td></td><td>병조</td><td></td><td>삼군진무소</td><td>三軍府</td><td>3군진무소</td></tr>
<tr><td>三軍都摠制府</td><td>→</td><td>→</td><td>→</td><td>→</td><td>→</td><td>→</td><td>→</td><td>→</td><td>혁(中樞院)</td></tr>
</table>

그 외에도 태종 2 ~ 9년에는 태종의 병권에 대한 지배강화책과 관련되어 제총제 외에 3軍이나 10司를 지휘하는 3軍 掌軍摠制(겸도총제 · 총제 · 동지총제)制나 10司 兼上護軍制가 운영되었고,[254] 태종 9년과 세종 즉위년에는 6 巡衛司 4 侍衛司의 10 사를 1 순위사 9 시위사와 10 사에 2 사를 증치하는 등 중앙군을 시위군 중심

251) 그 변천배경과 군령기관 상호의 관계는 한충희, 2000, 「朝鮮 太宗代(정종 2년 ~ 세종 4년) 摠制硏究」, 『李樹健敎授停年紀念 韓國中世史論叢』, 168 ~ 173쪽 참조.

252) 그 관직과 관직별 재직자 · 재직시기는 앞 〈표 8〉 참조.

253) 한충희, 앞 논문, 173쪽 〈표 1 - ㄱ〉에서 전재.

254) 위 논문, 192쪽.

으로 개편하고 강화하였다.[255] 또 겸도총제 등과 겸상호군에는 그 기능과 관련하여 대개 공신과 측근으로 제수하였다.[256]

이를 볼 때 군정·군령기관의 정비는 국왕의 병권지배를 강화하면서 왕권의 군사적 기반이 되었다고 하겠다.

2. 王權의 强化

1) 즉위 ~ 4년

태종은 쿠데타를 일으켜 집권하고 정종을 몰아내고 즉위하였던 만큼 즉위초부터 정종은 물론 태조에 비하여 강력한 왕권을 행사하였다. 즉위초에는 부왕과의 불화로 어려움이 있기도 하였지만, 明으로부터 誥命과 金印을 받음으로서 즉위의 정통성을 확립하였다.[257] 이 후 영명과단한 자질과[258] 이를 통한 효과적인 국정운영을 통해 즉위초의 난관을 극복하였고, 이후 재위기를 통하여 지속적으로 측근세력을 확충·활용하고, 정치제도를 개편 및 측근기구를 설치·확대함으로써 왕권을 강화하고 이를 실현하였다.

즉위 ~ 4년에는 부왕과 관련된 '趙思義亂'으로[259] 왕권이 동요되기도 하나 議政府와 承樞府 등에 포진한 공신·외척·종친·측근들의

---

255) 『태종실록』 권18, 9년 10월 무진, 권36, 18년 8월 정해.

256) 겸총제 16명과 겸상호군 10명 중 전자는 15명이 공신과 측근이었고, 후자는 9명이 공신과 측근 등이었다(성명·재직기간은 앞 〈표 6, 7〉 참조).

257) 『태종실록』 권1, 1년 6월 기사, 권5, 3년 4월 무신·기미.

258) 앞 85 ~ 87쪽 참조.

259) 조사의난의 기란배경, 주모자와 당여, 경과, 관련자 치죄는 尹炳奭, 1962, 「所謂 趙思義亂에 對하여」(『西洋史論』 3)과 『태종실록』 2년 11월 갑신 ~ 12월 무인조 참조).

지지를 토대로 왕권을 안정·강화하였다.

조사의난은 태조계비 신덕왕후 강씨의 친척으로 1402년(태종 2) 11월에 安邊府使에 재직중인 조사의가, 태종을 못마땅하게 여긴 태조가[260] "조상의 능을 참배한 후 금강산을 유람하고 돌아오겠다" 는 미명하에[261] 도성을 출발하여 金化縣과 철령을 경유하여 咸州(현 함흥)에 도착하여 머무르던[262] 태조를 끼고 '왕후 강씨와 왕세자 방석의 원수를 갚겠다'[263] 는 구호아래 태종을 타도하기 위해 안변에서 거병한 난이었다. 조사의군은 일시는 安邊·永興·德川·安州를 석권하고 옛 孟州에서 李天祐 지휘하의 조정군사를 격파하기도 하였다.[264] 그러나 태종의 측근 무장을 지휘부로 하는 신속한 대규모 정벌군 출동과[265] 친정[266] 등 관군의 위세와 청천강 도하 중 破氷으로 인해 주력군이 분궤된 후 안변으로 퇴각하였다가 都安撫使 金英烈에게 아들 洪과 함께 체포된

---

260)『태종실록』 권15, 8년 6월 무술 予於戊寅之秋 以社稷大計 不獲已而擧事其後 父王常懷不平 我於生前 不克承順 以傷厥心.

261)『태종실록』 권4, 2년 11월 갑신.

262)『태종실록』 권4, 2년 11월 경진·계미·무자.

263)『태종실록』 권4, 2년 11월 갑신.

264)『태종실록』 권4, 2년 11월 무술.

265) 정벌군 주요 지휘관 제수일과 관직은 다음과 같다(『태종실록』 2년 11월 경인 ~ 갑진조에서 종합. 이 중 조영무 등은 태종의 집권·즉위를 뒷받침한 측근·공신이다(앞 〈표 3, 4〉 참조).
신묘; 조영무 동북면·강원도·충청도·경상도·전라도 도통사, 이빈 서북면 도절제사, 이천우 안주도도절제사, 김영렬 동북면·강원도 도안무사.
임진; 이귀철, 유량 동북면도순문사, 유구산 안변도호부사
기해; 김남두 곡산등지병마사
계묘; 김계지 서북면병마사
갑진; 이거이 좌도도통사, 이숙번 도진무, 민무질 도병마사, 이지·곽충보·이행·한규 조전절제사.

266)『태종실록』 권4, 2년 11월 정유·경자.

후 주살되면서 진압되었다.[267] 이 와중에 태상왕도 함주를 떠나 서북면 맹주로 이거하였다가 연산, 평양을 거쳐 환궁하였다.[268] 태종은 조사의 난을 계기로 1398년(태조 7) 무인정변 이래로 그에게 불만을 가졌던 현덕왕후 강씨 잔여세력을 일소함과 동시에 태상왕과 형식적으로나마 화해하게 되었다.

議政府는 1400(정종 2)에 세자 정안군의 정권과 군관을 총관한 도평의사사의 비대한 기능을 약화시킬려는 의도에 따라 都評議使司가 관장한 정치기능을 계승하면서 성립되었다(군권은 의흥삼군부로 계승). 그렇지만 그 기능은 도평의사사 때의 門下府 · 三司 · 藝文春秋館 · 三軍府의 관직이 그대로 계승되는 등 큰 변화가 없었다. 그 후 1401년(태종 1)에 다시 태종의 의도에 따라 그 屬官이 문하부관이 개칭된 의정부관직으로 조정되면서 그 기능이 정치분야로 한정되었다. 그렇기는 하나 의정부는 여전히 육조를 지휘하면서 정치를 총관하는 최고 권부로 기능하였다. 이 의정부의 좌 · 우정승 이하 당상관에는 태종의 측근이면서 정난 · 좌명공신인 河崙 · 李茂 · 趙英茂 · 李叔蕃 등이 재직하면서[269] 태종의 왕

---

267) 『태종실록』 권4, 11월 병오 · 병진, 12월 정묘.

268) 『태종실록』 권4, 11월 정유 · 정미, 12월 신해 · 정사.

269) 태종 즉위 ~ 4년에 의정부 당상관에 재직한 인물은 다음과 같다(1 - 측근, 2 - 공신, 3 -측근 · 공신. 앞 〈표 5, 9〉, 한충희, 2011, 『朝鮮前期(정종 2년 ~ 선조 24년)의 議政府와 政治』, 계명대학교출판부, 〈별표 3〉에서 종합).
영의정부사; 이거이(2), 조준(2), 이서(2), 성석린(2).
좌정승 ; 민제(국구), 이거이(2), 김사형(2), 하륜(3), 조준(2),
우정승 ; 하륜(3), 이서(2), 이무(3), 성석린(2).
찬성사 ; 이지란(2), 하륜(3), 조영무(3), 이서(2), 곽추, 이직(2), 조온(3), 이저(3), 이양우(3), 남재(2).
참찬사 ; 이거이(2), 장사길(2), 이무(3), 조영무(3), 조온(3), 권근(2), 조박(3), 이직(2), 최유경, 이문화, 이빈, 노숭, 이숙번(3).

권을 뒷받침하였다.

최고 군령기구와 군사기구로는 承樞府와 3軍府 · 3軍都摠制府가 있었다. 이 들 기구의 判事와 都摠制 이하 당상관에는 의정부 당상관과 같이 태종의 측근, 공신, 측근 · 공신인 인물이 대거 포진하여[270] 군사활동을 주도하면서 태종의 왕권행사와 강화를 뒷받침하였다. 그 외에도 치안을 관장한 義勇巡禁司와 태종을 측근에서 시위한 別侍衛 · 內侍衛 등에도 태종의 측근, 공신, 측근 · 공신인 인물이 포진하여[271] 군사활동을 주도하면서 태종의 왕권행사와 강화를 뒷받침하였다.

한편 태종은 치세를 통해 왕권을 확립하고 강화하기 위하여 의정부와 함께 공신 · 척족 · 종친세력의 약화를 지속적으로 추진하였다.[272] 그렇기는 하나 태종 즉위 ~ 4년에는 이들이 자신의 집권과 즉위의 토대가 되기도 하였지만, 즉위초의 왕권안정과 강화에 이들의 지지와 협조가 절실하였다. 이에 따라 잠저기 이래의 측근 · 시위군사는 물론, 공신과 공신 · 공신이면서 외척인 민씨형

---

270) 승추부는 태종 1년 7월 의정부제를 정립할 때 의흥삼군부가 개편되면서 성립되어 5년 1월 육조제의 정립 때 병조에 귀속되면서 폐지되었다. 3군 도총제부는 태종 3년 6월에 승추부의 군령기능을 약화시키고 병권을 중 · 좌 · 우군도총제부에 분산시키기 위해 승추부에 예속되어 있던 중 · 좌 · 우군을 독립기관으로 개편한 조치로 성립되어 세종 14년 중추원으로 개편되기 까지 존속되었다. 이들 기구의 지휘관에는 승추부에는 판사(종1) · 총제(2품), 중 · 좌 · 우 군도총제부에는 각각 도총제(정2, 1인) · 총제(종2, 2) · 동지총제(종2, 2) · 첨총제(정3당상, 2)가 있었는데, 그 대부분은 공신이거나 측근 또는 공신 · 측근이었다(앞 〈표 6〉 참조).

271) 의용순금사는 태종 3년에 순위부가 개칭되면서 성립되어 14년 의금부로 개편되기까지 존속되었고, 별시위 · 갑사는 태종 즉위년 12월에 시위군으로 설치되어 후대로 계승되었다. 이들 기구의 지휘관에는 의용순금사에는 상만호 · 만호 · 판사가 있었고, 별시위 등에는 절제사가 있었는데, 그 대부분은 공신이거나 측근 또는 공신 · 측근이었다(앞 〈표 6〉 참조).

272) 뒤 127쪽 참조.

제 · 공신인 宜安大君 和 등 종친도 대거 최고 정치 · 군사기구인 의정부 · 승추부 · 3군도총제부 · 의용순금사와 시위기구인 별시위 등의 당상관에 재직하면서 태종의 왕권행사와 강화를 뒷받침하였다.[273]

또 공신 · 사원전의 수조법과 각도의 호구 · 전지를 상정 및 노비의 사사수수를 금지하며,[274] 한양천도를 결정하고 왕세자를 책봉하였다.[275] 이 시기 태종의 강화된 왕권과 그 실제를 보여주는 주요 사건을 적기하면 다음과 같다.[276]

즉위년; 별시위 설치(12월)
1년; 공부상정(5), 관제개정(7), 신문고설치(7)
2년; 공신 · 사원전 수조법 상정(2), 호패발급(8), 저화통용(9), 조사의 난 토벌(11 ~ 12).
3년; 관제개정(7)
4년; 각도 호구 · 전지상정(4), 노비 사사수수 금지(6), 왕세자 책봉(7), 한양정도(10).

이처럼 태종은 영명과단한 자질과 탁월한 경륜, 집권과 즉위에 기여한 공신 · 측근을 정치 · 군사의 최고위직에 등용하면서 무인정변과 관련된 부왕 태조와의 갈등으로 인해 동요된 왕권을 안정 · 강화하였고, 현안이 된 국정을 과감하게 결정하고 실시하는 강력한 영향력을 발휘하였다. 국정통령기구인 의정부의 기능을 약화시키면서 국정의 장악력을 높였다.

---

273) 앞 〈표 5, 6〉 참조.
274) 『태종실록』 권3, 2년 2월 무오, 권7, 4년 5월 을미, 권26, 13년 7월 기축, 권7, 4년 6월 임진.
275) 『태종실록』 권8, 4년 10월 갑술, 권8, 4년 7월 을해
276) 『태종실록』 즉위 ~ 4년조에서 종합.

2) 5 ~ 13년

태종 5 ~ 13년에는 즉위 ~ 4년에 걸친 부왕과의 관계개선, 측근 · 공신의 중용, 제도정비 등을 통한 왕권의 안정 · 강화를 토대로 의정부의 기능을 약화시키고 육조제를 정립하고, 대간을 억압하며, 공신 · 외척의 약화와 승정원 · 측근 군사기구의 강화 등을 토대로 왕권 · 국정통제권을 더욱 강화하였다.

태종은 1405년(태종 5)에 의정부의 서무관장기능을 육조에 귀속시켰다. 이와 함께 육조를 정3품아문에서 정2품아문으로 격상시켜 정책기관으로 삼고 尙瑞司 兼判事인 좌정승과 우정승이 관장한 문반과 무반의 인사권을 이조와 병조에, 司平府와 承樞府를 혁거하고 이들이 관장한 전곡과 군사기능을 호조와 병조에 각각 귀속시켜[277] 모든 국정을 육조가 분장하게 하였다. 동시에 육조의 국정분장을 뒷받침하기 위하여 屬司制를 정비하였고, 의정부 등 10여 직계아문을 제외한 承寧府 등 90여 아문을 그 관아기능과 관련되는 조에 분속시킨 六曹屬衙門制를 정비하였다.[278] 이로써 육조는 정책 · 서무분장기관이 되고 왕이 임석하여 대소국정을 논의하는 조정에 참여하게 되었다.

의정부는 육조에 서무관장 기능을 이관하였지만, 계속된 議政府

---

277) 『태종실록』 권9, 5년 1월 임자 改官制 國初承前朝之舊 議政府專總各司司平府掌錢穀 承樞府掌甲兵 尙瑞司掌銓注 以左右政丞兼判事 六曹(三品衙門故)不得與聞朝政 至是革司平府 歸之戶曹 承樞府歸之兵曹 以東西班銓選 歸之吏兵曹 令政府庶務歸之六曹 六曹 各置判書一員 秩正二品 罷典書議郎各二人 置左右參議各一 階通政(大夫) 增置正佐郎各一(以各三, ( )필자보).

278) 속사는 각조에 3사씩 18 사가 있었고, 속아문은 이조에 승령부 등 11 관아, 병조에 중군 등 13 관아, 호조에 전농시 등 18 관아, 형조에 분도관 등 4 관아, 예조에 예문춘추관 등 35 관아, 공조에 선공감 등 11 관아가 소속되었다(구체적인 내용은 뒤 178 ~ 179쪽 (『태종실록』 권 9, 5년 3월 병신)참조).

署事制에[279] 입각하여 육조를 지휘하면서 국정운영을 주도하였다. 그러나 의정부 기능은 태종의 왕권강화를 위한 지속적인 육조 기능의 강화와 의정부 기능의 약화도모, 태종의 의정부 당상관에 대한 영향력 강화 등으로 점차 약화되었다.[280]

이와 동시에 『經濟六典元集詳節』·『續六典』을 수찬하여 통치체제를 정비하면서 왕권의 제도적 토대로 삼았고,[281] 1406년(태종 6)에 內侍衛, 1407년에 內禁衛, 1409년에 兼司僕 등 시위군을 증치하여 왕권강화의 군사기반으로 삼았다.[282] 또 1412년에는 『璿源錄』을 정비하여 비태조계를 왕위계승에서 제외시키고, 정종의 왕자를 대군의 아들 이하로 격하시켜 왕위의 계승을 태조 - 태종계로 정립하였다.[283]

한편 공신 · 외척 · 종친은 즉위 ~ 4년에는 태종의 신임을 받으면서 정치 · 군사의 추요직에 중용되면서 왕권의 안정과 강화에 기여하였지만, 5 ~ 13년에는 태종의 왕권강화와 관련되어 상당수가 숙청되면서 약화되었다.

공신은 1401년에 70여 명에 달하였다. 그러나 태종의 외척 · 공

---

279) 의정부서사제는 정종 2년 4월 도평의사사가 의정부로 개편될 때 도평의사사 때의 국정운영체제가 계승 되면서 시작되었다. 의정부서사제는 의정부가 왕과 6조 이하 각사의 중간에서 각사의 정사를 보고를 받아 검토하여 국왕에게 보고하고 국왕이 재결하여 하달한 정사를 다시 6조 등에 하달하여 시행하게 하는 정치체제, 즉 의정부가 국정을 총괄하는 의정부 중심 국정운영체제이다(한충희, 앞 「조선초기 의정부연구」, 125 ~ 127쪽).

280) 위 논문, 123 ~ 128쪽.

281) 『태종실록』 권23, 12년 4월 무진, 권25, 13년 2월 기묘, 『경제육전원집상절』·『속집상절』은 1412년에 『경제육전』 이 반포된 이후, 즉 태조 7년 ~ 태종 10년까지의 법령중 영구시행할 것을 등재한 것이고, 『속육전』은 13년 2월에 『경제육전속집상절』을 수정하여 반포한 법전이다.

282) 뒤 191쪽 주 507) ~ 510)참조.

283) 『태종실록』 권24, 12년 10월 무인, 『세종실록』 권54, 13년 10월 을사.

신제거 및 노쇠로 인한 사망과 관련되어 1413년말까지는 50여 명 이상이 생존하였지만, 태종말에는 20여 명(세종 5년에는 10여 명)으로 격감되었고,[284] 그나마 대개가 노쇠하여 정치적 영향력이 크게 약화되었다.[285] 또 척족에 있어서는 元敬王后의 동생인 민무구·민무질과 민무휼·민무회가 태종 10년과 16년에 연이어 사사되면서 몰락하였지만, 그 외의 척족은 의빈과 함께 오히려 중용되면서 태종왕권의 토대가 되었다.[286] 종친은 외형적으로는 정치·군사의 요직에 등용되면서 왕권의 토대가 되었다.[287] 그러나 태조직계는 『璿源錄』에 수록하나, 방계인 宜安大君 和 등의 종친은 『類附錄』에 등재하여 왕위계승에서 제외시키고 諸君·元尹·正尹 책봉을 혁파하는 등으로 차별되면서[288] 약화되었다.

그 외에도 승정원의 기능강화와 함께 새로이 측근세력이 된 승지 재직자와 승지 역임자가 대거 6조 참판·판서, 3군도총제부 총제·도총제 등의 요직에 진출하면서[289] 잠저기 이래의 측근과[290]

---

284) 사망, 복주, 유배된 50여 명은 앞 98쪽 주 194) 참조.

285) 대종말 이후까지 생존한 공신 20여 명 중 의정부·육조·3군도총제부에 재직한 인물은 박은·이원·정탁·윤곤·민여익·연사종·조연·송거신 등 10여 명에 불과하였다(그 역임관직과 재직시기는 앞 〈표 5, 7〉 참조).

286) 태종의 척족(처족·사돈·부마)에는 국구인 閔霽와 처남인 閔無疾 등 40여 명이 있었다. 이 중 朴安命·許之惠·尹忭·申淑生은 외척이 되기 이전에 사망하고, 趙賚는 태종 사후에 외척이 되었지만 權弘 등 20여 명은 척족이 된 후에 파격적으로 승진되고 발탁되면서 判書 이하와 侍衛軍節制使 등을 역임하였다. 부마는 李伯剛과 南暉는 侍衛軍節制使 등을, 趙大臨과 權跬는 兼都摠制·侍衛軍節制使 등을 각각 역임하였는데, 특히 권규는 태종 7년 ~ 15년까지 9년간 숙위병을 관장하였다(앞 〈표 6 ~ 8〉 참조).

287) 중용된 종친에는 이화·이천우·이양우·이숙·이홍발·이징·이백온·이담·이홍로·이지숭·이교·이점·이회가 있었다. 이들의 가계와 역임관직은 앞 73 ~ 74쪽 참조.

288) 뒤 128쪽 (『태종실록』 권 24, 12년 10월 무인, 권23, 12년 5월 병술)참조.

289) 이 시기에 승지를 거쳐 의정부, 6조, 3군도총제부로 진출한 인물은 다음과

함께 왕권강화의 토대가 되었다. 또 한양으로 천도하고 이궁 昌德宮과 누각 慶會樓를 건축하고,[291] 청계천을 개통하고 행랑과 시전을 조성하여[292] 왕실의 위엄을 높이고 도성을 정비 하였다.

이처럼 태종 5 ~ 13년에는, 즉위 ~ 4년에 걸친 왕권의 안정과 구축된 왕권강화의 토대 위에서 의정부·공신약화, 육조·승정원·시위군제 정립, 종친·의빈·민씨 이외의 외척 중용, 법전편찬 등을 통해 왕권이 크게 강화되었다. 동시에 이를 토대로 2차에 걸쳐 양위사건을 일으키고 양위에 동조한 왕비 형제를 숙청하고 태조방계를 왕위계승에서 제외시키며 왕이 육조를 친장하면서 국정을 총관하는 六曹直啓制를 시행할 여건을 완료하는 등 강력한 왕권을 구축하고 행사하였다. 이 시기 태종의 왕권강화를 보여 주는 주요 사건은 다음과 같다.[293]

5년; 6조제 정립(1월), 한양천도(10), 사원노비혁거(11)
6년; 사원정리(3), 겸사복·내시위설치(6), 1차 선위파동(8).

같다. 이 중 황희와 조말생은 태종의 총애를 받으면서 승지시에는 육조판서를 능가하는 영향력을 발휘하면서 태종의 강력한 왕권행사를 뒷받침하였다(승정원의 기능과 역할은 한충희, 1987, 「조선초기 승정원연구」, 『한국사연구』 59, 51 ~ 59, 83, 86쪽 참조).

지의정 등; 박석명·이승상·황희(5 ~ 13), 안등(14 ~ 18).
판서; 박신·서유·이승상(5 ~ 13년), 황희·심온·안등·맹사성·윤향·김여지·박습(14 ~ 18)
참판; 맹사성·박습·이안우·탁신·조말생(16 ~ 18).
총제; 이발

290) 잠저기 이후 왕 13년까지에 형성된 측근 중 하륜·이숙번 등 50여 명이 의정부·육조·3군도총제부 종2품 이상직에 재직하였다(역임관직과 시기는 앞 〈표 9〉 참조).

291) 『태종실록』 권 10, 5년 10월 신사·정해, 권23, 12년 4월 을묘·5월 기해.

292) 『태종실록』 12년 2월 ~ 14년 4월.

293) 『태종실록』 5 ~ 13년조에서 종합.

7년; 백관녹과 개정(1), 문묘신축(2), 군정사목상정(4), 척족 민씨형제 장류(7), 내금위설치(10), 10사겸상호군제 운영(12).

8년; 태상왕 승하(5), 공처노비 신공상정(8), 3군장군총제 복구(11).

9년; 2차 선위파동·군제개정(의흥부설치, 8), 공신전전급법 제정·이무 사사(10).

10년; 시전설치(2), 민무구형제 사사(3), 저화통행법실시(7), 3차선위파동(10).

11년; 반록제 제정(5), 동·서계 토지측량(12)

12년; 병조군정전장(7).

13년; 『속육전』 반포(2), 수군제 상정(7), 노비중분법·호패법 제정(9), 군현명호상정(10), 4품이상 관교제수 확정(10).

3) 14 ~ 18년

태종 14 ~ 18년에는 즉위 ~ 13년에 걸친 왕권안정과 강화된 왕권을 토대로 국왕이 중심이 된 국정운영체제를 확립하고 공신의 정치참여를 금지하는 등 전제왕권에 방불할 정도로 왕권을 강화하였다. 이러한 왕권을 토대로 세자 禔를 폐위한 후 忠寧大君 祹를 세자로 책봉하고 곧이어 양위함은 물론 양위후에도 군국중사는 친단하겠음을 천명하는 등 왕권을 과시하였다. 이러한 태종의 왕권은 선위한 후에도 세종국구인 沈溫과 그 일파를 숙청하였고,[294] 대마도정벌을 지휘하였으며,[295] 세종이 상왕이 청정한 즉위 ~ 4년의 정사를 두고

294) 『세종실록』 권1, 즉위년 8월 정축 세종총서.

295) 대마도정벌의 발의와 진행 등은 『세종실록』 1년 5월 ~ 8월(뒤 289쪽 958) 참조.

재위 1년으로부터 4년까지는 내가 비록 왕위에 있기는 하나 그 기간의 국정은 내가 모두 부왕에게 아뢴 후에 시행하였으니 내가 친히 결정한 국사가 없었다. 그 4년간의 史草는 모두 수납하여 『태종실록』에 싣고자 하니 합당하겠는가?[296]

라고 하였듯이 세종초로 계승되면서 세종치세를 정착시키고 세종성세의 토대가 됨은 물론 조선왕조 500년의 토대가 되었다. 이 시기 태종의 강화된 왕권과 그 실제를 보여주는 주요 사건을 적기하면 다음과 같다.[297]

14년; 육조직계제실시(4월).
15년; 녹과상정(1), 보충군설치(3), 공상인 수세법 제정(4), 공신정치참여 금지(6), 관원 노비소유 상한 상정(11).
16년; 조관관복제 제정(1), 각도공물 상정(8). 閔無恤·閔無悔 형제 숙청(17년에 사사).
17년; 신몰원종공신전 군자전속공(6).
18년; 세자폐립(6), 군제개편(6, 8)

3. 王統의 確立

1) 神懿王后의 追尊과 神德王后의 降格

태조 이성계는 贈領門下府事 韓卿의 딸 한씨와 判三司事 康允成의 딸 강씨를 부인으로 맞아 그 사이에서 각각 태종 등 6남 2녀와

296) 『세종실록』 권26, 6년 12월 임인 自己亥(세종1)至壬寅(세종4) 予雖在位 其間國政 予皆稟太宗而後施行 無寡人 自擅之事 其四年史草 欲皆收納 載之太宗實錄何如.

297) 『태종실록』 14 ~ 18년조에서 종합.

폐세자 방석 등 2남 1녀를 두었다.[298] 한씨 부인은 조선 개창 직전인 1391년(고려 공양왕 3)에 훙서하였는데 1392년(태조 1) 조선의 개창과 함께 節妃에 추봉되었고,[299] 강씨는 顯妃에 책봉되었다.[300]

태종 이방원은 왕조개창에 크게 기여하였고, 형제들 중에서 재품이 가장 출중하였지만, 이복 동생인 宜安君 芳碩이 세자에 책봉되고 왕비 강씨와 실권자인 鄭道傳 등의 배척에 따라 정치·군사에 큰 영향력을 발휘하지 못하였다. 그러던 중 1396년에 강비가 홍서하고 정도전 등이 명과 대립하면서 요동진출을 위한 진법훈련의 강행과 관련하여 원로 공신·재상 들과 불화하며, 태조가 중병으로 거동하지 못함을 기화로 군사를 일으켜 세자 방석 형제와 鄭道傳·南誾 등을 죽이고 집권한 후 정종을 옹립하였다.[301]

이러한 정치상황과 관련되어 현비 강씨는 홍서후에 神德王后에 추봉되고, 貞陵에 장사되고, 위패가 경복궁내의 安仁殿에 봉안되었다.[302] 절비 한씨는 1398년(정종 즉위) 정종즉위와 함께 神懿王后에 추존되고 忌晨齋가 행해졌으며,[303] 1401년(태종 1)에 영정이 仁昭殿에 봉안되고 1404년에 陵碑가 세워 졌으며,[304] 1408년(태종 8) 태조가 홍서한 후 다시 承仁順聖神懿王太后에 추존되었다.[305] 다시 1410년(태종 10) 태조의 위패를 종묘에 봉안할 때 함께 부묘

298) 한씨 소생은 太宗(5남)과 鎭安大君 芳雨(1)·定宗(2)·益安大君 芳毅(3)·懷安大君 芳幹(4)·德安大君 芳衍(6)·慶愼公主(1녀)·慶善公主(2)이고, 강씨 소생은 撫安大君 芳蕃·宜安大君(폐세자) 芳碩·慶順公主이다(『선원세보』).

299) 『태종실록』 권7, 4년 2월 기축『齊陵碑文』.

300) 『태조실록』 권1, 1년 8월 병진.

301) 앞 37 ~ 39쪽.

302) 『태조실록』 권10, 5년 10월 계미·12월 을사.

303) 『태조실록』 권5, 7년(정종즉위) 계미·12월 정묘.

304) 『태종실록』 권1, 1년 6월 무신, 권4, 2년 9월 경신.

305) 『태종실록』 권16, 8년 9월 신해.

되었고, 진영이 태조진영과 함께 文昭殿에 봉안되었으며, 1411년에 행해진 기신재 때로부터는 제정된 제의에 따라 의정부·대언사가 모두 참가하였다.[306]

이와는 달리 신덕왕후 강씨는 태조 생존시에는 위호에 합당한 제례 등 대우를 받았지만, 태조 사후인 1409년에는 貞陵이 도성내에 있다하여 沙乙閑으로 천장되고 기신재도 嫡妻가 아니라하여 停朝가 폐지되고 봄·가을에만 거행되는 仲月齋로 격하되었으며, 다시 서모의 기신재로 격하되었다.[307]

이처럼 1408년 태조의 훙서를 계기로 태종의 모후인 신의왕후 한씨는 태조의 정비로 정착된 반면에 신덕왕후 강씨는 태조 정비의 지위를 박탈당하고 계실로 격하되었다. 이로서 태종은 태조의 정비인 신의왕후의 적통 후계왕으로 정립되었다.

2) 太祖系와 非太祖系, 太宗系와 非太宗系의 差別

桓祖는 여러 부인에게서 태조 이성계(3남)와 天桂(1), 元桂(2), 和(4)를 두었다. 원계·화는 이성계와 함께 고려말에 사관하였고, 이성계를 도와 여러 전란에 참여하여 공훈을 세웠다.[308]

조선이 개창되자 화는 좌명개국공신 1등에 책록되고 상의문하부사 의흥친군위도절제사 의안백에 제수되고(천계와 원계는 불명)[309] 이후 태종대까지 판문하부사 겸영의흥삼군부사 의안공, 영사평부

306) 『태종실록』 권20, 10년 7월 신묘·8월 갑진, 권22, 11년 9월 기묘.

307) 『태종실록』 권17, 9년 2월 병신, 권20, 10년 8월 계묘, 외.

308) 원계는 1376년에 동지밀직서북면원수를 역임하고 1388년 위화도회군 때에는 이성계의 조전원수로서 회군에 참여하고 1390년 회군공신에 책록되었다(『고려사』, 『태조실록』 등에서 종합. 천계는 관력불명).

309) 『태조실록』 권1, 1년 7월 정미.

사, 영삼사사, 판의정부사, 영의정부사 등을 역임하는 등[310] 개국초의 국가와 왕권안정에 기여하였다. 또 원계의 아들인 良祐·天祐, 화의 아들인 淑·澄·湛은 개국공신 등에 책록되고 부원군·군에 책봉되는가 하면 찬성사·총제 등의 관직을 역임하면서[311] 태종의 집권과 태종 즉위초의 왕권안정·강화에 기여하였다.

태종은 이들 종친을 왕권안정·강화의 기반으로 삼아 활용하기도 하였지만 1412년에 태조직계를 『璿源錄』에 성적하고, 태조직계가 아닌 천계·원계·화의 자손을 『類附錄』에 성적하여 왕위계승에서 배제함과 동시에 직계와 같은 기준에서 책봉한 봉작을 모두 혁파하고 양반과 같은 관직에 제수하였다.[312]

또 태종은 자신의 형제와 그 자손을 직계인 『선원록』과는 별도의 『宗親錄』에 성적하였다. 정종에 있어서도 '繼世之君'이 아니고 '寄生之君'이다 하여 그 자손의 봉작을 형제인 鎭安·益安大君 자손과 같이 책봉하고, 사후에 廟號도 올리지 않는[313] 등 정종을 적통

---

310) 『조선왕조실록』 태조 7년 ~ 태종 7년조. 천계와 원계의 관력은 불명하다.

311) 한충희, 1995, 「조선 세조대(1455 ~ 1468) 종친연구」『한국학논집』 22, 189 ~ 190쪽 〈표 1〉. 이들의 확인된 역관은 다음과 같다(태조와의 관계).
이지(종제) - 상호군, 이·호·예조전서(태조대)
이양우(질) - 좌군도총제, 찬성(태종 2년)
이천우(질) - 상의중추·강원도조전절제사·동지중추겸병조전서의흥시 위사상호군지삼군부사(태조), 내갑사제조·판중추·삼군부지절제사(정종), 안주도절제사·중군도총제·판사평부사·찬성사·삼군진무소도총제·찬성사겸판의용순금사사(태종 2 ~ 10년).
이난(질) - 장군(정종 2)
이숙(질) - 응양위전령장군·우부승지·우승지(태조), 우군도총제(정종 2).
이징(질) - 낭장·장군(태조 1 ~ 2)
이담(질) - 중군동지총제(태종 7).

312) 『태종실록』 23, 12년 4월 병술, 권24, 12년 10월 무인. 이 때 순령군 이지는 영공안부사, 완성군 이지숭은 판인령부사, 원윤 이백온 등은 중군도총제 이하, 정윤 이홍제 등은 경승부윤 이하에 제수되었다.

으로 인정하지 않음은 물론 그 자손도 왕위계승에서 배제하였다.

이처럼 태종은 비태조계의 자손과 태조 직계인 정종의 자손을 왕위계승에서 배제하고, 왕위계승권을 자신의 직계에게 한정시켰다. 태종 이후에 역대의 국왕은 모두 태종의 자손이 계승하였고, 후대 왕은 태종대에 정착된 대명 사대외교에 따라 즉위와 함께 명에 승인을 요청하고, 명의 승인을 받아 군림하는 형식을 취하였다. 즉, 태종대에 조선의 왕통이 태종직계로 확립되었다고 하겠다.

이상에서 태종왕권의 기반이 되었던 것은 태종의 영명과단한 자질과 탁월한 경륜, 功臣 · 宗親 · 戚族 등의 인적기반과 六曹 · 承政院 · 3軍都摠制府 · 內禁衛 등의 정치 · 군사기구, 그리고 육조직계제 등의 국정운영체계였다. 태종의 왕권은 이러한 기반을 적절히 활용함으로써 즉위 ~ 4년에는 동요된 왕권을 안정시키면서 왕권강화의 토대를 구축하였고, 5 ~ 13년에는 안정된 왕권과 영민한 자질 · 측근 등 인적기반 등을 토대로 국정을 통괄한 의정부를 약화시키면서 왕권 · 국정에 대한 영향력을 크게 강화하였다. 14 ~ 18년에는 국정을 분장하는 육조를 친장하면서 모든 국정을 총람함은 물론 강압적으로 세종에게 양위하는 등 절대 왕권을 구축하였으며, 양위 직후에 과감히 세종 국구 심온을 처단하는 등 세종성세의 토대를 놓았다.

또 모후인 신의왕후 한씨를 태조의 정비로 정립하여 태조의 적통으로서의 지위를 확립하였고, 비태조계와 태종계가 아닌 태조직

---

313) 『세종실록』 권54, 13년 10월 을사, 『정종실록』 권1. 모두. 그 후 숙종대에 정종의 묘호가 올려졌다. 정종자녀의 봉작을 보면 15남 8녀중 君이 9명이고 元尹이 1명이고 都正이 2명이고 正이 3명이며, 翁主가 1명이고 郡主가 8명 이었다(『선원세보기략』).

계를 왕위계승에서 제외시켜 자신의 자손으로 왕통이 계승되게 한 즉, 태종계의 조선왕통을 확립하였다. 덧붙여 태종대에 정치·군사를 주도하면서 왕권의 핵심적인 기반이 되었던 인물을 시기·성분별로 재정리하여 제시하면 다음의 표와 같다.

〈표 12〉 태종왕권의 인적기반

	태종 즉위 ~ 13년	태종 14년 ~ 세종 4년	비고
공신·측근	河崙·李茂·趙英茂·李稷·朴訔·朴錫命, 尹柢·李天祐·韓珪·李叔蕃·閔無咎·閔無疾·沈龜齡·延嗣宗·李膺.	朴訔·李原, 李天祐·李從茂·馬天牧·延嗣宗.	
공신	成石璘·南在, 趙狷·金輅·趙涓.	成石璘·韓尙敬·南在.	
측근	柳廷顯·黃喜·金汝知·朴子靑, 李貴齡·李和英·權希達·柳殷之·趙大臨·權跬.	柳廷顯·趙末生, 崔潤德·趙備衡·河敬復·李春生·權希達·趙大臨·權跬·南暉.	

第 2 章

政治制度와 國政運營體系의 整備

1. 官階와 官職의 整備

1) 官階

조선 개국초의 관계는 고려 공민왕대 이후의 文·武散階를 계승·보완하여 문·무산계를 두고 문반·왕의 친척(宗親)·왕의 사위(儀賓)와 무반의 관계로 적용하면서 성립되었다. 문산계에는 정1품 特進輔國崇祿大夫·輔國崇政大夫로부터 종9품 將仕郎까지의 30 官階가 있었고, 무산계에는 정3품 折衝將軍·果毅將軍으로부터 종8품 修義副尉에 이르는 20 계(정1 ~ 종2품은 문산계 준용)가 있었다.[314]

태종대에는 개국초의 문·무산계를 계승하여 문산계의 일부를 개정하여 정립하였고, 무산계는 그대로 답습하였다. 1401년(태종 1) 경에 門下府郎舍를 司諫院으로 독립시킨 등의 관제개변과 함께 정1품 특진보국숭록대부가 大匡輔國崇祿大夫로 개정되었고,[315] 1411년 이전에 보국숭정대부가 輔國崇祿大夫로 개정

314) 『태조실록』 권1, 1년 7월 정미.

315) 구체적인 시기는 알 수 없지만 정종 2년에 閔霽가 특진보국숭록대부 우정승에 제수되었고(『국조인물고』 민제비명), 태종 1년에 成石璘이 대광보국숭록대부였음이(같은 책 성석린비명) 각각 확인됨에서 태종 1년경으로 추정한다.

되었다.[316] 이것이 세종·세조대로 계승되었다가 『경국대전』에 법제화되었다.

무산계는 1436년(세종 18)과 1447년에 정·종9품계가 신설 및 6·7·8품에 정품계가 추가되면서 문산계와 같이 30 관계로 정착되었으며, 1466년(세조 12)까지 관계명이 크게 개정되면서[317] 정립되었다가 『경국대전』에 법제화되었다. 또 세종말에 종친을 위한 宗親階, 의빈을 위한 儀賓階, 잡직자를 위한 雜職階 등이 제정되면서 정립되었다가[318] 『경국대전』에 법제화되었다.

한편 문무관은 각자가 받은 관계에 따라 堂上官, 堂下官, 參上官, 參下官으로 구분되면서[319] 조회참가 등 때에 차별대우를 받

---

316) 보국숭록대부는 태종 11년 노숭의 관계에서 처음으로 확인된다(『浩亭集』 盧崇墓地銘). 그러나 특진보국숭록대부가 태종 1년경에 대광보국숭록대부로 개정되었고, 태종 1년에 직제가 크게 정비되었음에서 태종 1년경에 특진보국숭록대부와 함께 개정된 것으로 보인다.

317) 한충희, 앞 논문, 116 ~ 117쪽. 『경국대전』에 규정된 관계를 보면 정1 ~ 종2품은 문산계와 같고 정3품 당상관 이하는 다음과 같았다.
정3품 折衝將軍(당상)·禦侮將軍(당하), 종6품 勵節校尉·秉節校尉,
종3품 建功將軍·保功將軍, 정7품 迪順副尉,
정4품 振威將軍·昭威將軍, 종7품 奮順副尉,
종4품 定略將軍·宣略將軍, 정8품 承義副尉,
정5품 果毅校尉·忠毅校尉, 종8품 修義副尉,
종5품 顯信校尉·彰信校尉, 정9품 效力副尉,
정6품 敦勇校尉·進勇校尉, 종9품 展力副尉.

318) 종친계는 세종 25년에 정1품 顯祿大夫·興祿大夫 이하 종6품 執順郎·從順郎의 22계, 의빈계는 세종 26년에 정1품 綏祿大夫·成祿大夫 이하 종3품 明信大夫·敦信大夫의 12 계가 제정되면서 각각 정립되었다. 잡직계는 세종 27년에 정5품 奉仕校尉·봉무교위 이하 종8품 상공부위에 이르는 12 서반계가 제정되면서 성립되었고, 세조대까지 정6품 供職郎·勵職郎 이하 종9품 展勤郎에 이르는 10 동반계가 제정되고 서반계가 정6품 奉任校尉·修任校尉 이하 종9품 勤力副尉에 이르는 10 계로 개정되면서 정립되었다(한충희, 위 논문, 117 ~ 119쪽).

319) 『경국대전』 이·병전 경관직 한품규정과 이성무, 앞 책, 95 ~ 103쪽의 분류

았다. 태종대의 당상관 등의 구분은 태조 개국과 함께 계승된 고려의 그것이 답습되면서 문·무반 모두 당상관은 종2품 嘉善大夫 이상이었고, 당하관은 정3품 通政大夫·折衝將軍 이하 종4품 朝奉大夫·宣略將軍 이상이었고, 참상관은 정5품 通德郎·果毅校尉 이하 종6품 宣務郎·秉節校尉 이상이었으며, 참하관은 정7품 務工郎·迪順副尉 이하였다.[320] 그러나 세종대 이후는 당상관·당하관은 문반은 통정대부 이상·통훈대부 이하, 무반은 가선대부 이상이나 折衝將軍 이상·절충장군 이하나 禦侮將軍 이하로 각각 하향 조정되면서[321] 정립되었다가 『경국대전』에 법제화되었다.

태종대에 정립된 정1 ~ 종9품의 문산계 30 관계와 개국이래로 답습된 정1 ~ 8품의 무산계 25 관계는 다음의 표와 같다.

에 따라 정3품 하계 ~ 종4품 하계를 당하관, 정5품 상계 ~ 종6품 하계를 참상관으로 파악한다.

320) 『세종실록』·『세조실록』. 종친과 의빈은 세종 26년까지는 문·무반과 같았고, 그 이후에는 정3품 明善大夫와 奉順大夫 이상이었다.

321) 『세종실록』 권105, 26년 6월 갑오, 『세조실록』 권38, 12년 1월 무오. 종친과 의빈은 각각 정3품 明善大夫와 奉順大夫 이상이었다(당상관의 변천과 대우는 金松姬, 1998, 『朝鮮初期 堂上官 兼職制硏究』, 한양대학교 출판부, 55 ~ 56쪽 참조). 참상관은 개국 이래로 문관은 선무랑 이상이고 무반은 병절교위 이상이었고, 종친은 세종 26년까지는 문·무반과 같고 그 이후는 종순랑 이상이었으며, 잡직자는 세종 27년까지는 문·무반과 같고 그 이후는 신과교위 이상이었다. 참하관은 문관과 무관은 개국 이래로 무공랑과 적순부위 이하이고, 잡직자는 세종 27년까지는 문·무반과 같고 그 이후는 복신부위 이하였다.

〈표 13〉 태종대 문·무산계(*은 세종대 이후 당상관)

	문산계	무산계	비고
정1품	大匡輔國崇祿大夫, 輔國崇祿大夫	대광보국숭록대부, 보국숭록대부	당상관
종1품	崇祿大夫, 崇政大夫	숭록대부, 숭정대부	
정2품	正憲大夫, 資憲大夫	정헌대부, 자헌대부	
종2품	嘉靖大夫, 嘉善大夫	가정대부, 가선대부	
정3품	通政大夫	折衝將軍	*
	通訓大夫	果毅將軍	당하관
종3품	中直大夫, 中訓大夫	保義將軍, 保功將軍	
정4품	奉正大夫, 奉列大夫	威勇將軍, 威毅將軍	
종4품	朝散大夫, 朝奉大夫	宣節將軍, 宣略將軍	
정5품	通德郎, 通善郎	忠毅校尉, 顯毅校尉	참상관
종5품	奉直郎, 奉訓郎	顯信校尉, 彰信校尉	
정6품	承議郎, 承訓郎	敦勇校尉, 進勇校尉	
종6품	宣敎郎, 宣務郎	承義校尉, 修義校尉	
정7품	務工郎	敦勇副尉	참하관
종7품	啓功郎	進勇副尉	
정8품	通仕郎	承義副尉	
종8품	承仕郎	修義副尉	
정9품	從仕郎		
종9품	將仕郎		
	30계	28계	

2) 官職

조선 개국초의 경·외 관직은 고려말의 관직을 계승하여 流品의 문·무반직과 流品外의 宦官·內竪·樂工職 등을 두고, 다시 문·무반의 여러 관직은 職事 여부와 관련하여 實職인 正職·兼職과 虛職인 檢校·添設·同正職을 두면서 비롯되었다. 유품의 正職을 보면 문반직에는 정1품 門下府 領府事·左侍中·右侍中 각 1직과 三司 領司事 1직 이하 종9품 成均館 直學·學諭 6직 등의 560여 직이 있었고, 무반직에는 정3품 10衛 上將軍 10직 이하 종9품 10衛·都府外 正 2,080직 등 4,200여 직이 있었다.322)

그후 이 관직이 태종 즉위 전까지 그 구조는 변동이 없었지만 그 관직은 관아의 置廢, 관직의 명칭개칭 및 窠數의 조정 등과 관련되어 소폭으로 개정되면서 운영되었다. 태조대에는 신설된 義興三軍府에 判事·節制使·同知節制事가 설치되었고,[323] 藝文春秋館 등의 大學士·學士 각 2직 등이 혁거되었다.[324] 司譯院 등에 判事 이하의 祿職이 설치되고 世子侍講院 등에 左副·右副賓客 각 1직 등의 겸직이 증치되었다.[325] 정종대에는 三司 左·右僕射가 左·右使, 中樞院 承旨·堂後가 承政院 承旨·堂後, 都評議使司 錄事가 議政府 錄事로 개칭되었다.[326] 태조의 지대를 위해 설치된 承寧府에 判事 이하가 설치되었고, 예문춘추관에 대학사 1·학사 2직이 復設되었다.[327]

태종대(1401 ~ 1418)에는 정종말의 관직제를 계승하여 왕권과 중앙집권의 강화·효율적인 국정운영·『續六典』의 편찬[328] 등과 관련된 제도정비와 함께 議政府·六曹와 諸寺·監·倉·庫·署 등의 祿職·無祿職과 兼職 등을 전면적으로 改稱·新置·革去하고 그 관직을 增·減하면서 크게 정비하였다.

祿職은 堂上衙門(태종 5년 이후는 직계아문)은 議政府는 구성원이 門下府·三司·藝文春秋館·3軍府의 2품관 이상에서 문하부 2

322) 『태조실록』 권1, 1년 7월 정미.
323) 『태조실록』 권4, 2년 9월 병진.
324) 『태조실록』 권14, 7년 5월 정묘. 그 외에 이·병·호·형·예·공조의 主事 각 2직이 혁거되었다(권7, 4년 2월 정축).
325) 『태조실록』 권7, 4년 5월 계묘. 그 외에 4년 2월 정축에 예문춘추관 겸공봉 2·겸수찬 2·겸직관 4직이 설치되었다.
326) 『정종실록』 권4, 2년 4월.
327) 『정종실록』 권4, 2년 4월.
328) 『속육전』의 편찬경위는 朴秉濠, 앞 논문, 198 ~ 200쪽 참조.

품관 이상이 개칭되면서 계승된 領議政府事·左議政·右議政(정1, 각1) 이하로 정비되었다.[329] 六曹는 장관인 典書가 각 2원에서 각 1원으로 조정되고 곧이어 육조기능 강화에 수반되어 判書(정2품, 각 1) 이하로 정비되었다.[330] 三軍都摠制府는 判都摠制府事(종1, 3군 각 1) 이하로 정비되었다.[331] 3품 이하 아문(5년 이후는 육조속아문)은 宗簿寺 등 6寺 7監은 1인의 장관을 중심한 관아운영 방침에 따라 장관인 判事(정3)와 차관인 卿·監(종3)이 모두 2원에서 1원으로 조정되었다.[332] 成均館 祭酒 등은 司成 등으로 개칭되었고, 奉常寺 博士는 注簿로 개칭되었다.[333] 6품아문인 濟用庫는 정3품아문인 제용감으로 승격·개칭되면서 判事·監 각 1원과 少監 2원이 두어지고 이전의 使·副使는 判官·注簿로 개칭되었다.[334] 文書應奉司는 承文院으로 개칭되면서 판사(정3) 1원 이하의 전임관이 설치되었다.[335] 通禮門 引進使 등은 僉知事 등으로 개칭되었

---

329) 한충희, 앞 「조선초기 의정부연구」 상, 100 ~ 103쪽, 109쪽 〈표 6〉 참조.

330) 한충희, 앞 「조선초기 육조연구」, 185 ~ 187쪽 및 189쪽 〈표 1〉 참조.

331) 한충희, 앞 「조선 태종대(정종 2년 ~ 세종 4년) 총제연구」, 169 ~ 173쪽 및 175쪽 〈표 1-ㄴ〉 참조. 그 외에도 상왕 정종의 부로 설치된 恭安府에 判事(정2품)·尹(종2) 각 1인이 두어졌고(정종 2년(태종 즉위) 11월), 사헌부 中丞 등과 3군 上護軍 등이 執義 등과 節制使 등으로 개칭되었다(태종 3년 6월). 사간원 左·右散騎常侍가 혁거되고 左·右諫議大夫가 당상계(정3품 통정대부)의 左·右司諫으로 승질·개칭되었다(태종 1년 7월). 승정원은 승지가 代言으로 개칭되고 同副代言이 설치되면서 1 승지가 1 曹事를 分房하는 6승지제로 정립되었다(태종 5년 1월).

332) 『태종실록』 권6, 3년 6월 을해. 태조 개국 때의 6시 7감은 태종 1년에 교서감이 校書館으로 강격되면서 개칭되고 태종 3년에 사수감이 사재감에 합병되면서 혁파되었기 때문에 실제로는 6시 5감이다. 6시 5감은 봉상시·종부시·사복시·전농시·내자시·예빈시, 선공감·사재감·군자감·군기감·전의감인데, 장관은 모두 동일하나 차관은 6시는 卿이고 5감은 監이었다.

333) 『태종실록』 권2, 1년 7월 경자.

334) 『태종실록』 권18, 9년 12월 신유.

335) 『태종실록』 권21, 11년 6월 무신.

고, 6寺 5監의 卿·監과 少卿·少監이 모두 尹·正과 少尹·副正으로 개정되고 繕工·軍資·典醫監의 丞은 判官이 되었으며, 司膳署 등 제서·고 등의 종6품 승 이하는 注簿 등으로 조정되었다.[336] 이들 관원의 설치와 증감은 전체의 정원 내에서 업무와 관원수를 고려한 관아간의 정원조정으로 충당되고 감축되었다.[337]

無祿官은 관리들의 기강을 확립하고 경비를 절감하기 위하여 운영된 제도였다.[338] 1406년(태종 6) 이후에 당시까지 沉贓庫 등에 운영된 提擧·別坐·向上別監 등을 계승하여 惠民署·濟生院과 典廐署에 각 別坐 4인과 別監(원수 불명),[339] 忠扈衛에 鎭撫(2, 3품)·副鎭撫(2, 4품)[340] 등 20여 명으로 정비되었다.

태종대의 겸직은 정종말까지 경연·성균관 등 문한기관과 寺·監 등에 운영된 領事(정1품겸)·大提學(정2품겸) 이하와 都提調(정1품겸) 이하 90여 직을[341] 계승하여 다음과 같이 40여 직을 개칭하고 치폐·증감하면서 30여 관아 世子師·承文院都提調 이하 130여 직으로 정비되었다.

---

336) 『태종실록』 권27, 14년 1월 계사.

337) 『태종실록』 권3, 2년 5월 경진, 권21, 11년 6월 무신, 외.

338) 한충희, 앞(2001) 논문, 74쪽. 녹봉이 지급되지 않는 관직을 지칭하였는데, 正職者가 貶黜되면서 제수되었다가 360일의 근무일수가 차면 정직으로 진출하였다.

339) 『태종실록』 권17, 9년 2월 경진, 권21, 11년 6월 병신.

340) 『태종실록』 권28, 14년 8월 경신.

341) 한충희, 2001, 「朝鮮初期 六曹屬衙門硏究 2 -官職의 정비를 중심으로 -」, 『啓明史學』 12, 65쪽에서 종합. 그 관직과 과수는 다음과 같았다(()는 겸직).
藝文春秋館 ; 監館事(시중 이상) 1 이하 11직, 慣習都鑑; 判事(1품) 2 이하 3직,
經筵官 ; 領事(시중 이상) 1 이하 18직, 司譯院 ; 提調(2품 이상) 1 이하 2직.
世子官屬 ; 左·右師(정2) 각1 이하 16직,
刑曹都官 등; 判事 5(종2품 이상 4·정3품 1)
15 아문 이하 55직

① 1401년에 世子官屬 左·右師를 左·右賓客으로 개칭되었다.[342]

② 1401년 세자관속에 정1품 師 1직과 종2품 左副·右副賓客 각 1직,[343] 1406년 10(儒·武·吏·譯·陰陽風水·醫·字·律·算·樂)學에 提調 각 1직,[344] 1411년 이전 承文院에 도제조 1·提調(종1 ~ 종2) 4직,[345] 1411년 4(中·南·東·西)部儒學에 敎授 2·訓導 5직,[346] 1416년 東·西活人署에 錄事·副錄事 각 1직이[347] 각각 설치되었다.

③ 1412년 10학에 도제조 1·제조 12직이 가치되었다.[348]

④ 1405년에 尙瑞司 判事(1 ~ 2품) 4직이 혁거되었다.[349]

태종말까지 정비된 이 관제가 세종대와 세조대에 통치체제·문물정비 등과 함께 크게 수정·보완되면서 祿職·無祿職·兼職이 조정되고, 久任官·遞兒職·本業人 등이 설치·정비되면서 정립되었다가 마지막 『경국대전』의 반포와 함께 법제화되면서 확립되었다.[350] 태종 18년까지 정비된 직계아문·육조속아문의 녹직·무록

---

342) 『태종실록』 권1, 1년 2월 무인.

343) 한충희, 앞(2001) 논문, 65쪽 주50).

344) 『태종실록』 권12, 6년 11월 신미.

345) 『태종실록』 권22, 11년 11월 병자.

346) 『태종실록』 권22, 11년 11월 계유.

347) 『태종실록』 권32, 16년 12월 기미.

348) 『태종실록』 권24, 12년 10월 기사.

349) 『태종실록』 권9, 5년 1월 임자.

350) 세종즉위 ~ 『경국대전』(성종 16)의 중요한 관계, 관직, 관아변천은 다음과 같다(구체적인 변천시기와 내용은 한충희, 2006, 『조선초기의 정치제도와 정치』, 계명대학교출판부, 109 ~ 134(문반직), 138 ~ 161(무반직), 161~ 164쪽(잡직) 참조).

관직은 녹직은 세조대에 의정부 領議政府事가 領議政으로 개칭되었고, 中樞府·敦寧府 등에 領事(정1품) 각1직 등이 신설되고 3軍都摠制府 등의 判事(종1) 이하가 혁거되었으며, 兵·刑曹 등에 正郎·佐郎 각 1직 등이 증치되었고, 仁壽府·漢城府尹 각 1직이 감축되고 恭安府尹 2직이 혁거되었다. 六

직 · 겸직과 각급 관직의 정원은 다음의 표와 같다.

曹屬衙門의 정3품 이하 모든 관직이 그 직질이 같으면 관직명이 같은 , 즉 '正(정3) - 副正(종3) - 僉正(종4) - 判官(종5) - 主簿(종6) - 直長(정7) - 副直長(종7) - 奉事(정8) - 副奉事(종8) - 參奉(종9)'으로 통일되면서 체계화 되었다. 겸직은 세종대에 당상관이 중심이 된 국정운영체계의 정비와 관련되어 속조와 그 외 관아의 당상관이 육조속아문의 都提調(정1) · 提調(종1 ~ 종2) · 副提調(정3당상)를 겸대하는 제조제와 문한기구의 領事 · 監事 · 師 · 傅(정1) 이하 겸직제가 정비되면서 도제조 이하 제조가 180여 직으로 조정됨과 동시에 180여 명이 實案(例兼)提調 60여 직과 그 외 제조로 정비되었다가 다시 150(실안제조, 그 외)여 직의 제조로 재조정되었다. 문한기구의 당상 겸직은 세종 2년에 신치된 집현전에 영전사 · 대제학 · 제학 각 2직이 설치, 세조대에는 2년에 집현전이 혁파되면서 영전사 등이 혁파, 3년 예문관 대제학(1직)이 녹직에서 겸직으로 전환, 12년 춘추관 등의 영관사 · 지관사 · 동지관사가 영사 · 지사 · 동지사로 개칭, 성종 9년 신치된 홍문관에 영사 · 대제학 · 제학 각1직 설치되는 등으로 변개되면서 領事 7(경연 3, 홍문 · 예문 · 춘추관과 관상감 각1) · 監事 1(춘추관) · 師와 傅 각1(세자시강원). 貳師 1(세자시강원), 賓客 2(세자시강원) · 大提學 2(홍문관 · 예문관) · 知事 4(경연 3 · 성균관 1), 副賓客 2(세자시강원) · 同知事 5(경연 3 · 성균관 2) · 提學 2(홍문관 · 예문관), 參贊官 7(경연)의 35직으로 조정되었다가 『경국대전』에 법제화되었다(지사 · 동지사의 경우 문한기구가 아닌 의금부지사 1 · 의금부동지사 2 제외).

〈표 14〉 태종 18년 직계아문 관직 · 정원[351]

관아	정1품	종1품	정2품	종2품	정3품당상	정3품이하
議政府	영의정부사·좌의정·우의정 각1	좌·우 찬성 각1	좌·우 참찬 각1			사인2(정4), 검상1(정5), 녹사2(정8)
敎寧府	영사 1	판사1	지사 2	동지사2	첨지사 2	동첨지사2(종3), 부지사2(정4), 동부지사2(종4), 판관2(정5), 주부2(정6), 승2(정7), 부승 2(정8). 녹사 2(정9).
義禁府		판사1	지사 2			진무2(정3), 부진무2(종3), 지사 2(4품), 도사 4(5~6품).
6曹(이·호·예·병·형·공조)			판서 각1	참판 각1	참의 각1	정랑 각3(정5), 좌랑 각3(정6).
漢城府			판사 1	윤 2		서윤 1(종4), 판관 2(종5).
開城府			유후 1	부유후 1		경력 1(종4), 도사 1(종5).
承政院					지신사, 좌·우·좌부·우부·동부대언 각1	주서 2(정7)
3軍鎭撫所		도진무 1	상진무 1	부진무 1		진무 27(정3)
3軍都摠制府		판사3	도총제 6	총제 15, 동지총제 12	첨총제 12	경력 1(정5), 도사 1(정6).
義興府		겸판사 1	지사 1	동지사1		진무
司憲府				대사헌1		집의1(종3), 장령2(정4), 지평5(정5), 감찰 20(정6)
司諫院					대사간 1	사간1(종3), 헌납2(정5), 정언2(정6)

351) 태종대의 직계아문 변천은 한충희, 2001, 「중앙 정치 기구의 정비」(『세종문화사대계』 3, 세종대왕기념사업회) 40 ~ 41쪽 〈별표 1〉 참조.

〈표 15〉 태종 18년 육조속아문 녹관 관직 · 정원[352]

	관아	정2~종2품	정3품	종3품	종4품	종5품	종6품	정7~종9품	비고
이조속아문	恭安府	종2 부윤 2		윤 1	소윤 1	판관 1		정7 승1, 정8 부승 1	* 은 正品(이하 동)
	仁寧府	정2 판사 1						정7 승2, 정8 부승 2	
	順承府	정2 판사 1,종2 윤 1						정7 승2, 정8 부승2	
	在內諸君府		판사 1	령 1	소윤 1	승 1		종7 직장 2	
	茶房							별좌4(직질 불명)	
	司饔房								
	司膳署					령 1	승 2	종7 직장2, 종9 식의 2	
	內需別坐								
	內侍府								
	內侍院								
호조	內資寺		판사 1	윤 1	소윤 2				
	內贍寺		판사 1	윤 1	소윤 2				
	司膳署								
	典農寺					사 1	부사 1	종8 주부 1	
	軍資監		판사 1	정 1	부정 2	판관 1	주부3	종7 직장 2, 종8 녹사 2	
	濟用監		판사 1	정 1	부정 2	판관 1	주부 2	종7 직장 2, 종8 녹사 2	
	豊儲倉					사 1	부사 2	종7 승2, 종8 부승 2	
	廣興倉					사 1	부사 2	종7 승2, 종8 부승 2	
	供正庫					사 1	부사 2		

352) 태종 즉위 ~ 18년의 육조속아문 변천은 한충희, 위 논문, 참조.

	관아	정2~종2품	정3품	종3품	종4품	종5품	종6품	정7~종9품	비고
	京市署					주부 1	승2	종8 녹사 2	
	義盈庫					사 1	부사 2	종7 직장 2, 종8 부직장2	
	長興庫					사 1	부사 2	종7 직장 2, 종8 부직장2	
	養賢庫							정9 녹사 2	
	5部(동·남·서 북·중)						각 령1		
예조	藝文館		직제학 1		응교 2*			정7 봉교 2, 정8 대교 2, 정9 검열 4	
	成均館		대사성 1	제주 1	악정 2*	직강 1* 전적 1		정7 박사 2, 정8 진덕박사2, 정9 학정2 학록 2, 종9 직학2 학유2	
	承文院		판사 1	지사 1	첨지사 2	교리 2	부교리 2*	종7 박사 2, 정8 저작랑2, 정9 정자 2, 종9 부정자2	
	通禮門		판사 1	지사 2	첨지사 2	판관 2*	통찬2 봉례랑 10		
	典祀寺		판사 1	지사 1				종8 녹사 2	
	校書館					교리 2		정7 랑2, 정8 저작랑2, 정9 감2, 종9 정자 2	
	禮賓寺		판사 1	윤 1	소윤 2	승 1	주부 2	종7 직장2, 정8 녹사 2	
	典樂署					전악 1	부전악 1	종7 전율4, 종8 부전률5, 종9 직률 6	

	관아	정2~종2품	정3품	종3품	종4품	종5품	종6품	정7~종9품	비고
	書雲觀		판사 1	정 1	부정 2	승 2	주부 2	종7 장루 4, 정8 시일 4, 종8 사력 4, 정9 감후 4, 종9 사진 4.	
	典醫監		판사 1	정 1	부정2	판관 2	주부 2	종7 직장 2, 종8 박사 2, 정9 검약 4, 종9 조교 2.	
	司譯院		사 1		첨지사 1		주부 1, 교수 3	종9 훈도	
	昭格殿								
	宗廟署							종7 승, 종8 부승 2	
	司醞署					령 1	주부 1	종7 직장 2, 정8부직장2	
	濟生院							별좌(인원·직질불명)	
	典廐署						령 1	종7 승2	
	分禮賓寺							불명	
	司爨所							별좌(인원·직질불명)	
	惠民局							종7 승2, 종8 부승2.	
	膳官署							불명	
	道流房							불명	
	東·西活人署							별좌(인원·직질불명)	
	歸厚所							불명	
	4部儒學(중·남·동·서)						교수관 2	종9 훈도관 5	
	架閣庫						승 2	정8 부승 2, 종8 녹사 2, 종9 부녹사	

	관아	정2~종2품	정3품	종3품	종4품	종5품	종6품	정7~종9품	비고
	福興庫							별좌3(직질불명)	
	大淸觀							종9권무판관2	
	僧錄司							불명	
	文昭殿							종9 직 2	
병조	中軍								
	左軍								
	右軍								
	12司								
	訓鍊觀		사 1	군자제주 2	사마 4	판관 4	주부 6	종7참군4, 정8 녹사 6.	
	司僕寺		판사 1	윤 1	소윤 2		주부 1	종7 직장 2	
	軍器監		판사 1	정 1	부정 2	판관 1	주부 3	종7 직장 2, 정8 녹사 2.	
	忠扈衛							5품이하(직명등불명)	
	別侍衛								
	鷹揚衛								
	引駕房								
형조	刑曹都官				의랑 2*	정랑 2*	좌랑 2*		*은 정품
	典獄署							종7승2, 종8 부승 2.	
	律學							종8 박사2, 종9 조교 2.	
공조	尙衣院		판사 1	경 1	소경 2		주부 1	종7 직장 2	
	繕工監		판사 1	정 1	부정 2	판관 1	주부 2	종7 직장2, 정8 녹사 2	
	司宰監		판사 1	정 1	부정 2		주부 2	종7 직장 2	
	都染署							정8 승2, 정9 부승 2.	
	景福宮提擧司								
	上林園								
	造紙所								
	別窯								

〈표 16〉 태종 18년 육조속아문 겸관 관직 · 정원[353)]

관아	정1품	종1~종2품	정3품 당상관	정3~종6품관	정7~종9품
尙瑞司				윤1(종3), 소윤1(정4), 승2(정6), 주부 2(정6)	직장2(종7), 녹사 2(정8)
春秋館	영사1	지사2, 동지사2		충수찬관(3~6품)	박사(종7)
經筵	영사1	지사2, 동지사2	참찬관 5	강독관4(종3), 검토관 2(정4), 부검토관2(정5)	
內府寺				주부 1(종6)	
軍資監				승1(종5), 주부 1(종6)	
司宰監				주부 1(종6)	
養賢庫				승 1(종6)	
藝文館		대제학1, 제학1			
通禮門				판사 1(정3), 지사2(종3), 첨지사2(종4), 봉례랑 10(종6)	
典農寺					협률랑2(종7), 대축 2(정8), 녹사 2(정9)
禮賓寺				승1(종5), 주부 1(종6)	
書雲觀				승2(종5), 주부 2(종6)	
典醫監				승2(종5), 주부 2(종6)	
司譯院		제조 1	부제조 1		
書筵	사1	좌 · 우빈객 각 1, 좌부 · 우부 빈객 각1		좌 · 우보덕 각 1(종3), 좌 · 우필선 각 1(정4), 좌 · 우문학 각 1(정5), 좌 · 우사경 각 1(정6)	좌 · 우정자 각 1(정7), 좌 · 우시직 각 1(정8)
10學		제조 각1			

353) 태종 즉위 ~ 18년의 육조속아문 변천은 한충희, 위 논문, 참조.

2. 京 · 外 政治機構의 整備

1) 中央

태종대에는 조선개창과 함께 성립되고 이후 정종대까지 개정되면서 운영된 경·외 정치기구를 계승하여 왕권강화 도모 및 효율적이고도 체계적인 국정운영을 위한 육조·육조속아문제의 정비와 함께 정치기구의 신설·혁파·개칭·지위승강, 관직의 설치·증감 등 제 정치기구가 크게 개정·보완되면서 조선적인 정치기구로 정착되었다.

조선 개국 직후에 반포된 중앙정치기구는 고려말의 정치기구를 계승하여 都評議使司 등 80여 東班(문반)아문과 義興親軍左·右衛 등 西班(무반)아문, 그리고 內侍府 등 4 流外職 아문을 두었다.354) 이들 아문은 고려말까지 운영되었을 뿐만 아니라 개국초의 관제는 "의장법제는 한결같이 고려의 옛 제도를 준용한다(儀章法制 一依前朝故事)"355) 라고 하였듯이 고려말의 그것이 계승된 것이었다. 이에서 이들 아문은 개국과 함께 그대로 조선으로 계승되면서 운영되었다고 하겠다.

개국초의 관아·관원은 이후 정종대까지 부분적으로 변개되면서 운영되었다. 태조대에는 1392년(태조 1) 開國功臣都監의 설치를 시작으로 尙衣院(2년경)·司譯院(2년)·慣習都鑑(2년경)·復興庫(3)·景福宮提擧司,(4)·漢城府 五部(5)·濟生院(6)·有備庫(6) 등

---

354) 『태조실록』 권1, 1년 7월 정미. 그 외에 이 때에 적기 되지는 않았지만 3軍都摠制府와 德泉庫·延慶宮 등은 이 직후부터 존치가 확인됨에서 이 때부터 운영된 것으로 추측된다(『태조실록』 권4, 2년 9월 병진, 『태종실록』 권5, 3년 6월 을해).

355) 『태조실록』 권1, 1년 7월 정미.

의 관아와 提調(1 ~ 2품겸, 유비고 · 사역원) · 判官(5품, 공신도감) 등의 관원을 두었다(( )는 설치년, 『태조실록』, 군사기구는 제3장 참조). 1395년(태조 4)에는 한양천도에 따라 漢陽府가 漢城府로 승격되고 개성부가 開城留侯司로 개칭되면서 判事(한성부 정2품관) · 留侯(개성유후사 정2품관) 이하가 두어졌다.356)

정종대에는 1400년(정종 2) 2월과 6월에 세자(정안군 이방원)와 태상왕(태조)의 부로 仁壽府와 承寧府를 차례로 설치하고 判事(정2품, 승령부) 이하의 관리를 두었다.357) 또 1399년 개성유후사로의 천도에 따라 다시 개성유후사가 개성부로 개칭되었다.358) 1400년에 세자의 주도하에 도평의사사가 議政府로 개편되고 문하부 · 삼사의 2품관 이상이 의정부를 구성하고 정치를 관장하게 되었다.359) 동시에 의흥삼군부가 三軍府로 개칭되고 中樞院이 삼군부에 병합되면서 삼군부가 경외의 모든 군사를 관장하게 되었으며, 중추원 都承旨 이하가 承政院으로 독립되었다.360) 이러한 도평의사사와 의흥삼군부 · 중추원의 의정부와 삼군부로의 개편 및 정치권와 군사권의 분리는 태조대 도평의사사 · 의흥삼군부의 운영과 함께 고려후기 이래의 도평의사사체제에서 조선적인 정치제도로 이행하는 토대가 되었다고 하겠다.

태종대(1401 ~ 1418)에는 즉위와 함께 상왕 정종과 왕비 민씨의

---

356) 『태조실록』 권7, 4년 6월 무진 · 을해.

357) 『정종실록』 권3, 2년 2월, 권3, 2년 6월.

358) 『정종실록』 권1, 1년 1월 무인. 이와 함께 백관의 반은 개성으로 옮겨가고, 반은 한성부에 잔류시킴으로서 이후 태종 4년 다시 한성부로 천도하기까지는 개성부와 한성부의 양도체제로 운영되었다.

359) 『정종실록』 권4, 2년 4월 신축. 그러나 곧 예문춘추관 · 삼군부의 2품 이상도 구성원이 되었다(권4, 2년 4월 계축).

360) 『정종실록』 권4, 2년 4월 신축.

지대를 위한 恭安府와 仁寧府를 두면서[361] 비롯되었고, 1405년(태종 5) 육조의 정책·서정기관화 및 이와 관련된 육조속아문제의 실시와 함께 본격적으로 추진되었다. 1401년에는 문하부 左·右散騎常侍(정3품 당하) 이하 郎舍가 司諫院으로 독립되었고,[362] 司贍署가 설치되었다. 1402년과 1404년에 敬承府를 두었다.[363] 1401년에 문하부가 혁파되고 승정원이 승추부에 합병되었으며,[364] 1403년에 德泉庫와 延慶宮 등 5고 7궁과 內藏庫 등이 그 직장이 유사한 내섬시와 承寧府 등에 합병되면서 혁파되었다.[365] 1401년에 삼사가 司平府, 예문춘추관이 예문관과 춘추관, 전중시가 종부시 등으로 각각 개칭되었고,[366] 1410년에 司贍庫,[367] 1414년에 敦寧府,[368] 1418년에 義興府가 각각 설치되었다.[369] 1405년에 司平府가 그 기능을 병조와 호조에 귀속시키면서 혁파되었고,[370] 1410년에 供造署가 工曹에, 1411년에 승령부가 典農寺에 각각 병합되면서 혁파되었다.[371] 1405년에 이, 호, 예, 병, 형, 공조 모두가 정3품아문에서 정2품아문으로 승격되었고,[372] 1407년에 典廐署가 6품아문으로 승격하였고,[373] 1409년에 濟用庫가 濟用監으로 개칭되면서 6품아

361) 『정종실록』 권6, 2년(태종 즉위년) 11월 계유.
362) 『태종실록』 권1, 1년 4월 갑자, 권2, 1년 7월 경자
363) 『태종실록』 권3, 2년 5월 경진, 권8, 4년 9월 정유.
364) 『태종실록』 권2, 1년 7월 경자.
365) 『태종실록』 권5, 3년 6월 을해.
366) 『태종실록』 권2, 1년 7월 경자.
367) 『태종실록』 권20, 10년 7월 신미. 태종 3년에 혁파된 사섬서의 후신이다.
368) 『태종실록』 권27, 14년 1월 계묘.
369) 『태종실록』 권27, 14년 1월 계묘, 권36, 18년(세종즉위) 8월 정해.
370) 『태종실록』 권9, 5년 1월 임자.
371) 『태종실록』 권20, 10년 7월 신미, 권21, 11년 6월 무신.
372) 『태종실록』 권9, 5년 1월 임자.
373) 『태종실록』 권14, 7년 10월 기해.

문에서 정3품아문으로 승격하였다.[374] 1406년(태종 6)에 정4품아문인 刑曹都官이 5품아문으로 강격되었고,[375] 1408년에 道流房과 引駕房이 참외아문으로 강격되었다.[376] 1405년경에 世子官屬이 書筵으로 개칭되었고,[377] 1409년에 奉常寺가 典農寺, 전농시가 典祀寺로 각각 개칭되고[378] 1411년에 文書應奉司가 承文院으로 개칭되었다.[379] 1414년에 宗簿寺가 在內諸君所에 예속되었으며, 氷庫가 內侍院에 병합되면서 혁파되었다.[380] 1414년에 在內諸君所가 在內諸君府로 개칭되었으며,[381] 1417년에 異姓諸君所가 功臣諸君府로 개칭되었고,[382] 1418년에 敬承府가 順承府로 개칭되었다.[383]

또 현안사나 돌발사를 집중적으로 처리하기 위한 都監, 所, 色 등의 임시관아가 운영되었다. 그 것에는 태조의 국장을 관장하기 위한 國葬都監(태종 8.5 ~ 8.9),[384] 각사의 재정과 공부를 상정하기 위한 刷券色(9, 18),[385] 의례를 상정하기 위한 儀禮詳定所(태종 10 ~세종 17),[386] 노비결송을 집중적으로 심리하기 위한 奴婢辨定都監(14),[387] 『속육전』의 편찬을 위한 續六典修撰色(태종 7.8 ~ 12.4),[388] 『태조

374) 『태종실록』 권18, 9년 12월 신유.
375) 『태종실록』 권11, 6년 2월 임신.
376) 『태종실록』 권9, 8년 12월 경신 · 을류.
377) 『태종실록』 권9, 5년 3월 정유.
378) 『태종실록』 권18, 9년 8월 정묘,
379) 『태종실록』 권21, 11년 6월 무신.
380) 『태종실록』 권 27, 14년 2월 신해, 권28, 14년 12월 임진.
381) 『태종실록』 권28, 14년 8월 신유, 권27, 14년 6월 신유.
382) 『태종실록』 권33, 17년 2월 기사.
383) 『태종실록』 권33, 18년 6월 을류.
384) 『태종실록』 권15, 8년 5월 임신, 권16, 8년 9월 갑인. 국장을 위한 빈전(殯殿) · 國葬 · 조묘(造墓, 山陵) · 재(齋)의 4도감이 운영되었다.
385) 『태종실록』 권17, 9년 4월 신묘, 권35, 18년 3월 정사.
386) 『태종실록』 권20, 10년 9월 임술.
387) 『태종실록』 권27, 14년 4월 정사, 권28, 14년 10월 신사.

실록』의 수찬을 위한 實錄廳(9 ~ 13)[389] 등이 있었다(( )는 설치 및 운영시기).

태종말까지 정비된 중앙정치기구는 이후 세종대, 세조대와 성종대에 국정운영 · 제도정비 등과 관련되어 부분적으로 조정되고 정비되면서 의정부 · 육조 등 직계아문과 충익부 · 상서원 · 종부시 · 홍문관 등 육조속아문으로 정립되었다가[390] 마지막 반포된 『경국대

---

388) 『태종실록』 권14, 7년 8월 기해, 권23, 12년 4월 무진.

389) 『태조실록』 수찬관조.

390) 주요한 직계아문과 육조속아문의 변천은 다음과 같다(각 관아의 변천 배경 · 시기 · 내용은 한충희, 앞 『조선초기 정치제도와 정치』, 245 ~ 323쪽 참조, ( )는 연도).

직계아문은 세종대에 집현전(2) · 종친부(12) · 중추원(14) · 부마부(20)가 설치되었고, 경연이 예조속아문에서 승격되었으며(2), 즉위년에 설치된 3군부가 3군 진무소로 개칭되면서 병조속아문으로 전환되었다. 즉위년에 의건부가 설치되었다가 혁거되었고, 3군도총제부가 중추원으로 개편되면서 혁거되었으며(14), 개성유수부가 개성부로 개칭되었다(20), 단종 2년에는 이조속아문인 충훈사가 충훈부로 개칭 · 승격되면서 직계아문이 되었다(2). 세조대에는 집현전이 혁거 되었고(2), 중군에 소속된 겸사복 · 내금위가 직계아문이 되었고(3), 병조속아문인 5군진무소가 5위도총부로 개칭 · 승격되면서 직계아문이 되었으며(5), 개성부가 외관으로 전환되었다(13). 이리하여 직계아문은 세조말까지 종친 · 의정 · 충훈 · 의빈 · 돈령 · 중추부(정1품아문), 의금부(종1), 6조 · 한성부 · 5위도총부(정2), 사헌부 · 겸사복 · 내금위(종2), 승정원 · 사간원 · 경연(정3)으로 정리되었다가 『경국대전』에 법제화되었다.

육조속아문은 세종대에는 경창부 등 9 아문이 신설 · 복치되고, 공안부 등 5 아문이 통폐합 · 혁거되고, 내의원이 속아문이 바뀌고, 종친부 · 경연이 직계아문으로 승격되고 직계아문인 3군진무소가 속아문에 편입되었으며, 인녕부 등 17 아문이 경순부 등으로 개칭되거나 개칭과 함께 아문의 격이 승강되었다. 문종대에는 세손강서원이 혁거되고 동서활인서와 12 사가 활인서와 5 사로 개편되었다. 단종대에는 사표국이 혁거되고 속아문인 충훈사가 충훈부로 개칭 · 승격되면서 직계아문이 되었다. 세조대에는 빙고가 복치되고, 인순부 등 21 아문이 통폐합 · 혁거되고, 내의원 등 6 아문의 속아문이 바뀌고, 5군진무소가 5위도총부로 개칭되면서 직계아문이 되고 별시위가 5위소속이 되었으며, 사옹방 등 33 아문이 사옹원 등으로 개칭되거나 개칭되면서 아문의 격이 승강되었다. 예종대에는 예장도감이 귀후소에 합병되면서 혁거되었다. 성종대에는 양현고 등 5 아문이 신설 · 복치되고, 의학이 전의감에 병합

전』에 법제화되면서 확립되었다.

2) 地方

태종대에는 중앙집권의 강화를 위한 중앙·군사제도 등의 대대적인 정비·개편과 함께 조선개국 때 성립되고 정종대까지 개정된 도제와 군현제를 계승하여 대대적으로 정비하면서 조선의 토대가 된 도제와 군현제로 정비되었다.

(1) 道

조선은 개국과 함께 고려말의 도제를 계승하여 전국을 京畿左·京畿右·慶尙·全羅·楊廣·江陵交州·西海의 7道와 東北·西北面의 2面으로 나누고 都觀察黜陟使와 都巡問使를 파견하여 통치하였다.[391] 이어 1395년(태조 4)에 그 界首官의 조정과 함께 양광도, 강릉교주도, 서해도를 각각 충청도, 강원도, 풍해도로 개정하였다.[392]

태종대(1401 ~ 1418)에는 1395년 이래의 도체를 계승하여 경상·전라도는 그대로 답습하나 그 외는 통합하거나 개칭하면서 조선적인 8도체제로 정비하였다. 1413년(태종 13)에는 서북면과 동북면을 그 계수관의 변경과 함께 평안도와 영길도로 개칭하였고, 1414년에는 제도정비에 따라 경기좌도와 우도를 경기도로 통합하였으

되면서 혁거되고, 도관서 등 4 아문이 사도시 등으로 개칭되거나 개칭되면서 아문의 격이 승강되었다. 이리하여 육조속아문은 성종 11년까지 충익부 등 70여 아문(이조속아문 - 충익부 등 7 아문, 호조 - 내자시 등 17(이상) 아문, 예조 - 홍문관 등 30(이상) 아문, 병조 -5위 등 6(이상) 아문, 형조 - 장예원·전옥서, 공조 - 상의원 등 8 아문)으로 정리되었다가 『경국대전』에 법제화되었다(5부(호조), 4학·제능전(예), 5위(병)은 편의상 통합하여 파악함).

391) 이수건, 1989, 『조선시대 지방행정사』, 민음사, 37 ~ 38쪽.

392) 『태조실록』 권7, 4년 6월 을해.

며, 1417년에는 계수관의 변경에 따라 풍해도와 영길도를 황해도와 함길도로 개칭하였다.[393)]

장관과 그 요속에 있어서는 장관은 1401년에 경기 등 5 도의 장관명을 도관찰출척사에서 按廉使로 개칭하고 다시 익년에는 都觀察黜陟使兼監倉等事로 개칭하였으며, 1417년에 개국 이래 도순문사로 불리던 평안·영길도의 장관을 도관찰출척사겸감창등사로 개칭하면서 8도의 장관을 도관찰출척사겸감창등사로 통일하였다.[394)] 요속은 1403년에 고려 공양왕 이래로 7도 2면에 둔 經歷司 經歷(종4)·都事(종5) 각 1직 중 경력을 정3품직으로 승질시켜[395)] 운영하였다. 이 태종대의 관찰출척사겸감창등사와 경력·도사가 전자는 세종대에 도관찰사(5년)와 도관찰출척사겸감창등사(16), 1466년(세조 12)에 관찰사로 개칭되고, 후자는 세조 12년에 경력이 혁거되면서[396)] 정립되었다가 『경국대전』에 8도에 각 1직의 관찰사와 도사로 법제화되었다.[397)]

또 태종대에는 정종대까지의 도역을 계승하여 1413년까지 다음과 같이 경기도, 황해도, 강원도, 충청도, 경상도 등에 소속된 군현간에 대대적으로 移出·移入되는 등으로 조정하면서 정착시켰다.[398)]

경기도는 연안·백천·우봉강음·토산과 이천이 황해도와 강원도로 이속되었고, 충청도와 강원도에서 여흥·안성·음죽·양성·양지와 가평이 입속되었다. 충청도는 여흥 등이 경기도로 이속되었

---

393) 이수건, 앞 책, 39쪽.
394) 이수건, 앞 책, 43쪽.
395) 『태종실록』 권8, 4년 8월 을묘.
396) 장병인, 1978, 「조선 초기의 관찰사」, 『한국사론』 4, 151쪽, 이존희, 1990, 『조선시대 지방행정사연구』. 일지사, 109쪽에서 종합.
397) 『경국대전』 권1, 이전 외관직 8도.
398) 이수건, 앞 책, 41 ~ 43쪽.

고, 경상도에서 옥천 · 보령 · 영동 · 황간 · 청산이 입속되었다. 강원도는 경기도에서 이천이 입속되었다. 황해도는 경기도에서 연안 등이 입속되었다. 경상도는 보령 등이 충청도로 이속되었다.

1413년(태종 13) 이후에는 경기도 등 6 도는 그대로 계승되었지만 평안도와 영길도에 속한 갑산 이서의 여연이 평안도에 이속되었다. 이리하여 1418년에는 다음의 지도와 같이 京畿道는 현재의 황해도 연백군 - 금천군 이남, 강원도 철원군 - 화천군 - 춘천군 - 홍천군 - 횡성군 - 원주시 이서, 충청도의 음성군 - 진천군 - 천안시 - 아산군 - 당진군 이북, 서해 이동의 42 군현을 영유하였다. 慶尙道는 동해 이서, 강원도의 울진군 - 삼척군과 충청도의 단양군 - 괴산군 -보은군 이남, 충청도의 옥천군 - 영동군과 전라도의 무주군 - 장수군 - 남원군 - 구례군 - 광양군 - 여수 이동, 남해 이북의 72 군현을 영유하였다. 全羅道는 서해 이동, 충청도의 서천 - 논산 - 금산 - 영동 이남, 경상도의 거창 - 함양 - 하동 - 남해군 이서, 남해 이북과 제주도의 56 군현을 영유하였다. 忠淸道는 서해 이동, 경기도의 평택 - 안성과 강원도의 원주 - 영월 이남, 경상도의 영주 - 문경 - 상주 - 김천 이동, 전라도의 무주 - 진안 - 완주 - 익산 - 군산 이북의 54 군현을 영유하였다. 江原道는 동해 이서, 영안도의 안변 - 문천 이남, 황해도의 곡산 - 신계 - 금천 이동과 경기도의 연천 - 포천 - 가평 - 양평 - 여주 이동, 충청도의 제천 - 단양과 경상도의 봉화 - 영양 - 영덕 이동의 24 군현을 영유하였다. 黃海道는 서해 이동, 평안도 용강 - 중화 - 강동 - 성천 - 양덕 이남, 영안도의 문천과 강원도의 이천 - 철원 이서, 경기도의 연천 - 장단 - 개풍과 서해 이북의 23 군현을 영유하였다. 平安道는 영안도의 장진군 - 정평군 - 영흥군 - 고원군 - 문천군 이서, 황해도의 곡산군 - 수안군 - 황주군 - 안악군 - 대동강의 이북, 서해 이동의 48 군현을 영유하였다. 永安道는 평안도의 강계 - 영원 - 맹산 - 양덕과 황해도의 곡산군 이동, 강원도의 이천 - 평강 - 회양 - 통천 이북, 동해 이서의 23 군현을 영유하였다.

이 태종대에 정비된 도제가 이후 1494년(성종 15)까지 관직은 그대로 계승되나 도역은 4군 6진의 개척, 여진의 침구로 인한 4군 지역의 포기 등에 따라 부분적으로 즉, 경기 · 강원도의 도역이 조정되고[399] 평안 · 영길도의 북변이 확장되었다가[400] 마지막 『경국대전』의 반포와 함께 조선의 도제 - 도명, 장관과 그 막료, 도역으로 법제화되었다.

---

399) 세종대에 경기도 안협현(6년) · 철원도호부(16)가 강원도로 이속되었고, 충청도 죽산현(16)이 경기도로 이속되었다.

400) 세종대에 평안도와 영길도에 각각 자성(15) · 무창(22) · 우예군(25)과 부령(14) · 회령(16) · 종성(16) · 경흥(17) · 온성(22) · 위원군(25)이 편입되었고, 세조대에 무창(즉위) · 우예(즉) · 여연(즉) · 자성군(4) 지역이 폐군과 함께 방기되었다(『조선왕조실록』 세종 15 ~ 25년조, 세조 즉위 ~ 4년조, 『세종실록지리지』 평안 · 영길도조에서 종합).

〈도 2〉 태종대 8도 영역(-- 는 현재의 도계, ( )는 현재 지명)[401]

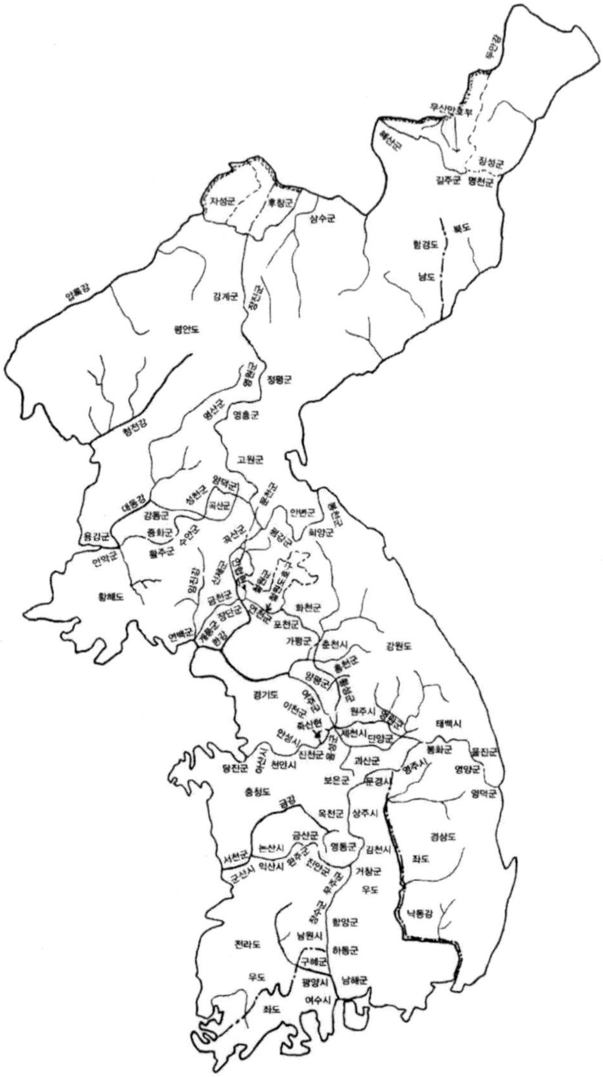

401) 한충희, 2006, 『조선초기의 정치제도와 정치』, 계명대학교출판부, 327쪽 〈도 2〉 전재. 소속 군현수는 뒤 〈표 17〉 참조.

(2) 郡縣[402]

태종대에는 군현의 명호개정 · 군현의 통폐합 · 임내와 향 · 소 · 부곡 정리 등이 대대적으로 행해지면서 『경국대전』에 법제화된 군현제의 토대가 되었다.

군현의 명호개정은 1403년(태종 3)에 사간원 · 의정부,[403] 1406년에 이조가[404] 각각 고려말에 문란된 군현의 등급과 명호를 면적의 광협과 인구의 다소를 참작하여 전면적으로 개정할 것을 청하면서 제기되었다. 이 때는 그 여건이 조성되지 못하여 실시되지 못하다가 1413년에 당시까지 명호개정 요구와 그 방안을 수용하여 15 府와 105 監務를 都護府와 縣監으로 개칭하고,[405] 府尹 · 大都護府使 · 牧使官 외에 '州' 자를 띤 都護府官 이하 59 邑의 명호를 모두 '山'자(36 읍) · '川'자로(23 읍) · '陽'자(1) · '原'자(1)로 개정하였다.[406] 1413년(태종 13)에는 完山府와 鷄林府를 전주부와 경주부로

402) 이하는 李樹健, 1989, 『朝鮮時代 地方行政史』, 民音社, 55 ~ 142쪽에서 종합.
403) 『태종실록』 권6, 3년 윤11월 임술.
404) 『태종실록』 권12, 6년 7월 임자.
405) 도호부 · 현감관으로 개칭된 군현은 다음과 같다(『태종실록』 권13, 13년 6월 신유조, 『세종실록』 지리지 등에서 종합).
부 : 수원 · 강화 · 부평 · 남양 · 여흥 · 삼척 · 회양 · 양주 · 창원 · 김해 · 남원 · 장흥 · 순천 · 안변 · 정주 · 연산 · 강계.
감무; 천령 · 강음 · 이천 · 지평 · 지평 · 포천 · 적성 · 통진 · 협계 · 해안 · 송화 · 금성 · 가평 · 평강 · 김화 · 낭천 · 홍천 · 양구 · 인제 · 횡천 · 괴주 · 온수 · 홍산 · 제천 · 덕산 · 평택 · 직산 · 회인 · 정산 · 청양 · 장풍 · 음성 · 청안 · 덕은 · 회덕 · 진잠 · 연산 · 대흥 · 부여 · 비인 · 진천 · 결성 · 보령 · 해미 · 당진 · 예산 · 옥천 · 영춘 · 아산 · 은풍 · 기천 · 개령 · 의령 · 하양 · 용궁 · 봉화 · 청하 · 언양 · 칠원 · 진해 · 인동 · 보성 · 문경 · 함창 · 지례 · 이안 · 감음 · 고령 · 현풍 · 산음 · 단계 · 강성 · 명진 · 군위 · 안정 · 의흥 · 신령 · 예안 · 영일 · 장기 · 영산 · 창령 · 기장 · 사천 · 여산 · 광양 · 안열 · 함평 · 도강.
406) '陽'자로 개정된 읍은 襄陽이고 '原'자로 개정된 읍은 高原이며, 定州는 定州牧과 구분하기 위해 定平으로 개정되었다. '산'자와 '천'자로 개정된 59읍은

개정하였다.[407] 1415년에는 평안도 德孟郡과 慈恩郡을 德泉郡과 慈山郡으로 개칭하였고, 1416년에는 충청도 寧山郡과 溫昌·保寧縣을 천안군과 온양·보은현, 경상도 普天郡을 예천군, 전라도 福順縣을 동복현으로 각각 개칭하였다.[408]

읍호의 승강은 민호증가, 왕비출신·왕릉소재·어태봉안지, 주민변란 유공과 반란·대역죄인·강상죄 발생 등과 관련되어 그에 해당되는 군현을 포폄하면서 있게 되었다.[409] 1401년 京山府와 驪興郡을 성주목과 여흥부로 승격하고 密城府를 밀성군으로 강격시킨[410] 것을 시작으로 이후 태종말까지 31 읍이 승격되고 14 읍이 강격되었다.[411]

다음과 같다(이수건, 앞 책(1989), 76 ~ 77쪽에서 제시한 '산'자 36읍과 '천'자 23읍 중 孟山을 제외하고 寧山·甫川·宜川을 추가시켜 파악하였다. 『태종실록』, 『세종실록지리지』 등에서 종합).

경기도(5) ; 果川, 矜川, 抱川, 漣川, 仁川.

충청도(12); 槐山, 堤川, 沃川, 竹山, 木川, 牙山, 鎭川, 林川, 韓山, 瑞川, 瑞山, 沔川.

경상도(8) ; 梁山, 蔚山, 永川, 榮川, 基川, 善山, 陜川, 泗川.

전라도(3) ; 珍山, 錦山, 益山.

강원도(2) ; 春川, 通川.

황해도(5) ; 鳳山, 谷山, 信川, 平山, 白川, 豊川.

평안도(20); 成川, 肅川, 慈山, 順川, 价川, 德川, 孟山, 殷山, 麟山, 龍川, 鐵山, 郭山, 撫山, 隋川, 嘉山, 雲山, 博川, 泰川, 熙川, 理山.

영안도(4) ; 文川, 宣川, 端川, 甲山.

407) 『세종실록』 권150, 지리지 경상도 경주

408) 『세종실록』 지리지, 평안도 덕맹군·충청도 연산군조에서 종합.

409) 한충희, 2011, 「조선중·후기 군현의 변천과 국방·지방통치」, 『인문학연구』 45, 계명대학교 인문학연구소, 230·234쪽.

410) 『세종실록』 지리지, 경상도 성주목·밀성군, 충청도 여흥부조.

411) 읍호가 승격된 31읍과 강격된 14읍은 다음과 같다(『태종실록』 1 ~ 18년조, 『세종실록』 지리지 등에서 종합.

목 → 부윤부; 함주.　　대도호부 → 목 ; 진주.

부 → 목 ; 성주·화주.　　목 → 도호부; 영흥.

군 → 도호부; 원평·여흥·임주·밀양　　도호부 → 군 ; 영흥·임주·밀양

군현의 통·폐합은 지방통치 강화에 수반된 군현정비와 관련되어 민호가 영세한 2 ~ 4개 현을 통합하여 군으로 승격시키거나 현으로 통합하면서 있게 되었다. 1402년에 泥城과 昌州를 창주군으로 통·폐합하면서 시작되어 14년에는 長湍과 臨江이 통합되어 장단군이 되는 등 40여 관이 20여 관으로 통·폐합되는 등 태종말까지 60여 군현이 30여 군현으로 통·폐합되었다.412) 통·폐합된 군현의 명칭은 두 군현의 머릿 글자를 따서 작명되었는데, 그 읍세와 관련되어 보다 세가 강한 읍이 앞에 위치하고 군현운영을 주도하였기 때문에 군현의 주도권을 두고 군현간의 알력이 자심하였다.

군현의 복치는 통·폐합으로 통합된 군현이 다시 통폐합되기 이전의 상태로 복구되면서 있게 된 것이었는데, 이것은 종속된 군현

·선산·춘천·평산·삭주
·숙천·경성·영흥·京山.
현령→ 도호부; 창원·의창·회원.
현감→ 도호부; 안변.
현령→ 군 ; 김제·서흥·재령.
현감→ 군 ; 장단·삭령·괴주·영령
·직산·영령.
현감→ 현령 ; 군위·협계·순안.
·여흥·원평.
군 → 현령; 경산·김제·김제.
도호부 → 현감; 안변.
군 → 현감; 직산·삼기.
현령 → 현감; 강동.

412) 태종 2년과 14년을 제외한 군현 통폐합은 다음과 같다(이수건, 앞 책, 79쪽, 『태종실록』 1 ~ 18년조, 『세종실록』 지리지 등에서 종합). 이 중 통폐합시 종속된 군현의 반발로 왕 2년에 창주군(뒤에 창성군) 등 20여 군현이 왕 14 ~ 16년에 걸쳐 다시 복구되었다(은 곧 복구된 군현).
3; 운주+청산=운산군·벽단+음당=음당군.
5; 이산+덕풍=덕산현·동복+화순=복순현
·정읍+영덕+영주+영판=정령현령.
7; 정해+정해=해미현·무송+장사=무장현.
8: 가화+청송=송화현.
9: 진도+해남=해진군·용안+함열=안열현
·함풍+모평=함평현·태산=인의=태인현.
·의창+회원=창원부.
14; 고봉+양덕=고양현·덕천+맹산=덕맹군·
용구+처인=용인현·김포+양천=김양현·
장단+임강=장림현·황간+청산=황청현·
14: 온수+신창=온창현·기계+거창=제창현
부령+보안=부안현·장연+영강=연강현·
자산+은산=자은군·금천+과천=금과현·
장연+연풍=장연현·마전+연천=마련현·
안협+삭령=안삭현·전의+연기=전기현·
니산+석성=니성현·하동+남해=하남현·
풍천+은율=풍율군·삼기=가수=삼가현·
무풍+주계=무주현.
16; 화순+결성=순성현.
17; 도강+탐진 =강진현·감음+이안=안음현.

의 반발과 지역상 1 군현으로 운영하기에 적합하지 못한 등에서 기인되었다. 태종말까지 복치된 군현에는 장단군에 통합된 송림·임강현 등 20여 현이 있었다.[413)]

군현의 신치는 북변 신개척지, 대읍에 편속된 지역 중 지리적 여건과 민호증가 등으로 인해 있게 된 것이었다. 1401년(태종 1) 慶州任內였던 청하와 興德屬縣인 高敞이 감무관이 된[414)] 것을 시작으로 태종말까지 10여 현·군(知州)이 신치되었다.[415)]

그밖에 1409년에 전라도 任內인 향·소·부곡 모두를 가까운 군·현으로 이속되거나 직촌으로 삼으면서 혁파하였고,[416)] 그 외의 향·소·부곡은 세종 ~ 성종대에 점진적으로 정리되면서 소멸되었다.[417)]

이리하여 개국 때의 2 부윤부·2 대도호부·16 목·24 부·82 군·37 현령·124 감무관의 297 군현이 1418년에는 6 府尹府·5 大都護府·20 牧·74 都護府·73 郡·154 縣(현령, 현감)의 336 관으로 정비되었고, 속현·임내와 향·소·부곡은 주현화하거나 인근 군현에 병합되면서 대부분이 정리되었다.

이 군현제를 토대로 이후 세종 ~ 성종 15년까지 부분적으로 개

413) 복구된 20여 현은 앞 주 412) 참조.
414) 『세종실록』 지리지, 경상도 청하현·전라도 고창현조,
415) 신치된 감무·현감관은 다음과 같다(『세종실록』 지리지, 경상도 청산현·전라도 여산현조 등에서 종합. ( )는 신치년).
감무; 홍원(2), 상주임내 청산(3), 김제속현 여산(4), 錦州속현 珍州(13).
현감; 대정·정의(16)
현령; 정평(5)
군(지주); 立石等處伊彦(2, 石州), 豆木里等處伊彦(2, 理州), 여연(16)
416) 『세종실록』 지리지, 전라도조.
417) 세종말까지 82소가 존속되었고, 성종 12년에는 존속된 곳이 12소에 불과하였다(이수건, 1994,「군현제의 정비」, 『한국사』 23, 국사편찬위원회, 142쪽.

정 · 보완되면서 정립되었다가[418] 『경국대전』의 편찬과 함께 경기도 등 8도와 4 부윤부 · 4 대도호부 · 20 목 · 44 도호부 · 82 군 · 173 현(현령관 34, 현감관 141)의 339 군현으로 법제화되었다. 태종대를 중심한 조선초기 군현의 정비과정을 재정리하면 다음의 표와 같다.

〈표 17〉 조선초기 군현정비[419]

	고려말	태조 ~ 정종			태종대			세종 ~ 성종 15			경국대전
		증	감	계	증	감	계	증	감	계	
부윤부	2	2	0	4	1	1	4	1	1	4	4
대도호부	2	1	0	3	0	1	2	4	2	4	4
목	16	1	3	14	4	1	17	5	2	20	20
도호부	24	5	5	24	16	5	35	15	6	44	44
군	82	10	6	86	18	18	86	29	33	82	82
현령관	36	4	2	38	2	5	35	4	5	34	34
현감관	138	43	21	160	23	32	151	16	26	141	141
합계	300	66	37	329	64	63	329	74	75	329	329

418) 부윤부는 성종 1년에 함흥부윤부가 함흥군으로 강격되고 영흥대도호부가 영흥부윤부로 승격되었다. 대도호부는 세종 8년에 화주목이 영흥대도호부 세종 11년 연산도호부와 무산군이 통합되면서 영변대도호부(세조 12년에 도호부에서 다시 대도호부) 성종 2년 안변도호부가 안변대도호부로 각각 승격되었고, 세종 28년 영변대도호부가 영변도호부 성종 1년 영흥대도호부가 영흥부윤부로 강격되고 승격되었다. 그 외의 목 · 도호부 · 군 · 현령관 · 현감관의 증감은 한충희, 2004, 「朝鮮初期 道制와 郡縣制 整備研究」, 『계명사학』 15, 195 ~ 203쪽, 206 ~ 221쪽 〈표 5〉 참조.

419) 한충희, 위 논문, 203쪽 〈표 4〉 전재.

이상에서 태종대에는 의정부·육조와 삼군도총제부·삼군진무소 등 정치·군령기구, 육조속사·속아문제 등 육조체제 및 관원수·관직명 등이 상정되면서 중앙 정치제도 전반이 크게 정비되었다. 또 8도제가 정착하고 개국 이래로 계승된 군현이 대대적으로 통폐합·승강되고, 명호가 개정 및 임내인 향·소·부곡이 주현이나 직촌이 되면서 정리되는 등 지방정치제도가 크게 정비되었다. 이러한 태종대의 중앙·지방정치기구 정비는 후대로 계승되면서 『경국대전』에 법제화된 중앙·지방정치기구의 토대가 되었다.

3. 人事制度의 整備

1) 任用制의 整備

白身이나 散官은 문·무과에 급제하거나 蔭敍·薦擧 등을 통하여 관직에 제수되었다. 또 제수된 관인은 대간의 署經을 받아야만 관직에 취임할 수 있었다. 태종대에는 왕조개창의 초기였던 만큼 정치·군사제의 정비와 함께 정치·군사를 담당할 관리 임용의 중요성을 통찰하고 관리의 임용과 임용후의 관직생활에 요구되는 인사제도의 정비와 공정한 운영을 구현하기 위해 심혈을 기울였다.

이에 따라 1402년(태종 2) '무과법'에 따라 처음으로 무과를 실시하고 급제자에게 종7품 이하에 제수함으로써[420] 그 이전에 실시된 문과와 함께 엘리트 문관과 무관을 선발하는 과거제를 정착시켰다.

420) 『태종실록』 권3, 2년 1월 무자.

蔭敍制는 1408년과 '勳親之士加冠從仕法'으로 출사년이 20세로 결정되었고, 이어 『續六典』이 반포된 1413년까지 고위관료의 자손과 일찍이 이·병조의 낭관과 대간을 역임한 관인의 아들은 간단한 시험을 거쳐 조·부가 역임한 관직에 따라 관직에 제수되었다. 즉 공신·2품관 이상의 자·손·제·질은 나이 20세 이상이 되면 조·부·백숙이나 대소관의 천거를 받아 藝文館에서 1經으로 시험을 본후 종7품 司醞直長同正에 제수되었고, 실직 3품과 이조·병조·대간직을 역임한 관인의 아들은 종8품 司醞副直長同正에 제수되었다.[421] 다시 1416년에 그 대상에 공신·2품 이상의 사위를 추가하고 연령을 18세로 내리며, 시예에 書算律과 騎射·步射 ·弄槍·武經으로 시험을 보여 3등으로 나누어 서용하는 것으로 정비되었다.[422]

또 관인이 관직에 제수되기 위하여는 현직 관인의 추천을 받거나 국왕의 特旨에 의하였다. 특지는 국왕의 특권으로 행해지는 인사인 만큼 규식이 없었지만, 천거에는 천거자와 천거에 따른 책임이 규정되었다. 천거제는 문과 천거제는 1405년 이전부터 실시되었고, 무관천거제가 1405년에 '立兵曹保擧之法'이 제정되면서[423] 문관과 무관은 모두 경관 6품 이상과 외관 4품 이상이 3품 이하 재식이 있는자를 두루 천거하여 절차를 거쳐 서용하고, 합당하지 못한 자를 천거한 擧主(천거자)를 치죄하였다. 1417년에 '史官薦擧法'이 제정되어 당시까지 사관이 사관들의 천거(自薦)에

---

421) 한충희, 1995, 「조선초기 음서의 실제와 역할」, 『한국사연구』 91, 66쪽 〈표 1〉. 동정직 제수자는 몇 년의 근무후에 실직에 제수되었는데, 이 때는 동정직의 직질을 토대로 제수되었다.

422) 『태종실록』 권32, 16년 7월 을미.

423) 『태종실록』 권9, 5년 3월 을사.

따라 제수되던 것이 예문춘추관 당상이 時·散 文官 參外內外 직품 상당자를 대상으로 시험을 보아 경사에 능통하고 제술을 잘하면서 가문에 흠이 없는 자를 3배수로 이조에 추천하여 제수하는 것으로 정비되었다.[424]

署經制는 대간이 관직에 제수된 인물이 가계와 본인에게 허물이 있는가를 심사하여 심사를 통과할 때 관직에 취임시키는 인사 검증 제도이다. 개국초에는 고려제를 계승하여 모든 관인이 서경을 받았다. 그러나 태종은 즉위와 함께 강력한 인사권을 행사하여 신임하거나 중용하고자 하는 관인을 자주 요직에 제수하거나 파격적으로 승진시켰다. 이러한 태종의 인사방침은 서경을 주관하는 대간과의 충돌이 불가피하였다. 이에서 태종대에는 서경대상이 모든 관인, 4품 이상은 官敎 5품 이하는 서경이 교차되다가 1413년(태종 13)에 '官敎法'에 따라 4품 이상은 관교, 5품 이하는 서경을 거쳐 제수하는 것으로 정착되었다.[425]

2) 加資 · 遞職과 考課 · 褒貶制의 整備

조선은 개창과 함께 고려말의 가자, 체직, 고과, 포폄제를 계승하여 인사행정을 운영하였다. 태종대에는 1402년에 '考績黜陟法'을 제정하여 경외의 관원은 그 업무성적을 평가하여 출척을 행하였고,[426] 1412년에 중앙 각사 관원은 외관과는 달리 考滿者가 적어 箇月法에 따라 고과하기가 어렵다하여 경중 각사는 개월법 적용을 폐지하였다.[427] 이후 치세를 통하여 여러 차례에 걸쳐 가자·

424) 『태종실록』 권34, 17년 12월 을류.
425) 『태종실록』 권26, 13년 10월 무진.
426) 『태종실록』 권4, 2년 7월 갑신.

체직·고과·포폄제를 제정하고 보완하면서 공정하고 합리적인 인사를 위한 규정을 제정하고 보완하면서 정비하였다.

加資制는 관계를 올려 주는 것인데, 1階를 올려주는 가자와 2계 이상을 올려주는 超資가 있었다. 가자는 고과제, 개월법, 포폄법과 관련되면서 시행되었다. 태종대에 제정된 가자제와 그 운영상은 불명하다. 그런데 개국초부터 경관은 문반 모두와 무반 당상관이 15개월에 1계가 가자되었고,[428] 1423년(세종 5)에 가자제를 개정하여 경관과 수령 모두 5考 3上 이상이면 1계를 가자하였고, 2년 후에는 무반도 문반과 같이 5고 3상 이상이면 1계를 가자하는 것으로 정비되었다.[429] 한편 1409년에 海領職의 승급이 箇月法에 따라 40개월 마다 1급이 승급되던 것이 시예 등의 성적(논상)에 따라 승급되는 것으로 개정되었다.[430] 이를 볼 때 늦어도 태종말 까지는 모든 문반과 무반 당상관은 개월법에 따라 15개월 마다 1계가 가자되고, 무반 정3품 이하는 시예성적 등에 따라 가자되는 가자제로 정비된 것으로 추측된다.

遞職制는 관인의 장기간의 동일 관사 재직으로 인한 폐단을 예방하고 다방면에 걸친 능력을 향상시키기 위하여 일정기간이 경과하면 근무지를 옮겨주는 제도이다. 1417년에 '六曹郎官交代之法'을 제정하여 6조 18 속사에 소속된 낭관이 결원이 되면 당시까지 차례로 옮기던 것에서 신제수자에게 결직을 담당시키는 것으로 정비되었다.[431] 또 근무기간이 만료된 錄事·書吏와 군인 등

427) 『태종실록』 권24, 12년 7월 무신.
428) 『세종실록』 권28, 7년 6월 경자(한충희, 1985, 「조선 세조 ~ 성종대의 가자남발에 대하여」, 『한국학논집』 12, 166쪽 주4)).
429) 『세종실록』 권20, 5년 6월 갑인, 권29, 7년 7월 경진(위 논문, 166쪽).
430) 『태종실록』 권17, 9년 1월 신미.

을 去官시키거나 체직시키는 遷轉制가 운영되었는데, 이 제도는 1402년(태종 2)에 '各司吏典遷轉法'이 제정된[432] 것을 시작으로 이후 1418년 '武士去官法'이 제정될 때까지 여러번에 걸쳐 입법되면서[433] 보완되었다.

考課制는 재직 관인에게 매 6개월 마다 근무성적을 평가하여 이를 토대로 관인을 승급·승직하거나 좌천·파직하는 인사제도이다. 고과제는 1392년(태조 1)에 지방 수령을 대상으로 한 '수령전최법'이 제정되어 실시되면서 시작되었다.[434] 이 때 경관은 언급이 없지만 그 관직적 성격을 볼 때 이미 문반의 고과제가 실시되었고, 이 때 경외 문반의 고과제가 정비된 것으로 추측된다. 태종대에 들어와 1404년에 '고과결사관법'(내용불명)이 제정되면서 정비되었다.[435]

褒貶制는 태종대 이전에는 규정은 있었지만 유명무실하였고, 1402년 '考績黜陟法'이 제정되면서 吏曹議郞 이하 각 1원이 兼考功이 되어 경중 각사 관인을 대상으로 관아에 출사하지 아니한 일수에 따라 출척을 하였다.[436] 1406년에 '守令褒貶法'을 제정하여 수

431) 『태종실록』 권34, 17년 12월 기축.

432) 『태종실록』 권4, 2년 7월 계사. 이때 仕滿된 녹사·서리는 고강으로 시험을 보여 동반직(통)이나 서반직(불통)에 서용하였다.

433) 『태종실록』 권6, 3년 7월 을사(이전고강거관법), 권15, 8년 3월 경술(각도군영색장천전법), 권17, 9년 1월 신유(이전각사거관법)·9년 4월 기묘(아악전악천전지법), 권18, 9년 11월 계사(이전천전법), 권22, 11년 7월 정축(서사천전법), 권27, 14년 5월 갑신(갑사천전법), 권30, 15년 8월 정축(녹사천전법)·15년 10월 경진(이전천전법), 권31, 16년 4월 갑술(시정인천전법), 권33, 17년 5월 임진(비첩자간척인천전법), 권35, 18년 3월 정묘.

434) 『태조실록』 권1, 1년 8월 신해. 도별로 관찰사가 관내 수령에게 30개월 마다 善·最·惡·殿의 4등급으로 성적을 매겨 매년 2차례 중앙에 보고하여 가자 등 인사의 토대로 삼았다.

435) 『태종실록』 권7, 4년 3월 계묘.

령을 포폄하였고.[437] 1416년에 '포폄법'을 개정하여 부실하게 운영되던 수령의 포폄제를 개선하였다.[438] 1416년에 '考功法'을 제정하여 수령 등 외관의 부임과 근무를 권장하였으며,[439] 1417년에 '六曹漢城府郎廳褒貶法'을 제정하여 그 각각의 포폄을 6조와 한성부의 당상관, 刑曹都官 낭청은 兼知刑曹事가 하는 것으로 정비하였다.[440]

그 외에도 태종대에는 연로대신을 퇴직시키는 치사제, 자손의 현달로 조상을 현창하는 추증제, 폄출되거나 파직된 관인을 무록직에 제수하였다가 실직에 서용하는 임용제, 왕비·후궁 자녀의 봉작제가 정비되었다.

致仕制는 고려제를 계승하여 70세가 되면 퇴직하였는데, 국왕이 계속 출사시키고자 할 경우는 几杖을 내려 근무하게 하였다. 追贈制는 1394년(태조 3) 왕명에 따라 6품 이상관의 부모와 조·증조부모에게 본품과 1·2등을 내려(공신은 加 2등) 증직하면서 시작되었다.[441] 이 주증제가 1406년에 제정된 '추증법'에 따라 공신의 가등추증 조항이 삭제되었고, 1416년에 조부모·증조부모의 추층직이 본품에서 1·2등을 강등한 조항이 1·2품으로 정비되었다.[442]

436) 『태종실록』 권4, 2년 7월 갑신.

437) 『태종실록』 권12, 6년 12월 을사.

438) 『태종실록』 권31, 16년 1월 을사. 관찰사가 매년 2차에 상·중·하의 등급만 보고하던 것을 都目政 실시시기와 연관시켜 6월 15일·11월 15일 이전에 수령 7事의 실적을 첨부하여 보고하게 하였다.

439) 『태종실록』 권31, 16년 4월 기사. 수령 이하 외관을 대상으로 핑계를 되고 부임하지 않는 자는 직첩을 환수하고, 30개월의 임기내에 笞罪를 범한 것이 2회자는 좌천시키고 3회자는 파직하며, 무사히 임기를 채운자는 예에 따라 서용하게 하였다.

440) 『태종실록』 권34, 17년 11월 계유.

441) 『태종실록』 권11, 6년 2월 임신.

442) 『태종실록』 권32, 16년 7월 신축.

또 1416년에 '諸都監別坐敍用法'을 제정하여 현직에서 폄출되거나 산관으로서 무록직인 제도감 별좌에 제수된 관인은 근무일수(별사일 포함)가 만료되면 循資法에 따라 서용하였다.[443] 왕비의 소생은 大君, 嬪媵의 소생은 君, 궁인의 소생은 元尹에 각각 책봉하였다.[444] 1417년(태종 17)에 '命婦封爵之式'을 제정하여 종실 대군과 공신 · 조관 정1품 이하의 봉작을 정비하였다.[445] 1403년에는 시 · 산관 3 ~ 9품의 세계와 이력을 책(班簿)에 기록하였다가 상서사에 비치한 후 후일의 선용에 참고하였고,[446] 1409년에는 이 서책을 이, 병조로 하여금 관장하면서 인사에 참고하게 하였다.[447]

이상에서 태종대에는 국가운영의 토대가 되는 관인을 임용하고 관리의 권면을 도모하고 공정하고 합리적인 정치운영을 구현하기 위한 제반 인사제도를 제정하고 보완하면서 정비하였다. 태종대에 정비된 인사제를 표로 재정리하여 제시하면 다음과 같다.

---

443) 『태종실록』 권32, 16년 7월 정사.
444) 『태종실록』 권27, 14년 1월 신묘.
445) 『태종실록』 권34, 17년 9월 갑자. 그 내용은 다음과 같다(종1품, 종실 정3품 통정 ~ 정4품 생략).
정1품 ; 종실 – 대광보국대군 처 삼한국대부인 · 보국부원군 처 모한국대부인, 공신 · 좌우의정 · 부원군 처 - 모한국대부인.
정 · 종2품; 종실처 – 2자호 택주, 조관 처 - 정부인(이전 현부인)
종4품 ; 종실 – 조산부정윤 처 혜인
446) 『태종실록』 권5, 3년 4월 경오.
447) 『태종실록』 권17, 9년 5월 을류.

〈표 18〉 태종말 인사제도[448)]

	구분	대상	내용	비고
임용(초사)	문·무과	백신·산관·재직관인	1등 종7품직, 2등 종8품직, 3등 종9품직	
	음서	공신·2품이상 자·손·제·질, 실직 3품 자·손과 이·병조와 대간직 역임자 자	종7품 사온직장동정, 종8 사온부직장	
	천거(경외 문관 6품·서반 4품 이상)	산관, 史官·현직 경외관인		
	서경	4품 이상	관교	
		5품 이하	대간서경	
가자	문무과 급제	산관·재직자	가 1등	
	개월제	각종 군사	군종별로 근무일수를 구분하여 가 1계	
	고과제	경·외 문·무반	5고 3상이나(종6품 이상) 3고 2상으로(정7품 이하) 가 1계	
체직(천전)	고만	경·외 문·무관		
	거관	서리·녹사 각종 군사		
고과	경외관인	종6품 이상, 정7품 이하 사만된 서리, 군사		
	서리, 군사			
포폄	경관, 외관	10고 10상·5고 3상·3고 3상 표창, 폄출	가자·승직, 파직·무록관제수	
치사	문·무반	연만 70세	치사, 잉임(사궤장)	
추증	종친·공신·외척·문반·무반	증조·조·부, 증조모, 조모·모		
봉작	왕자	왕비자, 후궁자		
	종친			
	외명부		종부계	

448) 『태종실록』 1년 ~ 18년조.

4. 國政運營體系의 整備

1) 議政府署事制 폐지와 六曹直啓制의 실시

조선이 개창된 1392년(태조 1)으로부터 1400년(정종 2)까지는 고려말의 都評議使司가 중심이 된 국정운영체계가 답습되면서 도평의사사가 6曹·百司를 지휘하면서 정치, 군사, 외교, 재정 등 모든 국정을 총관하는 즉 都評議使司 - 6曹 체제가 운영되었다.449)

태종은 집권한 1400년 4월에 도평의사사를 議政府로 개칭하고 도평의사사가 관장하였던 정치·군사기능을 의정부와 三軍府로 하여금 나누어 맡게 하여 都評議使司 - 6曹 체제를 議政府 - 6曹 체제로 전환한 바 있었다.450) 태종은 즉위와 함께 다시 의정부의 기능을 약화시키고 육조의 기능을 강화하면서 의정부가 중심이 된 국정운영체제(議政府署事制)를 국왕이 육조를 직접으로 지휘하면서 국정을 총관하는 국정운영체제(6曹直啓制)로 전환시키기를 도모하고 실현하였다.

그리하여 1405년(태종 5) 1월에

> 관제를 개정하였다. 개국초에는 고려의 제도를 계승하여 議政府가 各司를 지휘하면서 국정을 총관하였고, 司平府는 錢穀에 관한 정사를 관장하였으며, 承樞府는 군사에 관한 정사를 관장하였다. 尙瑞司는 문반과 무반의 인사를 관장하였는데, 문하부 좌·우정승이 兼判事가 되어 지휘하였다. 육조는 국왕이 임석한 정사논의에 참여하지 못하였다. 이 때에 이르러 사평부를 혁거하고 그 관장사를 戶曹로, 승추부를 혁거하고 그 기능

---

449) 한충희, 1980,「朝鮮初期 議政府硏究」,『韓國史硏究』31, 1980, 116 ~ 118쪽.
450)『정종실록』권4, 2년 4월 신축.

> 을 兵曹로 각각 歸屬시켰다. 동반과 서반의 인사권은 이조와 병조에 귀속시켰다. 의정부의 서무관장 기능은 육조에 귀속시키게 명하였다. 육조에는 각각 정2품의 判書 1원씩을 설치하였고, 典書와 議郎 각 2인을 혁거하고 정3품 通政大夫階의 左·右參議 각 1원씩을 설치하였으며, 正郎과 佐郎 각 1인씩을 증설하였다.[451]

라고 하였음과 같이 육조는 모든 국정을 분장하고, 정2품아문으로 승격되면서 朝政에 참여하게 되었다. 그러나 의정부의 서무관장 기능의 육조 이양은 처음의 의도대로 완전히 실시되지 못하였다.[452]

이러한 육조의 국정분장에 따라 1405년 3월에는 이를 뒷받침할 屬司制가 정비되고 屬衙門制가 실시되었다. 6조에 각각 3司씩 총 18 屬司를 두어 그에 소속된 정랑·좌랑 각 1명씩이 그 조의 일을 나누어 맡았다(18 속사는 뒤 180쪽 참조).[453] 당시에 운영된 중앙 90여 아문 중에서 의정부 등 관아의 지위가 높고 기능이 중요한 10여 아문을 제외한 모두를 그 기능과 관련하여 이, 호, 예, 병, 형, 공조속아문으로 하여 모든 속아문은 그 소관사를 그 조의 지휘를 받아 처리하게 하였다(조별 속아문은 뒤 179쪽 참조). 이에 따라 육조는 비록 의정부의 지휘를 받기는 하나 국정을 분장한 가장 핵심적인 정치기구가 되었다.

1405년에 제시된 六曹直啓制는 이후 태종의 왕권강화를 위해 의정부의 기능을 약화하고 육조 중심의 국정운영을 실현하려는 의

---

451) 『태종실록』 권9, 5년 1월 임자.
452) 『태종실록』 권15, 8년 1월 임자, 권26, 13년 12월 신유.
453) 『태종실록』 권9, 5년 3월 병신(그 중 이조속아문과 그 기능은 뒤 178쪽 주 461) 참조).

도에 따라 1413년까지 지속적으로 실시가 도모되었다.[454] 그러다가 1414년(태종 14)에

> 의정부의 庶務를 나누어 육조에 귀속시켰다. 처음에 河崙이 알현하기를 청하고 상계하여 "마땅히 議政府署事制를 혁파하고 六曹直啓制를 실시하소서" 라고 하였다. 조금 뒤에 태종이 예조판서 偰眉壽를 불러서 "지난번에 의정부서사제의 혁파를 논의한 일은 내 뜻에서 있게 된 것이었다. 그러나 지난 겨울에 司憲府와 司諫院이 의정부의 적은 잘못을 들어 청하였음므로 내가 그것을 허락하지 아니하였다. 이제 좌정승(하륜)이 나에게 '우리나라의 제도는 모두 중국의 제도를 모방한 것입니다. 의정부의 서무를 나누어서 육조에 맡겨 (중국) 六部의 예를 본받는 것이 옳을 것입니다' 라고 하였으니 경들은 이를 참고하여 정해서 보고하라" 고 하였다.
>
> 이에 예조가 啓目을 올려서 "(전략) 이제 明이 中書省을 혁거하고 육부로 하여금 서무를 나누어 맡게 하였으니, 이는 周의 成王이 남긴 좋은 제도입니다. 그러나 대신(冢宰)을 두지 아니하고 육부로 하여금 각각 관장사를 황제에게 바로 보고하고(直奏) 지시를 받아 시행하게 하였으며, 다시 논의해야 될 정사가 있으면 육부의 장관이 함께 의논하여 보고하게 하였습니다. 청컨데 육조로 하여금 각각 관장사를 왕에게 바로 보고하고(直啓) 지시 받아 시행하게 하며, 다시 논의해야 될 정사가 있으면 육조 장관이 함께 논의하여 보고하게 하소서. 나이가 많고 덕망이 높으며 경륜이 있어 정치에 본받을 만한 이를 의정에 임명하여 두었다가 나라에 중대사가 있으면 의논하여 보고하게 하소서.[455]

라고 한 傳敎로 육조직계제를 실시하였다. 이로서 당시까지의 의

454) 한충희, 앞(1980) 논문, 125 ~ 128쪽 참조.
455) 『태종실록』 권27, 14년 4월 경신.

정부가 육조를 지휘하면서 국정을 운영하던 '王(-承政院) - 議政府 - 六曹 - 六曹屬衙門'의 국정운영체제(議政府署事制)가 육조가 직접으로 국왕에게 보고하고 지시를 받으면서 국정을 운영하는 '왕(-승정원) - 육조 - 육조속아문'의 국정운영체제(육조직계제)로 전환되었다. 이 결과로 왕권과 중앙집권은 크게 강화되었고, 이후의 태종대를 통하여 육조는 속아문과 8도를 지휘하면서 국정운영을 주도하였고, 의정부는 국정주도권을 상실하고 국왕의 요청을 받아 대소국정의 운영에 참여하는 것으로 기능이 크게 약화되었다.[456]

2) 直啓衙門 · 六曹屬衙門 · 六曹屬司의 整備

조선은 개국과 함께 고려말의 관제를 계승하여 중앙정치기구를 그 소속 관원의 출신성분과 관련하여 東班 · 西班 · 其他(雜類)衙門으로 구분하고, 각 아문별로 기능과 관원을 규정하였다.[457] 또 모든 국정은 都評議使司가 六曹 · 百司를 지휘하면서 총관하였다.[458] 이 중 정종대까지 아문구성은 답습되었지만 국정운영은 1400년(정종 2) 4월에 도평의사사의 議政府로의 개편, 義興三軍府의 대두와[459] 함께 의정부와 의흥삼군부가 정치와 군사를 분장하고 이와 관련된 아문을 지휘하는 체계로 개편되어 운영되었다.

태종대에는 당시까지의 아문구성과 국정운영체계를 계승하여 아문은 그 지위 · 기능과 관련하여 直啓衙門과 육조의 지휘를 받

456) 『태종실록』 권27, 14년 4월 경신 (전략) 初上慮政府權重 思有以革之 鄭重未據 至是行之 政府所掌 唯事大文書及覆按重囚而已 今雖革議政府權重之弊 然權分六曹 (하략).

457) 『태조실록』 권1, 1년 7월 정미.

458) 한충희, 앞(1980) 논문, 116 ~ 118쪽.

459) 한충희, 1984, 「朝鮮初(태조 2년 ~ 태종 1년) 義興三軍府硏究」, 『啓明史學』 5, 21 ~ 26쪽.

아 소관사를 처리하는 六曹屬衙門으로 구분하고, 의정부 · 육조가 국정을 주관하는 즉 의정부 · 6조체제로 정비하였다.

直啓衙門은 개국 이래로 운영되었지만, 그 정사수행체계와 관련되어 정착된 것은 1405년(태종 5)에 태종의 육조 중심의 국정운영 도모에 따라 육조가 정책 · 서무분장 기관이 되고 육조속아문제가 실시되면서부터였다.460)

六曹屬衙門은 1405년에 육조의 모든 국정분장 · 2품아문으로의 승격 · 조정참여를 통한 국정 중심기관으로의 정착에 따라 그를 뒷받침하기 위해 성립되었다. 당시의 모든 중앙관아는 그 지위 · 기능에 따라 직접으로 국왕에게 보고하고 지시를 받으면서 소관사를 처리하는 아문(직계아문)과 육조의 지휘를 받아 그 소관사를 처리하는 아문(육조속아문)으로 구분되었다. 이에 따라 당시까지 존속된 100여 관아 중에서 議政府, 六曹, 司憲府, 司諫院, 承政院, 漢城府, 開城留守府, 三軍都摠制府 등 그 관아 장관의 職秩이 정3품 당상관 이상인 10여 관아를 제외한 90여 관아를 각 관아의 職掌과 六曹의 직장과를 관련시켜461) 아래와 같이 吏曹에는 承寧府 등 11 관아, 兵曹에는 中軍 등 13 관아, 戶曹에는 典農寺 등 18 관아, 刑曹에는 分都官 등 4 관아, 禮曹에는 藝文春秋館 등 35 관아,

---

460) 『태종실록』 권9, 5년 1월 임자 · 3월 정유.

461) 이조속아문의 경우에 다음과 같이 承寧府 등 모두는 이조의 기능과 관련된 직장으로 규정되었다.

承寧府	太上王(태조)之府,	內侍府	掌傳命管鑰等事,
恭安府	上王(정종)之府,	功臣都監	掌諸功臣之事,
宗簿寺	掌宗親譜牒 殿內給事等事,	內侍院	掌闕內雜事,
仁寧府	中宮(왕비)之府,	藥房	掌和御藥,
尙瑞司	掌符印除拜等事,	司饔房.	掌御膳闕內供饋等事.
司膳署	掌供膳羞,		

工曹에는 繕工監 등 11 관아를 각각 나누어서 소속시키면서 성립되었다.[462]

吏曹; 承寧府, 恭安府, 宗簿寺, 仁寧府, 尙瑞司, 司膳署, 內侍府, 功臣都監, 內侍院, 藥房, 司甕房.

兵曹; 中軍, 左軍, 右軍, 十司, 訓鍊觀, 義勇巡禁司, 忠順扈衛司, 別侍衛, 鷹揚衛, 引駕房, 各殿行首牽龍.

戶曹; 典農寺, 內資寺, 司贍寺, 軍資監, 豊儲倉, 廣興倉, 供正庫, 濟用庫, 京市署, 義盈庫, 長興庫, 養賢庫, 各道倉庫, 東部, 南部, 西部, 北部, 中部.

刑曹; 分都官, 典獄署, 律學, 各道刑獄.

禮曹; 藝文春秋館, 經筵, 書筵, 成均館, 通禮門, 奉常寺, 禮賓寺, 典醫監, 司譯院, 書雲觀, 校書館, 文書應奉司, 宗廟署, 司醞署, 濟生院, 惠民局, 雅樂署, 典樂署, 司饔所, 膳官署, 道流房, 東·西大悲院, 氷庫, 種藥色, 大淸觀, 昭格殿, 圖畵院, 架閣庫, 典廐署, 社稷壇, 慣習都監, 僧錄司, 各道學校, 醫學.

工曹; 繕工監, 司宰監, 供造署, 都染署, 沉藏庫, 別鞍色, 尙衣院, 上林院, 東西窯, 各道鹽場, 屯田.

六曹屬司는 1405년 3월에 明의 24 淸理司制를 본받아[463] 태조 개국 이래로 운영된 이조 考功司 1司를 다음과 같이 6조에 각각 3사씩을 두고 각 사에는 정랑·좌랑 각 1명씩이 소속되어 속사사를 관장 하였다. 속사의 기능은 이조의 문선·고훈·고공사는 각각 이조의 기능으로 규정된 '文選에 관한 정사(掌文官階品, 告身, 祿賜

462) 『태종실록』 권9, 5년 3월 병신. 이들 관아의 기능과 관원에 대해서는 한충희, 2002, 「중앙 관부의 구성과 기능」, 『세종문화사대계』 3 정치·경제·군사·외교·역사편, 세종대왕기념사업회, 103 ~ 111쪽 〈별표 1〉 참조.
463) 한충희, 앞(1982) 논문, 148 ~ 149쪽.

之事)'·'考勳에 관한 정사(掌宗親官吏勳封, 內外命婦考身 及封贈之事)'·'考功에 관한 정사(掌內外文武官功過, 善惡, 考課 及名謚, 碑碣之事)'를 분장하였음과 같이 그 조의 기능을 나누어 맡아 처리하는 속사제로 정립되었다.464)

이조; 文選司, 考勳司, 考功司, 형조; 考律司, 掌禁司, 都官司,
병조; 武選司, 乘輿司, 武備司, 예조; 稽制司, 典享司, 典客司,
호조; 版籍司, 會計司, 給田司, 공조; 營造司, 攻治司, 山澤司.

이 태종 5년에 성립된 직계아문·육조속아문과 육조속사는 이후의 태종대를 통하여 다음과 같이 변개되면서 의정부 등 17 직계아문과 공안부 등 100여 속아문으로 정착되었다(속사는 그대로 계승, ( )는 설치 및 존속연대).465)

① 신설된 三軍鎭撫所(9 ~ 9, 18 ~ 18)·義興府(9 ~ 12, 18 ~ 18)·敦寧府(14)와 병조속아문인 義勇巡禁司가 개칭되면서 성립된 義禁府(14)가 직계아문이 되었다.

② 육조속아문은 典農寺 등 4 아문이 典祀寺 등으로 개칭되었고, 世子翊衛司 등 6 아문이 설치되면서 속아문이 되었고, 호조속아문인 전농사가 전사시로 개칭되면서 예조로 이속되었고, 공조서가 공조에 병합되면서 혁거되었다.

태종대의 이 직계아문·육조속아문·육조속사가 이후 1494년(성종 15)까지 세종대에 보완되고, 세조대에 재정비되면서 의정부 등 21 직계아문, 忠翊府 등 80여 속아문, 문선사 등 19 속사로 정립되었다. 또 세종대 이후에 1 ~ 3품 당상관이 都提調·提調·副提調

464) 『태종실록』 권9, 5년 3월 병신.
465) 그 아문과 연혁은 한충희, 앞(2002) 논문, 40 ~ 46쪽 〈별표 1〉 참조.

가 되어 속아문사를 지휘하는 '提調制'가 정립되었고,[466] 세조말 ~ 성종초에는 의정부(의정) 이하를 지휘하면서 국정을 총관하는 '院相制'가 운영되었다.[467] 이 1494년까지 정비되고 운영된 직계아문·육조속아문·육조속사와 제조제가 마지막 『경국대전』의 반포와 함께 법제화되면서 직계아문·육조속아문·육조속사·제조제로 확립되었다.

3) 8道 - 郡縣體制의 정비

지방의 통치체계는 議政府(議政府署事期)나 六曹(六曹直啓期)를 중심한 국정운영, 8道制가 정비되고 都巡問使나 都觀察使가 국왕의 위임을 받아 지방수령을 지휘감독하고 도내의 모든 정사를 처리함에 따라[468] 크게 태종 즉위 ~ 13년에는 '王 - 議政府 - 道(관찰사)' - 州·府·郡·縣, 14 ~ 18년에는 '왕 - 6조 - 도(관찰사)' - 주·부·군·현의 행정체계로 운영되었다.[469] 지방의 모든 정사는 대개 위의 행정체계로 보고되고 지시되면서 수행되었다. 그러나 외

466) 세종 5년 2월에 태종말 이래로 계승된 제조 170여 명과 부제조 20여 명을 147명과 13명으로 줄였고, 익월에 당시까지 조정된 도제조 22명·제조 134명·부제조 20명을 실안제조(도제조 - 11, 제조 - 29, 부제조 17)와 그 외의 제조로 정비되었으며, 8년 5월에는 도제조·제조 130여 명과 부제조 20여 명으로 다시 감소되었다. 그후 세조대에 도제조 18명, 제조 59명, 부제조 9명으로 정립되었다가 경국대전에 법제화되었다(한충희, 앞 『조선초기의 정치제도와 정치』, 127 ~ 133쪽).

467) 원상제는 세조 13년에 세조가 병중에 명사가 오자 승정원에 착오가 있을 것을 염려하여 한명회 등 원로대신에게 승정원에 머무르면서 국정을 지휘하게 하면서 성립되었고, 예종을 거쳐 성종 7년 5월에 성종친정과 함께 폐지되었다(김갑주, 1973, 「원상제의 성립과 기능」, 『동국사학』 12, 34 ~ 59쪽).

468) 張炳仁, 1978, 「朝鮮初期의 觀察使」, 『韓國史論』 4, 132 ~ 138쪽, 158 ~ 184쪽. 도순문사와 관찰사의 연혁은 앞 157쪽) 참조.

469) 한충희, 1998, 『조선초기 육조와 통치체계』, 계명대학교출판부, 222쪽.

적의 침입 등 기밀을 유지하고 신속히 처리해야 할 국사는 兵馬·水軍都節制使 이하가 국왕에게 직접으로 보고하고 지시를 받아 처리하였다.[470]

이리하여 태종대의 국정운영체계는 의정부서사제·육조직계제, 육조속아문·제조제, 도제의 운영·정비와 함께 대개 다음의 행정체계도와 같이 즉위 ~ 13년에는 '왕 - 의정부 - 육조 - 속아문(제조 - 정 이하나 정 이하)(중앙), 왕 - 의정부 - 도 - 군현(지방)'의 체계로 영위되었고, 14 ~ 18년에는 '왕 - 육조 - 속아문(제조 - 정 이하나 정 이하)(중앙), 왕 - 육조 - 도 - 군현(지방)'의 체계로 영위되었다.

〈도 3〉 태종대 경·외 행정체계

즉위 ~ 4년; 왕(-승정원) ─ 의정부 ┬ 육조, 백사
　　　　　　　　　　　　　　　　　└ 도 ─ 군현
5 ~ 13년 ; 왕(-승정원) ─ 의정부 ┬ 육조 ─ 육조속아문
　　　　　　　　　　　　　　　　└ 도 ─ 군현
14 ~ 18년 ; 왕(-승정원) ┬ 육조 ┬ 육조속아문
　　　　　　　　　　　　└ 의정부 └ 도 ─ 군현

태종대에 정비된 국정운영체계는 이후 1494년(성종 15)까지 의정부서사제와 육조직계제가 교대로 실시되었고, 이에 추가하여 제조제가 정착되고 원상제가 실시됨에 따라[471] 태종대의 그것에 원상과 제조가 덧붙여지는 국정체계로 운영되다가[472] 『경국대전』의

470) 위 책, 225쪽.

471) 태종 14년에 실시된 육조직계제는 세종 18년에 의정부서사제로 전환되었고, 다시 세조 1년에 육조직계제로 전환 된 후 후대로 계승되었다. 원상제가 운영된 시기에는 원상이 왕과 의정부·육조의 중간에서 모든 경외의 정사를 총관하였다. 이에 따른 경·외 행정체계는 다음과 같다.
세종 1 ~ 17년 ; 태종 14 ~ 18년과 동.
세종 18년~단종 ; 태종 5 ~ 13년과 동
세조 1 ~ 12년 ; 태종 14년 ~ 세종 17년과 동

편찬과 함께 왕 - 육조가 중심이 된 행정체계로 법제화되었다.[473)]

이상에서 조선의 국정운영체계는 태종대에 왕을 정점으로 의정부나 육조를 중심한 중앙과 지방의 국정운영체계가 정립되었고, 이후 이것이 토대가 되어 제조, 원상 등이 가미되면서 운영되었다가 『경국대전』에 왕을 정점으로 한 육조를 중심한 중앙과 지방의 국정운영체계로 법제화되었다. 즉 조선의 국정운영체계는 태종대에 정립되었고, 이것이 토대가 되어 『경국대전』에 법제화되면서 확립되었다고 하겠다.

세조 13년 ~ ; 왕(-승정원) ─┬─ 원상 ── 육조 ─┬─ 육조속아문
성종 6년 └─ 의정부 └─ 도 ── 군현

성종 7년 ~ ; 태종 14 ~ 세종 17년과 동.

472) 제조제의 정비과정과 기능 및 원상제의 운영은 앞 181쪽 주 466) · 467) 참조.

473) 『경국대전』 권1, 이전 경관직 육조조. 행정체계는 다음과 같다.

왕(-승정원) ─┬─ 육조 · 제조 ── 육조속아문(제조설치아문)
│ └─ 의정부
├─ 육조 ── 도 ─ 군현
│ └─ 의정부
└─ 육조 ── 육조속아문(제조가 설치 되지 않은 아문)
└─ 의정부

第 3 章

軍事制度의 整備와 國防의 强化

1. 軍事制度의 整備

1) 軍事機構

태종은 1398년(태조 7)에 쿠데타를 일으켜 世子 芳碩과 실권자인 鄭道傳 등을 살해하고 집권하였다가 즉위하였던 만큼 병권의 장악에 심혈을 기울였다.[474] 이미 세자시에 사병을 혁파하고 경외의 모든 군사를 義興三軍府로 집중하는 군제개혁을 단행한 바 있었고, 즉위한 뒤에는 지속적인 군제개편을 추진하여 10司의 중앙군을 '侍衛軍体制'로 개편하였고, 지방군을 '營鎭軍體制'로 정비하였으며, 內禁衛 등 시위군을 신설·증치하는 등 경외군사를 강력히 지배하면서 왕권의 기반으로 삼았다.

(1) 中央軍(10~12司)

조선은 개창과 함께 고려말의 鷹揚·金吾·左右·神虎·興威·備巡·千牛·監門衛의 8衛에 義興親軍左·右衛를 신치한 10위의 중앙군을 두었다.[475] 이 10위는 1395년에 전년에 鄭道傳이 올린

474) 『태종실록』 권18, 9년 8월 정묘 改三軍鎭撫所爲義興府 (중략) 上謂左代言金汝知曰 自古兵權沿革 未有如寡人之用心者.

병제개혁안에 따라 그 명칭이 侍衛司와 巡衛司로 개칭되고 시위는 4 시위사, 순위는 6 순위사가 각각 담당하는 것으로 조정되었다. 즉 의흥친군좌·의흥친군우·응양·금오위는 의흥·충좌·웅무·신무시위사로 개칭되면서 시위를 담당하였고, 좌우·신호·흥위·비순·천우·감문위는 용양·용기·용무·호분·호익·호용순위사로 개칭되면서 순위를 담당하였다.[476]

태종은 1409년(태종 9)에 1395년이래 당시까지 운영되던 義興·忠佐·雄武·神武侍衛司(속 중군)와 龍驤·龍騎·龍武巡衛司(속 좌군) 및 虎賁·虎翼·虎勇巡衛司(속 우군)의 4 시위사·6 순위사를 의흥·충좌·웅무시위사는 그대로 계승하나 신무시위사는 忠武巡禁司, 용양·용기·용무·호분·호익·호용의 6 순위사는 모두 시위사, 즉 9 侍衛司·1 巡禁司의 시위사체제로 개편하였다.[477]

다시 1418년에는 세종에게 양위한 뒤의 자신과 세종의 시위를 강화하기 위하여 義興侍衛司·忠武巡禁司 등 9 시위사·1 순금사를 義興司·忠武司 등으로 개칭하고 좌군에 龍賁司, 우군에 虎牙司를 신치하여 중·좌·우군에 각각 4 사씩을 둔 12사로 확충·개편하였다.[478]

또 태종은 10 ~ 12 사의 편제에 있어서도 1402년 이전에 당시까지 운영된 上將軍(정3)·大將軍(종3)·3軍將軍(정4)·將軍(종4)과 司直(정5)·中郎將(5품)·郎將(6품)·別將(7품)·散員(8품)·隊長(정

475) 『태조실록』 권1, 1년 7월 정미.
476) 『태조실록』 권7, 4년 2월 정축.
477) 『태종실록』 권18, 9년 10월 무진.
478) 『태종실록』 권36, 18년 8월 정해. 각군에 소속된 4사는 다음과 같다.
중군; 義興司, 忠佐司, 雄武司, 神武司
좌군; 龍驤司, 龍騎司, 龍武司, 龍賁司
우군; 虎賁司, 虎翼司, 虎勇司, 虎牙司

9)·隊副(종9)를 上護軍·大護軍·護軍·司直·副司直·司正·副司正으로 개칭하였다(대장·대부는 답습).[479] 1410년(태종 10)에는 녹봉의 절약을 위해 당시까지 正·從品의 구분없이 운영되던 5품 이하 관직의 구분을 도모하였다(실시되지는 못함).[480]

이 12사는 이후 세조대까지 여러 차례에 걸쳐 증감·개칭되면서 5衛로 정비되었다가[481] 『경국대전』에 법제화되었다. 또 12사 등에 편제된 각급 지휘관도 세종대와 세조대에 관제의 정비와 관련되어 부분적으로 조정되면서 將(종2품, 타관겸)과 上護軍(정3) ~ 副司勇(종9)으로 정립되었다가[482] 『경국대전』에 법제화되었다.

그 외에도 태종은 1402년에 조선 개국 이래로 사법·경찰을 담당해 오던 巡軍萬戶府를 巡衛府로 개칭하였고,[483] 1403년에 순위부를 義勇巡禁司로 개편하여 도적을 방지하면서 반역죄인 등을

---

479) 한충희, 2006, 『조선초기의 정치제도와 정치』, 계명대학교출판부, 137쪽 주 115).

480) 『태종실록』 권19, 10년 5월 기묘.

481) 세종 5년에 10사, 27년에 12사, 문종 1년에 5사로 증감되었고, 세조 3년에 5위(義興·龍驤·虎賁·忠佐·忠武衛)로 개칭되면서 정립되었다(천관우, 1962, 「조선초기 오위의 형성」, 『역사학보』 17·18합, 64 ~ 65쪽 〈표 c〉(『세종실록』 권22, 5년 12월 갑인·권109, 27년 7월 경인, 『문종실록』 권8, 1년 7월 무술, 『세조실록』 권7, 3년 3월 기사).

482) 세종 5년 이전에 攝護君 ~ 攝隊副 등 임시 관직이 설치되었고, 세종 29년에 6 ~ 8품에 종품을 두고 정9품에 司勇을 설치하면서 섭대부는 攝司勇으로 개칭되었으며, 세조 12년에 섭직이 정식 관직이 되고 부호군 이하의 종품직이 개칭되면서 다음과 같이 정3품 상호군 ~ 종9품 부사용으로 정립되었다(『세종실록』 권22, 5년 12월 갑인·권118, 29년 10월 신사, 『세조실록』 권38, 12년 1월 무오).

정3품; 上護軍	정5품; 司直	정7품; 司正	정9품; 司勇
종3품; 大護軍	종5품; 副司直	종7품; 副司正	종9품; 副司勇
정4품; 護軍	정6품; 司果	정8품; 司猛	
종4품; 副護軍	종6품; 副司果	종8품; 副司猛	

483) 『태종실록』 권3, 2년 6월 을묘.

사찰, 심문, 처벌하게 하였다.484)

(2) 地方軍

태종은 조선개국과 함께 고려말의 陸守軍·翼軍·騎船軍을 계승하여 운영해 오던 지방군사제를 부분적으로 정비하면서 지방군에 대한 영향력과 국방력을 강화하였다.

조선은 개국과 함께 고려말의 지방군제를 계승하여 남방 7 도(경기좌·경기우·양광·경상·전라·서해·교주강릉도)에는 육수군과 기선군, 북방 2 면(동·서북면)에는 군사요지에 익군, 해안요지에 鎭·浦을 두고 국방과 치안에 종사하게 하였다.485) 이 지방군제는 이후 1400년(정종 2) 사병혁파 때까지 그대로 계승되었다. 7 도와 양계의 군사는 종친이나 훈신으로 제수된 都節制使에 의해 지휘되었는데, 이 때 도절제사는 현지가 아닌 서울에 머무르면서 막료인 兵馬(團練)使·知兵馬(團練)使·兵馬(團練)副使 등을 통하여 지휘하였다.486)

태종은 집권기인 1400년에 사병혁파를 단행하여 각도의 留京 節制使를 모두 혁파하고 경외의 군마를 모두 義興三軍府에 소속시키면서 의흥삼군부에 병권을 집중하였다. 이어 1404년에 군역 등 담당자에게 경제에 따라 奉足戶를 지급하여 군역종사의 토대를 강화하였고,487) 1409년에 각도 留京 侍衛牌를 감축하고 1410년에

---

484) 『태종실록』 권5, 3년 6월 을해.
485) 민현구, 앞 책, 181 ~ 183쪽.
486) 『정종실록』 권4, 2년 4월 신축.
487) 『태종실록』 권7, 4년 5월 임술. 그 중 군사에게 지급된 봉족호는 다음과 같다.
갑사 ; 3결이하 - 봉족 2호, 4~5결 - 1호, 6결 이상 - 불급
시위군·완산자제패; 2결이하 -2호, 3~4결 1호, 5결 이상 - 불급
기선군 ; 3결 이하 - 2호, 4~5결 1호, 7~14결 - 자립 1領, 15결 이상 - 2령

각도 영진군·수성군을 증액하였고,[488] 1410년(태종 10)경부터는 군역에서 제외된 鄕吏·公私奴·校生 등으로 雜色軍을 조직하여 유사시에 내륙을 수호하게 하였다.[489] 1409년에는 행정구역에 토대한 兵馬道를 군사구역인 11 道로 개편하고 都節制使를 제수하여 留京하면서 병마도절제사 이하를 지휘하게 하였다(곧 환원되었다[490]).[491] 1415년경까지 남방 6 도에 해안을 중심한 營軍·鎭軍·守城軍을 정비하였고,[492] 각품 천첩소생 贖身者와 자기 비첩소생으로 편제된 補充軍을 설치하였다.[493] 각도의 육수군은 중앙에서 파견된 도절제사가 요속인 경력·도사의 보좌를 받고 절제사 이하를 지휘하면서 군권을 관장하였는데, 도절제사에는 그 기능과 관련되어 다수가 신임하는 측근으로 제수되었다.[494]

진속군·취련군 ; 2결 이하 - 1호, 3결 이상 불급
수성군 ; 3~4결 - 불급, 5결 이상 - 불급

488) 『태종실록』 권18, 9년 9월 경인, 권19, 10년 2월 신축.

489) 민현구, 앞 책, 181쪽, 『세종실록』 권93, 23년 4월 신미. 당시의 내륙방어는 왜구의 침입과 관련되어 각도 영진·수성군의 대부분이 연해안 지대에 설치한 진에 배치되었기 때문에 내륙지방에는 군대가 없어 유사시에 대비할 수가 없었다. 잡색군은 이러한 상황에서 내륙을 방어하기 위한 군대로 설치되었다.

490) 폐지시기는 불명하나 계림안동도 도절제사 金承霔가 10년 1월에 서북면병마도절제사, 경기우도도절제사 鄭鎭이 10년 2월에 형조판서에 각각 제수되나 후임자에 대한 인사가 없었음에서 늦어도 10년 1월 이전에 폐지된 것으로 추측된다(『태종실록』 권19, 10년 1월 계미·2월 경술).

491) 『태종실록』 권20, 9년 10월 갑자. 11도는 진주상주도·계림안동도·전라도·충청도·경기좌도·경기우도·풍해도·강원도·동북면·평양도·안주도이고, 도절제사는 정1 ~정2품, 요좌인 절제사와 첨절제사 2인은 가선대부(종2) 이상과 통정대부(정3품 상) 이하로 제수하였다.

492) 『태종실록』 권18, 9년 9월 경인(풍해도군 증액), 권26, 13년 9월 정축(충청도 선군 1,377명 증액), 외.

493) 『태종실록』 권29, 15년 3월 병오.

494) 태종 9년 10월에 제수된 진주상주도 등 11도 도절제사에 제수된 11명의 경우에 4명이 부마이고(青原君 沈淙·淸平君 李伯剛·平壤君 趙大臨·吉川君

水軍(騎船軍)은 개국과 함께 고려말의 군제를 계승하여 해안 요충지에 설치된 僉節制使·都萬戶·萬戶 등을 중심으로 운영되었다. 이것이 정종대까지 큰 변동없이 계승되었다.495) 태종대에 이르러 경기·경상·전라 등 도에 水軍都節制使가 설치되어 관할지역에 있는 僉節制使 이하를 지휘하면서 관내 津·浦의 기선군을 총관하였다.496) 또 1412년에는 수군을 강화하기 위하여 시위패의 일부를 수군으로 충당하였고,497) 1416년에는 수군의 사기를 진작하기 위하여 '船軍敍用法'을 제정하여 매 3년마다 대선은 5인, 소선은 3인을 서용하였다.498)

한편 태종대에는 고려말 이래로 발호한 왜구의 침입이 계속되면서 피해가 많았다. 이와 관련하여 왜선의 도박처를 정하고 미곡의 교환을 허용하기도 하고,499) 중앙에서 都體察使나 按察使 등을 파견하여 현지의 兵馬·水軍都節制使 이하를 지휘하면서나,500) 현지의 병마·수군도절제사 이하 지휘관을 위무·신칙하면서 토벌하였다.501) 그러나 이 때의 토벌은 왜구의 규모·왜선의 속도 등

權跬), 1명이 외척이고(安原君 韓長壽), 2명이 공신·측근(礪山君 金承霔·安城君 李叔蕃)이며, 그 외는 신임하는 무장(도총제 金南秀·도총제사 鄭鎭·전절제사 金繼志·전도절제사 沈仁鳳)이다.

495) 태조 4년에 경상도에 견내량 수군만호가 신치되었다(『세종실록』 지리지).

496) 도절제사 이하 수군직의 설치와 운영은 뒤 203 ~ 204쪽 참조.

497) 『태종실록』 권23, 12년 4월 을축.

498) 『태종실록』 권31, 16년 6월 을해.

499) 『태종실록』 권14, 7년 7월 무인.

500) 예컨대 태종 8년 3월에 왜선 23척이 충청도수영을 침입하여 첨절제사 玄仁貴 등을 살해하자 좌군도총제 朴子安를 경기충청전라도 수군도체찰사로 삼아 조전절제사인 豊川君 沈龜齡·우군동지총제 柳濕·좌군동지총제 金萬壽를 거느리고 경기·충청·전라도 수군도절제사를 지휘하면서 토벌하게 하였다(『태종실록』 권15, 8년 3월 정사, 외).

501) 『태종실록』 권11, 6년 4월 신미, 외.

과 관련되어 큰 성과를 거두지 못하였다.[502] 이에서 귀화왜인에게 관직을 제수하고 米布를 하사하는 등 왜인의 귀화를 장려하고, 귀화한 왜인을 등용하여 이들과 함께 왜구를 토벌하거나 軍船을 건조하였다.[503] 그러다가 세종에게 선위한 직후에 왜구를 발본색원하기 위하여 대마도를 정벌하였다.[504]

태종대에 정비된 육수군(영군, 진군, 수성군, 잡색군)·수군(기선군)의 지방군은 이후 세종·세조대에 정비, 특히 세조대에 '鎭管体制'의 실시와 함께 북방의 正軍과 남방의 侍衛牌 등을 正兵으로 합칭하고 다시 營鎭軍을 정병에 합속시키는 등으로 정비·보완되면서 정립되었다가[505] 마지막 반포된 『경국대전』에 법제화되었다.

(3) 侍衛軍

시위군은 국왕이 궁에 머무르거나 도성내외로 行幸할 때 측근에서 호위하는 군사이다. 시위군에는 태조대에는 중앙군인 10사(태조 4년 이전은 10위) 중의 義興·忠佐·雄武侍衛司와 왕 측근에 포치된 近侍·忠勇衛·司楯·司衣·內廂軍 등이 담당하였다. 정종대에는 앞의 3 시위사와 측근의 甲士가 담당하였다. 이 중 중심이 된 시위군은 近侍·忠勇衛·司楯·司衣·內廂軍 등이었고, 이들은 각각 절제사에 의해 지휘되었다.

---

502) 『태종실록』 권5, 3년 6월 정사, 권25, 13년 1월 갑오, 외.

503) 『태종실록』 권11, 6년 4월 갑인(항왜만호 林溫), 25, 13년 1월 갑오(항왜호군 平道全), 외. 평도전은 1417년 7월 귀화시에 員外司宰少監에 제수되었고, 익년 8월 이전에 호군, 13년 12월 이전에 대호군에 각각 승진하였다(『태종실록』 권14, 7년 7월 병인, 권16, 8년11월 경신, 권26, 12년 12월 신유).

504) 대마도정벌에 대해서는 뒤 289쪽 주 958) 참조.

505) 차문섭, 1994, 「진관체제의 확립과 지방군제」, 『한국사』 23, 235 ~ 236쪽(『세조실록』 권11, 4년 2월 을묘, 권18, 5년 11월 기묘, 권34, 10년 9월 경오).

태종은 태조의 병을 기화로 군사를 일으켜 궁궐을 지키던 內廂節制使 南贇 · 親軍衛都鎭撫 朴威 등의 내응을 받았기에[506] 정변에 성공하고 집권하였던 만큼 시위군을 정비 · 증설하고 정예화시켜 왕권의 군사기반으로 삼았다. 먼저 1400년(정종 2, 태종 즉위) 12월에 수하병을 甲士로 편입하고 衣冠子弟 중에서 무재가 있는 자를 뽑아 別侍衛로 편성하였으며,[507] 1404년에는 鷹揚衛를 설치하였다.[508] 이어 1407년에 內上直을 內禁衛로 개편하면서 자신이 가장 신임할 수 있는 인물을 特旨로써 기능을 헤아려 서용하였고,[509] 다시 1409년에 內侍衛를 설치하였고 內司僕寺를 兼司僕으로 개편하는[510] 등 시위군을 다변화하면서 강화하였다. 1408년까지 갑사 1,500명을 증설하여 3,000명으로 확대하는 등 시위군의 군액을 크게 확장하였고,[511] 그 선발기준을 강화하여 정예화하였다.[512]

갑사 · 내금위 등 시위군은 잠저시 수하, 무재자, 신임하는 무재자가 선발되고[513] 그 관계에 따라 上護軍(정3) 이하에 제수되었으며, 왕이 친신하는 인물로 제수된 節制使(종2품겸) 등에 의하여 통솔되었다.[514] 무재가 있는 내금위 등은 추천을 받아 외방 만호나 수령에 진출하였다.[515]

---

506) 『태조실록』 권14, 7년 8월 기사.
507) 『정종실록』 권4, 2년(태종즉위) 12월 기유.
508) 閔賢九, 1983, 『朝鮮初期의 軍事制度와 政治』, 韓國硏究院, 128 ~ 129쪽.
509) 『태종실록』 권14, 7년 10월 경자.
510) 『태종실록』 권17, 9년 6월 경술, 南都泳, 1969, 「조선초기의 겸사복에 대하여」, 『김재원박사회갑기념논총』, 156 ~ 168쪽.
511) 『태종실록』 권16, 8년 10월 신축.
512) 『태종실록』 권17, 9년 2월 기축.
513) 『정종실록』 권4, 2년(태종즉위) 12월 기유, 외.
514) 『태종실록』 권21, 11년 1월 계유, 권24, 12년 7월 무신, 권26, 13년 7월 임인.
515) 『태종실록』 권9, 5년 3월 을사, 외.

이에 따라 태종대의 시위군은 그 수가 많았음은 물론 당시의 최정예군이 망라되면서 태종의 왕권강화·행사의 군사적 토대가 되었다.

2) 軍令機構

태종은 쿠데타로 집권하기도 하였지만 집권한 정종대는 물론 재위기와 상왕기를 통하여 군령권의 장악과 행사에 심혈을 기울였다. 정종대에는 제도 留京 節制使와 사병을 혁파하여 경외의 모든 군사를 의흥삼군부로 집중하였고, 즉위하여서는 내금위 등 시위군을 증치하는가 하면 3군도총제부 등 군령기관을 분립하고 그 지휘관에 신임하는 측근을 제수하면서 군권을 강력히 통제하고 행사하였다.

(1) 3軍都摠制府

태종은 1403년(태종 3)에 중앙군인 10司를 지휘할 군령(지휘)기구로 3군도총제부를 설치하고 이를 중심으로 중앙군을 강력히 지휘하면서 왕권의 한 토대로 삼았다.

태종은 1403년 6월에 군령기구인 承樞府에 예속된 中·左·右軍을 독자적인 中·左·右軍都摠制府 즉, 三軍都摠制府를 설치하고 각군 도총제부에 都摠制(1인)·摠制(2인)·同知摠制(2인)·僉摠制(2인)를 두며,[516] 각군 도총제는 承樞府에 합좌하면서 명을 받아(移命) 각군별로 분속되어 있는 10사의 각각에 傳命하게 하였다. 이

516) 『태종실록』 권5, 3년 6월 을해 (前略) 三軍各設都摠制府置都摠制一 摠制二 同知摠制二 僉摠制二 前此稱承樞府某軍摠制 今各立府不係於承樞府 軍務則依舊統焉.

조치는 최고 군령기관인 승추부의 군령기능을 약화시키고 병권을 중·좌·우군도총제부에 분산시켜 병권의 통합을 방지하기 위한 것에서 비롯되었다. 이로써 삼군도총제부는 의흥부와 양립하면서 명실상부하게 중앙군인 10사를 통할하는 군령기관으로 정착되게 되었고, 도총제 이하는 10사를 지휘하는 掌兵權을 보유하게 되었다.

1405년에는 승추부를 혁파하여 병조에 귀속시키고 병조를 최고 군령기구로 삼음으로서 3군도총제부는 병조의 지휘를 받아 군령권을 행사하는, 즉 '병조 - 삼군도총제부 - 10사'의 지휘체계로 개편되었다. 이와 함께 각군 도총제부에 실무를 총괄할 經歷과 都事가 설치되었다.[517)]

이 3군도총제부가 세종 14년 무임소 당상관을 우대하기 위한 中樞府로 개편될 때까지 지속되었다. 그러나 군령권 행사와 직제는 상급 군령기구의 설치로 인해 군령권행사가 약화되는가 하면 判都摠制府事 등이 증감되면서 운영되었다. 병조·3군도총제부와는 별도의 군령기구인 領三軍事處(8년) → 3軍鎭撫所(9)→義興府((9)→3군진무소(15)→義建府鎭撫所(18)·3군진무소(18)→3軍府(세종즉위~14)가 설치되어 상급 군령기구로 기능하였기에[518)] 군령권의 행사가 크게 약화되었다. 또 태종 2년 12월 ~ 7년 12월과 8년 11월 ~ 9년 11월에는 녹직의 제총제와 함께 정1품 의정부 우정승 이하 약간명이 겸대한 兼摠制가 운영되었다. 겸총제제는 태종 2년 12월에 전월에 일어난 趙思義亂을 계기로 병권에 대한 통제력을 강화할려는 태종이 공신이고 정치·군사의 실권자인 우정승 李茂 등 9인

---

517) 『태종실록』 권9, 5년 1월 임자 改官制 革承樞府歸之兵曹 三軍都摠制府各置經歷都事.

518) 한충희, 2000, 「조선 태종대(정종 2년 ~ 세종 4년) 총제연구」, 『이수건교수정년기념 한국중세사논총』, 168 ~ 173쪽.

을 중, 좌, 우군의 兼都摠制에 임명하여 각군을 관장하게 하면서 비롯되었다.[519] 이 겸총제제는 1407년(태종 7)까지 계속되다가 겸총제의 군사세력 부식을 방지하고[520] 10사에 대한 통제를 강화할려는 태종이 淸平君 李伯剛·安城君 李叔蕃 등 10인을 각사 兼上護軍에 임명하여 각사의 군사를 지휘하게 함에 따라 폐지되었다.[521] 그후 1408년 11월에 다시 掌軍摠制 13인(중군 5, 좌 4, 우 4)을 중심으로 각군을 통제할려는 태종에 의하여 10사 겸상호군을 폐지하고 안성군 이숙번 등 8인을 중·좌·우군의 겸도총제에 金南秀 등 3인을 중(4인), 좌(3), 우군(3)의 겸도총제 이하에 제수하면서 복립되었다.[522] 그러다가 1409년에 최고 군령기관으로 義興府를 설치하고 그 당상관인 兼判事 등으로 하여금 3군을 통제하게 할려는 태종에 의하여 이숙번 등이 겸대한 총제직를 해임하면서 완전히 폐지되었다.[523]

3군도총제부의 직제는 1412년에 각 도총제부에 도총제·총제·동지총제·첨총제 각 1원씩이 증치되고[524] 1414년 4월에 각 도총제부에 종1품 判都摠制府事 1인이 신치되었다.[525] 이 양차에 걸친

---

519) 『태종실록』 권4, 2년 12월 병자. 이무 등의 당시관직과 공신책록 등은 뒤 〈별표 3〉 참조.

520) 『태종실록』 권12, 6년 8월 임인.

521) 『태종실록』 권14, 7년 12월 갑신. 이들의 본직과 겸직 등은 다음과 같다. 이 중 조질을 제외한 모두는 태종즉위에 유공한 공신이고, 그 위에 이백강과 권규는 부마였다.
淸平君 李伯剛 義興司, 平壤君 趙大臨 龍驤司, 沔川君 韓珪 虎翼司,
安城君 李叔蕃 忠佐司, 漢平君 趙涓 龍騎司, 中軍摠制 趙秩 虎勇司.
谷山君 延嗣宗 雄武司, 會寧君 馬天牧 龍武司,
長川君 李從茂 神武司, 吉川君 權跬 虎賁司,

522) 『태종실록』 권16, 8년 11월 갑인. 이들의 면면과 본직 등은 뒤 〈별표 3〉 참조.

523) 『태종실록』 권18, 9년 10월 무진.

524) 『태종실록』 권23, 12년 5월 병술 加置都摠制摠制同知摠制僉摠制 各一.

변개의 이유를 명확히 알 수 는 없지만, 당시에는 병조의 기능이 크게 강화되고 병조의 군정·군령권 전장을 시정하기 위한 군령권의 분산이 도모되었음에서[526] 그 기능의 행사를 보장하기 위한 직제 강화가 요청되었기 때문이 아닌가고 추측된다. 1414년 8월에는 경외 冗官의 정리에 수반되어 각 군의 동지총제 1원씩이 혁거되었다.[527] 그러나 태종 15 ~ 16년에는 혁거된 관직 보다 더 많은 총제가 증원되면서 총제의 용관화를 촉진하였다. 즉 1415년에는 각 군에 총제·첨총제 각 1인과 동지총제 2인이 증원되었고,[528] 1416년에는 각 군에 도총제·총제 각 1인이 증원되었다.[529] 이 때에 이와같이 총제가 크게 증원된 것은, 종친이 봉군을 금지당하면서 조관과 같이 문·무관직에 제수되었고,[530] 육조 참판·참의 각 1직이 증치되면서 좌·우로 분화된[531] 것에서 기인 되었다. 그리하여 국초에 비해 당상관이 크게 증가되었는데, 이것은[532] 이 증가

---

525) 『태종실록』 권27, 14년 4월 경신 分政府署事歸之六曹 改議政府官制 三軍加置判(都摠制)府事各一 秩從一品 李之崇李貴齡韓珪爲之(置三軍鎭撫所).

526) 병조는 태종 5 ~ 9년에는 군정·군령권을 兼掌하다가 9 ~ 12년 8월에는 군령권을 의흥부로 이관하였고, 12년 7월 ~ 15년 4월에는 다시 겸장하였으며, 15년 4월 이후에는 군정기관으로 정착되었다(한충희, 앞 논문, 171쪽).

527) 『태종실록』 권28, 14년 8월 신유.

528) 『태종실록』 권29, 15년 3월 계해.

529) 『태종실록』 권31, 16년 6월 임오.

530) 『태종신록』 권23, 12년 4월 병술·권24, 12년 10월 무인.

531) 『태종실록』 권27, 14년 3월 갑술·을해.

532) 金松熙, 1998, 『朝鮮初期 堂上官 兼職制 硏究』, 한양대학교 출판부, 72 ~ 73쪽에서 "건국 직후 태종대까지는 당상관의 수가 30 ~ 50명 선이었기 때문에 큰 문제가 없었다. (중략) 세종 5년에는 당상관의 수가 70명에 이르게 되었다. (중략) 당상관의 수가 70명에 이르니 용관을 태거하자는 주장이 (세종 5년) 5월에 나온 것을 감안하면 (하략)" 이라면서 당상관이 국초에 비해 크게 증가되고 문제가 된 시기를 세종 5년 전후로 파악하였다. 그러나 태종 14년에 이미 용관의 혁거가 제시되면서 실현되고, 태종말에는 이미 당상관의 수가 50명을 훨씬 상회하였음이 확인되고 있다. 이에서 당상관의 용관화는 늦

된 당상관의 수용과 관련된 것으로 생각된다. 1416년의 인원이 그 후 1419년(세종 1)에 중군 첨총제 1원이 감소되기도 하나[533] 1434년까지 계속되다가 中樞院의 판사 이하로 계승되면서 폐지되었다.

이상에서 태종대의 三軍都摠制府에는 判都摠制府事(정 · 종1품) · 都摠制(정2) · 摠制(종2) · 同知摠制(종2) · 簽知摠制(정3 당상)와 經歷(정5) · 都事(정6)가 있어 10司의 上護軍 이하를 統領하였다.[534] 이에서 軍令權을 관장한 三軍都摠制府와 判都摠制府事 이하 諸摠制는 왕권을 안정 · 강화하면서 원만한 국정운영이 수행되게 된 중요한 토대가 되었을 것이라고 생각된다.

(2) 承樞府, 兵曹, 三軍鎭撫所, 義興府, 義建府鎭撫所, 三軍府

태종은 군령기구인 3군도총제의 상위에 승추부 등을 설치하거나 병조에 군령기능을 부여하여 승추부 · 병조 등과 3군도총제부의 중첩적인 군령기구를 운영하면서 군권에 대한 지배를 강화하였다.

承樞府는 1401년(태종 1)에 당시까지 3軍 10司를 지휘하던 義興三軍府가 개편되면서 성립된 군령기구였고, 判事 · 摠制 등이 편속되었다.[535] 1402년 6월에는 중 · 좌 · 우군에 각각 도총제 1인(정2품), 총제 · 동지총제 2인(종2품)을 두고, 10司를 3군에 分屬시켰다.[536] 이 것은 비록 승추부가 최고의 군령기관이기는 하나 기구

어도 태종 14년경부터 촉진된 것으로 생각된다.

533) 『세종실록』 권6, 1년 12월 병자.

534) 『태종실록』 권3, 2년 6월 임술.

535) 『태종실록』 권2, 1년 7월 경자. 당일 장관인 판사에 趙英茂가 제수되었다. 그 외의 관직은 불명하지만 전후의 총제 등 언급기사로 보아 이 때 3군부 때의 총제 등이 계승된 것으로 추측된다.

536) 『태종실록』 권3, 2년 6월 임술 置三軍都摠制以下官 每一軍置都摠 制一 摠制二 同知摠制二 以十司分屬之 (下略). 이 때 도총제와 총제 · 동지총제의 직질

의 불비로 인해 직접으로 10사를 지휘하지 못함을[537] 보완하기 위한 조처에서 있게 되었다고 생각된다. 1405년에 6조제 정립과 관련된 병조의 위상강화에 수반되어 그 기능이 병조로 이관되면서 폐지되었다.[538]

兵曹는 1405년에 6조제의 정립과 함께 정2품아문으로 격상되면서 의흥부가 관장하던 甲兵 관장의 기능을 이관받았고, 이로서 최고의 군정·군령기관이 되었다. 이후 1415년 4월까지 태종의 강력한 병권장악·행사와 관련된 군령권의 분산도모에 따라 領三軍事處 등과 함께 3군도총제부의 상위 군령기구로 기능하였다. 태종 5년 1월 ~ 8년 2월에는 단독으로,[539] 8년 2월에는 영삼군사처와 함께,[540] 9년 8월에는 三軍鎭撫所와 함께[541] 3군도총제부의 상위 군령기구가 되었다. 9년 8월에는 義興府로 군령권을 이관하였고,[542] 12년 7월에는 다시 의흥부와 함께 상위 군령기구가 되었다.[543] 15년 4월에는 병조의 병권전장을 시정하기 위해 군령기구로 삼군진무소를 다시 설치하고 여기에 병조의 군령권을 이관시킴에[544] 따라 군령권을 상실하고 군정 전장기관으로 한정되었으며, 이후 병조는 군정기관으로 규정되면서 계승되었다.

은 언급되지 않았지만 그 직에 임명된 인물의 官階를 볼 때 정2품과 종2품이었을 것이라고 생각된다.

537) 민현구, 앞 책, 272 ~ 273쪽.

538) 『태종실록』 권9, 5년 1월 임자 개관제 (중략) 承樞府掌甲兵 (중략) 至是革司平府 歸之戶曹 承樞府歸之兵曹 (하략).

539) 『태종실록』 권15, 8년 2월 갑진.

540) 『태종실록』 권15, 8년 2월 갑진·경해.

541) 『태종실록』 권18, 9년 8월 경술·정묘.

542) 『태종실록』 권18, 9년 8월 정묘.

543) 『태종실록』 권24, 12년 7월 무신.

544) 『태종실록』 권29, 15년 4월 병술.

領三軍事處는 태종이 1408년(태종 8)에 병조의 군령독단을 막고 군사운용의 효율을 도모하기 위하여 설치되었고,[545] 1409년에 3군도진무로 계승되면서 폐지되었다.

三軍鎭撫所는 태종이 1409년에 선위후에 군정을 친단하고, 또 병조의 군령독단을 막고 병조 당상관이 유신(문신)임에서 제기되는 군사지휘의 한계를 보완하기 위하여 설치되었다가 곧 승추부로 개칭함에 따라 폐지되었다.[546] 그 후 1415년 이전에 태종이 병조의 병권전장을 시정하기 위하여 다시 설치되었고, 1418년에 선위한 태종이 군권을 천단하기 위해 義建府鎭撫所로 개칭되면서 폐지되었다.[547] 곧이어 義勇衛鎭撫所가 삼군진무소로 개칭되면서 등장하기는 하나 이 3군진무소는 이전과 달리 군령기구가 아니고 세종의 군사상 儀衛를 담당한 기구였고,[548] 그나마 곧 삼군부로 개칭되면서 혁거되었다.[549]

義興府는 1409년에 3군진무소가 개칭되면서 성립되었고, 1415년에 3군진무소로 개칭되면서 혁거되었다.[550]

義建府鎭撫所는 1418년에 선위한 태종의 군사천단기구로 3군진무소가 개칭되면서 성립되었고,[551] 그 1개월 후에 상왕 태종의 형식적인 병권양분이 불필요하다는 인식에 따라 의건부가 폐지되어 삼군부에 합속되었다.[552]

---

545) 『태종실록』 권18, 9년 8월 갑진 · 경해.
546) 『태종실록』 권18, 9년 8월 경술 · 정묘.
547) 『태종실록』 권36, 18년 8월 정해.
548) 『태종실록』 권36, 18년 8월 정해. 의용위진무소는 태종 18년 6월에 세자가 된 세종의 군사지휘를 위하여 설치된 기구였다(권35, 18년 6월 병술).
549) 『세종실록』 권1, 즉위년 9월 기미.
550) 『태종실록』 권18, 9년 8월 정묘 · 권29, 15년 4월 병술.
551) 『태종실록』 권36, 18년 8월 정해.
552) 『세종실록』 권1, 즉위년 9월 기미.

三軍府는 1418년(세종 즉위)에 세종에게 선위한 상왕 태종이 군정을 친단하기 위하여 기존의 삼군진무소를 개칭하면서 성립되고 곧 상왕의 의도에 따라 의건부진무소가 합속되면서 중심적인 군령기구가 되었으며, 1432년에 3군도총제부가 무임소당상관을 우대하기 위한 중추원으로 개편될 때 군령전장기구인 3군진무소로 개칭되면서 소멸되었다.553)

이러한 영삼군사처 등에는 다음의 표와 같이 영사, 판사, 도진무 이하 관직이 편속되어 그 아문에 부여된 군령기능을 관장하였는데, 이들 관직에는 그 직장 및 태종의 군권장악·행사의 강한 의지가 투영되면서 그 모두에는 측근이거나 측근·공신이 제수되었다.554)

〈표 19〉 태종대 상급 군령기구 당상관직555)

아문	정1	종1	정2	종2	정3품 이하	비고
승추부		判事	?	摠制		
영3군사처	領事					
3군진무소		都鎭撫	上鎭撫	副鎭撫	鎭撫	
의흥부			判事	知事, 同知事	진무	
의건부진무소			都鎭撫	?	진무	
삼군부			도진무	?	진무	

이처럼 승추부 등은 태종이 군령권을 분산시켜 군권을 강력하게 장악할 의중과 관련되어 상급 군령기구로 설치되어 운영되었

553) 『세종실록』 권55, 14년 3월 을해.

554) 앞 〈표 9〉 참조.

555) 『태종실록』 권2, 1년 7월 경자, 권15, 8년 2월 갑진, 권18, 9년 8월 기유·9월 정묘, 권36, 18년 8월 정해(군령기구의 변천은 앞 〈표 11〉 참조).

기에 태종대에는 태종의 군권장악이 강력한 반면에 10사를 직접으로 지휘하는 3군도총제부는 물론 그 위에 위치한 승추부 등의 군령권 행사도 미약하였다. 또 이점에서 3군도총제부와 승추부 등의 판사 이하 당상관의 군령권 행사도 태종의 지시나 의중을 살펴서 해야 하는 등 강력하지 못하였다.

세종초의 삼군부·3군도총제부의 2원적인 군령기구가 이후 세종·세조대에 제도정비, 군정권과 군령권의 분리책에 따라 병조가 군정기관, 5위도총제부가 군령기관으로 고착되었다가[556] 경국대전에 법제화되었다.

3) 軍事指揮體系

(1) 중앙

조선의 중앙군 군사지휘는 개국 초에는 고려말의 군제를 계승하여 3군도총제부가 기간부대인 8위(응양·금오·좌우·신호·흥위·비순·천우·감문위)를 지휘하였다.[557] 이어 1393년(태조 2)에 3군도총제부가 개칭되면서 등장한 義興三軍府가 이후 1401년(태종 1) 承樞府로 개칭되면서 폐지될 때까지 10衛(10司)를 지휘하면서 군령기관으로 기능하였다.[558]

---

556) 세종 14년 3월에 삼군도총제부가 無任所堂上官이 대기하는 中樞院으로 개편되고 三軍鎭撫所가 신설되어 군사를 지휘하였다. 이어 세조 3년에 3군 진무소가 5軍鎭撫所로 개칭되었고, 다시 12년에 5군진무소를 5衛都摠府로 개칭하고 속관으로 都摠管(정2품관겸, 부총관과 합하여10원)·副摠管(종2품겸)·經歷(4, 종4)·都事(4, 종5)을 두었다(『세종실록』 권55, 14년 3월 갑술, 『세조실록』 권38, 12년 1월 무오).

557) 『태조실록』 권1, 1년 7월 정미.

558) 한충희, 앞 「조선초기(태조 2년 ~ 태종 1년) 의흥삼군부연구」, 20 ~ 26쪽.

태종은 1401년에 승추부를 설치하고 10사를 지휘하게 하였고, 이후 치세를 통해 군권을 강력히 장악·행사하기 위하여 별도의 군령기구로 3군도총제부(태종 3년 ~ 세종 14년)·영삼군사처(태종 8) → 3군진무소(9) → ·의홍부(9) → 3군진무소(13) → ·의건부 진무소(태종 18 ~ 세종 즉위)를 교대로 설치하는가 하면 군정기관인 병조에 군령권을 부여하는(태종 5 ~9년, 12 ~ 14)) 등 2 ~ 3개의 군령기관이 분립시켜 10사(태종 1 ~ 18)나 12사(태종 18 ~ 세종 4)를 지휘하게 하였다.[559] 이러한 태종대의 군령기구 분립과 관련된 중앙군의 군사지휘체계는 다음의 체계도와 같다.

〈도 4〉 태종대 중앙군 지휘체계

즉위~1년; 의흥삼군부(-中軍, 左軍, 右軍) - 10司.
1 ~ 3 ; 承樞府(-中軍, 左軍, 右軍) - 10司
3 ~ 5 ; 承樞府 - 3軍都摠制府(-中軍, 左軍, 右軍) - 10司
5 ~ 8 ; 兵曹 - 3軍都摠制府(-中軍, 左軍, 右軍) - 10司
8 ~ 9 ; 領3軍事處 - 兵曹 - 3軍都摠制府(-中軍, 左軍, 右軍) - 10司
9 ~ 9 ; 3軍鎭撫所 - 병조 - 3軍都摠制府(-中軍 , 左軍, 右軍) - 12司
9 ~ 12 ; 義興府 - 3軍都摠制府(-中軍 , 左軍, 右軍) - 12司
12 ~ 14; 의흥부·병조 - 3軍都摠制府(-中軍 , 左軍, 右軍) - 12司
14 ~ 18; 3군진무소 - 3軍都摠制府(-中軍 , 左軍, 右軍) - 12司
18 ~ 18; 義建府鎭撫所 - 3軍都摠制府(-中軍 , 左軍, 右軍) - 12司

태종대에 정비된 이 군사지휘체계가 이후 세종 ~ 세조대에 걸쳐 군사제도의 정비와 함께 '5衛都摠府 – 5衛体系'로 정립되었다가[560] 『경국대전』에 법제화되었다.

---

559) 앞 2) 군령기구 참조.

560) 세종 즉위년에 3군진무소가 3군부로 개칭되었고, 이것이 3군진무소(-중·좌·우군) - 10사(세종 5)·12사(27), 3군진무소(-중·좌·우군) - 5사(문종 2),

(2) 지방

조선의 지방군 군사지휘는 개국과 함께 고려말의 군제를 계승하여 陸軍은 남방 7도는 留京한 都節制使가 요속인 兵馬使 이하를 통하여 그 도의 陸守軍과 僉節制使鎭 이하의 鎭軍을 지휘하였고, 서북면은 3 軍事道가 각 도에 설치된 4 ~ 10 翼軍(평양 · 안주 각 10익, 의주 4익)을 지휘하였다.[561] 水軍은 첨절제사나 都萬戶가 중요 항구에 설치된 萬戶鎭 이하 진포의 기선군을 지휘하였다.[562] 이 군사지휘체계는 이후 정종대까지 동북면에 익군제가 실시되고[563] 남방은 도절제사가 兵營에 설치된 營軍 등 육수군과 첨절제사진 이하의 진군을 지휘하며, 수군은 1394년(태조 3)에 도절제사나 첨절제사가 만호진 이하 기선군을 지휘하는 것으로 개변되면서 운영되었다.[564]

태종대에는 육군은 1408년(태종 8)까지는 정종말의 그것이 답습되었고, 1409년에 행정도인 9도를 군사도인 11도로 개편하고 각도에 1인씩의 도절제사제를 제수하여 그 관내의 병마 · 수군도절제사 이하와 그 소령군을 지휘하게 하였으며,[565] 1410년 1월 이전에 행정적인 8도로 환원시켰다.[566] 1413년에 동북면과 서북면이 영길

5위진무소 - 5위(세조 3)로 정비되었다가 5위도총부 - 5위(12)로 정착되었다(-중 · 좌 · 우군)(『조선왕조실록』 세종 즉위 · 5 · 12년, 문종 2년, 세조 3 · 12년조에서 종합).

561) 민현구, 앞 책, 182 ~ 185쪽.

562) 고려말에는 도만호가 만호 이하를 지휘하였으나 조선 태조대에는 경기좌 · 우도는 도절제사, 경상 · 전라도는 첨절제사가 만호 이하를 지휘한 것으로 보인다(『태조실록』 2년 3월 ~ 3년 2월조).

563) 『태조실록』 권12, 6년 12월 경자 · 권13, 7년 2월 경진.

564) 『태조실록』 3년 4월 ~ 4년 7월조.

565) 『태종실록』 권18, 9년 10월 갑자. 11도와 제수관직은 앞 188쪽 주 491) 참조.

566) 앞 188쪽 주 490) 참조.

도와 평안도로 개칭되고, 14년에 경기좌·우도가 경기도로 통합되면서 8도제가 정착되었다.[567)]

水軍은 『조선왕조실록』의 인사서술의 한계와 관련되어 그 관직체계가 명확하지 못하다. 그렇기는 하나 왜구토벌 등에 종사하거나 이와 관련되어 피죄된 수군직을 볼 때 경기도는 도절제사나 만호, 경상·전라·충청도는 첨절제사나 도절제사, 강원도는 첨절제사, 풍해도와 동·서북면은 만호가 시기를 달리하면서 관내의 만호 이하를 지휘한 것으로 보인다.[568)] 한편 1425년(세종 7)경의 자료를 토대로 작성된 것으로 추측된 『세종실록지리지』의 수군편제를 보면 각도의 최고 지휘관이 충청·경상도는 도안무처치사, 전라도는 처치사, 경기·황해·평안도는 첨절제사, 함길도는 만호였다.[569)] 이점에서 태종대 수군의 지휘는 도별로 도절제사나 첨절제사 또는 도만호가 만호 이하를 지휘하면서 관내의 수군을 총관하였다고 하겠다. 따라서 태종대의 지방군 지휘체계는 다음의 체계

567) 한충희, 2004, 「조선초기 도제와 군현제 정비연구」, 『계명사학』 15, 183쪽 〈표 2〉.
568) 제도의 도절제사 이하 수군 최고 지휘관은 다음의 표와 같다(『태종실록』 1년 7월 ~ 14년 윤9월조에서 종합).

도	태종 1년	4.3	8.12	10.5	11.윤2 ~12	12 ~14. 윤9	비고
경기도	도절제사	---〉	-------〉	----〉	7.도만호	14.8.첨절제사	
경상도	도절	첨절	도절?	----〉	-------〉	12.2 도절	
전라도	첨절	---〉	도절	----〉	-------〉	-----------〉	
충청도	첨절	---〉	-------〉	----〉	3. 도절	14.윤9 도만호	
풍해도	만호	---〉	8.3 도절제사 겸 수군도절제사	?만호	-------〉	-----------〉	
강원도	만호	---〉	-------〉	첨절	-------〉	-----------〉	
동북면	만호	---〉	-------〉	----〉	-------〉	-----------〉	
서북면	만호	---〉	-------〉	----〉	-------〉	-----------〉	

569) 이재룡, 1970, 「조선초기의 수군」, 『한국사연구』 5, 〈표 2-3〉.

도와 같이 육수군은 도절제사가 병영과 첨절제사진 이하에 소속된 영군·진군·수성군 등을 지휘하였고, 기선군은 수군도절제사나 첨절제사(또는 도만호)가 만호진 이하 진·포에 소속된 군사를 지휘하였다고 하겠다.

〈도 5〉 태종대 육수군 지휘체계

1 ~ 9년; 7도2면 도절제사 ─┬ 영군, 첨절제사 진 등 진군·수성군
└ 군익도 이하 제익 익군

9 ~ 10; 11도 도절제사 ─┬ 영군, 첨절제사 진 등 진군·수성군
└ 군익도 이하 제익 익군

10 ~ 14; 1 ~ 9년과 동

14 ~ 18; 8도 도절제사 ─┬ 영군, 첨절제사 진 등 진군·수성군
└ 군익도 이하 제익 익군

〈도 6〉 태종데 기선군 지휘체계

1 ~ 4년; 도절제사(경기·경상), 첨절제사(전라·충청) - 만호진 이하 진·포군, 만호(풍해·강원도, 동·서북면) - 천호진 등.

4 ~ 8; 도절제사(경기), 첨절제사(경상·전라·충청) - 만호진 이하, 만호(풍해도 등) - 천호진 등

8 ~ 10; 병마도절제사겸수군도절제사(풍해), 도절제사(경기·경상·전라), 첨절제사(충청) - 만호진 이하, 만호(강원도 등) - 천호진 등

10 ~ 11; 병마도절제사겸수군도절제사(풍해), 도절제사(경기·경상·전라), 첨절제사(충청) - 만호진 이하,만호(강원도 등) - 천호진 등

11 ~ 14; 도절제사(경상·전라·충청), 첨절제사(강원), 도만호(경기) - 만호진이하, 만호(풍해도 등) - 천호진 등

14 ~ 18; 도절제사(경상·전라), 첨절제사(경기·강원), 도만호(충청) - 만호진이하, 만호(풍해도 등) - 천호진 등

태종대의 이 군사지휘체계가 세조대에 평안·영길도에 실시된 익군체제가 남방 6도에 실시되고, 다시 모든 지방의 군사를 군정일치체제인 진관체제로 정비되면서 관찰사가 병마·수군절도사를 겸하면서 병마·수군절도사가 주재하는 주진 이하 모든 육군과 수군을 지휘하는 진관체제로 정착되었다가[570]『경국대전』에 법제화되었다.

2. 國防의 强化

1) 軍事訓鍊의 强化

태조대에는 조선왕조가 쿠데타를 토대로 개창되기도 하였지만, 요동을 둘러싼 명과의 알력[571] 및 대대적이고도 빈번하게 침입한 왜구방어[572] 등과 관련되어 鄭道傳 등이 중심이 된 군사훈련이 활

---

570)『세조실록』권9, 3년 10월 경술, 권38, 12년 1월 무오. 진관체제하의 수륙군 지휘체계는 다음과 같다.

육군; 도관찰사 --- 주진 --- 거진 --- 제진
(도관찰사겸병마 수군절도사) 병마절도사영 절제사진 동첨절제사·절제도위

수군; 도관찰사 --- 주진 --- 거진 --- 제진
(〃) 수군절도사영 첨절제사진 만호

571) 명의 요동진출과 조선의 북진정책의 알력에서 빚어진 사건이 바로 '표전문제'이다. 명에서 태조 4년 11월에 태조의 고명과 인신을 청하는 표문에 "불손한 언사가 있다."고 트집잡고 사신을 억류하면서 야기되어 표문작성자인 정도전의 압송을 요청하면서 최고조 달하였다(구체적인 내용은 앞 57쪽 주 85) 참조).

572) 왜구의 방비는 왕 2년 3월 경상도안렴사 심효생의 "왜구가 변경을 침입할 듯하니 제도에 절제사를 보내어 방어하라'는 요청에 따라 의안백 이화·정안군 이방원 등을 양광·경상·전라 3도에 파견하면서 비롯되었다. 대표적인 왜구로는 2년 4월에 왜선 30여 척이 양광도에 침구한 등이 있다(『태조실록』권

발하게 전개되었다.573)

태종대에는 태종이 명과 대립하면서 정치·군사를 주도하였던 정도전을 제거하고 집권·즉위하였고, 이어 1403년(태종 3)에 건문제를 제거하고 황제로 즉위한 영락제로부터 고명·인장·조칙을 받고 건문제로부터 받은 고명·인장을 환납하면서 우호관계가 정착되었기에574) 대명 긴장관계는 해소되었지만, 왜구는 여전히 계속되었다.575) 또 태종은 군사에 조예가 깊고 병권의 장악에 각별히 유념하였다.576) 이에 따라 태종대에는 군사력강화를 위한 강무·진법훈련 등이 자주 행해졌다.

講武는 왕의 주관하에 행해지는 수렵대회였는데, 대규모 군사가 동원되어 군사훈련을 병행하면서 실시되었다. 1402년 해주에서 10일간 실시되었고,577) 이후 치세를 통하여 매년 춘추로 경기, 황해,

---

3. 2년 3월 신유·계해, 권3, 2년 4월 갑오, 외).

573) 태조 2년에 정도전의 요청으로 제절제사 소령군 중 무략이 있는자에게 진법훈련이 시작되었고, 5년에 의흥3군부가 올린 강무제가 상정되었다(『태조실록』 권4, 2년 11월 경술, 권10, 5년 11월 갑신). 이어 6년에 표전문제로 명과의 관계가 악화됨을 계기로 정도전 주도의 요동정벌계획을 추진하고 그와 관련되어 왕자는 물론 모든 백관과 군사가 참여하는 진법훈련이 대대적이면서 강압적으로 실시되었다. 이 진법훈련 강행은 정도전 등으로부터 소원된 정안군 등 개국공신과 관료들에게 정변의 명분을 제공하였고, 결국 정도전 등 실권파와 세자 방석형제가 피살되는 요인이 되었다(앞 57 ~ 58쪽).

574) 『태종실록』 권5, 3년 4월 갑인·정묘.

575) 태종대의 왜구는 태종 1년 11월 경상도 고성현의 침입을(『태종실록』 권2, 1년 11월 을류) 시작으로 치세를 통해 규모의 차이는 있지만 계속되었다(권19, 10년 4월 갑인). 대규모로 침구한 경우는 6년 4월 18척이 안행량 조전창을 습격하여 조선 14척·병선 1척·미곡 4,090석을 약탈해간 것, 8년 2월에 23척이 충청도 수영을 습격하고 수군첨절제사 현인귀를 살해하고 병선 2척을 노략해간 것, 8년 5월 14척이 충청도 서주 조근량과 창포를 침구하여 병선 5척·삼도도체찰사 군영 보관미 100여 석·병영을 태우고 다수 군사를 살상한 등이 있다(권12, 6년 4월 무진, 권15, 8년 2월 을묘·8년 5월 임술).

576) 앞 117쪽(『태종실록』 권18, 9년 8월 정묘).

충청, 강원도 등지의 강무장에서 실시되었다.[578] 강무는 태종의 군권장악과 군사들의 전투력 향상에 기여하였다.

陣法訓練은 1409년에 반송정에서 처음으로 실시되었고,[579] 이후 치세를 통하여 입직 제장·군사나 3군 장졸이 참여하여 동교 등에서 실시되었으며,[580] 진법의 숙련과 훈련효과를 높이기 의해 병서습독제조·훈도관이 임명되어 병서와 진도를 교습하였다.[581]

2) 火器의 개발과 배치[582]

고려말에는 왜구가 극성하면서 연안은 물론 개경과 내륙에까지 전화가 미치면서 조운이 마비됨은 물론 군인·병선과 민간인·재물의 피해가 말 할 수 없을 정도였다. 여기에서 왜구를 격퇴할 묘책이 요청되었고, 이러한 필요성과 화약·화기제조에 탁월한 崔茂宣(1325, 고려 충숙왕 12 ~ 1395, 태조 4)의 능력이 결합되면서 최무선의 주도로 火筒都監이 설치되고 大將軍砲·二將軍砲 등 20여 종에 달하는 화기가 개발되었다. 이들 화포는 1380년(우왕 6) 진포해전에서 왜구 전함 500여 척을 대파하는 등 왜구퇴치에 크게 기여하였다.[583] 그러나 1388년 이성계 일파가 위화도회군으로 정권

577) 『태종실록』 권4, 2년 9월 기해.
578) 『태종실록』 권28, 14년 9월 기해, 권12, 6년 9월 정묘(강원도), 외.
579) 『태종실록』 권17, 9년 4월 을류.
580) 『태종실록』 권33, 17년 5월 임진·권19, 10년 4월 임술, 외.
581) 『태종실록』 권17, 9년 3월 을측·을류.
582) 차문섭, 1994, 「군비의 확충」, 『한국사』 23, 262 ~ 270쪽, 『태종실록』 1 ~ 15년조 등에서 종합.
583) 최무선은 고려말에 무관으로 재직 중 왜구로 인한 폐해를 막기 위하여 화약과 총기를 개발하기로 결심하고 그 기술을 습득하기 위해 벽란도로가 중국 강남에서 온 李元을 만나 화약제조의 핵심이 되는 초석의 제조법을 배운 후 화약제조에 성공하였다. 이어 화약을 이용한 화기를 개발하고자 조정에 수

을 잡은 뒤에는 화기가 자파의 세력유지에 위협이 될 것이라는 판단에 따라 화통도감을 폐지하는 등 화기개발에 소극적이었기에 화기개발은 더 이상의 진전이 없었다.

조선이 개창된 1392년(태조 1)으로부터 1400년(정종 2)까지는 태조와 혁명파의 화기관이 계승되었기에 화기개발과 응용은 이를 위한 지원은 물론 주의를 받지 못하였다. 그러다가 태종의 즉위와 함께 태종과 대신들이 화기의 중요성을 인식하고 적극적으로 그 개발을 도모함에 따라 화기의 개발 · 제작이 활성화되고 수십종의 화차 · 화통 · 화포 등이 제작되고 남북 국경 요해처와 병선에 배치되어 여진과 왜구의 방어 등 국방강화에 크게 기여하였다.

1401년(태종 1)에 權近의 건의에 따라 최무선의 아들인 崔海山(1380, 고려 우왕 6 ~ 1443, 세종 25)을 종6품직인 군기주부에 발탁하여 화기개발을 전담하게 하였다.[584] 최해산은 이후 세종말까지 군기감에 장기간 근무하고 총제에까지 승진하면서 최무선이 전해준 비법을 토대로 화약과 화기의 개발에 주력하여 화약의 성능을 강화함은 물론 화약장을 양성하고 각종 화기를 개발하는 성과를 거두었다.

태종대에는 최해산을 중심으로 한 화약 · 화기개발이 활발하게

차 건의하여 1377년(우왕 3) 화통도감을 설치하게 하고 이 곳에서 화약과 화기를 본격적으로 연구하여 大將軍 · 銃筒 등 각종 포, 火箭 등 화살, 로켓포인 走火 등을 개발하여 왜구와의 전투에 활용하였다. 1380년에 원수 羅世와 함께 진포에서 화포 등으로 무장한 함선을 지휘하여 왜선 500여 척을 대파하였다. 화기개발과 전공으로 지문하부사에까지 승진하였다. 조선에서는 등용되지 못하고 졸하였다. 태종초에 화기의 중요성을 인식한 태종과 대신들에 의해 그 공로가 평가되면서 의정부우정승영성부원군에 추증되었다. 아들인 해산은 태종대의 화기개발을 주도하였다(蔡連錫, 1991, 「최무선」, 『한국민족문화대백과사전』 권22).

584) 『태종실록』 권1, 1년 윤3월 경인.

진행되었다. 이와 관련되어 1404년에 군기감에 별기군이 신설되고 火熥軍 600명이[585] 충원되었다. 1407년에는 화약의 성능이 2배로 강화되었고, 양성된 火藥匠 33명이 군기감에서 화약을 대규모로 제조하였으며, 1409년 火車를[586] 개발하였다. 1410년으로부터 1415년까지는 그간에 개발한 각종 화기의 실용화 작업이 진행되면서 제작된 火熥 1만 자루를 북방 국경과 남방 연안 요새 100여 성과 160여 척의 병선에 배치하였다.[587] 또 1415년에는 화통군 400명이 증원되어 화통군이 1,000명으로 확대되었다.[588] 무기고를 시작으로 1417년까지 화기관장 부속건물과 화약과 화기개발을 전장할 火藥監造廳이 건축되었다.

이리하여 태종말에는 火熥, 火車, 火砲, 大·中·小碗口, 蒺藜砲, 地·玄字砲, 鐵翎箭, 石彈子 등이 제작되어 실전배치 되었으며, 특히 철령전과 석탄자는 사정거리가 20 ~ 500보에 이르러 방어와 공격력을 크게 강화하였다.

태종대의 이러한 화기정책과 화기개발은 태종대의 군사력과 국방강화는 물론 세종대로 계승되어 4군 6진의 개척과 국경안정의 토대가 되었고, 멀리는 선조대에 왜란초기의 난관을 극복하고 왜군을 패퇴시키는 토대가 되었다.

---

585) 화통군이 충원된 시기와 수는 명확하지 않지만, 태종 15년에 "화통군 400명을 증치하여 1,000명으로 하였다"(『태종실록』 권29, 15년 4월 신미)고 한 것에서 이 때 600명이 충원된 것으로 추측하여 파악한다.

586) 화차는 철령전 수십개씩을 장탄한 동통 등을 수레에 싣고 달리면서 화약으로 발사하는 무기였다(『태종실록』 권18, 9년 10월 병진)

587) 『태종실록』 권30, 15년 7월 신해.

588) 『태종실록』 권29, 15년 4월 신미.

3) 山城 · 邑城 新築 · 補修

조선이 개국된 처음에는 서북면 · 남방 7도는 고려말의 통치체제가 계승되면서 중앙정부의 통치를 받았지만 동북면은 비록, 조선의 배태지이고 조선개창의 군사적 기반을 제공하였지만 조 · 명관계, 여진세거지인 등과 관련되어 행정체계는 물론 방어시설도 갖추지 못하였다. 남방 7도에 있어서도 자심하고 대대적인 왜구의 침입과 관련되어 방어시설의 보강이 요청되었다.

이에서 태조대에는 동북면의 행정체제를 정비함과 동시에 동 · 서북면의 방어를 위해 동북면에 익군제를 실시하고, 풍해 · 강원 · 충청 · 경상 · 전라도 연안요지에 16개의 병마첨절제사진을 설치하여 왜구에 대비하였다.[589] 또 甲州 · 孔州에 축성하고 孔州를 慶源 府로 승격하며, 경원부내에 만호부를 설치하여 여진의 침입에 대비하였다.[590]

태종대에는 개국 이래의 방어책을 계승하여 북방과 해안지대의 산성 · 읍성을 대대적으로 신축 · 보수하고 봉수를 정비하여 여진 · 왜구의 침입에 대비하였다.

산성 · 읍성의 신축 · 보수는 1401년(태종 1)에 경원부성을 축조하면서 비롯되었고,[591] 이후 1409년에 평양 등 7 읍성 · 1412년에 화왕산성 등 15 산성 등 태종말까지 읍성 40여, 산성 30여 소 등 전국에 걸쳐 70여 읍성과 산성을 신축 · 보수하였다.[592]

---

589) 『태조실록』 권11, 6년 5월 임신. 16개 병마첨절제사진은 뒤〈표 20〉 태조 6년조 참조.

590) 『태조실록』 권4, 2년 8월 을유, 권13, 7년 4월 개해.

591) 『태종실록』 권2, 1년 8월 계유 · 1년 10월 병자.

592) 그 내용은 다음과 같다(『조선왕조실록』 태종 2 ~ 18년조에서 종합).
山城; 12년 - 화왕산 · 오혜산 · 황석산 · 금오산(선산) · 염산 · 부산 · 사룡 · 金山 · 입암산 · 이흘음산 · 수인산 · 금성산 · 屹骨山 · 자주 · 金城,

4) 鎭의 設置 · 軍船建造와 外官糾察 · 兵器點檢

鎭은 여진과 왜구를 방어하기 위하여 북변 · 해안요새지에 설치된 방어거점이었다. 조선은 개국과 함께 고려말의 진을 계승하여 장연 병마만호진 등 10여 진과 고만량 수군만호진 등을 설치하고[593] 도절제사를 두어 각각에 소속된 육 · 기선군을 지휘하여 여진과 왜구를 방어하였다. 이어 1397년(태조 6)에는 뒤의 〈표 20〉과 같이 풍해 · 강원 · 충청 · 경상 · 전라도 해안 요해처에 15 병마첨절제사진과 1 병마사진을 설치하고 각관에 병마첨절제사와 병마사를 파견하여 소령군을 지휘하면서 왜구를 방어하게 하였다.[594]

태종대에는 태조말까지의 진에 장연 만호와 군산진 병마사를 병마사영과 수순첨절제사진으로 전환하고 의주 병마만호를 의주부로 승격 · 전환하며, 부산포 수군도만호 · 안행량 수군만호 · 녹도 병마만호를 설치하는 등 치세를 통하여 전국해안 요해처에 40여 병마 · 수군첨절제사진과 병마 · 수군만호를 운영하였다. 태종대를 통하여 치폐되면서 운영된 진은 다음의 표와 같다.

---

13 - 빙동, 14 - 능화 · 수주, 15 - 약산, 17 - 가산, 18 - 동정.

邑城; 2 - 평양 · 안주 · 의주 · 니성 · 강계, 3 - 경성 · 갑주, 4 - 나주 · 보성, 7 - 춘주, 9 - 해진 · 평양 · 의주 · 해주 · 삭주 · 廣州 · 양덕, 11 - 제주, 13 - 충청 · 전라도 13소, 14 - 곽산 · 청산 · 함주, 15 - 장흥 · 고흥 · 광양 · 영흥, 17 - 장사 · 용강 · 용성 · 도강

城堡; 10 - 풍해도 각처, 14 - 오읍포.

593) 뒤 〈표 20〉 태조 1 ~ 6년조 참조.

594) 『태조실록』 권11, 6년 5월 임신.

〈표 20〉 태조 1년 ~ 태종대 제진변천[595)]

	태조 1 ~ 6년 4월	태조 6년 5월 ~ 정종 2년	태종대	비고
풍해	1 장연만호	------------------〉	3 병마사	
		6 옹진진병마 첨절제사	------------------------------〉	
		6 풍주진병첨	------------------------------〉	
			11 (대곶량수군만호)	
			11 (풍주량수군만호)	
강원		6 삼척진병첨	------------------------------〉	
		6 간성진병첨	------------------------------〉	
충청	1 (신창병마만호)	------------------〉	1 현감	
	2 (고만량수군만호)	------------------〉	------------------------------〉	
		6 순성진병첨	------------------------------〉	
		6 남포진병첨	------------------------------〉	
		6 이성진병첨	------------------------------〉	
			4 안행량수군만호	
경상도	4 견내량수군만호	------------------〉	------------------------------〉	
		6 합포진병첨	------------------------------〉	
		6 강주진병첨	------------------------------〉	
		6 영해진병첨	------------------------------〉	
		6 동래진병첨	------------------------------〉	
			7 (부산포수군도만호)	
			7 (서생포수군만호)	
			7 (다대포수군만호)	
			7 (노량수군만호)	
			7 (적량수군만호)폐	
			7 (개운포수군만호)	
			7 (장생포수군만호)	
			7 (번계수군만호)	

595) 『조선왕조실록』 태조 1년 ~ 태종 18년조, 『세종실록』 지리지, 『신증동국여지승람』 등에서 종합.

	태조 1 ~ 6년 4월	태조 6년 5월 ~ 정종 2년	태종대	비고
			7 (신당포만호)	
			7 (내이포만호)	
			7 (가배량만호)	
전라		6 군산진병마사	6 수군첨절제사	
		6 목포진병첨	------------------------〉	
		6 홍덕진병첨	------------------------〉	
		6 조양진병첨	------------------------〉	
		6 옥구진병첨	------------------------〉	
			6 (녹도만호)	
평안	1 이주	----------------〉	13 이산군	
	1 (의주병마만호)	----------------〉	2 의주부	
	1 (니성병마만호)	----------------〉	2 창성군	
	1 (강계병마만호)	----------------〉	1 석주	
	1 (영원진)	----------------〉	7 연령현	
영안	1 (웅길주등처관군만호) 7 길주목	----------------〉	------------------------〉	
	1 (북청주만호) 7 청주부	----------------〉	------------------------〉	
	1 (갑주군)		13 갑산군	
	1 (경성군) 7 만호	정종2 군	13 갑산군	
	7 경원진만호	----------------〉	10 폐(실함)	
	7 종성진만호	----------------〉	10 종성부	
			6 창포만호	

태종대의 이 진은 이후 세종 ~ 세조대에 걸쳐 병마도절제사(세조대에 병마절도사)와 수군도절제사(세조대에 수군절도사)를 정점으로 첨절제사 · 동첨절제사 · 만호진과 만호포로 체계화되고, 다시 전국을 군사기지화 한 '주진 - 거진 - 제진'의 진관체제로 정립되었

다가[596]『경국대전』에 법제화되었다.

軍船은 피해를 최소화하면서 왜구를 방어·격파하는 가장 효과적인 기구였다. 1403년(태종 3)에는 각 도마다 경쾌소선 10척씩을 만들어 왜구에 대비하게 하였고,[597] 1408년에 병선 200여 척을 새로 만들어 제도에 배치하면서[598] 병선수가 428척에서 623척으로 증가하였고, 또 1413년부터 1415년까지는 거북선(이순신의 그것과는 구조가 다름)을 개발하기도 하였다.[599] 군선을 보호하기 위해 1412년과 1417년에는 船底에 석회를 발라 충해를 방지하는 畜船法과 선저를 연기로 그을려서 충해를 방지하는 煙薰法을 채택하도록 하였다.[600] 또 각도 연안에 안치한 왜인을 왜구와의 내응을 방지하기 위하여 내륙 심처로 이주시켰다.[601]

이러한 군선의 건조와 수군의 육성은 왜구의 침입시 집중적으로 토벌군을 출동시킨 등과 함께 점차로 왜구의 침구가 감소되게 함은 물론 1419년(세종 1) 상왕 주도로 행한 대마도정벌의 토대가 되었다.

---

596) 진관체제는 전군의 육군(정병)과 수군을 '주진 - 거진 - 제진'으로 체계화하고 관찰사이하 수령과 전임 병마·수군 절도사 이하가 절제사 이하를 겸하면서 행정과 조사를 함께 관장하는 제도 이다. 이 때 주진은 1도의 육군과 수주을 총관하는 병마절도사와 수군 절도사가 주재하는 병영이고, 거진은 절제사와 첨절제사가 주재하는 진이며, 제진은 동첨절제사·절제도위와 만호가 주재하는 진이다. 주진 이하 지휘자는 병마진은 겸관이고, 수군진은 전임관이었다(『경국대전』 권4. 병전 외관조).

597)『태종실록』 권6, 3년 6월 정사.

598)『태종실록』 권15, 8년 3월 경오. 각도에 증치된 군선수는 다음과 같다.

경기좌·우도; 51→76,	풍해도; 26→46,	서북면; 40→55,
전라도 ; 81→131,	강원도; 16→26,	동북면; 30→35.
경상도 ; 137→187,	충청도; 47→77,	

599)『태종실록』 권30, 15년 7월 신해.

600)『태종실록』 권33, 17년 4월 신사.

601)『태종실록』 권18, 9년 12월 을축, 외.

태종은 1402년에 上護軍 金繼志를 경상전라충청도 경차관으로 파견하여 3도의 병기를 점검하고 소재 萬戶·千戶로서 그 임무에 충실하지 아니한 자를 치죄하였고,[602] 이후 치세를 통하여 수시로 외방에 측근 무신이나 근신 등을 경차관으로 파견하여 벙어태세와 도절제사 이하의 근무상황 및 병기 등을 점검하여[603] 방어에 만전을 기하였다. 또 1406년에 평시 각도 시위군을 춘, 추로 점검하여[604] 방어에 만전을 기하였다. 그 외에도 1407년에 목재로 방패를 제작하여 중앙군과 지방군에 보급하여 군사들의 안전을 강화하면서 방어력을 높였다.[605]

이러한 설진·군선건조와 진포의 근무·군기점검 등은 경외군사기구·군령제도의 정비, 군사훈련의 강화, 화기의 개발과 배치, 산성·읍성의 신축·보수등을 통한 국방강화는 국경과 정치를 안정시켜 세종성세의 군사적 정치·토대가 되었다. 또 태종대에 정비된 경외 군사제도는 세종대와 세조대에 보완되면서 『경국대전』에 집대성된 군사제도의 토대가 되었다.

---

602) 『태종실록』 권3, 2년 3월 갑신.
603) 『태종실록』 23, 12년 7월 임진, 권31, 16년 2월 갑자, 외.
604) 『태종실록』 권12, 6년 윤7월 무오.
605) 『태종실록』 권14, 7년 9월 을묘.

第 4 章

經濟制度의 整備와 社會政策의 實施

1. 經濟制度의 整備와 產業의 振興

1) 財政機構

조선의 재정기구는 개국과 함께 고려말의 재정기구를 계승하여 三司·戶曹 등의 공적기구와[606] 5庫 7宮의 사적기구를 두면서 성립되었다.[607] 이 재정기구가 이후 정종대까지 이것에 왕의 사장을 관장하는 有備庫가 신치되면서[608] 계승되었다.

태종대에는 정치제도의 정비, 6조제의 정착 등과 함께 삼사가 그 관장사가 호조에 귀속되면서 혁거되고, 호조가 재정 전장기관이 되고 6조 屬司와 屬衙門制가 정비되면서 호조가 속사를 거느리고 속아문을 지휘하면서 재정을 총괄하였다.

1401년(태종 1)에 삼사가 司平府로 개칭되었고, 사평부는 1405년에 '녹봉의 지급과 국용의 회계 등을 관장하는' 기능이 호조에 귀

606)『태조실록』 권1, 1년 7월 정미. 그 외에 재정기구로는 내부시·군자감·제용고·광홍창·요물고·의영고·장흥고·해전고·장흥고·의염창 등이 있었다.

607) 태조 1년 7월 반제반포 때에는 언급되지 않았다. 그러나 고려말까지 운영되었고, 태조 7년 9월에 "도평의사사에 명령하여 이 때부터 5고 7궁의 전곡출납을 관장하게 하였다"고(『태조실록』 권15, 7년 9월 갑신) 한 것에서 개국과 함께 고려제가 계승된 것으로 추측된다.

608)『태조실록』 권14, 7년 윤5월 갑자.

속되면서 혁파되었다.609) 1405년에 6조의 정책·서무분장기관으로의 정착과610) 함께 호조가 조에 소속된 版籍·會計·給田司를 거느리고 속아문인 전농시·내자시·사섬시·군자감·풍저창·광흥창·공정고·제용고·경시서·의영고·장흥고·양현고·각도 창고를 지휘하면서 戶口·土田·田穀·食貨에 관한 정사와 貢賦의 부과 등사를 총관하였다. 이 중 속사는 태종말까지 그대로 계승되었지만, 속아문은 내자시 등은 그대로 계승되나 제용고가 제용감으로 승격되는 등으로 개변되면서 운영되었다.611)

태종대의 이 재정기구가 이후 세종·세조·성종대에 부분적으로 개변되면서 정비되었다가612) 『경국대전』에 법제화되었다.

2) 土地制度

조선의 토지제도는 개국과 함께 고려말의 量田作丁과 科田法을 계승하여 왕족·문하시중 이하의 전·현직자 등에게 150결(1과, 在

---

609) 『태종실록』 권2, 1년 7월 경자, 권9, 5년 5년 3월 임자.

610) 『태종실록』 권9, 5년 1월 임자·3월 병신. 속사는 조에 편제된 기구였고, 속아문은 그 관아의 기능과 관련된 조에 소속된 독립관아인데 조 당상관과 종2품관 이상이 겸대한 제조의 지휘를 받으면서 그 아문에 부여된 일을 관장하였다.

611) 변개된 속아문은 다음과 같다(한충희, 앞 『조선초기의 정치제도와 정치』, 309 ~ 315쪽 〈표 7-9〉 호조속아문에서 종합.
신치; 내섬시(3)
개변; 전농시 → 전사시(9, 호 → 예조속아문), 전농시(9, 예 → 호), 제용고(종5) → 제용감(9, 3품아문).
혁거; 사섬시(3)

612) 세종 4년에 공정고가 도관서로 개변되었고, 세조대에는 전농시와 경시서가 사섬시와 평시서로 개칭되고 공조에서 사재감이 이속되고 양현고가 혁거되었으며, 성종대에는 전운색이 전함사로 개편되고 양현고가 복치되었다(앞 책, 421 ~ 422쪽 〈표 10-1〉에서 종합).

內大君 ~ 門下侍中) ~ 10결(18과, 權務 · 散職)의 과전을 지급하면서[613] 성립되었다. 이 토지제도가 이후 1400년(정종 2)까지 과전액이 다소 축소되면서 지급되고 添設職은 모두 實職에 따라 과전을 지급하는가 하면,[614] 閑良官에게도 10결이나 5결의 군전을 지급하는[615] 등으로 조정되면서 운영되었다.

태종대에는 전국에 걸친 양전사업을 전개하고 사원전의 대부분을 몰수하여 국유지로 삼았으며, 태종의 집권 · 즉위에 기여한 定社 · 佐命功臣에게 불가피하게 공신전을 지급하기도 하였지만 지속적으로 사전을 축소하면서 그에 대한 지배력을 강화하는 등으로 토지제도를 정비하였다.

1401년(태종 1)에 처음으로 동 · 서계의 토지를 양전하여 1만여 결의 수세지를 추가로 확보하였다.[616] 태종 5년부터 6년까지 양계를 제외한 6도에 대한 改量을 대대적으로 실시하여 당시까지 왜구로 인해 양전하지 못한 연해의 陳荒田과 開墾田 등 30여 만결을 추가로 확보하였다.[617] 태종 11년부터 13년에 걸쳐 평안 · 함경도의 양전을 본격적으로 실시하였고,[618] 태종 13년에 제주도의 토지를 양전하였다.[619] 이리하여 전국의 모든 토지에 대한 양전 · 개량이 완료되면서 모두 120여 만결의 전지를 확보되는[620] 등 고려말

613) 『고려사』 권78, 지 32 식화 1 공양왕 3년 5월 도평의사사상서조.
614) 김태영, 1994, 「토지제도」, 『한국사』 24, 42쪽(『용비어천가』 73장 주).
615) 동상조.
616) 양전 중에 사간원의 중지요청에 따라 양전이 중지된 것으로 추측되나 왕 4년 의정부가 올린 각도의 전답 · 호구수에 동북면 3,271결, 서북면 6,648결이 포함되었음에서 이 때에 부분적이나마 양전된 것으로 보인다(『태종실록』 권2, 1년 7월 경술 · 8월 기사, 권7, 4년 5월 을미).
617) 『태종실록』 권10, 5년 9월 정유, 권11, 6년 5월 임진.
618) 『태종실록』 권22, 11년 12월 정유, 권25, 13년 1월 정해 · 경진.
619) 『태종실록』 권26, 13년 7월 기축.

의 경기 · 6도전 80여 만결(실결 623,097결, 황원전 175,030결)에[621] 비해 40여 만결이 증대되었다.

1400년(정종 2)에 책봉된 定社功臣 河崙 등 29명에게 4,450결의 공신전을 지급한데 이어 1401년에 다시 佐命功臣 河崙 등 46명에게 3,930결의 공신전을 지급하였다.[622] 이에 따라 공신전은 1392년(태조 1) 開國功臣 趙浚 등 52명(태조 7년 1차 왕자의 난 직후 李芳遠 · 李芳毅 · 李芳幹 추록으로 55명)에게 지급된 6,260결에서[623] 15,640결(고려말 회군공신전, 태조 · 태종원종공신전을 합하면 31,240결[624])로 크게 증가되었다. 그러나 태종대에는 군자보충 · 조운난의 타개 등과 관련되어 공신전 · 과전 등 사전 축소의 필요성이 제기되었고,[625] 실제로 태종의 신권 억압 · 약화를 통한 공신숙청 및 왕권강화와 함께 私田이 크게 축소되고 정부의 사전에 대한 지배가 강화되었다.

공신전은 1398년 무인정변과 1400년 박포의 난에 다수의 개국공신과 정사공신이 복주되면서 1,400여 결,[626] 태종대에는 '閔無咎獄事', '趙瑚亂言事件' 등과 관련되어 정사 · 좌명공신인 閔無咎 · 閔無疾 · 李茂 등이 사사되면서 다시 2,100여 결이 회수되는[627] 등 태종

---

620) 『태종실록』 권10, 5년 9월 정유 · 권11, 6년 5월 임진.
621) 『고려사』 식화지 공양왕 3년 5월조, 『태종실록』 권3. 2년 2월 무오.
622) 『태조실록』 권15, 7년 10월 계묘,『태종실록』 권1, 1년 1월 을해.
623) 『태조실록』 권2, 1년 9월 임신 · 11월 을미, 권15, 7년 12월 정사에서 종합.
624) 『태종실록』 권3, 2년 2월 무오.
625) 뒤 221 ~ 222쪽 참조.
626) 이 때 복주되거나 피죄된 공신은 정도전(200결) · 남은(200) · 이제(170) · 오몽을(150) · 이근(70) · 심효생(70) · 장지화(70) · 이백유(70)와 박포(200) · 장담(170) 등 이었다(회수된 공신전).
627) 태종대에 피죄된 공신은 이거이(350결) · 이저(350) · 이무(350) · 민무구(300) · 민무질(300) · 이숙번(300) · 윤목(60) 등이었다(회수된 공신전).

말까지 총 3,500여 결의 공신전이 회수되면서 개국·정사·좌명공신에게 지급된 공신전이 27,000여 결로 감소되었다. 동시에 민무질 옥사와 관련되어 李茂 등의 과전 1,600여 결이 회수되어 군자전과 新仕者의 과전에 충당되었다.[628)]

1401년(태종 1)에 別賜田을 혁파하여 새로 벼슬한 자에게 지급할 것을 정하였고,[629)] 이듬해는 과전법을 개정함으로써 종래까지 無稅地였던 사원·공신전을 有稅地로 편입하였다.[630)] 이후 태종 6·9·13년에도 사원·공신전에 과세하였다.[631)] 1405년에 1 ~ 18科의 科田에서 5결씩을 감하여 軍資田으로 충당하였으며, 외방거주를 원하는 전직관리의 과전은 외방군전의 예에 따라 5 ~ 10결로 제한하였다.[632)] 1417년에는 原從功臣田은 수급자의 사망과 함께 속공하여 군자전으로 삼았다.[633)]

특히 1406년에는 고려말의 전제개혁에서 제외되었던 寺院田을 혁파하여 5만~6만결을 새로이 확보하여 군자전에 충당하였고,[634)] 1409년에 閑良官의 軍田을 몰수하여 군자전으로 하고 功臣田傳給法을 정하여 公·私賤人 자손과 妓妾과 賤妾의 공신전 傳給을 금하였다.[635)] 1412년에는 原從功臣田의 세습제를 폐지하고 外方에 退去한 자의 과전을 몰수하였다.[636)] 1414년에는 守信田·恤養田의

628)『태종실록』 권19, 10년 2월 신해.
629)『태종실록』 권12, 6년 12월 병술.
630)『태종실록』 권3, 2년 2월 무오.
631)『태종실록』 권11, 6년 10월 신묘, 권18, 9년 10월 경술·11월 기묘, 권26, 13년 8월 임자.
632)『태종실록』 권9, 5년 4월 계유.
633)『태종실록』 권33, 17년 6월 계축.
634)『태종실록』 권11, 6년 3월 정사. 이로 인한 군자전의 확충은 군수와 군액증액 등 군사와 국방력 강화의 토대가 되었다.
635)『태종실록』 권14, 7년 7월 갑술.

지급을 제한하면서 액수를 감하고, 군자전에서의 과전절급을 중지하였고, 겸직이 없는 檢校를 폐지하였으며, 平壤·永興府 土官의 수를 반으로 줄이면서 祿科의 3분의 2를 감하였다.[637]

이어 1417년에는 경기과전의 원칙과 수조권자에게 위임된 공신전·과전 등 사전의 수조로 인해 피폐해진 경기민을 安集시키기 위해 사전의 1/3이 경상·전라·충청도에 이급되었다. '私田移給論'은 1403년에 경상도 조운선 34척이 패몰되면서 漕軍 1,000여 명이 익사·세곡 1만여 석이 침몰한 사건을[638] 계기로 조운의 태책을 논의하면서 그 한 방안으로 제기되었다.[639] 사전이급론은 이후 사전주의 반대·정치분위기 등과 관련되어 6차에 걸쳐 제기·논의되면서 1417년에 각종 공신전·과전 등 총 115,340결의 3분의 1을 충청·경상·전라도로 이급하고, 이속된 토지는 군자전으로 귀속시켰다.[640]

그 외에도 1406년부터 백관과 민호에게 차등을 두고 煙戶米를 징수하였고,[641] 7년에 녹과를 갱정하여 녹봉의 지출을 크게 줄였

---

636) 『태종실록』 권34, 17년 6월 계축.

637) 『태종실록』 권2, 1년 8월 경술, 권14, 7년 9월 신해, 권28, 14년 8월 신유·9월 병술.

638) 『태종실록』 권5, 3년 3월 신사.

639) 『태종실록』 권5, 3년 6월 임자.

640) 『태종실록』 권34, 17년 7월 기해(그 진행과정은 韓永愚, 1983, 「太宗·世宗朝의 對私田 施策」(『朝鮮前期 社會經濟研究』, 乙酉文化社) 203 ~ 231쪽 참조).

641) 『태종실록』 권11, 6년 11월 계유. 그 내용은 다음과 같다. 연호미로 징수한 미곡은 그 징수대상을 고려할 때 수만석 이상이라고 추측된다.

경중; 上戶 - 見任 1·2품 미 10두, 中戶 - 3·4품 6두, 下戶 - 5·6품 4두, 下下戶 - 참외 2두, 서인 1두, 전함 각품 감반.

외방; 상호 - 전 15결 남녀 15구 이상, 중호 - 전 10결 남녀 10구 이상, 하호 - 5결·5구 이상, 불성호 - 1~2결·구1·2구 3호를 합해 1호, 경중 3등례 出米有差, 전 20결이상 加納.

풍년 - 정수납부, 중년 - 감반, 흉년 - 전면.

고,[642] 이미 지급된 과전도 범죄로 告身을 몰수 당한자, 가까운 친척과 혼인 한 자, 한량관으로서 부경숙위를 게을리 한 자, 동성과 혼인 한 자, 수절하지 않은 관인의 처가 소유한 과전은 그 사실을 고발하는 자에게 교체하여 지급하였다.[643] 또 1406년(태종 6)에 모든 토지에 대한 병작금지를 강화하여 鰥·寡·孤·獨·無子·無奴婢者로서 3·4결 이하 경작자를 제외한 모든 토지의 병작을 금지하였다.[644] 1414년에는 겸직이 없는 검교를 폐지하였다.[645]

이리하여 태종말에는 전국의 모든 토지가 개량·양전되면서 즉위초에 60여 만결이던 수조지가 120여 만결로 크게 확대되었고, 정비된 조세제·효율적인 조세수송책의 강구로 인한 재정충실과 함께 태종대의 도성건설·국방강화는 물론 세종대 이후에 실현된 부국강병의 토대가 되었다.

이러한 태종대의 토지제도는 이후 세종대에 종친 과전이 상정되고[646] 세조대에 과전이 축소되고 그 지급대상이 현직자로 제한되는 '직전법'[647] 등으로 크게 축소되는 방향으로 개변되면서 정립되

---

642) 『태종실록』 권13, 7년 1월 신미. 갱정된 녹과는 다음과 같다. 이 때 정해진 녹과 지급액이 태조초에 녹과에 비해 얼마나 감액되었는가는 태조 때의 녹과가 불명하기 때문에(『조선경국전』 부전 녹봉조에 1 ~ 9품 18과로 차등하여 지급하였음만 확인) 그 내용은 알 수 없다. 그러나 태종대의 지속적인 재정절감책에 미루어 1 ~ 18과 모두 상당한 액수가 삭감되었을 것이라고 추측된다.
1과 재내대군·정승 이상 녹미 100석·주포정포 공 32필 ~
5과 이성제군·정3품 성균관대사성 이상 녹미 70석·주정포 共 23필, 판전의감사 이상 녹미 68석·주정포 공 23필 ~
12과 종6품 녹미 40석·주정포 공 15필 ~
18과 종9품 녹미 14석·정포 4필, 권무 녹미 9석·정포 3필.

643) 『태종실록』 권33, 17년 3월 정미.

644) 『태종실록』 권12, 6년 11월 기묘.

645) 『태종실록』 권28, 14년 8월 신유.

646) 『세종실록』 권91, 22년 10월 갑신.

647) 『세조실록』 권39, 12년 8월 갑자. 무품인 大君과 君은 250결과 200결에서 225

었다가 『경국대전』에 법제화되면서 확립되는 토대가 되었다.

3) 租稅制度의 整備와 租稅輸送策의 講究

조선의 조세제도는 개국과 함께 고려말의 조세제도를 계승하여 양전이 완료된 경기·충청·경상·전라·강원·황해도 623,097결의 토지를 守令(공전)이나 田主(사전)의 책임하에 損失을 踏驗하여 수세하면서 성립되었다.

이 개국초의 조세제도가 별 변동 없이 1400년(정종 2)까지 계승되다가 태종대에 이르러 전국적인 양전실시·조세징수 및 조운의 복구 등에 따라 조세제도가 정비됨은 물론 수세액이 크게 확대되면서 재정이 개선되었다.

1408년에 公處奴婢의 身貢과 제주의 貢賦를 상정하였다.[648] 1413년에 함경도·평안도의 공부를 상정하였다.[649] 1415년에는 제주의 收租法과 麥田租稅法을 정하였다.[650] 또 공전은 損失踏驗法에 따라 과세하기는 하나 1402년부터 수시로 답험손실시의 자의성을 배제하기 위해 敬差官을 파견하였다.[651] 이러한 조세제도의 정비와 부세로 1417년에는 비축곡식이 1409년의 1,481,857석에서 415만5401석(13년에는 3,568,700석)으로 증가되었다.[652]

조선개국 초 하삼도의 조세수송은 고려말 이래의 왜구로 인한 陸運이 답습되었지만, 태종대에는 왜구의 감소와 함께 조운이 복

결과 180결로 감소되었고, 정1품 이하는 150 ~ 15결에서 110결 ~ 10결로 감소되었다.

648) 『태종실록』 권16, 8년 9월 정사.

649) 『태종실록』 권25, 13년 1월 정해.

650) 『태종실록』 권29, 15년 4월 기사, 권30, 15년 10월 무진.

651) 『태종실록』 권4, 2년 8월 기사, 외.

652) 『태종실록』 권17, 9년 1월 신유, 권34, 17년 7월 계유.

구되면서 세곡이 운송되었다.

1401년(태종 1) 南界의 賦稅를 水運할 것이 결정되었고,[653] 곧이어 조운선 251척(경상도 111, 전라도 80, 충청도 60)이 건조되면서 조운이 실시되었다.[654] 그러나 얼마 뒤인 1403년에 경상도의 조운선 30여 척이 패몰되면서 조군 1천여 명이 익사하고, 곡식 1만여 석이 수몰하는 참사가 있자 경상도 조세를 다시 陸運으로 전환하였다.[655] 이어 1412년에는 그간에 걸친 몇 차례의 조운선 패몰과 관련되어[656] 전국의 조세를 육운하도록 입법화하기도 하나, 그로 인한 폐단에서 경상도를 제외한 지역에만 조운이 실시되었다.[657] 이와 함께 조운선의 안전과 세곡의 확보를 위하여 태종 13 ~ 14년에 걸쳐 蓴堤를 개구하여 安興梁을 우회할 것을 기도하였고,[658] 1417년에는 경기의 사전 3분의 1을 하삼도로 이급하였다.[659]

이 조세제와 조세수송제가 세종대 이후에 사전도 수령의 책임하에 답험손실한 후 과세하고, 공법전세제로[660] 전환하는 등으로 보완·개변되었다가 마지막 『경국대전』에 법제화되면서 확립되었다.

---

653) 『태종실록』 권2, 1년 8월 무오.
654) 『태종실록』 권3, 2년 5월 병술·6월 계축.
655) 『태종실록』 권5, 3년 5월 신사·6월 신해·정사.
656) 『태종실록』 권24, 12년 7월 경자.
657) 『태종실록』 권24, 12년 11월 갑신.
658) 『태종실록』 권24, 12년 11월 기축·정유, 권25, 13년 2월 기미.
659) 『태종실록』 권34, 17년 7월 기해.
660) 공법은 손실답험으로 인한 전세부과의 폐단을 시정하기 위하여 토지의 등급을 6등급, 풍흉의 정도를 9등급으로 나누어 종래의 1/10세(결당 30두)를 1/20세(20~4두)로 세액을 낮추어 징수한 궤도였다. 공법은 세종 18년 공법 상정소가 설치되면서 본격적으로 추진되어 세종 26년에 확정 되었다. 공법은 세종 26년 우선 경상·전라·충청도에 실시되었고, 이후 점차로 확대되면서 성종 20년까지 8도 모두에 실시되었다.

4) 貨幣流通의 도모

화폐유통은 고려에서는 건원중보·해동통보·은병 등이 주조되고 본격적으로 유통되었지만, 조선에서는 1394년(태조 3) 箭幣制를 실시할 것이 제기되면서 논의되고(미실시)[661] 태종대에 楮貨를 발행하여 유통시키면서 실현되었다.

태종대의 저화유통은 중앙집권적 지배체제의 정비에 필요한 재정을 조달하고 민중의 생활을 안정시킬 목적에서 실행되었고, 1402년 1월에 전년에 하륜의 건의에 따라 저화 2,000장을 발행하면서 시작되었다.[662] 이어 저화의 유통을 정착시키기 위하여 녹봉의 일부를 저화로 지급하고, 백성에게 저화로 국고미곡을 무역하고, 五升布의 사용을 금지하고 상거래에 저화를 이용할 것을 강제하였다.[663] 그러나 이 때의 저화유통은 민간의 현물선호, 저화의 사용불편과 가치저하 등으로 부진함을 면하지 못하고 곧 오승포와 겸용되었다.[664] 그러다가 1403년에 저화의 교환수단으로서의 가치상실과 저화유통으로 야기된 민심동요·민생불안으로 인해 저화통용이 중지되면서[665] 실패하였다.

그 후 1410년에 태종의 저화유통에 대한 의지에 따라 다시 저화유통이 결정되고 저화가 유통되었다.[666] 이후 이전과 같이 저화유통을 정착시키기 위해 오승포의 직조금지·경죄의 저화수속·각도 민호의 세포와 공장세·행상세·노비신공세 등의 저화납부,[667]

---

661)『태조실록』 권6, 3년 7월 을묘 .
662)『태종실록』 권3, 2년 1월 기축.
663)『태종실록』 권3, 2년 1월 경인·신묘, 3월 경인, 외.
664)『태종실록』 권4, 2년 9월 갑진.
665)『태종실록』 권6, 3년 8월 을해·9월 을유.
666)『태종실록』 권19, 10년 5월 신사·6월 계묘·갑자, 권20, 10년 7월 병인.
667)『태종실록』 권20, 10년 8월 병진·9월 무자, 외.

常五升布의 화폐대용을 금지하고 공사무역에 모두 저화를 사용토록 하였다.[668] 또 호조와 강원도 陳米를 백성들에게 저화로 무역하게 하고, 외방 각관의 세공액을 정하고 저화로 납부하게 하였다.[669] 동시에 백관과 백성에게 저화의 사용을 신칙하고[670] 백관에게 저화의 통행책을 강구하게 하는[671] 등의 조치가 계속되었다. 이 때 재개된 저화유통은 1425년(세종 7) 동전이 전용화폐가 되기까지 계속되었다. 그러나 저화유통에 있어서는 여전히 실물거래를 선호하는 민중의 성향으로 인한 저화의 실질가치 하락, 저화의 지질에 따른 사용불편, 저화 1장을 상오승포 1필이나 쌀 2말로 정한 법정가치와[672] 저화가 소액거래에 불편한 한 등에서 정착되지 못하였다.

5) 産業의 振興

(1) 農 · 桑業

農 · 桑業은 국가경제와 농민생활의 토대가 되었기에 조선 개국과 함께 그 권장이 표명되고 육성이 도모되었다. 태조는 즉위와 함께 農桑勸奬을 지시하였고,[673] 정종대에도 최초로 '先蠶祭'를 지

---

668) 『태종실록』 권20, 10년 10월 갑오.

669) 『태종실록』 권30, 15년 7월 임인 · 권33, 17년 3월 갑인, 권24, 12년 7월 병술. 각관의 세공저화는 총 51,700장(미곡으로 환산하면 6,900여 석)에 달하였다. 그 수는 각각 유수관 500장, 대도호부 400장, 부 300장, 지주관 200장, 현령 · 감무 100장이었다.

670) 『태종실록』 권20, 10년 10월 경신, 권28, 14년 12월 무술, 외.

671) 『태종실록』 권20, 10년 11월 갑자.

672) 『태종실록』 권3, 2년 1월 임진 (전략) 楮貨一張 准常五升布一匹者 直米二斗. 실질가치는 1419년(세종 1)에 저화 1장이 쌀 3되로 하락되었고, 곧 1장에 2되로 하락되었다가 1422년에는 저화 3장이 쌀 1되로까지 하락되었다(권인혁, 1991, 「저화」, 『한국민족문화대백과사전』 19, 한국정신문화연구원).

673) 『태조실록』 권2, 1년 9월 임진.

내고 양잠을 장려하였다.[674)]

태종대에는 당시까지의 농상책을 계승하여 대대적으로 토지를 개간함은 물론 수리시설을 확충하고 양잠을 육성하는 등 농·상업을 크게 진흥하였다. 수시로 감사와 수령에게 권농과 수리진흥을 신칙하고, 제언을 축조하게 하였다.[675)] 1414년(태종 14)에는 강화부에 제언을 축조하여 1,000여 결의 경작지를 확보하였고,[676)] 1418년에 김제 벽골제와 눌제를 수축하여 2만여 결에 필요한 수리를 도모하였으며,[677)] 1416년에는 강화 嘉陵浦에 國農所를 설치하였다.[678)]

양잠의 진흥을 도모하여 1409년에 주 나라의 제도를 본받아 宮園에 뽕나무를 심었고,[679)] 1415년에 『農桑輯要』 養蠶篇을 이두로 번역한 『양잠경험촬요』와 『양잠방』을 간행하여 보급하였다.[680)] 1416년과 1417년에는 경기도 가평에 朝宗迷原蠶室 등 각 도에 1소씩의 잠소를 설치하고 관리를 파견하여 농민에게 양잠기술을 전습하고 보급하였다.[681)] 이러한 등과 관련하여 1416년에 잠실채방사가 生繭 98석 10두·繰絲 10근·種連 140장을 진헌하고,[682)] 1417년에 '지금 양잠이 융성해졌다"[683)] 고 할 정도로 양잠이 본격화 될 토대가

674) 『정종실록』 권3, 2년 3월 기사.

675) 『태종실록』 권27, 14년 2월 을사·6월경술, 권29, 15년 1월 경신, 외.

676) 『태종실록』 권28, 14년 9월 갑신.

677) 『태종실록』 권30, 15년 8월 기축·권35, 18년 1월 갑자(벽골제 6,000여 결, 눌제 10,000여 결).

678) 『태종실록』 권31, 16년 3월 계묘.

679) 『태종실록』 권17, 9년 3월 갑진.

680) 『태종실록』 권28, 14년 2월 을해, 권33, 17년 5월 기유.

681) 『태종실록』 권32, 16년 8월 갑자·권33, 17년 1월 무술. 관원이 파견된 잠소는 개성 유후사, 경기 가평, 충청도 청풍, 경상도 의성, 풍해도 수안, 전라도 태인 잠소였다. 잠실에는 각각 잠모 10명, 종비 10구, 노자 20구를 배치하였다.

682) 『태종실록』 권31, 16년 5월 정사.

683) 『태종실록』 권34, 17년 10월 신축.

구축되었다. 그 외에도 1418년(태종 18)에 산을 낀 郡縣에 養蜂筒을 설치하여 貢蜜을 확보하고 山村民의 수입을 늘리게 하였다.[684)]

태종대의 이러한 농업·양잠진흥은 세종대에 농업생산력이 증대되고 양잠이 성행하면서 농민의 소득이 증대되고 생활이 향상되는 등 경제가 융성하는 토대가 되었다.

(2) 商業

고려말에는 원명교체로 인한 정치혼란과 정쟁, 왜구·홍건적의 침입 등으로 정치가 불안하고 민생이 피폐하였기에 상업이 부진하였다. 조선은 개국과 함께 고려말의 상업정책을 계승하였고, 이러한 상업정책은 이후 1400년(정종 2)까지 별 변동없이 계승되었다.

태종대에는 개국초의 정치·사회적인 혼란을 수습되면서 국가·왕권과 함께 민생이 안정되었다. 태종은 이를 토대로 개성에서 한성으로의 천도와 함께 도성내에 시전을 조성하여 개설하고 여항소시를 활성시키는 등 상업의 진흥을 도모하였다.

1401년에 상평창을 설치하여 물가조절과 원활한 물화유통을 도모하였다.[685)] 태종 1년과 10년 이후에 저화를 발행하여 유통을 도모하였다.[686)] 1410년에는 다음과 같이 市廛의 지역적 한계와 곡물·우마의 교역소를 정하였고,[687)] 1412년에 京市監과 淸濟監을 설치하여 시장·시전을 감독하고 상세의 징수를 주관하며 시가의 청결을 감독하게 하였다.[688)]

---

684) 『태종실록』 권35, 18년 3월 갑술.
685) 『태종실록』 권17, 9년 1월 신유.
686) 저화의 발행과 유통도모는 앞 4) 참조.
687) 『태종실록』 권19, 10년 2월 갑진.
688) 『태종실록』〉 권23, 12년 3월 무신, 12년 4월 정사·병인.

大市　; 長通坊以上, 미곡 · 잡물 - 東部 蓮花坊 洞口, 남부 훈도방, 서부 惠政橋, 북부 安國坊, 중부 廣通橋, 소 · 말 - 長通坊 하천변.
閭巷小市; 거주지 문앞.

또 1412년부터 1414년에 걸쳐 도성경영에 따른 궁궐 · 관서의 조성과 함께 시전행랑 800간과 각사 朝房用 행랑 3,000餘間이 조성되면서[689] 도성과 도성 - 지방간의 물화유통이 증대되고 상업이 활성화되었다. 이와 함께 1415년에 工匠 · 商賈稅를 이익에 따라 3등으로 부과하고 長廊에 정주하는 公廊의 상인에게는 장랑세를 부과하였다.[690]

한편 대외무역에 있어서도 태종대에는 대명관계가 정상화되면서 사행을 통한 명과의 본격적인 조공무역이 정착되었는데,[691] 이에 따라 교류 물종과 총량이 점차 확대되었다. 또 대왜 · 여진 무역에 있어서도 왜사 · 야인의 입조(진헌)와 회사, 북방과 남방 무역소를 통한 이들과의 물화 유통이 확산되면서 상업이 융성하는 계기가 되었다. 그 외에도 유구와 남만 등과도 사신을 통해 무역이 행해졌다. 조선과 명 · 왜 · 여진 · 유구와 남만 간에 유통된 주요 물화는 다음의 표와 같다.

689) 『태종실록』 12년 2월 ~ 14년 2월조. 시전행랑은 혜정교로부터 창덕궁 동구에 이르는 도로 좌, 우변에 조성되었다.
690) 『태종실록』 권29, 15년 4월 기사, 세액은 工兵稅는 매월 3장(上等) ~ 1장(下等)이었고, 行商稅는 매월 2장이고 坐賈稅는 매월 저화 1장 이었으며, 장랑세는 1칸 당 춘 · 추에 저화 1장이었다.
691) 대명외교의 정착은 뒤 5장 1절 참조.

〈표 21〉 조선과 명 · 왜 · 여진 · 유구 · 남만 주요 수출입품[692]

	수출	수입	비고
명	금, 은, 금은세공품, 소, 말, 각색 저포·면포, 인삼, 용문석, 나전공예품, 종이.	보석, 각종 비단, 서적, 약재, 자기, 문방구	
왜	미곡, 서적, 불경, 저포, 마포, 면포, 화문석, 표피.	금, 은, 동, 납, 유황, 도검, 소목, 단목, 감초, 사탕, 수우각, 상아.	
여진	금, 은, 보석, 마포, 저포, 면포, 미곡, 염, 철	말, 각종 수피, 해청, 어물.	
유구, 남만	각종 포물, 호피, 서적.	유황, 소목, 향료, 후추, 사탕, 주석, 수우각.	

태종대에는 이처럼 고려말 ~ 정종대에 비하여 상업이 활성화되기 시작하였지만 화폐(저화)유통이 정착되지 못하고 미 · 포 등 현물유통이 중심이 되면서 융성하지 못하였다. 이러한 상황이 다소의 차이는 있지만 常平通寶가 유통되고 大同法이 실시되는 조선후기까지 계속되었다.

(3) 鑛業 · 漁業 · 鹽業, 其他

광업 · 어업 · 염업은 고려말은 물론 태조 · 정종대에도 왜구 · 홍건적의 침입 등과 정쟁으로 인한 정치불안, 경제혼란 등과 관련하여 침체에서 벗어나지 못하였다.

태종대에는 조선개창의 혼란이 극복되고 왕권이 강화되고 국력이 신장되며, 농업 등 산업 전반의 육성책이 도모되면서 금은광 등이 개발되고 어업과 염업이 활성화되기 시작하였다.

692) 원유한, 1994, 「무역」, 『한국사』 24, 195 ~ 205쪽에서 종합.

鑛業은 명나라에 매년 금 150량과 은 700량을 조공하였는데,[693] 조공량이 많기도 하였지만 국내의 금·은 생산량이 미미하여 이를 충당하기 어려웠다. 그리하여 1406년(태종 6)에는 경외의 3품 이상관과 都護府官 이상의 외관에 백은을 징수할 정도였다.[694] 금·은의 생산을 확대하기 위하여 금은산지를 고하는 자에게 관직에 제수하거나 재물을 주고 부역을 면제하였으며, 외방에 採訪使나 採訪別監를 파견하여 금을 채굴하고, 금은 채굴기술자를 양성하였다.[695] 그러나 1411년까지는 광산이 개발되고 여러 곳을 채굴하기는 하나 '安東府 北面의 은광을 시채했는데 300명의 丁夫가 수개월에 걸쳐 겨우 3錢을 얻었다'[696] 고 할 정도였고, 금광도 큰 성과가 없었다.[697] 그러나 1412년 이후에는 그간의 채굴경험과 함량이 높은 금광의 개발 등으로 매년 200 ~ 300량을 채굴하고,[698] 또 사찰의 주금 불상·탑·용구, 민간소유 금은 매입, 산금처의 세공징수, 금니사경·도금금지 등의 조처가 계속되면서[699] 1417년(태종 17)에는 5, 6년 세공금이 확보되기에 이르렀다.[700]

---

693) 『태종실록』 권34, 17년 8월 무진.

694) 『태종실록』 권12, 6년 윤7월 을해. 부과된 백은의 량은 1품 5량, 2품 4량, 3품 3량, 유수관·대도호부 50량, 목·부 30량이었다.

695) 『태종실록』 권23, 12년 2월 병자, 외, 권34, 17년 9월 임오.

696) 『태종실록』 권13, 7년 3월 신유, 외.

697) 『태종실록』 권22, 11년 10월 을사, 외.

698) 『태종실록』 12 ~ 18년. 이 사이에 대량으로 진헌된 금, 은은 다음과 같다.
1412년 2~11월; 금 - 동북면 1근 61량, 은 - 경상도 20량, 풍해도 83량.
1413. 3 ; 금 - 동북면 144량, 은 - 경상도 50량, 동북면 53량.
1414. 3 ; 금 - 동북면 138량.
1415. 4 ; 금 - 충청도 200여량.
1417. 9 ; 금 - 평안도 150량, 함길도 190량.
1418. 3 ; 금 강원도 137량, 황해도 7랼, 평안도 1근 8량.

699) 『태종실록』 권34, 17년 9월 무신.

700) 『태종실록』 권34, 17년 9월 임오.

漁業은 1406년에 漁梁의 독점을 금하면서 원하는 자에게는 어업을 하게 하고 10분의 1을 징수하였다.[701] 鹽業은 1411년과 1413년에 楮貨·잡곡도 소금의 교환대상물로 추가하고,[702] 1414년에는 課鹽法을 정하였다.[703]

그 외에 綿業은 목화가 원지배기에 전래되기는 하나 그 보급에는 상당한 시기가 소요되었기에 고려말까지는 의생활에서 紬·苧·麻 처럼 널리 보급되고 실용되지 못하였다.[704] 이러한 상황이 정종말까지 계속되다가 태종대에 이르러 그 보급이 확대되고 면포의 생산장려책 및 면복착용자가 급증하면서 대표적인 토산 의복재로 정착되었다. 製紙業은 조선 개국이후에 서적인쇄, 사대부의 수요증대 등 수요의 확대에 따라 발전하였다. 태종대에는 대대적인 서적인쇄[705]·대명외교의 정착과 1407년 명의 厚紙 10,000장 공헌 요청과[706] 이후 후지가 진공물에 편입되는 등에 따라 수요가 크게 증대되면서 닥나무의 재배가 장려되고 생산량이 크게 증대되면서 융성하였다.

또 태종대에는 명에의 대대적인 마필진헌으로 인한 군마의 부족을 극복하고 기마병의 강화를 위해 치세를 통해 목장을 증설하고 마필증식을 도모하였다.[707] 강화부·제주목 등지에 목장을 증설·신설하고 養馬체계를 제정하였으며,[708] 馬政事宜를 신칙하고

---

701)『태종실록』 권12, 6년 11월 기묘.
702)『태종실록』 권22, 11년 11월 신사, 권26, 13년 9월 정축.
703)『태종실록』 권28, 14년 9월 정축.
704)『고려사절요』 권35, 공양왕 3년 3월.
705) 뒤 267쪽 참조.
706)『태종실록』 권14, 7년 10월 임오.
707) 대명 마필진헌은 뒤 249쪽 774) 참조.
708)『태종실록』 권25, 13년 3월 정유·권29, 15년 1월 경신, 권31, 16년 5월 정유, 외.

병조로 하여금 국마를 회계하게 하였다.[709]

이상에서 태종대에는 호조를 중심으로 재정기구가 정비되었고, 동·서계와 제주도를 양전하고 연해지역을 포함한 남방 6도에 대한 양전을 대대적으로 실시하여 고려말에 비해 40여 만결이 증가한 120여 만결의 토지를 확보하였다. 동시에 공신전을 축소하고, 과세전을 확대하며, 조세제도를 정비하여 수입을 늘리고 지출을 줄여 비축곡을 150여 만석에서 420여 만석으로 크게 늘렸다. 또 농업과 양잠업을 육성하고, 시전을 개설하고 저화를 유통하여 상업을 발달하게 하였으며, 금광과 은광을 대대적으로 개발하고 채굴하여 광엽을 진흥하였다. 이러한 전결의 확보, 재정비축·산업의 진흥은 태종대의 부국강병·민생향상과 세종성세의 토대가 되었다.

2. 社會政策의 實施와 奴婢整理

1) 社會政策의 實施

조선은 개국과 함께 국가운영의 토대가 되는 민생안정을 왕도정치구현의 목표로 인식하고 이를 실현하기 위해 고려말의 義倉, 惠民局, 東·西大悲院 등을 계승하여 서민을 賑貸·救療·救恤하였다.[710] 이러한 사회정책은 이후 1400년(정종 2)까지 이들 기구에 의료기구로 濟生院이 추가로 설치되었고,[711] 서울과 지방의 의학

709) 『태종실록』 권33, 17년 6월 무자, 권30, 15년 8월 갑술, 외. 목자 1명이 雌馬 雄馬 1필의 1屯을 관리 하였다.

710) 『태조실록』 권1, 1년 7월 정미.

711) 『태조실록』 권12, 6년 8월 임인.

교육을 위해 6學의 하나로 醫學이 설치되고[712] 각 界首官에도 醫院이 설치되어 선발된 양반자제에게 의학을 교육하는 등으로 확대되면서 실시되었다.

태종대에는 당시까지의 사회정책을 계승하여 치세를 통하여 진대·의료·구휼기구를 확대·정비하고 그 실시 폭을 확대하였으며, 농민의 각종 부담을 경감시키고 농번·혹한기에는 부역·군역자를 귀향시키는 등 민생의 안정을 도모하였다.

(1) 賑貸

조선개국 이래로 진대는 義倉에서 담당하였는데, 1405년(태종 5)에 6조제의 정비에 수반되어 등장한 호조의 版籍司로 하여금 진대를 전장하게 하였다.[713] 이와 동시에 근본적으로는 백성의 생활난에서 기인되었겠지만, 춘궁·파종기에 어려움을 겪는 백성들의 구제가 표방되면서 매년 진대곡의 액수를 증액시켜 1417년에는 전국의 대여곡이 미·잡곡을 합해 82만여 석에 달하는[714] 등 진대는 중심이 되는 사회정책으로 정착되었다.

(2) 醫療·救恤

태종대에는 정종말까지의 의료·구휼기구가 계승되어 운영되었고, 그 위에 성리학의 융성과 함께 왕도정치의 구현이 표방되면서 의료·구휼활동이 확대되면서 민생안정에 크게 기여하였다.

醫療에 있어서는 1401년에 濟生院에 다수의 의원을 상주시켜 민간

712) 그 외의 5학은 兵(武)學, 律學, 字學, 算學, 曆學이다.
713) 『태조실록』 권9, 5년 3월 병신.
714) 『태종실록』 권33, 17년 3월 계유.

병자를 치료하게 하면서 시작되었고,[715] 이후 치세를 통해 의료사업이 활발하게 전개 되었다. 1406년에 관직자와 서민 환자를 치료하기 위하여 童女를 선발하여 醫藥·脈理·鍼灸學을 가르쳐 부인병 치료에 힘쓰게 하는 '醫女制度'를 실시하였다.[716] 1418년에는 의녀의 수를 7명에서 17명으로 늘려[717] 부녀자의 치료를 확대하였다. 1409년에 '醫藥活人法'을 반포하여 현직자가 아닌 수업한 閑散人까지도 치료에 종사하게 하였다.[718] 또 1415년에는 『鍼灸銅人圖』를 간행·반포하여 침술의 보급과 침술을 통한 치료를 확대하였다.[719]

救恤은 1400년(태종 즉위) 12월에 동북면에 蝗害가 발생하자 사신을 파견하여 진휼하면서 시작되었고,[720] 이후 치세를 통하여 신속하면서도 활발하게 전개 되었다. 풍수해, 한재, 황충, 기근 등의 재해가 발생하거나 여진·왜구와의 전쟁으로 군인이 사망하는 사유가 발생하면 보고를 받은 즉시 그 규모에 따라 사신을 파견하거나 관찰사 이하 현지 관인으로 하여금 의창곡을 방출하여 구휼하거나 조세·공물·부역을 면제하거나 경감하였다.[721] 또 시위 중인 군사는 귀환시키고 상번해야 할 시위군사는 상경을 중지하고,

715) 『태종실록』 권1, 1년 3월 경신.
716) 『태종실록』 권11, 6년 3월 병오.
717) 『태종실록』 권35, 18년 6월 경자.
718) 『태종실록』 권17, 9년 2월 경진.
719) 『태종실록』 권30, 15년 12월 정축.
720) 『정종실록』 권6, 2년(태종 즉위) 12월 임자.
721) 몇 예를 보면 태종 5년에 혹심한 손재로 화곡의 1/3 ~ 4/5이 손상당한 12군현의 조세를 면제하거나 포로 대납하게 하였고, 16년에 기근이 심한 경기도 군현에 미곡 81,347석을 내어 11,910호 65,869구를 구휼하였고, 14년에 도성과 각도 80세 이상 환과고독에게 미 1석을 지급하고 관청으로 하여금 30세 이상 미성혼녀를 성가시키게 하였으며, 6년에 기근이 심한 충청도민을 진휼하고 요역을 면제하였다(『태종실록』 권10, 5년 9월 기유, 권31, 16년 4월 경오, 권27, 14년 6월 신유, 권12, 6년 8월 계축).

곡종을 지급하며, 재물을 하사하여 유가족을 위무하는[722] 등 피해 백성의 자활을 도모하였다.

또 수시로 각도에 問民疾苦使를 파견하여 외방 백성들의 고통을 조사하여 해결하게 하였고, 宿債가 있는 백성으로 하여금 당시까지의 이자를 면제하고 원금만 상환하게 하였다.[723] 1406년(태종 6)에 모든 토지에 대한 병작금지를 강화하여 鰥·寡·孤·獨·無子·無奴婢者로서 3·4결 이하 경작자를 제외한 모든 토지의 병작을 금지하였다.[724]

(3) 負稅輕減 및 其他

태종은 치세를 통해 서민의 생활안정을 위해 각종 부세를 경감하였다. 1410년에 공물과 이중으로 징수된 戶布稅를 폐지하였고,[725] 1415년에는 家戶에 부과되던 布帛稅를 폐지하였다.[726] 1407년에 가호에 부과한 煙戶米를 폐지하였다.[727]

각종 재해를 당한 군현과 백성들에게 구휼책으로 각종 조세와 공물을 면제하거나 견감하였고, 상경하여 공역과 군역에 종사하는

722) 태종 6년에 한재가 혹심한 충청·경상·전라도 시위군의 번상을 정지하고 7년에 기근이 심한 충청도 번상시위군을 방환하였으며, 12년에 충청도의 미곡 5,000석과 경기도의 미곡 5,000석을 풍해도와 서북면 수송하여 종자로 지급하였으며, 4년에 홍수로 인한 표류익사호·반표류익사호·표류호·반표류호·익사인호에 미두 각 3석 이하를 지급하였다(『태종실록』 권12, 6년 윤7월 기미·권13, 7년 2월 병술, 권23, 12년 2월 을축, 권9, 4년 7월 기미).

723) 『태종실록』 권2, 1년 10월 병인, 권1, 1년 5월 갑인. 이후 문민질고사는 치세를 통해 수시로 파견되면서 민원의 해결에 기여하였다.

724) 『태종실록』 권12, 6년 11월 기묘.

725) 『태종실록』 권20, 10년 11월 계미.

726) 『태종실록』 권29, 15년 6월 을해.

727) 『태종실록』 권13, 7년 6월 경술.

자는 귀향시키고, 변상할 시위군은 변상을 중지하였다.[728]

그 외에도 1401년에 궐문에 申聞鼓를 설치하고 상하의 백성이 억울한 일을 자유롭게 청원, 상소할 수 있게 하였다.[729] 1414년에는 '死囚覆考法'을 제정하여 사형을 신중하게 집행하였다. 즉 경외 사형수는 형조에서 고핵하여 의정부에 보고하고, 의정부에서 이를 다시 검토한 후 국왕에게 보고하여 재결을 받은 후에 집행하였다.[730] 또 관노비의 경우에 한 가족은 동일 관청에 정속시켜 사역에 종사하게 하여 구호하였다.[731]

2) 身分制의 整備와 戶口·良人의 確保

태종대에는 혼란된 양천을 분별하고 호패제와 보충군제를 실시하는 등으로 여말에 크게 혼란된 양천제를 시정하면서 신분제를 정비하였고, 권세가에 의해 탈점되면서 감소된 호구·양인을 확보하여 국가운영의 토대를 정립하였다.

(1) 身分制의 整備

태종대에는 고려말 이래로 당시까지 계승되면서 큰 사회문제가 되었던 양천혼효를 광정하였고, 관직의 고하 등에 따라 의례 등을 구별하여 관인들의 위계를 구분하였다.

태종은 당시에 현안이 된 노비문제에 대해 각별한 관심을 가지고 지속적으로 그 해결책을 강구하여 '노비중분법' 등으로 마무리

728) 앞 237쪽 주 722) 참조.
729) 『태종실록』 권2, 1년 8월 정사.
730) 『태종실록』 권27, 14년 6월 경술.
731) 『태종실록』 권28, 14년 12월 경인.

지었다.[732] 또 1414년(태종 14)에는 從父法을 제정하여 국역인구를 확보하면서 奴婢主의 세력약화를 도모하였다.[733] 이어 1405년에 공사천민이 양녀와 혼인하는 것을 금지 하였고, 1415년에 補充軍制를 실시하여 良賤交婚 소생 중에서 父가 양인인 경우에는 보충군에 편입하여 일정기간의 군역을 마친 뒤에 양인이 되게 하였다.[734] 이로서 양인과 국역인구가 크게 증가하였다.

그러나 1415년에 庶孼差待法을 정함으로써[735] 서얼차별의 악례를 남기기도 하였다.

(2) 戶口 · 良人의 確保

태조대에도 양인확보가 도모되면서 품관 비첩소생이 방량되기도 하였지만, 태종대에 이르러 노비의 방량 등 국가운영의 토대가 되는 호구와 양인을 확보하기 위한 정책이 대대적이면서도 집중적으로 실시되었다.

1402년에는 '군정성적법'을 상정하여 所耕 다소에 따라 군적을 성적하였고,[736] 또 1408년에 '호구법'을 시행하여 호별로 양인과 천인을 파악하였으며,[737] 이후 치세를 통해 여러번에 걸쳐 '호구식'을 제정하고 그에 따라 호구를 성적하여 호구를 확보하였다.[738] 이와 동시에 대대적으로 노비를 변정하여 원래 양인이었던 노비

732) 뒤 244쪽 (2)참조
733) 『태종실록』 권27, 14년 6월 무진.
734) 『태종실록』 권10, 5년 9월 갑인, 권29, 15년 3월 병오.
735) 이상백, 1954, 「서얼금고시말」, 『동방학지』 1(『태종실록』 권27년, 14년 1월 기묘 · 권29, 15년 6월 경인.)
736) 『태종실록』 권4, 2년 8월 임자.
737) 『태종실록』 권16, 8년 11월 정묘.
738) 태종대 호구상황은 241쪽 주745) 참조.

를 환량하고, 종부법과 보충군제를 실시하여 품관과 양인의 비첩 소생을 양인화하여[739] 양인수를 크게 확대하였다.

1413년에 중앙집권을 강화하고, 호구파악 · 유민방지 · 역의 조달 · 신분질서의 확립 · 향촌의 안정 등을 도모하기 위하여 '호패법'을 실시하였다.[740] 그러나 호패제는 1416년 6월 호패제의 실시로 인한 양인의 국역부담과중 · 호패로 인한 치죄, 이로 인한 민심동요 등와 관련되어 폐지되었다.[741] 호패는 서울은 한성부, 지방은 계수관에서 16세 이상의 모든 남자에게 발급하여 항상 패용하게 하였다. 이 호패의 형태, 크기, 재료, 기재내용, 위조자 등의 처벌규정은 다음의 〈표 22〉와 같다.

태종대에 실시된 호패제는 그 장, 단점과 관련되어 이후 한말까지 실시와 폐지가 반복되고, 지패를 전용하거나 角 · 木牌와 紙牌가 혼용되면서[742] 정부의 민호장악과 부역확보 등 지방통치에 기여하였다.

---

739) 노비변정과 보충군의 시행과 내용은 뒤 243 ~ 244쪽 참조.

740) 『태종실록』 권26, 13년 9월, 이광린, 1955, 「호패고」, 『백락준박사환갑기념국학논총』, 한충희, 1991, 「호패」『한국민족문화백과대사전』.

741) 『태종실록』 권31, 16년 6월 임술.

742) 그 실시 시기는 다음과 같다(한충희, 위 「호패」에서 종합).
1459년(세조 5) 2월 ~ 1469년 (성종 즉위) 12월,
1610년(광해군 2) 9월 ~ 1612년 12월
1626년(인조 4) 1월 ~ 1627년 1월
1675년(숙종 1) 11월 ~ 고종대(1675 ~ 1677년 3월 지패전용, 1677 ~ 1685년 1월 사대부 각 · 목패 평민 지패).

〈표 22〉 태종 13년 호패제[743)]

분류	내용	비고	분류	내용	비고
형태와 크기	상원하방 길이 - 3촌7푼, 넓이 - 1촌3푼 두께 - 2푼		火印 유무	무 - 현직자 유 - 산관이하	
재료	상아 - 2품 이상 녹각 - 4품 이상 황양목 - 5~6품 자작목 - 7품이하 관원 잡목 - 서인 이하		발급 과정	작패가능자 서울; 작패→한성부→착인→발급 지방; 작패→계수관→착인→발급 작패불능자 서울; 납목→한성부→작패→착인→발급 지방; 납목→계수관→작패→착인→발급	
기재 내용	관직 - 3품 이상 관직·경명·주소 – 산관 3품 이하 성명·주소·얼굴색·수염 유무 - 서인 소속부대명·신장- 시·산군관 역명·소속·관아·주인명·나이·주소·얼굴색·수염유무·신장 - 잡색인		처벌 규정	위조자; 사형(처자는 노비) 발급기한 경과자; 동상 호패반납후 미수자; 중형 유이자; 감 1등 차용·대여자; 감 2등 망실자; 태형후 재발급 관리소홀자; 태형 유이자 단속부실 이장·수령과 무패자 통과 진관 관리 - 감 2등	

이리하여 1404년(태종 4)에 8도 호구가 153,404호와 322,786구가 1425년(세종 7) 『세종실록지리지』의 토대가 된 『팔도지리지』에는[744)] 201,853호와 692,477구로 호구가 크게 증가하였다.[745)] 이러한 태종

743) 한충희, 위 「호패」[표] 조선시대 호패일람 태종 13년조에서 전재.

744) 노도양, 1991, 「세종실록지리지」, 『한국민족문화대백과사전』, 한국정신문화연구원.

745) 『태종실록』 권7, 4년 5월 을미, 권12, 6년 10월 병진, 『세종실록지리지』 각도조. 각도의 호와 정은 다음과 같다(태종 4년의 경기도 호와 구는 편의상 6

대의 성과는 세종대 이후로 계승되고 정비 · 확대되면서 양반 · 중인 · 양인 · 노비의 신분제가 정립되고 4군 6진의 개척과 문물이 융성되면서 국기가 확립되는 토대가 되었다.

3) 奴婢整理

고려시대 노비의 신분은 '賤者隨母法'에 의하여 결정되면서 어미의 신분에 따라 대개는 신분이 결정되었지만, 이와 동시에 '從父法'이 병용되면서 노비의 신분은 부모 중 1인이라도 천인이면 천인으로 귀속되는 즉 '1賤則賤'이 통용되었다. 이러한 노비귀속과 관련되어 양인 인력이 급감하고 귀족 · 관인 등의 사적 인적지배가 크게 확대되었다. 이에서 고려 정부는 양인을 확보하기 위하여 1392년(고려 공양왕 4)에 양천상혼을 금지하고 그 소생은 從良하

년의 호와 구로 대체함).

		태종 4년	6년	세종 7년경 (세종실록지리지)
호	경기도	20,729호*	20,729호	20,882호
	충청	19,561	19,560	24,170
	전라	15,703	17,514	24,073
	경상	48,992	48,993	42,227
	풍해	14,170	14,170	23,511
	강원	15,879	15,879	11,084
	동북면	11,311	11,311	14,739
	서북	27,778	33,890	41,167
	계	174,133	182,076	201,853
정	경기도	38,238구*	38,238구	50,352구
	충청	44,476	44,476	100,790
	전라	39,151	39,167	94,248
	경상	98,915	98,915	173,759
	풍해	29,441	29,441	71,897
	강원	29,238	29,224	29,009
	동북	28,693	28,683	66,978
	서북	52,872	62,321	105,444
	계	361,024	370,465	692,477

도록 하였다. 또 노비는 재산시되면서 매매·상속·증여되었기 때문에 이와 관련된 노비재송이 그치지 않으면서 당시의 현안사가 되었다.

조선은 이러한 고려말의 상황을 극복하기 위하여 품관 등 양인의 천첩소생을 점차로 방량하여 양인으로 삼았고, 특히 공사 노비 쟁송을 척결하기 위해 노비변정도감과 관노비쇄권색을 설치하여 해결하였으며, 태종대는 그 결과로 다수의 양인과 공노비를 확보하였다.

(1) 公私奴婢의 辨正

조선은 개국초인 1395년(태조 4)에 '노비변정도감'을 설치하고 공사노비의 변정을 도모하는[746] 등 고려말 이래로 당시까지 계승되면서 사대부와 종족간에 불화를 조성하던 노비쟁송을 해결하면서 국역인구를 확보하기 위하여 노력하였다. 그러나 이 때는 왕조가 개창된 직후이고 또 왕위계승을 둘러싼 정쟁 등으로 1399년(정종 1)에 노비변정도감이 폐지되면서 마무리를 짓지 못하였다.[747]

태종대에는 개국초로부터 계승된 '1천즉천'의 신분제를 타파하기 위하여 우선 1401년(태종 1)에 예천부원군 權仲和의 상소에 따라 노비와 혼인한 양녀를 강제로 이혼시켰고,[748] 1414년에는 品官의 천첩소생 외에 양인과 공사노비 소생도 부의 신분에 따라 종량

746) 『태조실록』 권8, 4년 12월 신해,
747) 『정종실록』 권1, 1년 3월, 『태종실록』 권10, 5년 9월 무술. 그런데 도감의 혁파시기에 있어서 태종 1년에 혁파하였다고 함에서 정종 1년에 변정사업이 중단되었다가 정식으로 이 때에 혁파된 것으로 추측된다(『태종실록』 권1, 1년 1월 을해).
748) 『태종실록』 권2, 1년 7월 갑인.

(호적에 신량역천으로 등재)시키는 '從父法'을 제정하여[749] 양인과 국역인구를 확보하면서 奴婢主의 세력을 크게 약화하였다. 1415년에 의정부가 상소한 '노비결절20조목'을 신칙하면서 노비변정 · 노비쟁송 등 모든 노비문제를 본격적으로 처리하기 시작하였고,[750] 이후 노비결절사가 거듭 신칙되면서 추진되었다.[751] 이와 동시에 '補充軍制'를 실시하여 천인종량자가 일정한 기간 보충군에 복무하면 양인으로 신분을 승격시켰다.[752]

그 외에 1408년에 공처노비의 身貢을 정하였고,[753] 1413년에 외방 留守府 이하 각관의 노비호를 상정하였으며,[754] 1415년에 중앙 각사에 노비쇄권색을 설치하고 공노비 추쇄작업을 시작하여 1417년에 완료하면서 총 119,602구(노 59,585구, 비 60,017구)의 공노비를 확보하였다.[755]

(2) 奴婢爭訟의 整理

태종은 노비쟁송에 각별한 관심을 가지면서 그 해결을 위해 노력하였다. 1401년 9월에 大司憲 李原 등이 상소하여 "대소인원이 노비문제로 소송할 때 만단으로 수식하기 때문에 골육이 상잔하고

---

749) 『태종실록』 권27, 14년 6월 무진.
750) 『태종실록』 권10, 5년 9월 무술.
751) 『태종실록』 권12, 6년 윤7월 기미, 권19, 10년 1월 무자, 권21, 11년 4월 정유.
752) 『태종실록』 권29, 15년 3월 병오.
753) 『태종실록』 권16, 8년 8월 계묘. 신공액은 노가 추포 5필이고 비가 추포 4필이었다. 태종 6년 사원노비의 속공이후 공노비가 12만여 구였음에서 총액이 추포 54만여 필에 달할 것으로 추측된다.
754) 『태종실록』 권25, 13년 4월 임술. 각관에 상정된 노비호수는 다음과 같다. 유수부 200호, 대도호부 · 목 150호, 부 100호, 지관 50호, 현령 · 감무관 30호, 무관 각현 10호.
755) 『태종실록』 권30, 15년 8월 임인, 권33, 17년 6월 정해.

화기를 해친다" 라고 하면서, 주무 관청으로 하여금 동년 8월 이전까지 결송하지 못한 송사를 명확하게 결송할 것을 요청하면서 제기되었다.[756] 이 이후 노비쟁송문제는 1417년까지 지속적으로 해결이 도모되면서 마무리 되었다.

1406년(태종 6) '公處奴婢決絶法',[757] 1413년에 쟁송노비를 재판의 두 당사자에게 반씩을 지급하는 '奴婢中分決絶法'을 반포하여 당시까지 논란된 공노비와 사노비를 둘러싼 노비쟁송을 종결지었다.[758] 1414년에 奴婢辨定都監을 설치하고 提調 3명(종2품 이상겸)이 都廳 12명과 총 15방에 소속된 관원(각 使 1(3품)·副使 1(4)·判官 1명)을 지휘하면서 집중적으로 심리하여 동년 9월에 노비쟁송을 일단 마무리하였다.[759] 이어 1416년에 '決訟之限',[760] 1417년에 '公私奴婢訴良之限·斷訟之限'을 공포하여[761] 지역별로 차이를 두고 결송기일과 訴良期日을 한정하여 실행하였다.

(3) 寺院奴婢整理와 公奴婢推刷

사원은 조선이 개창된 후에도 고려말 이래의 막대한 전결과 노비를 소유하면서 많은 사회·경제적 폐단을 야기하였다. 조선은 배불숭유를 국시로 삼기도 하였지만 사원이 소유한 토지·노비로 인한 폐단을 제거하고 국유지와 공노비를 확보할 필요가 있었다.

---

756) 『태종실록』 권2, 1년 9월 을미.
757) 『태종실록』 권11, 6년 4월 갑자.
758) 『태종실록』 권26, 13년 9월 정축·11월 임오.
759) 『태종실록』 권27, 14년 4월 정사, 권28, 14년 윤9월 을류. 그 중간에 방이 20으로 확대되고 각 방에 판관 1명과 사·부사·판관 각 1명이 가정되었다(권28, 14년 8월 계해·윤9월 임인).
760) 『태종실록』 권32,16년 11월 무신.
761) 『태종실록』 권33, 17년 1월 임자.

이에 따라 태종은 1406년에 전국의 사원과 사원에 소속된 토지·노비를 대대적으로 정리하여 전국의 사찰을 11宗 232寺로 정리하고 사찰이 소유한 토지와 노비 중 200·100결과 100·50구 이외의 것을 속공하여[762] 사원노비 8만여 구 등 총 12만여 구를 중앙과 지방의 각 관아에 분속시켰다.[763]

공처노비의 추쇄는 1406년에 '공처노비결절법'을 제정하여 쟁송의 대상이 된 공노비의 확보를 시작하였고,[764] 1415년에 각 관아에 노비쇄권색을 설치하고 대대적으로 공노비를 추쇄하여 1417년에 마무리하면서 총 119,602구(노 59,585, 비 60,017)를 확보하였다.[765]

이러한 개국 이래 당시까지에 걸친 신분변정을 통한 양천의 신분구분과 대량의 양인확보, 노비쟁송의 해결을 통한 재판 당사자간의 갈등해소, 몰수한 사노비의 공노비 편입을 통한 관아의 원활한 운영 등은 신분질서를 확립하고 민심을 안정시키는 토대가 되었다.

이상에서 태종은 치세를 통해 국가의 수입을 늘리고 지출을 줄이는 방향으로 전제·재정을 운용하였고, 국초 이래로 현안이 된 양천혼효와 노비쟁송을 과감히 정리하여 신분제를 확립하고 효과적인 구휼정책 등을 통하여 국고를 충실히 하여 사회의 갈등과 동요를 해소하면서 민심을 안정시켰다. 이러한 국고 수입증대와 민심의 안정은 세종대로 계승되면서 세종대의 4군 6진 개척과 문물의 융성 등 세종성세의 토대가 되었다.

---

762) 『태종실록』 권11, 6년 3월 정사.
763) 속공노비의 대부분은 태종 6년에 혁거된 사사노비였고, 노비는 일단 典農寺에 소속시킨 후 필요에 따라 각사에 분급하게 하였다.
764) 『태종실록』 권11, 6년 4월 갑자.
765) 『태종실록』 권30, 15년 8월 임진, 권33, 17년 6월 정해.

第 5 章

事大交隣策의 定立과 教育·科擧制의 整備

1. 事大交隣策의 定立

1) 對明 外交의 復舊와 事大外交의 定立

(1) 대명외교의 복구

우리 나라와 명과의 외교는 1368년(고려 공민왕 17) 명이 건국하자 사신을 보내어 수교를 청함으로서 시작되었다. 이 때에 성립된 고려와 명과의 외교관계가 공민왕말까지 지속되다가 1374년 공민왕이 시해되고 우왕이 즉위한 후 정권을 잡은 李仁任이 명사 蔡斌이 귀국하다가 친원파인 金義에 의해 살해되자 명의 문책을 두려워하여 친명정책을 유보하고 명에 쫓겨 몽고에서 명맥을 유지하던 북원과 국교를 재개하면서 단절되었다.[766] 이후 명의 고려에 대한 강압이 계속되었고, 고려는 지속적으로 명과의 관계개선을 모색하여 1386년(우왕 16)에 우왕의 즉위를 승인받기에 이르렀다. 그러다가 1387년에 명이 요동에 웅거한 나하추(納哈出)를 정벌하고 요동진출을 본격화하면서 우호적인 태도를 바꿔 옛 동녕부지역에 철령위 설치를 통고해 왔다. 이에 우왕과 崔瑩이 강경히 대

766) 고혜령, 1981, 「이인임정권에 대한 일고찰」, 『역사학보』 91, 28 ~ 31쪽(『고려사절요』 우왕 1년조).

처하면서 이성계 등의 '출병불가론'을 뿌리치고 요동정벌군을 출동시켰다. 그러나 요동정벌도모의 후유증으로 배원친명을 주장하던 이성계와 그 추종자가 위화도회군으로 집권하여 최영을 제거하고 우왕을 폐위한 후 창왕을 옹립 및 洪武 연호를 다시 사용하면서 일단 고려와 명과의 악화된 관계는 해소되었다.

고려말에 회복된 명과의 관계는 조선이 개국하고 조선이 요청한 이성계의 즉위를 승인받고[767] '1年 3使'는 거절되나 '3年 1使'를 통고받는[768] 등 순조롭게 전개되었다. 그러다가 1393년(태조 2)에 실권자인 鄭道傳이 태조의 호응하에 義興三軍府를 중심으로 군제를 개혁하고 군비를 증강하면서 요동진출을 도모하자 이를 인지한 명이 1395년에 태조의 고명과 인장을 요청한 국서에 '명을 모욕한 문구가 있다'고 트집을 잡으면서 정사인 예문춘추관대학사 鄭摠 등을 억류(뒤에 살해)한 즉, '表箋問題'가 야기되면서 악화되었다.[769] 이어 명이 표전을 작성한 책임자로 정도전을 지목하고 그의 압송을 요구하였으나 조선이 이를 거부하고 진법훈련을 강행하는 등 요동정벌을 도모하면서 파탄되었다.

1395년 이래로 악화된 조명관계는 1398년 靖安君 李芳遠이 주도한 쿠데타로 조명관계의 회복에 제일 큰 장애가 되었던 정도전이 살해되면서 해결의 실마리가 풀렸다. 한편 명에서도 태조의 뒤를 이은 建文帝(惠帝)와 건문제의 숙부이면서 북방을 지키고 있던 燕王(뒤의 成祖 永樂帝) 간에 제위계승전이 야기되었기에 조선과의 관계개선이 요청되었다. 이에 따라 1399년(정종 1)경에 1년 3사의

767) 『태조실록』 권2, 1년 10월 경오.
768) 『태조실록』 권4, 2년 9월 갑진.
769) 표전문제는 앞 57쪽 주 85) 참조.

사신입조문제가 해결되었고,770) 1400년에 정종의 즉위를 승인받고 명이 요청한 마필을 진헌하는 등 명과의 국교가 회복되었다. 이렇게 회복된 명과의 관계는 그 후 1403년(태종 3)에 태종이 명으로부터 고명과 인장을 받으면서 정착되었다.

(2) 對明 事大外交의 定立

태종은 1394년 정안군 때에 명 태조의 親王子 입조요청에 따라 입조하는 도중 북경에서 연왕을 상면하고 환대를 받기도 하였고,771) 또 태종과 成祖는 그 즉위 과정도 비슷하였다. 이점은 태종대에 대명외교가 정립되는 중요한 토대가 되었다고 하겠다.

태종은 1401년 명나라 惠帝로부터 誥命·印信을 받았으나 성조가 계위하자 이듬해 홍무연호를 복구하고 좌정승 河崙 등을 보내 등극을 축하하고 혜제가 준 고명·인신을 개급하여줄 것을 요청하였으며,772) 1403년에 새 고명·인신을 받음으로써 대명관계를 정립시켰다.773)

태종대에 정상화된 조명관계는 처음에는 명의 요동진출로 인한 여진문제와 국내에 입거한 요동군인(慢散軍)을 둘러싸고 불편한 적도 있었고, 또 1년에 세 차례의 사신파견에 따른 조공과 처녀·환관·말·소 등의 무리한 진헌이 있기도 하였다.774)

---

770) 박원호, 1995, 「명과의 관계」, 『한국사』 22, 295쪽.

771) 『태조실록』 권6, 3년 6월 기사·11월 을묘.

772) 『태종실록』 권4, 2년 10월 계해·을축.

773) 『태종실록』 권5, 3년 4월 무신·기미.

774) 『태종실록』 1 ~ 17년조. 대규모의 소, 말 등의 진헌과 만산군의 송환은 다음과 같다.
엄인 ; 3 ~ 17년 총 93명
처녀 ; 8년 5인 등 17년까지 총 8명.
소 ; 4년 10차 총 10,000두

그러나 조선과 명간에 현안이 되었던 여진문제는 명이 1403년 兀良哈 추장 於虛出이 입조하자 建州衛를 설치한 것을 시작으로 1409년까지 요동지역에 115개 衛所를 설치하면서 해결되었다.[775] 만산군 문제도 1403년 1월에 3,649명을 송환한[776] 것을 시작으로 이후 1408년까지 전국을 대상으로 철저히 추쇄하여 총 25,000여 명을 송환하면서 해결되었다.[777] 태종은 명이 요구한 우·마 등의 진헌과 만산군 송환 등에 정성을 다하였고,[778] 명도 이러한 태종과 조선정부의 성의를 높게 평가하였다.[779]

이리하여 1403년 이후에는 매년 3차(하정·성절·천추사)의 정기사행과 사은·주문사 등 3 ~ 4차에 걸친 임시사행이 파견되고 2 ~ 4차의 명사가 入來하는[780] 등 대명 사대외교가 정립되었다. 이러한 조명관계는 금은진헌에 있어서도 비록 태종대에는 해결을 보지 못하였지만[781] 세종대(1430)에 해결되는 토대가 되었다. 또 빈번한 사신의 내왕과 함께 진헌과 회사의 조공무역이 행해지면서 성리학서·약재·역서 등의 선진문물을 수입하고 금은, 인삼, 공예품, 종이, 문방구 등을 수출하였다.[782]

태종대에 정립된 대명 사대외교는 이후 세종대에 고착되면서

말 ; 1 ~ 2년 10,000필, 3년 2,548필, 7 ~ 8년 3,000필. 9년 10,000필.
후지 ; 8년 10,000장, 외.
사리 ; 7년 800과, 외.
만산군; 3년 4월까지 남·녀13,641명, 6년 8,200여, 7년 1,300여, 8년 300여.

775) 박원호, 앞 논문, 295쪽.
776) 『태종실록』 권5, 3년 1월 을사.
777) 앞 주 774).
778) 동상조
779) 『태종실록』 권20, 10년 10월 임자, 권35, 18년 5월 무진, 외.
780) 박원호, 앞 논문, 297쪽 〈표 1〉, 300쪽 〈표 2〉.
781) 『태종실록』 권17, 9년 1월 갑자.
782) 원유한, 1994, 「무역」, 『한국사』 24, 196 ~ 198쪽.

명의 국왕즉위 승인을 통한 왕권과 국가의 안정, 수입된 성리학서 등 선진문물은 국기를 튼튼히 하고 유교문화를 발전시킨 토대가 되었다.

2) 對倭·女眞 外交의 定立

(1) 對倭

조선의 개국과 함께 고려말의 대왜관계를 계승하여 왜구를 토벌하고, 일본국왕·대마도주 등과 사신을 교환하고 미곡 등을 하사 및 왜구의 금압을 요청하고 귀화인에게 관직·미곡 등을 하사하는 강경책과 온건책의 양면책을 구사하였다. 그러나 이러한 정책에도 불구하고 일본은 태종초까지는 왜구의 근거지인 九州 전역을 통제할 만한 세력이 없어 각지의 세력자가 주도하는 왜구를 금압할 수 없었기에 왜구의 출몰이 계속되는 등 큰 효과가 없었다.

태종대의 대왜관계는 당시까지의 대왜정책을 계승하여 강경책과 화친책을 병행하였는데, 재위 초기에는 큰 성과가 없었지만 1410년(태종 10) 이후에는 일본 막부의 전국 통일과 대명·조선 우호정책의 전개 등으로 인해 왜구가 거의 종식되고 교린외교가 정착되었다. 즉 고려말까지 전국이 분열되어 혼란하였던 일본이 무로마찌(室町) 막부의 아시까가 요시미쯔(足利義滿) 장군이 1399년(조선 정종 1, 일본 復小松(足利義持) 應永 6) '應仁의 亂'을 진압한 후 구주 전역을 세력권으로 편입하여 왜구에 대한 통제력을 발휘하기 시작하였고, 1401년에 명에 사대할 것을 청하여 1403년에 일본국왕에 책봉되었다. 이와 동시에 조선과도 왜구의 금압을 약속하고 포로가 된 조선인을 송환하는 등 적극적으로 관계개선을 도모하였다.[783)]

태종은 치세를 통하여 해안요지에 鎭·浦를 설치하고 성곽을 수축·보수하고 진포의 수군을 증강하고 다수의 병선을 건조하여 배치하며, 왜구가 침구할 때마다 都體察使 이하를 파견하거나 현지의 都節制使 이하로 하여금 병선을 지휘하여 대대적으로 토벌하였다. 이러한 대왜구 정책은 일본 막부와 대마도주 등의 왜구금압 조치와[784] 함께 1409년(태종 9)까지 극성하였던 왜구가 1410년 이후에는 거의 종식되는 효과를 보게 되었다.[785]

또 1407년에 興利倭人의 무역을 정하고 통교무역자의 입국을 입증하는 行狀을 발급하였고, 到泊所를 부산포와 乃而浦로 한정시켜 병비를 정탐하고 亂言作弊함을 금지하였다.[786] 1414년에는 '왜인범죄논결법'을 정하여[787] 범죄왜인을 처벌하였다. 1417년에 거류왜인의 경상도에서의 선박건조를 금하고,[788] 이듬해 鹽浦·加背梁에 왜관을 설치하고 추가로 개방하였지만[789] 왜인제약을 계속하였다. 이와 함께 입국왜인·왜선·체류시일·釣漁地 등을 제한하였으며,[790] 거주왜인들은 모두 내륙으로 이주시켜[791] 왜구와의 내통을 예방하였다.

한편 태종대에는 일본국왕과 대마도주 등 영주에게 사신을 파

---

783) 하우봉, 1995, 「일본과의 관계」, 『한국사』 22, 369 ~ 372쪽.

784) 『태종실록』 권13, 7년 2월 신해 · 권16, 8년 10월 임인, 권8, 4년 12월 정유 · 권25, 13년 6월 정축, 외.

785) 태종 1 ~ 9년(2, 5년 제외)에 걸쳐 매년 5 ~ 20회 총 70여 차에 걸쳐 침구하였고, 10년 이후는 조선 보다는 명을 침입하였다. 이러한 상황에서 명은 조선이 왜구가 결탁한 것이 아닌가 라고 의심할 정도였다(『태종실록』 1 ~ 18년조).

786) 『태종실록』 권14, 7년 7월 무인, 외.

787) 『태종실록』 권28, 14년 9월 을해.

788) 『태종실록』 권33, 17년 윤5월 갑술.

789) 『태종실록』 권35, 18년 3월 임자.

790) 『태종실록』 권33, 17년 5월 기축, 권35, 18년 3월 임자, 외.

791) 『태종실록』 권24, 12년 10월 기사, 외.

견하여 우호를 도모하고 왜구의 금압을 요청하였고,[792] 일본국왕과 대마도주 등의 사신을 환대하고 다량의 미곡 등을 하사하였다.[793] 귀화해 오는 왜인들에게 관직을 제수하고 집 · 노비 · 미포 등을 하사하였다.[794] 내조하는 왜 사신과 파견하는 사신 등을 통해 공사무역이 행해졌다. 왜 사신은 조선인 포로를 송환하고[795] 은 · 동 · 납 · 유황 · 도검 · 소목 · 백반 · 감초 · 사탕 · 호초 · 수우각 · 상아 등을 진상하였으며, 미두 · 면포 · 저포 · 인삼 · 서적 · 불경 등을 하사하였다.[796] 이중 일본에서 유입된 광산물과 유황 등은 각종 공산품의 원료로 사용되면서[797] 조선의 은 유통과 공업발전에 기여 하였다.

1419년(세종 1)에는 태종이 상왕으로 군국중사를 청단하면서 대규모의 군사를 출동시켜 대마도를 정벌하였다. 대마도정벌은 완전한 성공을 거두지는 못하였지만, 당시까지에 걸친 대왜 교린외교와 남방변경이 안정되면서 세종대 북변개척과 성세의 토대가 되었다.[798]

---

792) 『태종실록』 권4, 2년 7월 신묘 · 권10, 5년 12월 무진, 권28, 14년 8월 정미, 외.

793) 『태종실록』 권11, 6년 2월 신사, 권22, 11년 9월 기사 · 권35, 18년 2월 경술, 외. 하사하는 미곡은 대개 수십 ~ 200석 정도였고, 특별한 경우는 400석인 경우도 있었다.

794) 『태종실록』 권26, 13년 8월 갑인 · 11월 을유, 외.

795) 국왕 외에 사신을 보낸 각지의 영주로는 대마도주 종정무와 일기도주 원량희 등 20여 명이 있었고, 포로 송환은 태종 2년에 일기도주가 2차에 걸쳐 송환하면서 시작되어(수 미상) 3년에 국왕사신이 130명을 송환하면서 본격화되었으며, 18년까지 송환이 계속되면서 1,000여명 이상이 송환되었다(『태종실록』 1년 ~ 18년조).

796) 하사된 미곡량은 영주의 진헌물과 세력에 따라 차등이 있었는데, 대개 수십석으로부터 수백석이였다(『태종실록』 1년 ~ 18년조).

797) 원유한, 1994, 「무역」, 『한국사』 24, 201 ~ 203쪽.

798) 대마도정벌의 경과와 성과는 뒤 287쪽 참조.

(2) 對女眞

여말선초의 여진은 통일되지 못하고 압록강과 두만강 유역을 중심으로 수많은 종족과 추장이 세력을 이루면서 각지에 분거하였다.[799] 여진이 분거한 지역은 조선과 명의 중간지역이기도 하였지만, 특히 동북면 여진지역은 조선의 용흥지였기 때문에 조선개창이래로 중시되면서 경영된 지역이었다.[800]

태조는 왕조개창과 함께 잠저시절에 자신을 추종한 吾都里 추장 동맹가첩목아 등 30여 명에게 萬戶 등의 관직을 제수하고 미포 등을 하사하면서 동화를 도모하였고,[801] 鄭道傳을 동북면에 보내어 경계와 주군의 명호를 정하고[802] 외관을 파견하는 등 통제를 강화하였다. 그러나 태조 ~ 정종대까지는 명의 요동진출과 관련된 여진정벌, 여진 추장의 조명 이중 외교, 식량이 부족한 여진의 변경침입이 계속되면서 대여진관계는 별 진전이 없었다.

태종대에는 趙思義亂을 계기로 태조대에 동화정책과는 달리 강경책과 온건책을 병행하였다. 이에 따라 1404년(태종 4)에 여진인에게 상경시위제를 실시하고, 1406년에는 경성·경원에 무역소를 개설하였다.[803] 서북국경의 개척은 1403년 강계부, 1413년 갑산군,

---

799) 조선과 접경한 두만강 이남의 함흥에서 두만강 하류, 두만강 이북의 목단강·綏芬河·송화강 까지의 동부 만주지역에 토착여진·오도리·올량합·올적합의 여러 족파가 망라되었다(김구진, 1995, 「여진과의 관계」, 『한국사』 22, 332 ~ 333쪽).

800) 태조 2년에 和寧府를 永興府尹府로 승격하였고 요해처에 산성과 읍성을 쌓아 방어를 강화하였다. 도절제사에 靖安君 芳遠과 撫安君 芳蕃(정안군 실권후)이 제수되었고, 태조 잠저시에 사병인 家別赤는 이 지역출신으로 구성되었는데, 태조가 즉위한 후에는 정안군 방원에게 주었으며, 진휼 등을 후하게 베풀었다(『태조실록』 1 ~ 7년조).

801) 김구진, 앞 논문, 322 ~ 323쪽.

802) 『태조실록』 권13, 7년 2월 경진.

1416년 여연군을 각각 설치하면서 압록강까지 진출하였다.[804] 그러나 동북면 지역은 즉위초에 경원부와 경성성을 축조하였음에도 불구하고 1406년부터 1410년에 걸친 여진의 침입으로 경원부를 경성으로 옮기고 공주에 있는 德陵·安陵을 함흥으로 옮겼으며, 1415년에 길주·영흥성을 축조하면서 1417년에야 경원부를 복설할 정도로 효과를 거두지 못하였다. 또 치세를 통하여 진을 증치하고 군사를 주둔시키며, 요지에 산성과 읍성을 축조하는 등 방어를 강화하였다.

입조하는 여진에게 관직을 제수한 것은 1404년 오도리 추장 童猛哥帖木兒와 崔也吾乃에게 상호군과 대호군에 제수한 것에서 비롯되었고,[805] 이후 치세를 통해 여진 추장에 대한 관직제수와 재물하사가 끊이지 않았다. 또 시위하기를 청하는 경우에는 시위로 삼아 종사하게 하였고,[806] 가재와 노비를 하사하였다.

한편 명에서도 요동경영과 관련하여 여진추장에게 관직을 제수하고 재물을 하사하는가 하면, 대대적으로 토벌하여 1409년까지 建州衛 등 115 衛所를 세워 통제를 강화하였다.[807]

이러한 조선과 명의 대여진 정책과 관련되어 1410년경 이후는 여진의 침입이 거의 종식되었고, 태종대를 통하여 建州衛 兀良哈·斡朶里·兀狄哈 등의 추장이 72차에 걸쳐 입조하는[808] 등 대여진 교린외교가 정착되었다. 이들 입조하는 추장들의 진헌과 회

803) 『태종실록』 권11, 6년 5월 기해.
804) 한충희, 2004, 「조선초기 도제와 군현제 정비연구」, 『계명사학』 15, 220쪽 〈표 5〉.
805) 『태종실록』 권7, 4년 3월 무신·갑인.
806) 『태종실록』 권7, 4년 3월 임술.
807) 앞 249쪽.
808) 김구진, 앞 논문, 350쪽 〈표 3〉.

사를 통해 금은·미곡·면포·소금·농기구·소금·간장 등이 수출되고, 말·각종수피·해청·매·어류 등이 수입되었다.[809)]

이와같이 정착된 대여진 교린외교와 동·서북 변경 안정은 세종대로 계승되면서 4군 6진의 개척과[810)] 국가융성의 토대가 되었다.

(3) 對琉球·자바

우리나라와 유구와의 관계는 1389년(고려 창왕 1)에 유구의 中山王 察度가 사신을 보내어 통교를 요청한데서 비롯되었다. 조선과 유구의 교류는 1392년(태조 1)에 중산왕이 사신을 보내면서 시작되었고, 이후 1524년(중종 19)까지 총 48차에 걸쳐 사신이 입조하였다.[811)] 이 중 태종대에는 1409년(태종 9)과 1410년의 2차에 걸쳐 입조하였다.[812)] 유구와의 관계는 유구의 입조가 중심이 되었고, 사신을 통한 진헌과 회사의 규모도 일본 등과는 비교가 되지 못하였다. 그러나 사신을 통해 왜인에 의해 유구로 매매된 조선인 포로와 해중에 표류된 조선인이 송환되기도 하였다.[813)]

한편 쟈바와는 1406년에 蒙國王의 사신 陳彦祥이 입조하여 통교를 요청하면서 교류가 시작되었고, 1412년에도 사신이 내조하여 국서와 토산물을 진상하였다.[814)]

---

809) 원유한, 1994, 「무역」, 『한국사』 24, 199 ~ 200쪽.

810) 4군과 6진은 세종 15년 ~ 25년경에 걸쳐 이천·최윤덕과 김종서·이징옥 등이 세종의 전폭적인 지원을 받아 이 지역에 분거한 야인을 토벌하고 압록강과 두만강 밖으로 구축하면서 설치되었다(방동인, 1995, 「압록강 중상류방면 영토개척」, 『한국사』 22, 144 ~149쪽, 「두만강 하류방면 영토개척」, 위 책, 161 ~ 168쪽.

811) 하우봉, 1995,「유구와의 관계」, 『한국사』 22, 441쪽〈표1〉.

812) 『태종실록』 권18, 9년 9월 경인, 권20, 10년 1월 임자.

813) 『태종실록』 권32, 16년 7월 임자 琉球國通信使 前護軍 李藝還 推刷國人爲倭寇所擄 轉買于琉球國者 四十四人以來, 외.

2. 教育·科擧制의 整備와 崇儒抑佛

1) 教育制와 科擧制의 整備

(1) 교육제 정비

조선은 개국과 함께 고려말의 신진사대부들에 의하여 추진되었던 유학진흥책을 계승하여 관학의 육성을 도모하였다. 1392년 개국과 함께 고려말의 학교를 계승하여 중앙에 成均館·5部學堂을 두고 지방 각 군현에는 鄕校를 두었다. 이어 1395년에 먼저 성균관의 건축을 시작하여 1398년에 강당인 '明倫堂'·孔子 이하 중국과 우리나라의 선현을 모신 '文廟' 등을 갖추면서 완공하였다.[815]

이 성균관에는 개국과 함께 知館事(정2겸, 1인)·同知館事(종2겸, 1)와 大司成(정3품, 1인)·祭酒(종3, 1) 이하 20여 명의 학관을 두어 교육을 관장하게 하였다.[816] 이리하여 아직 1391년(고려 공양왕 3)에 '私學 12徒'가 폐지되면서 설치된 5部 學堂은 독립된 學舍를 갖추지 못하였지만(사찰을 빌어 사용)[817] 고려말까지 사학에 압도되면서 쇠퇴하였던 관학이 진흥되면서 교육의 중심이 될 토대가 구축되었다.

태종대에는 5부 학당의 건축은 물론, 개국 당시의 유학자가 대

---

814) 원유한, 앞 논문, 428쪽(『태종실록』 6년 9월 임신, 12년 4월 을해).

815) 『태조실록』 권8, 4년 10월 을묘, 『증보문헌비고』 권203, 태학 2.

816) 李成茂, 1967, 「鮮初의 成均館 硏究」, 『歷史學報』 35·36, 253 〈표3〉 태조 1년조와 『태조실록』 권1, 1년 7월 정미조에서 종합. 그 외의 학관은 다음과 같다. 樂正(정4, 2인), 直講(정5, 1), 典籍(『태조실록』, 이성무 위 논문에는 典簿, 종5, 1), 博士(정7, 2), 醇儒博士(종7, 2), 進德博士(정8, 2), 學正·學錄(각 정9, 2), 直學·學諭(각종9, 2).

817) 李成茂, 1994, 「관학」, 『한국사』 23, 291쪽.

부분 정치일선에서 물러났거나 죽게 됨으로써 유학진흥과 대명외교를 위한 학자양성이 요청되었다. 이에 따라 태조 이래의 교육정책을 계승하여 서울과 지방의 학교를 건축하고 토지와 노비를 지급하며, 학관을 엄선함은 물론 교육에 전념하게 하는 등 학제를 정비하여 교육진흥을 도모하였다.

1402년에 元子의 교육을 위해 元子學宮을 건축하였고,[818] 1406년에 성균관 외곽지역을 확정하고[819] 1407년에는 1400년(정종 2)에 소실된 문묘를 재건하고 공자 이하의 신위를 봉안하였다.[820] 1411년에는 南部 誠明坊에 南部學堂을 건축하였고(그 외의 중·동·서부학당은 세종대에 건축),[821] 1413년에는 성균관의 東·西齋를 확장하고 식당을 조성하였다.[822] 한편 기술학의 육성을 위해 1406년에는 국초 이래의 6學을 10학으로 증설하였고,[823] 1406년에는 그 각각에 提調(종2품 이상 겸) 1명을 두어 해당 학의 교육을 지휘하게 하였다(12년에 1명씩이 추가).[824]

1406년에는 지방 군현에 설치된 모든 향교 생도수를 그 읍격에 따라 50(留守府)·40(大都護府·牧·都護府)·30(郡)·15(縣)명으로 정하였다.[825]

1404년에 參贊議政府事 兼知成均館事 權近을 책임자로 유학·경학에 밝은 자를 엄선하여 成均館과 5部 學堂의 학생을 교육하게

818) 『태종실록』 권3, 2년 4월 병자·2년 5월 무자.
819) 『태종실록』 권11, 6년 3월 갑진 定泮宮外廣丈數.
820) 『태종실록』 권3, 2년 2월 정유, 권13, 7년 2월 기해·3월 을해, 7년 5월 기미.
821) 『태종실록』 권21, 11년 6월 무오·11년 9월 무자.
822) 『태종실록』 권26, 13년 9월 기묘.
823) 이성무, 앞 논문(1994), 296 ~ 297쪽. 6학은 兵(武)·律·字·譯·醫·算學이고, 10학은 여기에 자학이 빠지고 儒·陰陽·畵·道·樂學이 추가되었다.
824) 『태종실록』 권12, 6년 11월 신미, 권24, 12년 10월 기사.
825) 『태종실록』 권11, 6년 6월 을류.

하였고,[826] 1411년(태종 11)에는 成均館 醇儒博士를 혁거하고[827] 5부 학당에 각각 敎授官(종6) 2인 · 訓導官(종9) 5인을 두고 이에는 성균관관을 제수하여 교육하게 하였다.[828] 1409년에는 모든 성균관관에게 매월 朔日에 예궐하는 것을 제외한 모든 예궐행사에서 제외시켜 교육에 전념하게 하였고,[829] 외방에도 勸學法을 申飭하는[830] 등 유학교육의 진흥을 도모하였다. 또 기술교육의 진흥을 위해 1417년에 4孟月에 諸學에 시험을 실시하였다.[831] 한편 西北面의 義州 · 泥城 · 江界 등에 儒學敎授官을 설치하는가 하면[832] 급제하고 成均館 · 校書館에 權知로 分差된 자들을 군현 향교에 교수관으로 파견하여 교수하게 하는[833] 등 지방교육의 육성을 도모하였다.

1406년에 모든 지방 군현의 향교에 그 군현의 격에 따라 學田 50(유수부) · 40(대도호부 · 목) · 15결(도호부 · 군) · 10(현)결과 祭田 6(유수부 · 대도호부 · 목) · 4(도호부 · 군) · 2(현)결을 지급하였다(곧 도호부의 향교에 15결을 추가로 지급).[834] 또 1413년에는 각관 향교에 그 읍격에 따라 20호(유수관) ~ 5호(현령 · 현령관)의 노비호를 지급하였고,[835] 1417년에는 다시 군현별로 이전에 戶 단위로

---

826) 『태종실록』 권5, 3년 3월 경진, 외.
827) 『태종실록』 권21, 11년 6월 무신.
828) 『태종실록』 권22, 11년 11월 계유.
829) 『태종실록』 권17, 9년 4월 병술.
830) 『태종실록』 권30, 15년 10월 경진.
831) 『태종실록』 권31, 16년 3월 신유.
832) 『태종실록』 권11, 6년 3월 갑인.
833) 『태종실록』 권33, 17년 6월 경자.
834) 『태종실록』 권11, 6년 6월 을류 · 권12, 6년 윤7월 정축.
835) 『태종실록』 권26, 13년 11월 정해. 잉여호는 전농시에 이속하고 부족할 때는 전농시노비로 충급하였다.

지급한 것을 口 단위로 조정하여 30(유수부)·25(대도호부·목)·20(도호부)·15(군)·10(현)口를 지급하였다.[836] 1411년과 1412년에는 5부학당에 각각 노비와 전 100결을 지급하였다.[837] 또 성균관의 재정을 관리할 부서로 養賢庫를 설치하고 使(1, 成均館注簿兼)·丞(1, 同 博士兼)·錄事(1, 동 學諭兼)를 두어 담당하게 하였고,[838] 그 경비가 부족하자 그 부족분을 豊儲倉으로 하여금 매월 지급하게 하였다.[839] 그밖에 1411년에 明制에 따라 모든 성균관·5부학당 유생에게 靑衿을 착용하게 하였다.[840]

태종대의 이 교육제가 토대가 되어 이후 세종·세조대 등을 통하여 4학이 건립되고, 성균관·사학·향교의 학관과 교과목·재학기간·정원이 제정되면서 정연한 학제로 정비되었다가[841] 『경국대전』에 법제화되었다.

(2) 과거제 정비

조선의 과거제는 개국과 함께 고려의 문·무과제를 참작하여 문·무과제를 상정하였고, 이에 따라 1392년(태조 1)에 文科, 1402년에 武科를 각각 실시하면서[842] 토대가 놓였다. 이 때에 실시된 과거제는 고려에 비해 무과가 실시되면서 문과와 함께 명실상부

---

836) 『태종실록』 권33, 17년 5월 무자. 잉여호는 전농시에 이속하였다.
837) 『태종실록』 권22, 11년 7월 병술·권23, 12년 5월 기축.
838) 『태종실록』 권24, 12년 10월 임술.
839) 『태종실록』 권33, 17년 6월 갑진.
840) 『태종실록』 권21, 11년 6월 신축.
841) 중(세종 4년)·서(동 17년)·동학(동 20년)이 건축되고 다음과 같이 학관·교과목·학생정원 등이 정비·보완되면서 정립되었다(그 정비과정은 李光麟, 1961, 「鮮初의 4部學堂」, 『역사학보』 16, 38 ~ 39쪽, 이성무, 1994, 「관학」, 『한국사』 23, 1994, 「사학」, 『한국사』 23 참조).

한 兩班制를 뒷받침하기도 하나 座主門生制가[843] 답습되는 등 고려적인 것에서 완전히 탈피하지 못하였다.

태종은 즉위와 함께 당시의 과거제를 과감히 개혁하고 보완하면서 크게 정비하였다. 1402년에 '武科法'을 상정하였고,[844] 이후 '文科重試法'(태종 6년)[845] · '武科親試規式'(10)[846] · '武科三場通考法'(14)[847] ·

		성균관	4학	향교
학관	겸관	知事(정2, 1), 同知事(종2, 1)	각敎授(정6, 2) · 訓導(정9, 2)	
	녹관	大司成(정3당상, 1), 司成(종3, 2), 司藝(정4, 4), 直講(정5, 4), 典籍(정6, 4), 博士(정7, 1), 進德博士(정8, 3), 學正 · 學錄(정9, 1), 直學(종9, 2), 學諭(종9, 4)		敎授(부윤부 · 대도호부 · 목 · 도호부관, 종6 각1), 訓導(군 · 현령 · 현감관, 종9, 각1)
교과목		4서 · 5경 · 『近思錄』 · 『性理大典』 · 『資治通鑑』 · 『春秋左傳』 · 『宋元節要』 · 〈〈經國大典』 · 『東國通鑑』, 製述 등	『小學』 · 4서 · 『孝經』 · 『三綱行實』 · 『朱子家禮』 · 『史略』등	4서5경 · 『소학』 · 『효경』 · 『성리대전』 · 『삼강행실』 · 『근사록』 · 『주자가례』 · 『자치통감』 등
재학기간		제한 없음(권점300 이상으로문과 응시)	8세 이상	15~20세
정원		200인(上 · 下齋生)	각100인	90(부윤부 · 대도호부 · 목) · 70(도호부) · 50(군) · 30(현)인

842) 문 · 무과는 태조 즉위교서에 실시할 것이 천명되었다. 이에 따라 문과는 곧바로 실시되었다(『國朝文科榜目』 凡例 太祖元年壬申榜 缺). 그러나 무과는 각각 태조 2년에 문과와 같이 방방의, 3년에 시험절차, 6년에 출신자 서용법 및 무과법이 詳定된 후 이 때에 비로소 실시되었다(이성무, 1994, 『 改正增補 韓國의 科學制度』, 集文堂, 143쪽, 『태종실록』 권3, 2년 4월 병자조).

843) 『태조실록』 권1, 1년 7월 정미, 『태종실록』 25, 13년 1월 병술.

844) 『태종실록』 권3, 2년 1월 기축.

845) 『태종실록』 권11, 6년 5월 임인.

846) 『태종실록』 권19, 10년 1월 기묘.

847) 『태종실록』 권27, 14년 3월 정유.

'科擧法'(17)[848]을 차례차례로 상정하였다. 이와 동시에 1401년에 '文科考講法'을 제정하여 문과 初場試驗을 製述에서 講經 위주로 전환하였고(곧 제술 위주로 복구),[849] 1411년에 6품관 이하가 응시하기 위해서는 告身을 납부하던 것을 폐지하고 4품관 이하가 자유롭게 응시하는 것으로[850] 개선하였다. 이리하여 태종말에는 다음과 같이 『경국대전』으로 확립된 조선 과거제의 토대가 되는 그것으로 정비되었다.

〈표 23〉 태종말 과거제[851]

	문과	무과	비고
종류	중시*, 정기시(식년시, 매 3년 1회)	문과와 동	매 10년 1회
고시절차 및 과목	초장 - 4서5경 강경 중장 - 강경 종장 - 대책	초장 - 步射 · 편전 200보 중장 - 騎射直背 5발, 騎槍 揮著奪避 종장 - 강 무경7서 중무과자와 3품관인은 회시에 직부	
제수	갑과 1등 종6품직, 2, 3 등 - 정7품직 을과 - 정8품계 병과 - 정9품계 재직 · 산계자 가 1등	문과 와 동	

또 1413년 5월에는 고려후기 이래로 폐단을 야기하던 貢擧 · 座主門生制를 혁파하였고,[852] 漢城試의 액수를 20명에서 30명으로 증가시켰다.[853]

---

848) 『태종실록』 권33, 17년 윤5월 기사.

849) 『태종실록』 권1, 1년 윤3월 경술.

850) 『태종실록』 권21, 11년 3월 정축.

851) 『태종실록』 2년 ~ 17년조에서 종합. 무경7서는 『六韜』, 『孫子』, 『吳子』, 『司馬法』, 『黃石公三略』, 『尉繚子』, 『李衛公問對』이다.

852) 『태종실록』 권25, 13년 1월 병술.

그 외에도 개국 이래로 운영되던 蔭敍制를 계승하여 그 대상을 확대하고 제수절차를 구체화하는 등으로 정비하였다. 1404년(태종 4)경에는 당시까지 實職 3품 이상을 역임한 자의 장자(유고시에는 차자)나 장손에게 正7品 ~ 品外직에 제수하던 것에 공신의 자손을 추가하였다. 1416년경에는 다시 臺諫과 吏·兵曹 역임자의 아들을 추가하고 20세 이상·조나 부 등의 천거·1經 講讀通過 등의 절차를 거쳐 종7품 司醞直長同正이나 종8품 司醞副直長同正에 제수되는 것으로 정비되었다.[854]

이러한 과거제의 정비와 이를 통한 인재등용은 성균관·4학·향교의 정비·육성을 통한 인재의 양성과 함께 세종대 集賢殿을 중심한 문운융성의 토대가 되었다.

2) 崇儒抑佛

(1) 儒學의 崇尙

조선은 개국과 함께 고려말 신흥사대부의 숭유억불책을 계승하여 유교를 숭상하고 유학의 진흥을 도모하였으며, 그와 관련하여 『주자가례』에 따라 장례·제례를 실시할 것이 천명되고 강조되었다. 이에 따라 태조·정종대에는 중앙에 성균관·5부 학당이 설치되고 지방 군현에는 향교가 설치되기 시작하였다. 성균관에는 지관사·대사성 이하, 5부 학당과 향교에는 교수관 이하를 두어 생도를 교육하였다.

---

853) 『태종실록』 권15, 8년 1월 경자.

854) 한충희, 1995, 「朝鮮初期 蔭敍의 實際와 役割 - 樞要職歷任者와 鉅族出身仕官者의 歷官分析을 중심으로 -」, 『한국사연구』 91, 62 ~ 66쪽.

태종은 元子學宮을 설치하여 원자를 교육하고, 성균관을 확장하고 소실된 문묘를 재건하였으며,[855] 독립된 학당이 없어 사찰을 빌려 교육하던 5부 학당 중 우선적으로 남부학당을 건립하였다(세종대에 나머지 학당이 건립).

또 교육의 효과를 높이기 위하여 5부 학당과 향교에 학전과 노비를 지급하였고, 각종 경서를 간행하여 보급하였으며, 유교의례를 제정하여 유풍을 진작하였다.

(2) 유교의례의 정비와 보급

조선은 성리학을 국시로 하였던 만큼 왕조 개창과 함께 성균관·5부 학당·향교를 설치하여[856] 유교의 진흥을 도모하였을 뿐만 아니라 유교의례를 보급하고 실천하기 위하여 노력하였다. 유교의례의 제정은 왕조가 개창된 직후부터 시작되었지만, 태조 ~ 정종대에는 왕조개창의 혼란극복과 명과의 관계악화 등에서 성과가 미미하였다. 그러나 태종의 즉위와 함께 정치가 안정되고, 왕권이 확립 및 유학이 진흥되면서 체계적이고도 집중적으로 의례가 제정·정비되게 되었다.

1392년(태조 1)에 고려말의 불교식 제사를 금지하고 유교식, 즉『주자가례』에 따라 家廟를 세워 제사하고 그 외의 제사는 금단할 것이 지시되었다.[857] 이어 1397년에는 기일을 정해 사당을 세우게 하고 사헌부로 하여금 불교식 제사를 지내는 자를 금지하게 하였다.[858]

태종대에도 태조대의 이러한 정책이 계승되면서 의례상정소를

---

855)『태종실록』권13, 7년 2월 기해·3월 을해, 7년, 5월, 기미, 외.
856)『태조실록』권1, 1년 7월 정미.
857)『태조실록』권2, 1년 9월 임인.
858)『태조실록』권11, 6년 4월 정미.

설치하여 의례를 상정하였고, 『朱子家禮』를 보급 및 『주자가례』에 의한 상제·제사의 실시가 강조되면서 지속적으로 그 실시가 천명되었다.

1403년(태종 3) 처음 벼슬에 오른 자와 7품 이하의 관원에게 『주자가례』를 시험하였고,[859] 경중의 각 관청과 평양부에 『주자가례』를 보급하였다.[860] 1413년에는 단군·기자를 中祀로 승격시키는 등 개인적인 자연신앙을 국가신앙으로 이끌면서 유교적인 제사의식으로 정비하였다. 1401년에 사대부들에게 솔선수범하여 가묘를 세우고 3대의 신주를 안치하게 하였고, 수령으로 파견되는 자도 적장자는 임지에 신주를 받들고 부임하여 『주자가례』에 따라 제사를 지내게 하였다.[861] 1416년에는 가묘설치를 강력하게 추진하면서 기한내에 가묘를 세우지 못해 논죄되는 자를 줄이기 위해 그 기한을 1417년 12월까지로 정하였고, 동시에 가난하고 집터가 좁아 가묘를 건립하기 어려운 3품 이하 관인에게는 『경제육전』에 의거하여 깨끗한 방 1칸을 골라 신주를 모시고 제사하게 하였다.[862] 그러나 그 효과에 있어서는 상하민이 불교식 장례·제사에 익숙하고 그를 선호하였기에 1422년(세종 4)에 "불교식으로 장례를 치르는 자가 대부분이었다"고 할 정도로 미미하였다.

이어 1416년에 官服色을 설치하여 조복과 의례복의 제작을 전담하게 하였고,[863] 1370년(공민왕 19)제를 계승하여 명제에 비해 2등이 체강된 조복·제복제도를 상정하였다. 여복에 있어서도 1414년

859) 『태종실록』 권5, 3년 6월 을묘.
860) 『태종실록』 권6, 3년 9월 갑술.
861) 『태종실록』 권2, 1년 12월 기미.
862) 『태종실록』 권31, 16년 6월 정축.
863) 『태종실록』 권31, 16년 1월 병오·3월 임술.

에는 1407년 이래로 "토착풍속을 따르고 있는 女服도 명제에 따라 개정하라"864) 는 요구를 수용하여 명제로 개정하였다.865)

또 1403년에 '名司啓事儀' '蒐狩薦廟儀', 1404년에 '各品拜揖禮' · '厲祭儀'의 제정을866) 시작으로 이후 치세를 통해 廟制 · 婚禮 · 葬制 · 朝冠服制 등을 를 차례로 제정하였다. 이에 따라 1410년에 儀禮詳定所를 설치하고867) 이 기구를 중심으로 이후 태종말까지 다음과 같이 유교의례와 국가통치와 관련된 각종 의례 등 전분야의 의례가 정비되었다.

5년; 監察相接禮, 喪祭禮.
8 ; 太上王喪制, 醮祭儀
11 ; 宗廟祭禮儀, 釋奠儀, 祭天儀, 祭享儀, 薦新儀, 圓壇祭儀, 報祀儀, 朝會儀, 箕子祭儀. 講武儀, 內命婦儀禮.
12 ; 宗廟祭禮, 定宗王妃喪葬制.
13 ; 諸祀儀, 祀典儀.
14 ; 山川祀典儀, 謁聖儀註.
15 ; 宗廟酌獻儀註, 宗廟祝板改定, 祭享儀.
16 ; 文武百官朝服制, 科擧制(臨文考講法), 官衙報告書式.
17 ; 君王合葬制868)

의례의 정비와 동시에 태종대에는 전대사의 정리 등 역사서가

864) 『태종실록』 권13, 7년 4월, 12년 6월 정묘)
865) 『태종실록』 권28, 14년 10월.
866) 『태종실록』 권5, 3년 6월 을묘 · 권6, 3년 10월을사, 권7, 4년 4월 병자 · 6월 무인.
867) 『태종실록』 권20, 10년 9월 임술. 이 상정소는 이후 세종 18년까지 지속되면서 4례와 5례등 국가의례를 정립하였다(『세종실록』 권70, 17년 11월 병술, 최승희, 1968, 「집현전연구」하, 『역사학보』 33, 75 ~ 77쪽).
868) 『태종실록』 1년 ~ 18년조, 한충희, 2003, 「敬庵 許稠와 世宗代의 政治 및 文化」, 『敬庵許稠硏究』(하양허씨종친회), 149족 〈표 5〉 · 155쪽 〈표 6〉 · 157쪽 주 161)에서 종합.

대대적으로 편찬되었고, 유교의례를 보급하기 위해 유교서적을 편찬·간행하고 보급하였다.

1402년(태종 2)에 河崙·權近·李詹에게 명하여 『東國史略』을 편찬하게 하였고(익년에 찬진),[869] 1410년 영춘추관사 하륜 등이 『태조실록』을 편찬에 착수하여 1413년에 찬진 하였는데,[870] 이 때의 실록편찬을 위한 절차와 편찬은 후대 실록편찬의 토대가 되었다. 1414년에는 河崙·南在 등에게 태조 때 정도전이 찬수한 『高麗國史』 개수를 명하였다(태종 16년 하륜의 사망으로 중지).[871] 이와 동시에 편찬한 서적을 간행·보급하기 위해 노력하였다. 1403년에 주자소를 설치하여 癸未字 수십만자를 주조하였고,[872] 이 활자를 사용하여 태종 12 ~ 16년에 『十七史』·『大學演義』·『元六典』·『續六典』·『乘船直指錄』·『東國略韻』 등을 간행하였다. 또한, 1404년부터 그 이듬해가지는 『陶隱集』·『禮記淺見錄』을 간행하였다.[873] 이중에서도 『원육전』은 태조대에 편찬되어 태조 6년 ~ 태종 11년까지 통치의 근간이 된 법전이고, 『속육전』은 태조 7년 ~ 태종 11년까지의 왕명과 조례 등을 편집한 법전으로 1495년(성종 16) 『경국대전』이 편찬되기까지 『원육전』과 함께 국가통치의 근간이 된 법전이다. 또 1403년에 문신에게 경서를 하사하였고,[874] 1410년부터 주자소에서 인간한 서적을 민간에 판매하는[875] 등으로 서적을 널리 보급하였다.

이와 같이 태종대에 정비된 의례, 실용화된 계미자와 유교서적

869) 『태종실록』 권3, 2년 6월 경신·권6, 3년 8월 을해.
870) 『태종실록』 권18, 9년 8월 정묘·권19, 10년 1월 무인, 25, 13년 3월 신축.
871) 『태종실록』 권27, 14년 5월 임오.
872) 『태종실록』 권5, 3년 2월 경신.
873) 『태종실록』 4 ~ 16년조.
874) 『태종실록』 권5, 3년 6월 신해.
875) 『태종실록』 권19, 10년 2월 계묘.

의 편찬·보급은 세종대로 계승되면서 이어지면서 세종대에 융성한 유교문화 - 유교국가 확립의 토대가 되었다.

(3) 불교의 억압

조선 개국초의 불교는 숭유억불이 표방되기는 하나 태조는 물론 왕실과 지배층의 호불적 성향이 여전하였기 때문에 고려말에 비해 악습과 부패가 다소 개선되면서 여전히 융성하였다.

태종대에는 왕실과 지배층의 불교숭상이 계속되기는 하나 국가의 재정·인적자원의 확보책에 따라 1406년(태종 6)에 金山寺住持 道澄과 臥龍寺住持 雪然의 간음사건을 계기로 전국에 11宗派 232寺 만을 남기고 그 외의 사찰은 혁파하면서 신구 도성 소재 사찰은 전 200결·노비 100구, 그 외 사찰은 전 100결·노비 50구만 소유하게 하고 그 외의 토지와 노비를 몰수하여 5만 ~ 6만결의 田土와 8만여 奴婢를 屬公시켰다.[876] 이와 동시에 1406년에는 閭里經行을 금지하였고,[877] 1415년에는 上元·初八日 연등을 폐지하였고,[878] 1413년에는 처녀로 비구니가 된 자를 환속시켰다.[879] 1416년에는 상원 張燈을 폐지하였다.[880] 또 度牒制를 강화하고 각종 부역에 승려를 동원하는 등으로[881] 척불을 강행하였다.

---

876) 『태종실록』 권10, 5년 11월 계축, 권11, 6년 3월 정사. 11종파 232사는 다음과 같다.

曹溪宗·摠持宗	; 70寺,	中道·神印宗	; 30사,
天台疏字·法事宗	; 43사,	南山宗	; 10사,
華嚴·道門宗	; 43사,	始興宗	; 10사.
慈恩宗	; 36사,		

877) 『태종실록』 권11, 6년 4월 정해.
878) 『태종실록』 권31, 15년 1월 정사·갑자.
879) 『태종실록』 권25, 13년 6월 병자.
880) 『태종실록』 권31, 16년 1월 무신.

(4) 도참사상의 억압

도참의 탄압은 1400년(정종 2, 태종 즉위)에 도참비기에 따라 천도논의가 분분하자 아예 도참술수서를 금지하면서 시작되었고,[882] 1417년에는 書雲觀에 소장된 비기도참서와 외방에서 수집한 도참서를 소각하고, 도참서수납에 불응하는 자를 치죄하였다.[883]

그러나 풍수지리는 국태민안과 관련된 定都와 도성건설, 망자의 평안과 발복을 기원하는 왕릉과 지배층의 묘지선정 등과 관련되어 10학의 하나로 정착되면서 계승되고, 민간의 숭앙을 받으면서 조선왕조를 통해 융성하였다.

이상에서 태종대에는 대명 사대외교와 대왜·여진 교린외교가 정착하였고, 유교가 숭상되고 교육·과거제가 정비되고 명망있는 관인·학자가 양성되었으며, 유교의례가 제정되고 경서가 중심이 된 서적이 대거 간행·보급되었다. 이러한 외교의 정착과 문풍의 진작 등은 태종대의 민생안정과 부국강병의 실현은 물론 세종대에 북방이 개척되고 유학이 융성하면서 문물이 집성되는 등 국가융성의 토대가 되었다.

---

881) 『태종실록』 권13, 7년 5월 임신, 권31, 16년 8월 경신, 권23, 12년 2월 경오, 외. 도첩제는 국가(예조)가 출가를 희망하는 천인·양인·양반에게 100·150·200필의 면포를 받고 발급하는 승려신분증 발급(허가)제이다.

882) 『정종실록』 권6, 2년 12월 임자.

883) 『태종실록』 권34, 17년 11월 경진.

第 3 部

上王期

(세종 즉위, 1418 ~ 세종 4, 1422)

第1章

禪位

1. 禪位波動

太宗은 1418년(태종 18) 6월에 禔를 世子에서 폐하고 3남 忠寧大君 裪를 세자로 책립하였으며,[884] 그 2개월 후에 전격적으로 세자에게 禪位하고 上王이 되었다.[885] 그러나 이 때의 선위에 앞서 태종 6년, 9년, 10년의 3차례에 걸쳐 선위파동이 야기되었다.

태종 6년의 선위파동은 『태종실록』에 "태종이 재변이 자주 일어나자 세자 제에게 왕위를 선위하고자 하였다"[886] 라고 하였듯이 자주 발생한 재변에서 기인된 것처럼 보인다. 그런데 아래의 태종 7년과 8년의 선위파동과 관련된 태종의 술회를 보면 천재지변 보다는 부왕에 용납되지 못한 자책감이나 민씨형제 등 신료들의 자신에 대한 충성심을 시험할 의도에서 있게 된 것으로 보인다.

① 태종 7년에 태종이 兵判 尹柢 등에게 閔無咎 형제의 죄상을 술회하면서 전년의 선위표명을 두고

884) 『태종실록』 권35, 18년 6월 임오. 폐세자의 배경과 과정은 崔承熙, 1990, 「太宗末 世子廢立事件의 政治史的 意義」, 『李載龔還曆紀念 韓國史學論叢』, 참조.

885) 『태종실록』 권36, 18년 8월 을유.

886) 『태종실록』 권12, 6년 8월 갑진.

> 내가 항상 아버지에게 환심을 받지 못하는 것을 한스럽게 여겨 자주 德壽宮을 내왕하려고 하였으나 따르는 시종이 많아서 내 뜻을 이룰 수 없었다. 이에 세자에게 전위하고 물러가 한가한 사람이 되고자 하였다. 매번 혼자 말을 타고 내왕하면서 寺人房에 들어가거나 司鑰房에 들어가서 뵙든가 뵙지 못하든 간에 항상 곁에 모시면 환심을 얻을 것이라고 생각하였다. 어느 날 밤에 바깥에 침상을 놓고 계집종 두 사람을 시켜 앞뒤에서 모기를 쫓게하고 잠이 들었는데 잠결에 들으니 어디서 곡성이 매우 슬프게 났었다. 내가 이것을 매우 괴이하게 여겨 임금의 자리를 사양하고 스스로 몸을 닦고자 하였다.[887]

라고 하였다.

② 태종은 즉위초부터 민씨형제의 정권욕을 알고 그 대두를 경계하였고,[888] 1407(태종 7)년 세자와 明 공주와의 정혼문제로 민씨형제의 옥이 일어나자 "민씨형제가 세자비가 된 명 공주의 세력을 믿고 위세를 부리면 더욱 제어하기 어려울 것이다. 그러므로 내가 이것(명 공주와의 혼인추진사)을 사사로이 의논한 것이라고 하면서 혼인을 저지하고자 한 것을 (민씨형제가) 그러다고 한 것이었다"[889] 라고 하면서 경계하였다. 또 1408년에 민씨형제의 죄를 명시한 교서에 "(전년의) 선위표명 때 여러 대신이 이를 극력으로 만류하였음과는 달리 그들은 오히려 안색에 희색이 보였고, 선위가

887) 『태종실록』 권14, 7년 9월 무진 予常恨不得於親 欲常常進退於德壽宮 然以左右侍從之多 未隧 予必欲傳位世子 退爲閑人 每以單騎進退 或入寺入房 或入司鑰房 入見未見之中 常在于側 庶得歡心也 又於一夜 設床於露也 使二小婢在前後拍蛟 乃就寢 寤寐之中 聞有哭聲甚哀 予竊怪之 欲辭君位 以自修省.

888) 『태종실록』 권16, 8년 10월 을해 下教旨 教曰 (전략) 一予於壬午年(태종 2)發瘡甚鉅 無咎無疾等 密伺疾勢 曾無救療之意 顧乃私相聚會 謀挾九歲弱息(세자) 以握國柄.

889) 『태종실록』 권13, 7년 6월 갑진 諸閔必將席世子 伉儷之勢 益難制矣 故豫以此爲私議 而沮吉禮之爲非耳.

철회된 뒤에는 분하고 억울하다는 기색이 완연하였다"[890] 고 하였다. 또 태종의 후궁영입에 대해 민비가 심하게 투기함과 관련되어 민씨와의 관계가 악화되었다.[891] 이 때에 제기된 옥으로 민씨형제는 1410년에 賜死되었다.[892]

또 선위배경으로 제시된 천재지변은 역사적으로 볼 때 퇴위의 사유가 되지 못하였고,[893] 태종과 세자의 연령상 선위할 형편이 아니었음은 물론 실제로도 1409년의 선위천명 때에 선위 후에도 정치·군사를 청단하겠음을 표명하는[894] 등[895] 전연 선위할 뜻이 없었다.

이를 볼 때 1406년의 선위파동은 천재지변과 태종의 태조에 대한 자책이 한 요인이 되기는 하였겠지만 보다 근본적으로는 민씨형제 등 신료의 자신에 대한 충성도를 시험할 의도에서 있게 되었다고 하겠다.

태종 9년과 10년의 선위파동도 외면적으로는 "至于近日 又因災怪 予不聽政 欲使世子 聽斷大事"[896] 라고 하였고, 豊海道 講武行幸 중에 雷電雨雹, 扈從人馬의 震死 등의 천변이 있자 군신에게 "予以否德 不堪負荷 故天變若是"[897] 라고 하면서 선위를 표명하였듯이 모두 재변에서 야기되었다.

그러나 이 양차의 선위파동도 재변에서 있게 되었다고는 하였

890) 『태종실록』 권16, 8년 10월 을해.
891) 김성준, 앞 논문, 573 ~ 581쪽.
892) 『태종실록』 권19, 10년 4월 경자.
893) 김성준, 앞 논문, 585쪽.
894) 『태종실록』 권18, 9년 8월 경술.
895) 왕 18년 8월 선위후에도 홍서하는 세종 4년까지 세종의 위에서 중요국사를 친단하였다. 그 구체적인 내용은 뒤 2장 1절 참조.
896) 『태종실록』 권18, 9년 8월 기유.
897) 『태종실록』 권20, 10년 10월 갑오·정유·무술·기해.

지만 실제로는 즉위과정에서 살해한 芳蕃·芳碩 등에 대한 죄책감 등에서 일시적인 충동에서 있게된 것이었고, 곧 신하들의 만류를 받아들여 선위의사를 철회하였듯이[898] 선위할 뜻이 없이 제기된 것이었다.

2. 禪位

태종은 1418년(태종 18) 7월 開城府 行幸 중에 선위의 뜻을 굳히고,[899] 동년 8월 한성으로 귀환한 후에 선위를 천명하고 세자에게 國宝를 전하고 蓮花坊에 있는 옛 세자궁으로 이어하였으며,[900] 그 2일후에 문무백관과 공신의 반대를 일축하고 전격적으로 세자에게 선위하고 상왕이 되었다. 즉 태종은 1418년 8월 을유에 知申事 李明德 등을 慶會樓로 불러 禪位事와 이에 대한 백관의 擧論禁止를 지시하고,[901] 3 議政과 六曹 判書·參判의 "나이가 많지 않고, 질병도 聽政을 폐하기에 이르지 않았다(春秋未至老 疾病未至廢政)"[902]는 등 世子,[903] 司諫院, 議政府·六曹·三功臣·三軍都摠制府와 文武百官, 그리고 成均館 官員·學生의 강력한 반대를 일축하면서[904] 선위를 실현하였다.

---

898) 『태종실록』 권18, 9년 8월 신해·임자.
899) 『세종실록』 권1, 世宗總書 (태종 18년)七月壬子 太宗(在開城)命上如漢京 謁宗廟 太宗密有內禪之志 六代言泣曰 非臣僚之所望也 太宗曰 勿露此意.
900) 『태종실록』 권36, 18년 8월 을류.
901) 『태종실록』 권36, 18년 8월 을유(뒤 ① -ㄱ)).
902) 『태종실록』 권36, 18년 8월 을유.
903) 『세종실록』 권1, 세종총서.
904) 『태종실록』 권36, 18년 8월 병술·정해.

그러면 태종이 왜 장년(51세)의 나이로 갑작스럽고도 전격적으로 선위하게 되었겠는가? 그 배경을 禪位敎書와 태종이 在位·上王期에 언급한 선위와 관련된 언동을 통해 살펴 보자.

『태종실록』 18년 8월 을유의 태종 선위천명 기사는 다음과 같이 크게 선위천명(①-ㄱ)), 선위배경(ㄴ)), 선위후의 정사간여(ㄷ)), 선위후의 對明外交(ㄹ)), 그리고 선위를 의정부·육조에 下敎한(ㅁ)) 다섯 부분으로 구성되었다.

> ① -ㄱ) 이보다 앞서 태종이 선위 하고자 경회루 아래에 나아가 知申事 李明德, 左副代言 元肅, 右副代言 成揜 등을 불러 "내가 재위한지 지금 이미 18년이다. 비록 덕망은 없었지만 불의한 일을 행하지 않았는데 능히 위로 하늘의 뜻에 보답하지 못하여 여러번 수재·한재와 충황의 재해가 있었다. 또 묵은 병이 있어 근래에 더욱 심하다. 이에 세자에게 전위하려고 한다. 아비가 아들에게 전위하는 것은 천하고금의 떳떳한 일이고, 신하들이 의논하거나 간쟁할 수가 없는 것이다. ㄴ)-ⓐ 임신년(태조 7년 제1차왕자의 난)과 무인년(정종 2년 제2차 왕자의 난)의 일은 경들이 모두 아는 바이다. 무인년의 일은 죽음을 면하고 살려고 한 일이다. 이제 돌이켜 생각해 보면 그 社稷을 정하는 것이 어찌 사람의 힘으로 되겠는가? 하늘이 실로 정한 것이다. 나의 상과 모양은 임금의 상이 아니다. 위의와 동정이 모두 임금으로서 적합하지 않다. 부지런히 정사를 본 것으로 말할 것 같으면 재위한 것이 10년이고, 20년이었다. 20년이면 왕위를 누린 것이 오랜 임금이다. 나는 나라를 누린지 오래이다. ⓑ 그 전에 부왕께서 매우 귀여워하던 두 아들을 잃고 상심하던 것을 생각하면 비록 내 몸이 영화로운 나라의 임금이 되었지만 어버이를 뵙지 못하고, 혹은 백관들을 거느리고 전각에 나아갔지만 뵙지 못하고 돌아올 때에는 왕위를 헌신짝 버리듯이 버리고 필마를 타고 관원 하나를 거느리고 조석

으로 안부를 묻고 몸을 살펴 나의 마음을 표하고자 하였다. 이에 병술년에 세자에게 전위하려 하였으나 백관들이 중지하기를 청하고 어머니의 영혼이 눈물을 흘리면서 꿈에 나타났다. 또 權近이 사연을 갖추어 상서하고, 민씨의 사건이 비로소 일어나서 대간에서 굳게 간하였으므로 그 때문에 실행하지 못하였다. ⓒ 이제 내가 생각하건대 元閔生이 중국에서 돌아오고 세자가 명으로 가 황제를 알현하고 돌아온 뒤에 전위한다면 마땅히 두 가지가 온전할 것이다. 그러나 불편한 것이 있으니 왕비의 병이 위독하고 나의 병이 다시 발작하니 세자가 어찌 명에 입조할 수가 있겠는가? 더구나 방간의 부자가 있는 경우이겠는가? 또 양령대군이 비록 지극히 친하여 변을 일으킬 의심은 없겠지만 어제까지 세자로 있다가 폐출되어 외방에 있으니 어찌 틈을 엿보는 사람이 없겠는가? 그러므로 朝見하는 것을 정지하고 내선을 행하고자 하여 이미 하늘에 고하고 종묘에 고하였으니 내선의 일은 신하들이 의논할 수 없는 것이다. ㄷ) 원민생이 명의 서울에 있을 때 비록 세자의 朝見을 말하기는 하나 명문이 없고 말 뿐이었다. 또한 세상의 사고는 때가 없이 생기고 또 만기의 몸은 가볍게 길을 갈수가 없다. 황제가 어찌 우리나라의 일을 가지고 힐난하겠는가? 내가 8월 초4일에 병이 났다고 핑계하고 자문을 보내어 주문하면 황제가 반드시 誥命을 내려줄 것이니 지금 준비한 금·은·말로써 사례하면 될 것이다. 만일 정조사와 진하사를 겸한다면 右議政 李原으로 그에 임명하고, 원민생이 돌아오거든 사은사는 마땅히 贊成 沈溫을 보내야 할 것이다. ㄹ) 전위한 뒤에도 내가 마땅히 원로 재상들과 임금을 輔翼하고 정사를 살필 것이다. 당나라 睿宗이 5일 간격으로 조회를 받은 것을 반드시 본받을 것은 없다. ㅁ) 너희들은 간하지 말고 각각 나의 말을 기록하여 의정부 대신들에게 갖추어 전해 나의 뜻을 생각하게 하라"고 하였다.[905)]

905) 『태종실록』 권36, 18년 8월 을유 ① -ㄱ) 先是 上欲行內禪之擧 御慶會樓下

이 중 선위하게 된 배경으로 제시한 ㄴ)을 보면 크게 ⓐ 집권과정과 재위중의 행적에 대한 반성과 왕위에 대한 염증, ⓑ 부왕에게 용납되지 못한 죄책감, ⓒ 朝見차 入明할 세자에 대한 걱정과 그로 인해 야기될지도 모를 변란에 대한 위구심의 세 부분으로 구성되었다.

이 중 ⓐ·ⓑ는 서로 상통되는 것으로서 위의 태종 6, 9, 10년에 天災地變을 기한 선위표명(실제로 선위할 뜻은 없었지만[906]) 때에 이미 제시된 사유였고, 세종초에 상왕이 선위를 회고할 때마다 제시된 내용이었다.[907]

召知申事李明德 左副代言元肅 右副代言成揜等曰 予在位今已十八年 雖無德望 然無非義之擧 而未能上答天意 屢致水旱虫蝗之災 且有宿疾 近來尤劇 茲欲傳位于世子 父傳於子 天下古今之常事 臣下不得議諍, ㄴ)-ⓐ 壬申戊寅年事(제1·2차왕자난) 皆卿 等所知 其戊寅年事則免死 欲生而爲之也 今反思之 其定社稷 豈人力所爲 天實定之也 予之像貌 非君像也 威儀動靜 皆不合於人君 以無逸(篇)考之 在位十年 或二十年 二十年則享國長久之主也 予之享國久矣, ⓑ 其間思念 太祖喪失鍾愛二子之傷心 雖予身爲國主之榮 而不得見於親 或率百官詣殿 不得入見 還來 思欲去位 如棄敝屣 騎匹馬率一官 昏定晨省 以表予心 乃於丙戌 欲傳位世子 (중략) 是用不果, ⓒ 今予以謂 元閔生回還 世子朝見後傳位 則當兩全矣 然有所未便者 東殿危病 予疾復作 世子豈可朝京 況懷安父子存焉 又讓寧(대군)雖至親 而無疑於生變 所居名分之地 今乃廢黜在外 豈無窺伺之人乎 故欲停朝見 行內禪已告天告宗廟矣 內禪之事非臣下所得議也, ㄷ) 元閔 生在京師 雖言世子朝見無明文言語而已 且世故無時而生 又萬機之身 不可輕行 皇帝豈以外國之事爲詰 予以八月初四日發病爲辭 移咨奏聞皇帝 必降誥命 以今所辨金銀馬匹爲謝 若正朝進賀使利右議政李原爲之 元閔生回還則謝恩使 當以贊成沈溫差遣, ㄹ) 傳位之後 予當與老相輔翼省事 唐睿宗五日受朝 不必效也, ㅁ) 爾等毋得諍之 各記予言 備傳于議政府大相 令思予意.

906) 崔承熙, 1990,「太宗末 世子廢立事件의 政治的 意義,『李載龒還曆紀念 韓國史學論叢』, 303쪽, 金成俊, 1962,「太宗의 外戚除去에 對하여 - 閔氏兄弟의 獄 -」,『歷史學報』 17·18합, 586쪽.

907) 상왕이 선위배경으로 천재지변을 지적한 몇 예를 적기하면 다음과 같다.

ㄱ)『세종실록』 권1, 즉위년 8월 임진 上王親詣健元陵 行秋夕祭 (중략) 還駐駕野次 命金孝孫行酒 上王歡甚 曰 自春以來 今始解憂 今日下淚三度 (중략) 在位十九年 水旱之災無歲無之 三限也.

ⓒ의 明에 入朝할 세자에 대한 염려와 그로 인해 야기될지도 모를 변란의 방지는 세자의 폐립에서 제기된 문제였던 만큼 이때 처음으로 제기된 사유였다. 태종은 세종의 왕권안정을 위해 세자의 朝見을 추진하기는 하나, 곧 조현시에 야기될지도 모를 세자의 안위와 世子不在 중의 변란을 염려하였다. 이에서 태종은 세자의 조현을 중단시키기 위하여 갑작스럽게 선위를 결행한 것이 아닌가 한다. 그 외에도 위에서는 제시되지 않았지만 재위 후반기를 통해 閔妃와의 불화[908] 및 세자 讓寧大君의 실행과 그로 인한 세자의 폐립[909] 등은 聽政에 염증을 느끼게 하였을 것이다. 실제로도 세종 즉위년 姜尙仁獄事와 세종의 上壽를 받았을 때에

> ① 지금 姜尙仁이 모든 군정을 주상에게만 보고하고 나에게 보고하지 않았다. (중략) 또 崔閑을 의금부에 보내어 전지하기를 처음에 내가 개성유후사에 머무를 때 주상에게 "네가 왕이 되어 국정청단으로 인한 내 근심을 물려받거라. 나는 덕이 없지만 왕위에 있은지가 오래되었다.[910]
>
> ② 상왕이 "내가 선위하는 것은 복을 쌓기 위한 것인데, 이제 도리어 더욱 존귀하게 되었다.[911]

라고 한 바와 같이 청정에 대한 염증도 선위의 한 배경이 되었다.

ㄴ)『세종실록』 권1, 즉위년 9월 계유 兵曹判書趙末生啓曰 今日上王召臣曰 今予有疾病 屢有天變故傳位主上.

908) 그 구체적인 내용은 김성준, 앞 논문, 573 ~ 581쪽 참조.

909) 세자의 실행과 폐위과정은 최승희, 앞 논문, 310 ~ 321, 325 ~ 327쪽 참조.

910)『세종실록』 권1, 즉위년 8월 을미 今(姜)尙仁凡軍事只啓於主上不啓於予 (중략) 又遣崔閑諭義禁府曰 初予在留後司 語主上曰 爾將受我憂 予雖否德在位久.

911)『세종실록』 권1, 즉위년 8월 을미 上王曰 予之避位 欲貯福也 今反益尊矣.

그러나 이 경우는 선위초에 왕의 나이가 30이 넘을 때까지 軍事를 親斷하여 왕권을 보호하겠다고 하였고,[912] 실제로도 沈溫을 처단하고 對馬島를 정벌하는 등 軍國重事를 聽斷하였음에서 큰 영향을 끼쳤다고 보기 어렵다.

그런데 태종은 태조의 병중에 쿠테타를 일으켜 실권자인 鄭道伝·南誾 등과 세자 芳碩을 살해하고 집권·즉위하였고, 치세를 통해 왕권의 안정·강화를 위해 다수의 功臣을 제거하였으며,[913] 兵權을 강력히 통제하고[914] 侍衛軍을 강화하였다.[915] 在位期와 上王期를 통하여 후세 왕권에 위협이 될 것으로 예상되는 처남 閔無咎 4형제, 세종 國舅인 領議政府事 沈溫과 그 당여를 무자비 하게 처단하였다.[916] 또 상왕기에는 군국중사를 청단하면서 세종왕권의 기초를 확립하였다.

이를 볼 때 태종의 선위는 빈발한 천재지변, 방석 등 살해의 죄책감, 가정불화 등에서 기인된 청정에 대한 염증, 세자의 조현

912) 『세종실록』 권1, 즉위년 9월 계유.

913) 태종대에 제거된 공신에는 李居易·李佇·李伯剛, 李茂·趙希閔·趙瑚, 閔無咎·閔無疾, 李叔蕃 등이 있었다. 이 중 이무 이하의 피화 배경과 과정은 김성준, 앞 논문, 604 ~ 623쪽 참조.

914) 軍令機關으로 承樞府, 3軍都摠制府, 三軍鎭撫所를 설치하여 軍政機關인 兵曹와 兵權을 나누어서 관장하게 하였고, 兼都摠制·摠制나 兼上護軍을 설치하여 3軍都摠制府나 10司를 강력히 통제하였다. 구체적인 내용은 민현구, 앞 논문, 269 ~ 279쪽 참조.

915) 태종은 즉위와 함께 甲士를 증액하고 別侍衛를 설치하였으며, 왕 7년과 9년에 內禁衛와 內侍衛를 설치하였다. 그 설치과정과 軍額 등은 은 車文燮, 1964, 「鮮初의 內禁衛에 對하여」, 『史學硏究』 18, 97 ~ 98쪽, 민현구, 앞 논문, 125 ~ 127쪽 참조.

916) 閔無咎·無疾은 태종 7년에 유배되었다가 10년에 사사되고 閔無恤·無悔는 왕 15년에 유배되었다가 賜死되었으며, 沈溫은 세종 즉위년에 유배되었다가 사사되었다. 그 피화배경과 과정은 김성준, 앞 논문, 581 ~ 602쪽과 『세종실록』 즉위년 11월 ~ 12월조 참조.

과 不虞之變에 대한 염려, 세종왕권의 기초를 다져주겠다는 의지 등이 복합적으로 작용하면서 있게 되었다. 그러나 근본적으로는 세자의 조현과 그로인해 야기될지도 모를 변란을 예방하면서 세종왕권의 기초를 다져주기 위해 선위를 결행한 것이라고 하겠다.

第2章

政治·軍事의 指揮와 外戚의 除去

1. 政治·軍事의 指揮

1) 政治指揮

태종은 세종에게 양위하면서 左議政 朴訔 등에게 내린 교서에

> 주상이 장성하기까지는 그 군사는 내가 친히 청단하겠다. 또 국가가 결단하기 어려운 일은 의정부와 육조로 하여금 각각 가부를 논하게 한 후 시행하게 하되 나도 당연히 참여하여 가부를 논하는 것이 옳을 것이다[917]

라고 한 것에서 군사는 대소사를 막론하고 모두 관장하였지만, 군사 이외의 정사(정치분야)는 중대사에 한하여 관장한 것으로 생각된다.

그러나 정치분야에 있어서도 1424년(세종 6)에 세종이 春秋館堂上인 李原·柳觀·卞季良 등과 『태종실록』의 편찬을 논의할 때에

917) 『태종실록』 권36, 18년 8월 정해, 『세종실록』 권1, 즉위년 8월 정축 세종총서 主上未壯之前 其軍事 予親聽斷 且國家難斷之事 令議政府六曹 各陳可否而施行 予當參与於可否之一 可也.

재위 1년으로부터 4년까지는 내가 비록 왕위에 있기는 하나 그 기간의 국정은 내가 모두 부왕에게 아뢴 후에 시행하였으니 내가 친히 결정한 국사가 없었다. 그 4년간의 사초는 모두 수납하여 『태종실록』에 싣고자 하니 합당하겠는가?[918]

라고 한 것에서 상왕인 태종은 세종 즉위 8월 ~ 4년 5월의 전 시기를 통하여 군사는 물론 정치분야의 모든 정사도 주도한 것으로 추측된다. 그러면 과연 상왕이 세종초의 모든 정치분야의 국정을 주도하였겠는가? 상왕의 정치분야 관장상황을 이·호·예·형·공조 정사의 운영상을 통하여 살펴보자.

이조정사의 운영을 보면 다음의 예에서와 같이 右議政除授事(①-ㄱ)를 주관하고 安邊都護府使(ㄴ))와 海州牧使(ㄷ)) 제수를 명령하였으며, 經歷 徐弥性의 加階(②)와 李從茂의 告身還給을 명령하였다(③).

① -ㄱ) 朴訔을 錦川府院君, 李原을 左議政, 鄭擢을 右議政, 李從茂를 長川府院君, 趙涓을 漢平府院君 (중략) 에 제수하였다. 이 제수에 앞서 朴訔의 병이 위독했다. 태왕과 세종이 金益精을 李原에게 보내어 "좌의정의 병이 위독하니 누구를 의정에 제수하여야 겠는가"고 물으니 찬성 趙涓을 천거 하였다. 그러자 태상왕이 "의정은 군왕과 같이 정사를 논해야 하는데 조연은 사람됨이 종일 군왕을 모시고 있어도 가부를 한 마디도 한적이 없다. 그러나 淸城府院君 鄭擢은 공신이고, 또 견문도 풍부한 만큼 박은을 대신할 만 하다" 고 하였다.[919] ㄴ) 상왕이 安

---

918) 『세종실록』 권26, 6년 12월 임인 自己亥(세종1)至壬寅(세종4) 予雖在位 其間國政 予皆稟太宗而後施行 無寡人 自擅之事 其四年史草 欲皆收納 載之太宗實錄何如.

919) 『세종실록』 권14, 3년 12월 병신 朴訔爲錦川府院君 李原左議政 鄭擢右議政

邊都護府使 李仲培에게 노모가 있다하여 南陽府使 金孟性과 서로 바꿔 제수하였다.[920] ㄷ) 상왕이 海州牧使 李思謹이 왕명을 어기고 유배 중인 환자 金海를 후대하였다 하여 義禁府에 명을 내려 체포하여 오고 국문하게 하였다. 이어 前摠制 朴齡을 이사근의 후임으로 判海州牧事에 제수하였다.[921]

② 상왕이 京畿道経歷 徐弥性이 직무에 근면하다하여 명하여 1계급을 올려주었다.[922]

③ 상왕이 명하여 몰수한 李從茂의 사령장(告身)을 돌려주게 했다.[923]

다음으로 호·예·형·공조정사의 운영을 보면 상왕은 頒綠改正事[924]·郡縣作況審察事[925]·損失踏驗事(호조),[926] 金銀貢免除奏請事[927]·對馬島使臣과 商倭事[928]·定宗國喪諸事[929]·宗廟建築事[930]·後宮揀擇事[931]·寺社奴婢革去事[932]·官員調整事[933]·檜巖寺僧侶

李從茂長川府院君 趙涓漢平府院君 (중략) 先是朴誾病篤 兩上遣金益精問於(우의정)李原曰 左議政疾篤 誰可以代之 原薦贊成趙涓 太上王曰 議政与君可否相濟 涓之爲人終日侍坐 未有一言可否 淸城府院君鄭擢功臣也.

920) 『세종실록』 권3, 1년 3월 을묘 上王以安邊都護府使李仲培有老母 与南陽府使金孟性換差.

921) 세종실록』 권3, 1년 5월 을사 上王以海州牧使李思謹 違敎厚待被罪患者金海命義禁府拿來鞠問 以前摠制朴齡代思謹判牧事.

922) 『세종실록』 권10, 2년 10월 신해 上王以京畿経歷徐弥性勤於職事 命轉一階.

923) 『세종실록』 권9, 2년 9월 갑오 上王命 還李從茂告身.

924) 『세종실록』 권10, 2년 11월 경오.

925) 『세종실록』 권4, 1년 7월 병인.

926) 『세종실록』 권8, 2년 7월 을미.

927) 『세종실록』 권8, 2년 5월 기사.

928) 『세종실록』 권10, 2년 11월 을축·정해.

929) 喪中進獻方物封裹事(『세종실록』 권5, 1년 9월 신미), 喪祭事(좌동), 告訃請諡表箋事(권5, 1년 10월 갑술), 棺槨事(권8. 2년 7월 계유), 殯所事(위 조) 등.

930) 『세종실록』 권12, 3년 7월 무인·정해, 권13, 3년 8월 신사.

931) 『세종실록』 권6, 1년 12월 경인.

事(예조)[934] 등을 처리하였다. 또 上王殿宦官治罪事[935]·李從茂等治罪事[936]·不能禦倭者治罪事[937]·死刑囚論決[938]·赦宥事[939]·分賜愿惡奴婢治罪事[940]·法孫奴婢屬公事(형조),[941] 太平館改建事[942]·離宮과 新宮造成事[943]·都城修築事[944]·箭串川造橋事(공조)[945] 등을 처리하였다. 특히 1420년(세종 2) 7월에는 母喪중인 세종을 대신하여 모든 국정을 청정하였다.[946]

그 외에도 당시에는 상왕이 정치운영을 주도하고 세종은 주요 국사는 모두 상왕에게 품하여 결정하였고, 또 議政·判書·都鎭撫·知申事 등에 재직한 인물은 모두 태종대에 중용되고 당상관 이상에 승진한 인물이었다.[947]

또 상왕이 이조 등 諸曹에 명하거나 이들의 上啓에 따라 처리한 정사 수와 세종이 이와 같은 방법에 따라 처리한 정사 수를 비교하여 보면 다음의 표와 같이 이·호·예·형·공조 정사 모두 상왕이 처리한 정사는 세종이 처리한 정사에 비해 일부분에 불과하

---

932) 『세종실록』 권6, 1년 11월 기사.
933) 『세종실록』 권6, 1년 11월 경신.
934) 『세종실록』 권6, 1년 11월 기사.
935) 『세종실록』 권5, 1년 9월 갑진.
936) 『세종실록』 권6, 1년 11월 신축.
937) 『세종실록』 권11, 3년 4월 기해.
938) 『세종실록』 권6, 1년 11월 을묘.
939) 『세종실록』 권7, 2년 1월 정사.
940) 『세종실록』 권11, 3년 4월 정유.
941) 『세종실록』 권13, 3년 8월 계사.
942) 『세종실록』 권5, 1년 8월 정축·무인, 권6, 1년 11월 병진.
943) 『세종실록』 권6, 1년 12월 갑신, 권7, 2년 1월 신축.
944) 『세종실록』 권13, 3년 10월 갑인·무오, 권14, 3년 12월 기해·계축.
945) 『세종실록』 권8, 2년 5월 계유.
946) 『세종실록』 권8, 2년 7월 계유·신사·경인.
947) 뒤 〈표 24〉 참조.

였다. 그러나 상왕이 처리한 정사내용을 보면 대개가 議政選任事 · 頒祿改定事 · 定宗廟号詳定事 · 伝位奏聞事 · 都城修築事 · 姜尙仁等論罪事[948] 등인 것과 같이 당시의 懸案事와 重大한 국사였다. 반면에 세종이 처리한 정사는 이와는 달리 대개가 前例事와 사소한 정사였다.[949]

〈표 24〉 세종 즉위 ~ 4년 5월 상왕과 세종 처결 육조정사[950]

	즉위년			1년			2년			3년			4년			합계		
	상왕	세종	계	상	세	계	상	세	계	상	세	계	상	세	계	상	세	계
이조	1	6	7		11	11		14	1		11	11		3	3	1	45	46
호조		12	12		16	16		12	12		22	22		2	2	0	64	64
예조	2	42	44	7	74	81	7	79	86	4	69	73	1	10	11	21	274	295
형조	3	2	5	1	17	18		8	8	2	9	11		5	5	6	41	47
공조					2	2		1	1	1	3	4		1	1	1	7	8
병조	14	4	18	29	7	36	4	2	6	17	9	26	2	1	3	66	23	89
계	20	66	86	37	127	164	11	116	127	24	123	147	3	22	25	95	454	549

이상에서 상왕이 "軍國重事"의 聽斷을 천명하였고, 세종이 "대소 정사를 상왕에게 품하여 재결하였다"고 한 것에서 예측되었음과 같이 상왕이 諸曹의 중요한 정사를 청단하였고, 세종은 상왕의 지휘를 받으면서 제조의 일상사를 재결하였다고 하겠다. 즉, 상왕은

---

948) 앞 282 ~ 284쪽 참조.

949) 몇 예를 제시하면 다음과 같다(『세종실록』 즉위 ~ 2년조에서 종합).
慶昌府知印充差事 · 王后出身鄕昇格事(이조), 殺人者治罪事 · 奴婢成籍事(형조),
諸道損失踏驗事 · 忠淸道漕運事(호), 匠人事 · 金銀貿易事(공).
經筵進講座次事 · 拜謝恩表儀事(예),

950) 『세종실록』 즉위년 8월 ~ 4년 5월조에서 종합.

세종을 지휘하면서 중요국사를 청단하였고, 세종은 상왕의 위임을 받아 일상적인 정사를 재결하였다고 하겠다.

2) 軍事指揮

위에서 언급한 『태종실록』 18년과 『세종실록』 6년의 기사를 볼 때 상왕은 세종 즉위년 8월 ~ 4년 5월의 대소 군사를 주관하였다고 생각된다. 그러면 상왕은 상왕기의 전시기를 통하여 일관되게 군사를 주관하였겠는가?

상왕은 군정을 청단하기 위하여 禪位初에 兵曹를 자신에게 소속시키고 그 判書 · 參判 · 參議를 承政院의 예에 따라 근무(출납)하게 하였다.[951] 또 군정의 청단은

> ① 상왕이 명을 내려 "지금으로부터 병조의 判書 · 參判 · 參議와 正郎 · 佐郎 중 1인 및 三軍鎭撫所 鎭撫 1인은 매일 국왕이 아침에 백관을 모아 정사를 보는 예에 따라 정사를 보고하라"고 하였다.[952]
>
> ② -ㄱ) 상왕이 명을 내려 "지금으로부터 내가 정사를 보는 날에는 병조의 판서 · 참판 · 참의와 삼군진무소 都鎭撫 등이 모두 참여하라"고 하였다. [953] ㄴ) 상왕이 內殿에 좌정하여 도진무 延嗣宗 · 崔潤德 · 河敬夏 · 李春生과 병조의 판서 趙末生 · 참판 李明德 · 참의 尹淮 · 兼知事 全直 등을 인견하고 軍務를 聽斷하였다.[954]

---

951) 『세종실록』 권1, 즉위년 10월 기묘, 권1, 즉위년 8월 정미.

952) 『세종실록』 권1, 즉위년 9월 갑술 宣旨 自今兵曹三堂上 四都鎭撫 及郎廳一員 鎭撫一員 每日依朝啓例啓事.

953) 『세종실록』 권1, 즉위년 10월 무술 宣旨 今後当予視事日 兵曹堂上 及三軍都鎭撫等 並參.

954) 『세종실록』 권6, 1년 12월 정해 上王御內殿 引見都鎭撫延嗣宗崔潤德河敬夏李春生 兵曹判書趙末生 參判李明德 參議尹淮 兼知事全直等 聽斷軍務.

라고 한 바와 같이 壽康宮에서 兵曹堂上·三軍鎭撫所都鎭撫의 정사보고를 받고 이들과 논의하면서 처결하였다.

상왕의 군정처결은 즉위 직후에는 병조관리의 업무처리 미숙과 관련되어 단지 巡綽事만 재결하였으나, 곧 병조가 모든 군정을 상왕에게 보고하지 않은 일로 야기된 '姜尙仁獄事'를 계기로 모든 군정을 관장하였다.[955] 이러한 상왕의 군정재결은 동년 11월에 左軍同知摠制 沈泟과 兵曹參判 姜尙仁이 상왕과 세종의 시위문제를 거론하면서 " '(상인이) 軍士를 한 곳으로만 모으면 허술할 것이 없다' 고 하자, (정이) 한 곳으로 모은 다면 많다 적다를 논난할 것이 있겠는가?' "[956] 라면서 주고 받은 말로 인해 姜尙仁·朴習·沈泟 등이 대역죄로 논죄되어 伏誅되는(곧 심정의 형인 溫도 연루되어 사사) 공포 분위기와 함께 확고히 정립되고 실현되었다.

상왕은 병조를 친히 관장하고 兵曹(堂上)와 三軍鎭撫所(都鎭撫)를 중심으로 兵曹屬衙門과 兵政을 분장하는 三軍都摠制府·十司·訓練觀·司僕寺·軍器監과 忠扈衛·內禁衛·內侍衛·別侍衛 및 그 관원을 장악하면서[957] 모든 군정을 관장하였다. 1419년(세종 1)에는 對馬島征伐諸事를 주관하였다.[958] 상왕기를 통하여 모든 武班

---

955) 『세종실록』 권1, 즉위년 8월 병오 兵曹啓于上王 今後中外軍務 本曹啓奉宣旨行移後 具本啓于主上 從之.

956) 『세종실록』 권2, 즉위년 11월 무진.

957) 『세종실록』 권2, 즉위년 11월 신미(속아문)·계유(군기감 등), 권1, 즉위년 10월 을미(내금위 등).

958) 『세종실록』 권4, 1년 5월 무인(정벌결정), 신해·계해(출정장수임명), 6월 임오(정벌사선포), 권5, 1년 8월 임오(논상) 등. 대마도 정벌은 이종무를 총사령관으로 하여 병선 227척 군사 17,285명이 동원되었다. 대마도에 상륙하여 120여 명을 사살하고 가옥 2,000여 호와 선박 130척을 불태우는 전과를 거둔 후 대마도주 宗貞盛의 귀순요청을 받아들여 철군하였다. 이 결과 비록 대마도를 완전히 복속시키지는 못하나 왜구종식과 대왜 평화가 정착하게 되었다.

(정5품 司直 이하는 세종 즉위년 12월 이전)과[959] 훈련관 · 사복시 · 군기감 등 관원의 인사를 관장하였다.[960] 또 武班 · 軍士治罪事,[961] 軍役事,[962] 築城事,[963] 倭 · 野人防禦事,[964] 軍士訓練 · 講武事,[965] 闕內外侍衛事,[966] 馬政事,[967] 軍事制度 · 儀礼事[968] 등을 관장하였다.

그러나 인사의 경우 1418년(세종 즉위) 12월부터 司直 이하의 제수는 세종에게 상계하여 집행하게 하였다.[969] 1421년 6월에는 신체쇠약과 이로 인한 국정에 대한 염증 등에서[970] 兵曹 · 司僕寺 · 忠扈衛 등 諸司의 사무 중에서 兵事와 馬政 이외의 정사는 병조가 그 모두를 세종의 지시를 받아 처리하게 하였고,[971] 대소관리가 軍務 · 謝恩 · 復命 이외의 일로 알현하는 것을 금지하고 吏 · 戶曹 등도 특별한 일 외에는 세종에게 상계하여 처리하게 하였다.[972]

한편 세종은 상왕의 宮外経宿 때에는 상왕을 대신하여 군무를 처리하였고,[973] 1421년 6월부터는 上王의 命(宣旨)에 따라 상왕의

959) 『세종실록』 권2, 즉위년 12월 무인, 권4, 1년 7월 정사(만호 · 천호).
960) 『세종실록』 권2, 즉위년 11월 신미(소속 諸司 祿官 · 提調 · 別坐), 권2, 즉위년 11월 계유(군기감 · 사복시 · 훈련관).
961) 『세종실록』 권4, 1년 6월 갑오, 권10, 2년 11월 정묘.
962) 『세종실록』 권1, 즉위년 9월 임자, 10월 신축.
963) 『세종실록』 권2, 즉위년 11월 을축.
964) 『세종실록』 권1, 즉위년 9월 갑인 · 10월 을미, 권4, 1년 7월 신미, 권6, 1년 12월 병술.
965) 『세종실록』 권3, 1년 3월 임자, 권5, 1년 10월 경자 · 기해.
966) 『세종실록』 권2, 즉위년 11월 기사, 권4, 1년 6월 신사.
967) 『세종실록』 권1, 즉위년 8월 정미.
968) 『세종실록』 권1, 즉위년 8월 을미 · 10월 경인, 권3, 1년 1월 신미 · 2월 계해.
969) 『세종실록』 권2, 즉위년 12월 무인.
970) 『세종실록』 권12, 3년 7월 병인.
971) 『세종실록』 권12, 3년 6월 신해.
972) 『세종실록』 권12, 3년 7월 병인.

관할하에 있던 兵曹 · 司僕寺 · 忠扈衛 등의 兵事 · 馬政을 제외한 정사 모두를 관장하였다.[974] 그런가하면 세종은 1421년 6월 이후는 물론 그 이전에 있어서도 다음의 예에서와 같이 武科科目事,[975] 慶尙道軍籍改定事,[976] 防牌規避立番者充軍事,[977] 補充軍還賤事,[978] 船軍給料 · 致賻復戶事,[979] 驛吏遞番事,[980] 壽康宮軍器庫直宿事,[981] 濟州牧場養馬事[982] 등을 광범하게 재결하였다.

이들 세종이 병조에 명하거나 병조의 상계에 따라 처리한 정사는 앞의 〈표 24〉에서와 같이 그 수는 물론, 그 정사의 비중도 상왕이 처리한 정사와는 비교가 되지 못하였다. 그러나 세종 즉위년 12월과 3년 6월부터는 상왕이 관장하던 사직 이하 인사와 병사 · 마정을 제외한 모든 병조사를 이관 받아 재결하였듯이 점진적으로 청정범위가 확대되었다.

이를 볼 때 상왕은 선위초에는 武班人事 · 征討事 · 軍制 등 모든 대소 병조정사를 청단하였지만 점진적으로 중요사를 제외한 병정

---

973) 『세종실록』 권1, 즉위년 9월 경술.

974) 『세종실록』 권12, 3년 6월 신해.

975) 『세종실록』 권7, 2년 3월 계미 兵曹啓 武科殿試 除講経 (하략) 從之.

976) 『세종실록』 권5, 1년 10월 무술 慶尙道右道都節制使啓 道內諸色軍丁 逃亡物故者數多 請改定軍籍 從之.

977) 『세종실록』 권5, 1년 10월 임오 兵曹啓 各領防牌托故規避立番者 推充軍器監別軍及各官充軍 從之

978) 『세종실록』 권9, 2년 9월 병인 議補充軍還賤條款.

979) 『세종실록』 권3, 1년 1월 계유 命慶尙道船軍依旧合番赴防者 量給半朔料, 권4, 1년 5월 신미 黃海道監司報 豊川梁兵船因風敗沒 軍人十二名溺死 上命 致賻夏戶.

980) 『세종실록』 권3, 1년 3월 병오)兵曹啓 盧原靑坡兩驛入居驛吏等 (중략) 依江原道驛吏入居例 十月遞番 從之.

981) 『세종실록』 권4, 1년 7월 정사 兵曹啓 今造軍器火藥納于壽康宮軍器庫 (중략) 別軍十名輪番直宿 從之.

982) 『세종실록』 권12, 3년 6월 신축 兵曹啓 濟州牧場養馬事 從之.

은 세종에게 이관시켜 나갔고, 세종은 상왕의 의도에 따라 일반 정사는 물론 대부분의 병정에까지 그 시정범위를 확대시켜 나갔다고 하겠다.

上王의 이러한 정치·군사의 지휘는 국왕을 중심한 국정체계[983] 이외에 상왕을 중심한 국정체계가 운영되었을 것으로 추측된다. 그러면 상왕을 중심하여 운영된 국정체계는 어떠하였겠는가?

상왕이 처결한 정사에는 상왕 단독으로 처결한 정사와 세종과 공동(임석)으로 처결한 정사가 있었다. 상왕 단독으로 처결한 정사는 자신의 의견이나 百司·百官이 上啓한 정사를 兵曹(官員) 등이나 세종에게 伝教하여 처결한 정사, 兵曹 등의 上啓나 세종이 伝聞한 諸司(官員)의 상계를 재결한 정사, 兵曹 등의 상계나 世宗이 전문한 제사의 상계를 擬議하게 한후 재결한 정사가 있었다. 전교로써 수행한 정사의 운영체계를 보면 軍政과 일반 정사를 통털어 伝教事는 다음의 예에서와 같이 직접 전교하거나(①-ㄱ)·ㄴ)), 兵曹(②-ㄱ))·諸曹(ㄴ))·承政院(ㄷ))·議政府와 六曹(ㄹ))·台諫(ㅁ))·義禁府(ㅂ)) 또는 世宗에게 전교하여(③-ㄱ)·ㄴ)) 처리하는 운영체계로 수행되었다.

---

983) 국왕을 중심한 국정운영체계는 다음과 같다(韓忠熙, 1998, 『朝鮮初期 六曹와 統治體系』(계명대학교출판부), 107쪽에서 전재).

屬衙門, 屬衙門·屬曹, 諸曹·屬曹,
屬衙門祿官, 屬衙門提調, 議政·提調, ─── 國王
議政府·屬曹·屬衙門, 屬衙門

屬衙門, 屬衙門祿官, 屬衙門提調, 屬衙門祿官·提調 ── 屬曹 ─ 國王

屬衙門, 屬衙門祿官, 屬衙門提調, 提調 ─── 議政府 ─ 國王

衙門, 屬衙門祿官, 屬衙門提調, 提調 ─ 屬曹 ─ 議政府 ─ 國王

① -ㄱ) 상왕이 명하여 "軍國重事는 내가 친히 聽斷하겠다" 고 하였다.[984] ㄴ) 상왕이 명하여 左右禁衛를 파하여 內禁內侍衛에 소속시켰다.[985]

② -ㄱ) 상왕이 병조에 명하여 "매 조회를 보는 날에는 나에게 肅拜를 행한 후에 堂上 1인과 郎廳 1인 만을 主上殿의 조회에 참여하게 하라"고 하였다.[986] ㄴ) 상왕이 禮曹에 명하여 對馬島商倭 表溫而老에게 (중략) 타이르게 하였다.[987] ㄷ) 상왕이 代言 등에게 명하여 元敬王后의 장례는 太祖喪制를 참고하여 집행하게 하였다.[988] ㄹ) 상왕이 領議政 柳廷顯, 左議政 朴誾, 右議政 李原, 兵曹判書 趙末生, 禮曹判書 許稠, 知申事 河演을 불러 "王后 심씨는 沈溫獄事에 연좌시키지 말라"고 하였다.[989] ㅁ) 상왕이 大司憲 許遲에게 일러 "朴子靑은 土木工事를 감독한다. 만약 탄핵되면 일이 지체될 것이니 잠시 보류하여 두고 논하지 말라" 고 하였다.[990] ㅂ) 상왕이 義禁府에 명하여(開城府) 留守 韓雍을 잡아오게 하였다.[991]

③ -ㄱ) 상왕이 병조참판 李明德을 보내어 세종에게 奏本事에 대해 지시하였다.[992] ㄴ) 상왕이 (지신사) 河演을 불러 세종에게 후궁을 들이는 일을 타일렀다.[993]

上啓를 재가하면서 수행한 정사는 兵曹,[994] 諸曹,[995] 議政府,[996]

---

984) 『세종실록』 권1, 즉위년 9월 기미.
985) 『세종실록』 권1, 즉위년 10월 경인.
986) 『세종실록』 권1, 즉위년 10월 병오
987) 『세종실록』 권11, 3년 1월 병술.
988) 『세종실록』 권9, 2년 8월 신축.
989) 『세종실록』 권2, 즉위년 11월 갑술.
990) 『세종실록』 권1, 즉위년 10월 신사.
991) 『세종실록』 권4, 1년 5월 신미.
992) 『세종실록』 권1, 즉위년 9월 병진.
993) 『세종실록』 권2, 즉위년 12월 경진.
994) 『세종실록』 권1, 즉위년 8월 병오.
995) 『세종실록』 권2, 즉위년 11월 신유(예조), 외.

台諫,[997] 義禁府,[998] 三軍都鎭撫나 三軍都摠制,[999] 諸司[1000] 등의 상계, 그리고 世宗이 직접으로나[1001] 의정부 등이[1002] 상계한 내용을 다시 稟申(伝聞)한 것을 재결하면서 처리한 국정체계로 수행되었다.

諸司(官員)의 擬議를 거쳐 수행한 정사는 직접으로나 兵曹 등이 상계한 정사를 議政府(議政),[1003] 議政府(議政) · 六曹(判書) 등,[1004] 議政府 · 該曹[1005] 등에게 논의하게 하거나, 兵曹 등이나 世宗이 상계하고 전문한 정사를 의정이나[1006] 의정부 · 육조[1007] 등에게 논의하여 처리한 국정체계로 수행되었다.

세종과 공동으로 처결한 정사는 대개

> 세종이 상왕전으로 나아가 영의정 韓尙敬과 우의정 李原을 불러 明에 伝位事를 상주 할 것에 대해 의논하였다.[1008]

---

996) 『세종실록』 권2, 즉위년 11월 병인, 외.
997) 『세종실록』 권1, 즉위년 10월 신사, 외.
998) 『세종실록』 권2, 즉위년 11월 신유, 외.
999) 『세종실록』 권2, 즉위년 11월 을축(도진무) · 12월 기묘(도총제, 총제), 외.
1000) 『세종실록』 권1, 즉위년 9월 병인(군기감), 외.
1001) 『세종실록』 권1, 즉위년 8월 무술, 외.
1002) 『세종실록』 권2, 즉위년 12월 임진(예조), 권4, 1년 7월 기유(좌의정 · 예판), 권1, 즉위년 8월 정미(사헌부), 권1, 즉위년 9월 경술(형판 · 대사헌 · 좌사간), 외.
1003) 『세종실록』 권14, 3년 12월 기해(都城修築赴役軍減縮事), 외.
1004) 『세종실록』 권2, 즉위년 11월 임신(姜尙仁獄事), 권1, 즉위년 8월 계사(救荒事), 권2, 즉위년 11월 기유(慶源等地來居野人發還事),외.
1005) 『세종실록』 권8, 2년 7월 정축, 외.
1006) 『세종실록』 권4, 1년 7월 임자(의정 → 의정), 권6, 1년 11월 경신(예판 → 의정), 외.
1007) 『세종실록』 권1, 즉위년 9월 무진, 외.
1008) 『세종실록』 권1, 즉위년 8월 경진.

라고 한 예에서와 같이 세종이 상왕에게 문안차 입시하였을 때에 행해졌다. 이 때의 정사도 兵曹(官員) 등에게 전교하고[1009] 세종이 上啓하거나 伝聞한 정사를 재결하며,[1010] 직접으로나 병조 등과 세종이 상계·전문한 정사를 의정 등에게 논의하게 하여[1011] 수행하는 국정체게로 수행하였다.

또 이들 각 국정체계에 의하여 수행된 정사수를 보면 연도별로 다소의 차이는 있지만 伝教로서 처리한 정사가 가장 많고 上啓에 따라 처리한 정사가 그 다음이었으며, 擬議로서 처리한 정사가 가장 적었다.[1012] 그런데 擬議를 거쳐 처리된 정사를 보면 그 건수는 적지만 의의 참가자와 그 내용을 보면 전자는 대개가 議政이나 議政이 중심이 된 該曹 判書 등이었다. 후자는 伝位奏聞事·沈溫論罪事·對馬島征伐事·堂上官減縮事·北邊防禦事·吹角令補完事·都城修築軍減縮事(의정)와 慶源等地入居野人發還事·嘉礼事·迎誥命儀礼事·對馬島招諭事·元敬王后喪葬事·太祖配享功臣加定事(의정·판서)[1013] 등 당시의 현안사이거나 중요한 국사였다.

이를 볼 때 상왕은 宣旨를 발하면서 병조를 중심으로 의정부(의정) 이하 백사(백관)에게 전교하고, 백사(백관)이 올린 상계를 재결하면서 시행하거나 의정부(의정) 등과 논의하면서 군국중사를 청단하였다. 그러면서도 현안사와 중대사는 의정이나 의정·병

1009) 『세종실록』 권1, 즉위년 10월 갑진, 권6, 1년 12월 을해, 외.
1010) 『세종실록』 권13, 3년 8월 계사·갑인, 외.
1011) 『세종실록』 권2, 즉위년 12월 정축(嘉禮事, 의정·병판·예판·대사헌·지신사), 권4, 1년 5월 무오(대마도정벌사, 의정 등), 외.
1012) 예컨대 세종 즉위년 8월 ~ 12월의 경우에 상왕이 직접으로나 병조 등을 통하여 처리한 정사는 총 123건이었는데, 그 중 전교가 63건(51%)이고 상계가 49건(40%)이며 의의가 11건(9%)였다(『세종실록』 즉위년 8월 ~ 12월조에서 종합).
1013) 앞 282 ~ 284쪽 참조.

판·해조 판서와 의논하여 즉, 신임하는 소수의 중신·근신을 중심으로 청정하는 경향이 현저하였다.[1014] 위에서 살펴 본 세종 즉위 ~ 4년의 상왕을 중심한 국정운영체계를 도표로 재정리하면 다음과 같다.

〈도 7〉 세종 즉위 ~ 4년 상왕청정 운영체계

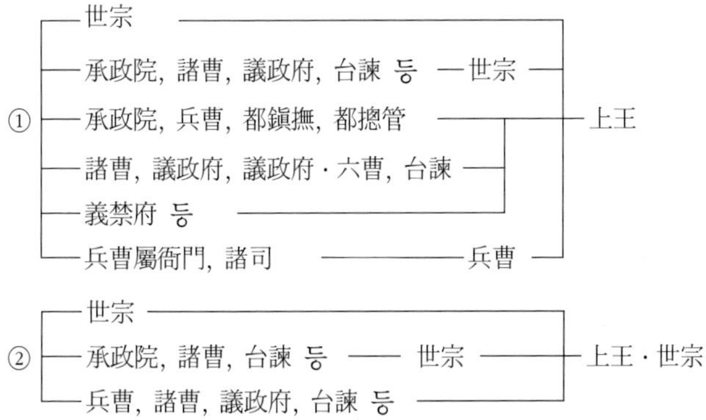

세종은 즉위와 함께 부왕을 聖德神功上王에 進封하고,[1015] 상왕의 伝旨를 '宣旨'라고 하면서 이를 좇지 않는 자는 왕명을 좇지 않는 자와 같게 논죄하며,[1016] 順承府를 仁壽府라 개칭하여 상왕의 支待諸事를 담당하게 하였다.[1017] 또 壽康宮을 신축하여[1018] 상왕

1014) 태종은 재위기를 통하여 중대사·현안사는 대개 하륜·조영무·이숙번 등 소수의 신임하는 중신·근신과 상의한 후 재결하였다. 상왕의 정사재결은 이러한 재위기의 관행이 계승되었다고 하겠다. 재위기의 국정운영은 崔承熙, 1991, 「太宗朝의 王權과 國政運營體制」, 『國史館論叢』 30, 22 ~ 34쪽 참조.
1015) 『세종실록』 권1, 즉위년 8월 신묘.
1016) 『세종실록』 권1, 즉위년 8월 신묘.
1017) 『세종실록』 권1, 즉위년 8월 신묘.
1018) 수강궁은 즉위년 8월에 착공하여 동년 11월에 일단 완성되었고, 이후 익년 10월까지 回廊과 樓閣·寢室 등 부속건물이 증축되면서 명실상부한 궁전이

궁으로 삼는 등 상왕의 聽政과 封崇·支待事 등을 마무리하였다.

세종은 효성이 지극하였으니, 즉위년과 3년에

> ① 세종과 왕비가 昌德宮으로 옮겨 거처하였다. (중략) 이후로부터 세종은 매일 궁내의 길을 통해 상왕을 찾아 뵙고 상왕을 종일토록 모시면서 즐긴 후 환궁하였다. 모든 정사는 모두 아뢰고 처리하였다.[1019]
>
> ② 太上王이 金益精을 불러 "내가 같이 소일할 사람이 없다. 주상이 매일 문안하기 위해 오면 내가 주상과 소요하기는 하나 정사에 방해가 될까 두렵다. 주상에게 가서 하루 건너 문안을 오라 한다."고 하라고 하였다. 김익정이 대답하여 "주상은 매일 정사를 본 후에 문안합니다. 또 정사가 있으면 그 즉시로 보고되기 때문에 정사가 지체되지 않습니다. 주상은 항상 周의 文王이 하루에 3번 문안한 것을 본받지 못하는 것을 한탄합니다. (중략) 김익정이 세종에게가 태상왕과 있었던 일을 갖추어 아뢰니 세종이 김익정을 칭찬하면서 '내가 부왕께 왕래하는 것이 정사에 어찌 폐가 되겠느냐?' 라고 하면서 매일 신궁에 문안을 가서 안부를 묻는 것을 더욱 부지런히 하였다.[1020]

라고 한 것과 같이 상왕 생존시를 통하여 매일 壽康宮·樂天亭·豊壤離宮 등처로[1021] 문안을 하면서 군국중사는 모두 품하여 처리하는 등 효성을 다하였다. 또 세종은 수시로 풍양이궁에 머무르거나

되었다(『세종실록』 권2, 즉위년 11월 기유, 권3, 1년 4월 경자, 권5, 1년 10월 을해).

1019) 『세종실록』 권1, 즉위년 9월 경신.

1020) 『세종실록』 권14, 3년 11월 을축.

1021) 상왕은 대개 세종 즉위년 8월 ~ 2년 윤1월에는 수강궁에 상주하면서 낙천정(풍양이궁 인근)을 출입하였고, 세종 2년 2월 ~ 4년 5월에는 풍양이궁(현 南楊州郡 別內面?)에 상주하면서 수강궁·낙천정·蓮花坊新宮(도성내)·泉達坊新宮(도성내)을 출입하였다.

講武·觀獵·放鷹 등으로 出幸하는[1022] 상왕을 隨從하면서[1023] 起居를 같이 하였다.

한편 세종의 정사재결을 보면 위의 사료에서도 언급되었지만, 군국중사는 모두 상왕에게 품하여 처리하였다.[1024] 또 상왕이 행하거나 지시한 정사를 두고 백관이 이론을 제기할 경우에는 "상왕이 처리한 일을 어찌 위배하거나 고칠수 있겠는가"[1025] 라고 하면서 백관의 요청을 거절하였다.

이러한 세종의 정치관은, 1436년(세종 18)에 의정부가 "沈溫은 疑獄으로 사사되었으니 告身을 還給해야 한다"라고 하면서 심온

1022) 상왕의 출행은 선위 직후에 추석제를 지내기 위하여 楊州의 健元陵(태조)에 행차하면서 시작되었다. 이후 생존기를 통하여 하루 동안 東郊 등지에 출행하여 觀獵·放鷹·觀稼·觀魚·放砲 등사를 행하였고, 2 ~ 20여 일에 걸쳐 포천·철원·평산·양주 등지로 출행하여 觀獵·講武·요양(온천) 등를 행하였다. 전자는 총 100여 회에 달하였고, 후자는 총 40여 회에 달하였다(『세종실록』 즉위년 8월 ~ 4년 5월조).

1023) 그 몇 예를 적기하면 다음과 같다.

放鷹 등; 『세종실록』 권3, 즉위년 2월 임오 上朝壽康宮 陪上王 幸東郊 放海靑, 권4, 1년 5월 을묘 從上王幸樂天亭 丙辰 留樂天亭 丁巳上奉上王泛樓船于漢江上流 試火砲, 외.

觀獵; 위 책 권3, 1년 2월 신미 上從兩上(정종·태종) 獵于楊州之界 壬寅至陽根 觀獵 甲辰 還宮, 외.

講武; 위 책 권3, 1년 3월 갑인 上王及老上王(정종)講武于鐵原等處 上從之 乙卯次漣川 丙辰次鐵原 丁巳次平康 庚申還次鐵原 壬戌次永平 癸亥次抱川 甲子還宮, 외.

1024) 그 정사로는 傳位奏聞事(『세종실록』 권1, 즉위년 8월 신묘), 中宮定號事(신묘), 三軍府·義建府設置事(같은 조), 閔無咎兄弟妻子京外從便事(무술), 朴習等論罪事(정미) 등이 있다.

1025) ① -ㄱ) 前此金漢老母死 許自漢老奔喪 至是河演等言 (중략) 上曰 (중략) 且上王業已命之 不可不從(『세종실록』 권2, 즉위년 11월 신해), ㄴ) 司憲府啓芳幹父子加罪事 上曰 我亦不以芳幹無罪 然上王欲保全之 我何敢違父王之心乎(권2, 즉위년 11월 경신).

② 金漸請定告殺牛者充賞之數 上曰 將犯人家産賞其告者 乃父王成憲 吾何敢改(위 책 권6, 1년 12월 임오).

의 伸寃을 청하자 세종은 그 사실을 인정하면서도 "태종의 처사를 갑자기 고칠 수 없다"고 하면서 거절한(문종대에 이르러서야 실현)[1026] 예에서와 같이 상왕 사후에도 그대로 견지되었다.

그 외에도 태종을 측근에서 보좌한 兵曹堂上과 都鎭撫는 물론,[1027] 세종을 보좌한 議政 · 判書 · 知申事 등도 모두 태종 재위시에 신임을 받으면서 당상관에 진출한 인물이었다. 즉 뒤의 〈별표 4〉에서와 같이 의정 6명 중 朴訔 · 柳廷顯 · 李原 · 鄭擢 · 韓尙敬은 공신이면서 태종대에 의정 등 정1품직을 역임하였고, 沈溫은 세종의 국구였다. 판서 19명 중 權弘 등 10명은 태종대에 判書職 이상을 역임하고 申浩 등 9명은 參判職 등을 역임하였으며, 동시에 권홍 등 10명은 공신이거나 외척 또는 태종 즉위 이래의 측근이었다. 知申事 3명도 모두 태종말에 승지를 역임하였다. 특히 의정인 유정현 · 박은 · 이원과 판서인 許稠 · 卞季良 · 朴信 · 許遲와 지신사인 河演 등은 강상인옥사 · 대마도정벌 등 때에 상왕의 방침을 적극 협찬하였고,[1028] 의정인 鄭擢은 가장 먼저 忠寧大君이 君王之才임을 역설하였다.[1029] 또 이들은 수시로 壽康宮 · 樂天亭 · 豊壤離宮과 講武 등으로 出幸 중인 상왕을 문안하고 수종하면서 제반 정사를 상계하고, 상왕의 부름을 받아 군국중사의 논의에 참여하였다. 유정현 등의 이러한 처신은 상왕과 세종의 갈등을 예방하면서 세종이 원만하게 국정을 운영할 수 있게하는 한 토대가 되었다고 하겠다.

1026) 뒤 주 1044) 참조.

1027) 강상인옥으로 복주된 판서 朴習과 참판 姜尙仁은 물론 그 후임인 趙末生과 李明德은 모두 潛邸期 이래나 재위기의 측근이었다. 도진무인 延嗣宗 · 李春生 · 趙秩 · 崔潤德 · 河敬復도 태종 중반기 이래로 계속 병권을 관장한 측근이었다(뒤 〈별표 5〉 참조).

1028) 『세종실록』 즉위년 8월 ~ 1년 5월조 참조.

1029) 『태종실록』 권30, 태종 15년 12월 계사.

상왕은 이러한 세종의 효성과 원만하고 신중한 국정청단, 그리고 유정현 · 박은 · 이원 등과의 접촉을 통해 선위의 불안감을 종식시킬 수 있었다. 1418년(세종 즉위) 10월과 1420년 2월 이후의 빈번하고도 장기간에 걸친 낙천정유숙 및 관렵 · 강무 · 온천요양 등을 위한 출행과 풍양이궁에서의 체류 등 유유자적한 생활, 그리고 점진적인 聽斷政事의 축소는 이러한 상왕의 심정을 잘 보여주는 것이라고 하겠다.

2. 外戚除去

태종은 재위시인 태종 7 ~ 10년과 16년의 2차에 걸쳐 후세 왕권의 안정을 위해 세자의 외숙인 閔無咎 · 無疾 · 撫恤 · 無悔 4형제를 모두 살해하였고, 세종에게 선위한 직후에는 國舅인 沈溫과 그 일족 · 당여를 제거하였다.

심온은 西京都元帥로서 위화도회군에 참여하고 여말선초에 判門下府事, 領三司事, 門下左政丞을 역임한 德符(1328 ~ 1401)의 아들이고, 태조 부마인 淸原君 淙의 형이다.[1030] 1386년(고려 우왕 12) 문과를 거쳐 출사하였고, 간관직을 거쳐 1398년(정종 즉위) 11월에 龍武司大護軍이 되었다. 1400년(태종 즉위 11) 大護軍知閤門事에 체직되었으며, 1404년 그간 대호군으로서 內侍茶房事를 잘 처리한 공로로 龍武司上護軍兼判通礼門事에 승진하였다. 1407년에 당상관에 승진하면서 承政院 同副代言에 발탁되었고, 1408년

1030) 시조 홍부 이하 그 5대손까지의 청송심씨 가계는 다음과 같다(『만성대동보』 청송심씨조, *는 정 · 온 피화시 유배자).

右副承旨 재직중에 忠寧大君 祹(뒤의 세종)를 사위로 맞고 종2품에 승진하면서 左軍同知摠制에 제수되었다. 이어 豊海道觀察使, 參知議政府事, 大司憲, 좌군총제를 역임하였다. 1414년 정2품에 승진하면서 刑曹判書에 발탁되었고, 호조판서, 좌군도총제, 판한성부사, 참찬, 이조판서, 공조판서를 역임하였다. 1418년 6월 이조판서 재직중 사위인 충령대군이 세자에 책봉되자 종1품에 승진하면서 찬성이 되었고, 동년 8월 세종의 즉위와 함께 青松府院君이 되었다. 1418년(세종 즉위) 9월 특별히 領議政府事에 오르면서 명의 세종즉위 승인을 사은하는 사은사가 되어 입명하였고, 동년 12월 사행을 마치고 귀국하던 도중 '姜尙仁獄事'에 연루되어 義州에 도착한 후 수원으로 압송되었다가 사사되었다.[1031]

강상인옥사는 1418년 8월 상왕이 선위시에 천명한 '軍國重事聽斷'의 방침을 어기고 巡綽事를 제외한 모든 군정을 세종에게 보고하고 처리한 병조참판 강상인과 병조좌랑 蔡知止를 의금부에 하

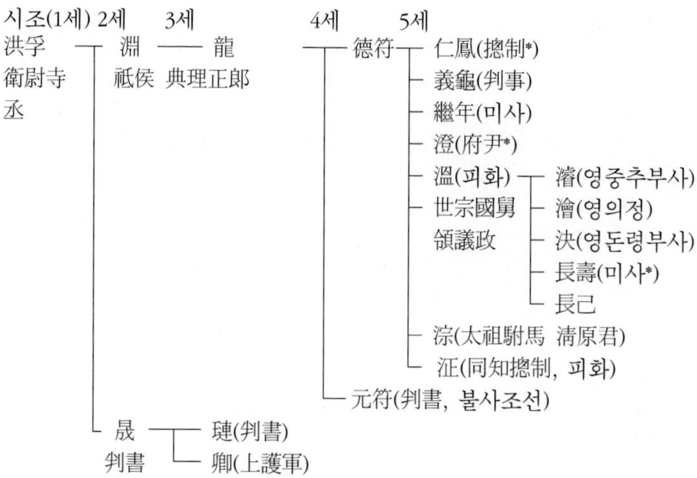

1031) 동기의 『조선왕조실록』에서 종합.

옥하면서 비롯되었고, 판서 朴習과 참판 강상인 등 모든 병조관리가 유배되면서 일단락 되었다. 그러다가 동년 11월에, 전년 8월 좌군동지총제 沈泟(온의 동생)과 병조참판 강상인이 상왕과 세종의 시위문제를 거론하면서 상인이 군사는 “한 곳에 통합하여야만 虛疎하지 아니한다” 라고 하자 심정이 “한 곳에 통합한다면 어찌 군사의 다소를 논의할 필요가 있을 것인가?”[1032] 라고 주고 받은 말로 인해, 전에 병조가 군정을 상왕에게 보고하지 않은 일이 대역사건으로 확대되었다. 이어 유배중인 강상인·박습과 심정을 “상왕과 세종을 이간시키고, 반역을 도모하였다”고 논죄하여 복주하였다.[1033] 그 여파가 파급되면서 심온은 변명할 겨를도 없이 사행을 마치고 귀국하는 도중 의주에서 수원으로 압송된 후 전격적으로 사사되었다.[1034]

태종은 왕권의 안정에 위해가 될 외척의 대두를 항상 경계하였다. 1407년(태종 7) ‘閔無咎獄’ 발생 직후에 세자의 장인이 된 金漢老를 左軍同知摠制에 제수하면서

> 사람의 행실은 孝悌忠信 보다 더 중요한 것이 없다. 경은 멀게는 沈孝生을 본받지 말고, 가까이는 마땅히 민씨를 거울로 삼아 삼가고 삼가라. 나는 소시적부터 경이 능히 분수를 지켜 부귀를 지킬 것이라는 것을 알았다. 그러므로 경의 딸을 간택하여 세자의 배필로 삼았다. 경은 마땅히 내말을 敬愛하여 오직 忠君悌長으로서 경은 아들과 사위를 가리켜라. 나도 이것으로써 내 자식을 깨우치겠다.[1035]

1032) 『세종실록』 권2, 즉위년 11월 무진.
1033) 『세종실록』 권2, 즉위년 11월 신미·임신.
1034) 『세종실록』 권2, 즉위년 11월 임신, 권2, 즉위년 12월 경진·정유·무술.
1035) 『태종실록』 권14, 7년 7월 병인 人之行已莫大於孝悌忠信 卿遠莫效沈孝生 近當戒閔氏 愼之愼之 予自幼深知卿謹 能守富貴 故擇卿女 以配世子 卿宜敬愛吾言 惟以忠君悌長教卿之婿子 亦以此誨吾子.

라고 하면서 경계하였다. 또 1411년에 전년의 처남 閔無咎·無疾 처단을 언급한 뒤에 漢·唐 이후 중국의 외척용사로 인한 폐단을 말하면서

> 대저 가정을 다스리고 국가를 경륜하는 일로 논하자면 즉 궁중에 외척을 가까이 두는 것은 군왕이 장구이 취신할 계책이 아니다. 바야흐르 지금은 국가가 한가하고 내외에 근심이 없어 일시는 의심하고 꺼리는 바가 없다. 그러나 어찌 그 폐단이 후일에 일어나지 않는다고 하겠는가? 마땅히 이를 제어하여 싹이 터지 못하게 하는 것이 옳을 것이다.1036)

라고 하면서 외척의 용사를 엄단하겠음을 천명하였다.

沈溫은 태종의 이러한 외척에 대한 경계심을 알고 忠寧大君이 세자로 책봉되자

> 李揚이 돌아와서 "沈溫이 자진하였다"고 아뢰었다. (중략) 세종이 세자로 있을 때 심온이 세자에게 아뢰어 "지금 사대부가 나를 보면 모두 慇懃한 뜻을 보이므로 제가 이를 매우 두려워합니다. 모름지기 손님을 사절하고 한가하게 살아 여생을 마쳤으면 좋겠습니다" 라고 하였다. 세자가 이 말을 태종에게 아뢰니 태종이 이를 매우 칭찬하였다.1037)

라고 하면서 자중과 근신의 뜻을 피력하였고, 이를 세자로부터 전

1036) 『태종실록』 권22, 11년 윤12월 무오 大抵以齊家治國之事論之 則使外戚近于宮中 非人君長遠之計也 方今國家閑暇 內外無虞 暫無疑忌 然安知其弊起於後日乎 當制之於 未萌可也.

1037) 『세종실록』 권2, 즉위년 12월 경자 李揚還啓 (沈)溫已自盡 (중략)上之在東宮也 溫白曰 今之士大夫見我皆致慇懃之意 我甚懼之 要須謝客安閑 以度余生(上卽以聞 上王甚善之).

해들은 태종도 그러한 생각을 칭찬하였다. 이 후에 형 仁鳳과 동생 泟 및 형 澄을 각각 군권을 관장하는 좌군총제와 중군동지총제 및 慶昌府尹에 제수하고, 심온도 영의정부사에 발탁하였다.[1038] 이것은 상왕의 심온에 대한 신임을 보이는 것이라고도 하겠으나, 또 다른 면에서는 민씨형제의 처단과 이 직후의 강상인의 옥에 연루시켜 심온 일족을 처단한 사실에 미루어 심온 일족의 마음을 떠본 조치가 아니었을까고 생각된다. 그러나 이 때도 태종의 심온과 그 일족에 대한 경계심을 완전히 푼 것 같지는 않다. 그러던 중에 심온이 사은사로 출발할 때 "이 날에 사대부로서 전송하는 자가 도성에 넘쳤다"[1039] 라고 하였듯이 사대부가 운집하는 사태가 발생하였다. 이러한 인파의 운집은 "이를 전해 듣고 기뻐하지 않았다"[1040] 고 한바와 같이 외척을 경계하고 있던 상왕에게 위구심을 일으켰고, 심온을 강상인 옥사에 연루시켜 사사하는 요인이 된 것으로 추측된다.

또 심정과 심온이 복주되고 사사되기는 하나 그 형인 仁鳳·澄과 아들인 長壽는 상왕의 배려로 천인이 됨을 면하고 유배됨에 그쳤으며,[1041] 심씨도 연좌를 면하고 왕후의 지위를 지켰다.[1042] 심온도 1429년(세종 11)에 "의심스러운 옥사(疑獄)로 사사된 만큼 사령장(告身)을 환급해야 한다"[1043] 는 의정부의 상계로 복권(伸寃)시킬 것이 제기되었고, 이후 세종도 그 사실을 인정하기는 하나

1038) 『세종실록』 권1, 8월 갑진, 9월 경술.
1039) 『세종실록』 권1, 즉위년 9월 을묘(( )는 『연려실기술』 권3, 세종조 고사본말 강상인옥사조에서 보충).
1040) 『연려실기술』 권3, 세종조 고사본말 강상인옥사조.
1041) 『세종실록』 권2, 즉위년 11월 임신.
1042) 『세종실록』 권2, 즉위년 11월 갑술.
1043) 『세종실록』 권43, 11년 3월 임술.

"태종의 처사를 갑자기 고칠 수 없다"는 생각에 따라 실현되지 못하다가 1451년(문종 1)에 문종의 의지에 따라 사령장(職牒)을 돌려받으면서 복권되었다.[1044)]

그 외에도 외척으로 태종에 의해 피죄된 민씨형제 · 심온형제와 李居易父子 · 金漢老에 있어서 전자는 사사된 반면에 후자는 죽음을 면하였다.[1045)] 이것은 아마도 전자는 후세 왕권에 위협이 될 가능성이 있었지만, 후자는 그럴 가능성이 없었음 즉, 태종의 외척관에서 기인되었다고 생각된다.

따라서 심온이 사사되게 된 것은 상왕의 의중을 헤아리지 못하고 경솔하게 병권문제를 거론한 심정에 연루되기도 하였겠지만, 근본적으로는 심온이 자신의 사후에 세종의 왕권에 위해를 가할 염려가 있으니 엄단해야 하겠다는 상왕의 의중에서 있게 되었다고 하겠다.

1044) 『세종실록』 권72, 18년 5월 신묘, 『문종실록』 권8, 1년 7월 무오.

1045) 이거이는 태종의 집권 · 즉위를 뒷받침하고 定社1등 · 佐命1등 공신에 책록되고 判門下, 左政丞, 領議政, 領司平府事를 역임하였다. 태종 4년 그의 세력을 경계한 태종에 의해 아들 佇(태조부마) · 伯剛(태종부마) · 伯寬 · 伯信 · 愃과 함께 유배되고 廢庶人이 되면서 제거되었다. 그후 臺諫의 加罪요구가 있었지만, 태종의 배려로 목숨을 부지하다가 태종 12년 유배지인 鎭州에서 사망하였다(『조선왕조실록』 태조 7년 ~ 태종 12년조에서 종합).
김한로는 태종의 同榜인 인연도 있지만 딸이 세자빈이 되면서 현달하기 시작하여 禮判, 都摠制, 判都摠制府事, 贊成, 兵判을 두루 역임하였다. 태종 18년에 讓寧大君의 폐세자 직전에 세자의 실행을 조장하였다는 이유로 職牒을 몰수당하고 유배되었으며, 이후 대간 등의 가죄요구가 있었지만 태종의 배려로 목숨을 부지하다가 졸하였다(『조선왕조실록』 태종 7년 ~ 세종 4년조).

〈표 25〉 세종 즉위 ~ 4년 의정, 판서, 도진무, 병조참판 및 지신사 재직자[1046)]

성명	생몰년	태종대주요역관	세종즉위~4년 주요 역관	비고(태종과의 관계, 기타)
姜尙仁	?~1418	순금사대호군, 상의원제조	병참판(복주)	잠저시 서제출신
權弘	1360~1445	지의정, 판한성, 판돈령	예판, 판돈령	여 태종후궁(2년)
金汝知	1370~1425	지신사, 예문제학, 공·예판	형판, 예판	
金益精	?~1436	지사간, 대언	지신사	久在 承政院
金漸	?~?	경승부윤, 참찬	형·호판, 평안관찰사	여 태종후궁
孟思誠	1360~1438	대언, 이참의, 대사헌, 이참판, 예·호·공판	공·이판, 예문대제학, 찬성사	
閔汝益	1360~1431	총제, 참지의정, 공판, 참찬	예판, 판도총제부사	개국3등
朴習	?~1418	대언, 호참판, 형판	병판(복주)	
朴信	1362~1444	대언, 대사헌, 공·호·병판, 찬성, 판도총제부사	이판(罷歸田里)	자 태종부마
朴誾	1370~1422	형·병·호·이판, 판도총제사, 우·좌의정	좌의정, 부원군	좌명3등, 태종총신
卞季良	1369~1430	예문제학, 대제학, 예판	예판, 참찬, 집대제학	
申浩	?~1432	관찰사, 개성유후	총제, 전라관, 호판	사태종지성, 손녀 연혼왕실
沈溫	?~1418	대언, 형·호·이·공판, 참찬	찬성, 영의정(피사)	여 세종비
延嗣宗	?~1434	동지총제, 판한성, 도절제, 3군부도진무	도진무, 판도총제부사, 부원군	좌명4, 태종수릉관
元肅	?~1424,	좌부대언	병참의, 지신사, 이참판	
柳廷顯	1355~1426	형·이·병판, 찬성, 좌의정	영의정	
尹坤	?~1422	총제, 병마도절제사, 참찬	공판, 파평군	좌명3
李明德	1375~1444	대언, 지신사	이참판, 병참판	久在 政院
李潑	1372~1426	병참의, 대언, 공·호참판, 함길관찰사	형·호판	

1046) 『태종실록』, 『세종실록』, 『국조인물고』 등에서 종합.

성명	생몰년	태종대주요역관	세종즉위~4년 주요 역관	비고(태종과의 관계, 기타)
李原	1368~1429	예·병판, 판도총제사, 찬성, 우의정	우·좌의정	좌명4등
李之剛	1363~1427	이참의, 경상관, 형·호참판	이·호참판, 호·예판	
李之實	?~?	시위절, 총제, 함길도절제	삼군도절제, 공판	박포난토벌 유공
李春生	?~1430	상호군, 병참판	함길도절제, 3군도진무	久帶 都鎭撫
鄭易	?~1425	동지총제, 한성윤, 호판	호판, 찬성	태종원종3등
鄭擢	1363~1423	판한성, 참찬, 부원군	우의정	개국1등
趙末生	1370~1425	지신사, 이참판	형·병판	구재 정원, 태종총신
趙備衡	1376~1440	동총, 시위절, 경상도절제사	함길도절, 도총제, 호·예판	구역 내외군직
趙秩	?~?	경기도절제, 시위절, 도총제	3군도진무	
崔潤德	1376~1445	시위절제사, 동총, 총제	도총제, 도진무, 참찬, 공판	구재 도진무
河敬復	1377~1438	시위절제사, 동총, 총제	3군도진무, 총제	구력 내외군직
河演	1376~1453	집의, 대언	지신사, 예참판	구재 정원
韓尙敬	1360~1423	공·호·이판, 참찬, 우·영상	영의정, 부원군	개국3등
許稠	1369~1439	예·이참의, 예참판	예판, 참찬	
許遲	1380~1434	대언, 경기관찰사	이참판, 형·이판	

第 4 部

家庭生活과 子孫

第1章

家庭生活

1. 潛邸期(1367, 고려 공민왕 17 ~ 1400, 정종 2)

태종 이방원은 출생으로부터 1373년(공민왕 22, 8세)경까지는 아버지 이성계가 知門下省事兼東北面元帥로서 東寧府 정벌(공민 19) · 胡拔都軍 격퇴(공민 21) · 東北界에 침입한 왜구방어(공민 21)를 지휘하고 입조하여서는 지문하성사로서 국사에 종사하였기[1047] 때문에 본가를 돌볼 여유가 없었다. 이에서 이방원은 출생지인 東北面 咸州 貴州洞(오늘의 함흥시)에서 어머니 韓氏의 훈도를 받으면서 형 芳雨 · 芳果 · 芳毅 · 芳幹 등과 생활한 것으로 보인다.

1373년경으로부터 1381년(우왕 7, 15세)까지는 함주 본가를 떠나 아버지와 서모 康氏가 살고 있는 京邸에 살면서 학문을 익히고 친구를 사귀었다. 이방원이 상경한 구체적인 시기는 불명하다. 그런데 이성계는 자식들에 대한 교육열이 높았고, 1373년경 이전에 康氏를 후처로 맞았다.[1048] 이방원은 어린 시절 朴錫命(1370 ~ 1406)과 한 이불을 덮고 자면서 우의를 다졌다.[1049] 이 시기에도 이성계는 경상 · 전라도(우왕 3) · 전라도(우왕 6)에 침입한 왜군을 격퇴

1047) 『고려사』 세가 권42 · 43, 공민왕 17 ~ 21년조.
1048) 앞 37쪽 주 14).
1049) 『大東野乘』 권1, 傭齋叢話 3.

하는[1050] 등으로 분주하였으므로 경저의 대소사는 서모 강씨가 주관한 것으로 보인다. 이를 볼 때 이방원은 일러도 1373년경 이후부터 개경에서 생활하였고, 강씨의 보살핌을 받으면서 학문을 닦아[1051] 1382년에 진사과에 급제한 것으로 보인다.

1382년(우왕 8, 16세)으로부터 1392년(태조 1, 26세) 조선 개창 때까지는, 즉 判典校寺事 閔霽의 딸과 혼인한 후 開城府 中部 星化坊 崇教里로 분가하였고, 이곳에서 1392년 조선 개창 때까지 살았다.[1052] 이 시기 이방원은 민씨부인의 내조를 받으면서 문과에 급제하고 司設署令(정6)에 제수되면서 관직생활을 시작하였고, 이후 고려말까지 典理司正郎·禮儀司正郎·右副代言·右代言을 거쳐 密直提學(종2)에 까지 승진하였다.[1053] 이 사이 사이에 抱川 滓壁洞에 옮겨와 살던[1054] 어머니와 서모를 찾아 보았다. 동시에 처남 閔無咎·閔無疾 및 동방인 金漢老·鄭易·朴習 등과 친분을 다지면서 경륜을 넓히었다.[1055] 1388년(고려 우왕 14) 威化島回軍 때에는 조정의 체포에 대비하여 어머니와 抱川 鐵峴으로 하향해 살던[1056] 서모 및 이복동생 芳蕃·芳碩을 보살피면서 兎山郡 伊川 韓忠家로 피신시켰다. 위화도회군 이후에는 1391년(공양왕 3) 모상으로 일시 사직하기도 하였지만, 부 이성계와 그 휘하 장수 및

1050) 『고려사』 열전 권46·47, 신우 1 ~ 7년조.

1051) 『龍飛御天歌』 권9, 81장.

1052) 그 중 1390 ~ 1391년에 있어서는 이성계의 정국주도, 개경에서 한양으로 천도하였다가 다시 개경에 환도하였음에서 부를 따라 한양과 개경을 오가며 살았던 것으로 추측된다.

1053) 한충희, 1998, 「潛邸期(1367 ~ 1399) 太宗硏究」, 『大丘史學』 56, 69 ~ 72쪽.

1054) 『용비어천가』 권1, 9장. 구체적인 시기는 불명하다.

1055) 한충희, 앞 논문, 74 ~ 76쪽.

1056) 『용비어천가』 권1, 9장. 구체적인 시기는 불명하나 이성계의 관력을 볼 때 이 때로부터 그리 멀지 않는 시기로 추측된다.

개혁파인 趙浚·鄭道傳 등과의 사이를 연결시키고 鄭夢周의 살해를 지휘하는 등 왕조개창에 크게 기여하였다.[1057)]

1392년으로부터 즉위하는 1400년(정종 2, 33세)까지는 靖安君으로서 부인 민씨와 함께 도읍지를 따라 개경과 한양을 오가며 살았다. 1392년 왕조 개창과 함께 숭교리에서 中部 南溪坊 楸洞으로 옮겼고,[1058)] 1394년(태조 4) 한양으로의 천도와 함께 漢城府 蓮花坊으로 옮겼으며,[1059)] 1399년 개경환도와 함께 다시 추동에 옮겨 이곳에서 즉위할 때까지 살았다. 이방원은 정안군에 책봉된 1392년으로부터 1398년까지는 일시는 世傳의 東北面 家別赤 500호를 받고 세거지이면서 가장 군사력이 강력한 동북면의 군사를 都節制使가 되어 지휘하기도 하였다. 그러나 곧 이복 동생인 방석이 세자로 책봉되고 그의 영향력을 꺼려한 왕비 강씨와 집권자인 정도전 등의 기피로 開國功臣의 책록에서 배제됨은 물론 家別赤와 동북면 도절제사를 이복동생이고 세자의 형인 撫安君 芳蕃에게 내주고 전라도 도절제사로 옮겨야 하였다. 또 당시에 가장 핵심 군사기구인 義興親軍衛와 義興三軍府의 지휘에도 참여하지 못하였다.[1060)] 이러한 분위기 하에서 민씨 부인의 적극적이고도 헌신적인 내조를 받으면서 울분을 삭이고 후일에 대비하였다.[1061)] 그

1057) 한충희, 앞 논문, 78 ~ 79쪽.

1058) 『태종실록』 권1, 태종총서.

1059) 『태종실록』 권36, 18년(세종 즉위) 8월 을류.

1060) 한충희, 앞 논문, 89쪽.

1061) 민씨부인은 투기가 세기는 하나 정도전 등이 중심이 된 사병혁파·병권집중 도모 때에 다수의 병장기를 은닉시켜 후일에 도모하였고, 戊寅政變 때에 위기에 처할 뻔한 이방원을 구하고 동생 무구·무질과 시종 金小斤 등을 무장시켜 출동에 대비한 등과 같이 담대하고 정치가적인 자질이 있었다(『燃藜室記述』 권1, 太祖朝故事本末 太宗定社 戊寅秋條).

후 이방원은 1398년(태조 7) 태조가 중병일 때 측근과 지지세력을 이끌고 戊寅政變을 일으켜 세자 방석과 정도전 등을 죽인 후 부왕을 퇴위시키고 定宗을 세우면서 집권하였다. 이 시기의 가정생활은 민씨가 1395년에 출생한[1062] 敬寧君 裶 모자에 대하여 투기심과 장남 禔에 대한 염려에서

> (정안군 몰래) 임신한 시녀 김씨를 (내당) 밖으로 내보내 행랑방에 거처하게 하였고, 해산할 즈음에는 문 밖의 다듬이 돌 옆에 내쫓아 죽이고자 하였고, 출산한 아이를 처마 앞에 두어 죽이고자 하였으며, 모자를 민가에서 살게 하였다.[1063]

라고 하였듯이 온갖 박해를 한 일이 있기도 하나, 민씨와의 사이에 禔(1394 ~ 1462, 讓寧大君) · 補(1396 ~ 1486, 孝寧大君) · 祹(1397 ~ 1450, 忠寧大君, 世宗)와 3녀(貞順公主 · 慶貞公主 · 慶安公主)를

1062) 경령군의 출생년은 『전주이씨경령군파세보』(1990, 회상사)에는 1395년(태조 4)이라 하였고, 『태종실록』(15년 12월 무인조)에는 임오년(1402, 태종 2)이라 하였다. 또 경령군은 1416년(태종 16)에 혼인하였다. 그런데 출생년으로 임오년을 적기한 위 『태종실록』의 경령군 관계기사(뒤 주1063) 참조)를 보면 출산과 관련된 장소가 궁중이라기 보다는 사가였다고 추측되었다. 성가년을 볼 때 그 출생년은 1402년에 출생한 것으로 생각되나 위에 제시되었듯이 민비의 처사로 인해 1414년 경까지 민간에 살다가 태종이 이를 인지하면서 비로소 왕자로 인정되고(김성준, 앞 논문, 601쪽) 그 후에 성혼하였기에 정상적인 왕자 보다는 성혼이 늦었을 것이라고 추측된다. 이점에서 경령군은 출생년은 위 족보에 따라 1395년으로 파악한다.

1063) 『태종실록』 권30, 15년 12월 무인 歲在壬午(1402, 태종 2)夏五月 閔氏家婢素入宮者 有娠旣三月 出居于外 閔氏置之行廊之房 與其婢三德居 至其年十二月臨産 是月十三日朝 以胎動腹痛始 三德以告閔氏 令出置門外砧杵之側 欲其死也 (중략) 辰時生子 今元尹裶也 其日 閔氏使其婢小庄金臺等 扶携抱兒移置崇敎里宮奴伐介家前土宇 (중략) 閔氏又其(김씨)父及(김씨형)和尙 携之載牛 送之交河之家 乃因風寒之逼 遷徙之苦 (중략) 多方爲計 必欲置之死地 盖其謀剪宗支之念 (하략).

두고[1064] 정순공주를 출가시키는[1065] 등[1066] 비교적 안정되고 평온한 가정생활을 영위하였다. 한편 왕비 강씨와의 관계에 있어서도 강씨가 정도전 등과 함께 정치·군사를 주도하였기에 내면적으로는 불만이 있었겠지만 표면적으로는 평상적인 관계가 유지되었고, 이러한 관계가 왕비가 사거하는 1396년까지 계속되었다.[1067]

2. 在位期(1400 ~ 1418)

태종의 가정생활은 재위와 함께 이전까지 그와 부인, 자녀 등과 사적으로 영위된 가정생활은 궁중의 공적이고도 엄격한 상하관계로 변질되었다. 또 嬪媵制가 정착됨에 따라 왕비 민씨가 가정생활에서 점하는 비중과 역할이 축소되고 약화되었다. 이러한 상하관계와 빈잉제의 정착은 민씨의 强悍한 기질·빈잉들에 대한 투기와 맞물리면서 태종과 민씨를 중심한 가정 생활을 점점 악화시켜 나가게 되었다.

태종 즉위로부터 1406년(태종 6)에는 개경으로부터 한성으로의 천도와 관련되어 주로 1404년까지는 개경의 壽昌宮에 거처하였고, 1405년 이후에는 신축된 한성의 昌德宮에 거처하였다.[1068] 이 때

1064) 출생된 해는 불명하나 그 성가년이 각각 1399년, 1403년, 1404년 이었음에서 잠저기에 출생하였음이 명확하다고 하겠다(성가년은 한충희, 1996, 「朝鮮初期 儀賓硏究」, 『朝鮮史硏究』 5, 10쪽 참조).

1065) 『국조인물고』 이백강묘표.

1066) 태종 2년에 3세된 왕녀가 죽었다고 하였다(『태종실록』 권4, 2년 8월 기미) 이 왕녀의 모가 민씨인지는 알 수 없지만, 민씨가 아니라면 민씨 이외의 측실이 있었다고 하겠다.

1067) 한충희, 앞 논문, 67 ~ 68쪽.

에 세자빈(靜嬪) 민씨는 1401년(태종 1)에 왕비(靜妃)에 책봉되었고, 1403년에는 誠寧大君 褈을 출산하였으며, 1404년에는 元子 禔가 세자에 책봉되었다.[1069] 그 부 霽는 驪興府院君에 책봉되었고,[1070] 동생인 無咎와 無疾은 佐命1등功臣에 책록되고[1071] 摠制·參知承樞(무구)와 參知承樞·兼摠制·兼都摠制(무질) 등을 역임하면서 정치·군사에 큰 영향력을 발휘하였다.[1072]

이런 중에서도 민씨는 태종이 관계한 궁인을 두고 투기를 부려 태종의 격분을 야기하였다. 즉 1401년에는 태종이 궁인을 가까이 하자 격분하여 그 궁인을 힐책하니 태종이 격노하여 그 시녀·환관 20여 인을 내쫒았다.[1073] 1402년에 成均樂正 權弘의 딸을 후궁으로 맞아들이려고 할 때도

> 태종의 옷을 잡으면서 "옛 정을 잊었습니까? 나는 당신과 함께 어려움을 겪으면서 화란을 극복하고 오늘을 이룩하였습니다. 이제 나를 잊고 후궁을 맞이 하십니까?" 라고 하면서 울기를 그치지 아니하고 식사도 하지 아니하였다. 권씨를 별궁에 들이자 心疾을 얻었다. 태종은 수 일 동안 정사를 보지 않았다(『태종실록』 권6, 2년 3월 경인).

라고 하였음과 같이 심하게 투기하였다. 태종은 이러한 민씨의 반발에도 불구하고 1401년경에는 愼寧翁主 辛氏를 들였고,[1074] 1402

1068) 『태종실록』 권1, 태종총서, 권10, 5년 10월 계해·신사·임오.
1069) 『태종실록』 권1, 1년 1월 경오, 권28, 14년 12월 신묘·권35, 18년 2월 을류 성령대군 졸기, 권8, 4년 8월 을해.
1070) 『태종실록』 권1, 1년 1월 을류.
1071) 『태종실록』 권1, 1년 1월 을사.
1072) 한충희, 2001, 「朝鮮 太宗王權의 政治的 基盤硏究」, 『大丘史學』 63, 55쪽.
1073) 『태종실록』 권1, 1년 6월 을해.

년에는 권씨를 貞懿宮主에 책봉하였다.[1075] 또 1405년에는 賢儀 1인·淑儀 1인 이하 12인의 女官制를 처음으로 정하였다.[1076] 또 이 시기에는 태종의 집권·즉위와 관련되어 태종이 태조홍서 직후에

> 予於戊寅之秋 以社稷大計 不獲已而擧事 其後父王常懷不平 我於生前 不克承順 以傷厥心[1077]

이라고 술회하였음과 같이 태종과 太上王(太祖)의 불화가 지속되었고,[1078] 이와 관련되어 趙思義亂이 발생하는[1079] 등으로 왕권이 동요되었다.

이에서 태종의 민비와 다소 불편하기도 하였지만, 민비를 중심으로 愼寧翁主 辛氏와 貞懿宮主 권씨에게서 諴寧君 裀·溫寧君 裎·謹寧君 襛과 貞惠翁主를 두고 慶貞公主·慶安公主를 출가시키는[1080] 등 비교적 원만한 가정생활을 하였다.

1074) 입궁시기는 명확히 알 수는 없다. 그런데 그녀의 소생인 諴寧君 裀의 출생년이 태종 17년 성혼년에 비추어 태종 2년경이라고 추측됨에서 태종 1년경으로 파악한다.

1075)『태종실록』 권3, 2년 4월 경오.

1076)『태종실록』 권9, 5년 1월 임자. 그 설치배경과 명칭·인원은 李英淑, 1982, 「朝鮮初期 內命婦에 대하여」,『歷史學報』 96, 87 ~ 88쪽 참조.

1077)『태종실록』 권15, 8년 6월 무술 予於戊寅之秋 以社稷大計 不獲已而擧事 其後父王常懷不平 我於生前 不克承順 以傷厥心.

1078) 태조는 정종 2년에 定社功臣이고 최고위 요직에 있던 趙溫·趙英茂·李茂를 "배은망덕하고 불충하니 처벌하라" 고 요구하여 유배에 처하게 하였고, 왕 2년 5 ~ 12월에는 한양을 떠나 회암사와 금강산을 거쳐 함주에 도착한 후 이곳에서 머물다가 환경하였다. 그 불편한 관계는 환도한 이후 점진적으로 해소되기는 하나 태조가 홍서하는 8년까지도 완전히 해소되지 못하였다(『조선왕조실록』 정종 1년 ~ 태종 8년,『燃藜室記述』 권1, 太祖故事本末 駐驛咸興條)..

1079) 조사의난의 배경과 경과 등은 앞 121 ~ 122 참조.

1080)『선원세계』. 그 출생년은 불명하지만 성혼년에 비추어 이 시기에 출생한 것으로 파악한다. 성혼년은 앞 102 ~ 103쪽 〈표 8〉 참조.

1407년(태종 7) 이후에는 태종의 외척제거·계속적인 빈잉의 영입과 이에 대한 민비의 강력한 반발 등과 관련되어 민비와의 관계가 악화되면서 민비 보다는 후궁을 중심한 생활이 영위되었다. 1407년에 처남 閔無咎·閔無疾 형제를 功臣錄卷을 거두고 職牒을 수취한 후 서인으로 삼아 유배시켰다가 1410년에 賜死하였으며, 다시 1415년에 처남인 閔無恤·閔無悔 형제를 직첩을 빼앗고 서인으로 삼아 유배시켰다가 다음해에 사사하였다.[1081] 또 1411년에 1嬪 2媵의 妃嬪制를 정하였고,[1082] 그에 따라 정식의 예를 갖추어 明嬪 金氏(부 판통례문사 九德)·昭惠宮主 盧氏(부 전제학 龜山)·淑恭宮主 金氏(부 전지주사 漸)를 맞이하였다.[1083] 또 그 후에도 1412년경에 順惠翁主 張氏(부 군 思吉),[1084] 14년 이전에 安氏,[1085] 14년에 惠善翁主 洪氏,[1086] 17년 이전에 淑儀 崔氏를[1087] 차례로 후궁으로 맞았다. 이들과 이전에 맞았던 후궁과의 사이에서 熙寧君 袉(모 숙의 최씨)와 貞信翁主(모 신령궁주 신씨)·貞靜翁主(모 신씨)·淑貞翁主(모 신씨)·昭善翁主(모 불명)·淑惠翁主(모 소혜궁주 노씨)·淑寧翁主(모 신씨)·昭淑翁主(모 안씨)를 두었다.

1081) 金成俊, 1962, 「太宗의 外戚除去에 대하여 - 閔氏兄弟의 獄 -」, 『역사학보』 17·18합집), 581 ~ 603쪽. 민씨형제의 피죄는 개인적인 과오도 있었지만 주로는 태종의 후계자의 왕권안정과 행사를 위한 염려에서 있게된 것이었다(이에 대해서는 앞 271 ~ 273쪽 참조).

1082) 이영숙, 앞 논문, 89 ~ 90쪽.

1083) 『태종실록』 권22, 11년 10월 을묘.

1084) 『태종실록』 권24, 12년 10월 신사 以張氏爲順惠翁主 花山君張思吉妓妾福德之女 曾入後宮.

1085) 입궁시기는 불명하나 그 소생 敬愼翁主가 1430년에 성혼하였음과 관련하여 추측하였다.

1086) 『태종실록』 권27, 14년 1월 무자.

1087) 입궁시기는 불명하나 그 둘째 아들인 厚寧君 衦이 1419년에 출생하였음과 관련하여 추측하였다.

이러한 태종의 처사, 특히 4 동생의 유배·사사에 대해 민비는 태종을 크게 원망하고 반발하였다.[1088] 이에 따라 태종과 민씨의 관계는 크게 악화되었다. 태종은 1411년에 야밤에 知申事 金汝知를 침실로 불러 폐비의사를 표명하고 민씨를 대신하여 내사를 주관할 후궁의 간선을 논의 및 明嬪 등을 간택하였다.[1089] 민비는 태종의 "조강지처다"[1090] 라는 배려에 따라 겨우 폐비가 됨을 면하였다. 또 태종은 1414년경에 민비가 그간에 敬寧君 裶 모자에 대한 박해사실을 알고는 격분하였는데,[1091] 이 사건으로 태종과 민비와의 관계가 더욱 악화되었다.

이 시기의 궁중사는 1410년까지는 민비가 확고하게 주관하였다. 그러나 1411년 이후에는 누가 주관하였는가가 명확하지 못하다. 그런데 1411년에 민비를 대신하여 내사를 주관할 후궁간택이 행해지기는 하나 태종 선위 후의 이거시에 민비가 동행하였고, 1422년(세종 4)에 "민비가 홍서하기 까지는 내사를 주관하였다"[1092]고 하였다. 1411년에 간택된 明嬪 김씨가 후궁 중에서는 가장 위계가 높으나[1093] 태종의 총애에 있어서는 愼寧翁主 辛氏와 비교가 되지 못하였으며,[1094] 1420년 민비 사후에 내사를 주관한 신령옹주

1088) 『태종실록』 권14, 7년 11월 경신, 권22, 11년 9월 임술, 외.
1089) 『태종실록』 권22, 11년 9월 임술.
1090) 동상조.
1091) 앞 주 1063) 참조. 태종이 이 사실을 인지한 시기는 김성준, 앞 논문, 601쪽 참조.
1092) 『세종실록』 권16, 4년 4월 경인.
1093) 태종대의 후궁들은 빈, 궁주, 옹주의 봉작을 받았다. 세종 4년에 "進封貞懿宮主權氏爲懿嬪 愼寧翁主辛氏爲宮主"(『세종실록』 권15, 4년 2월 정미) 라고 하였듯이 빈이 가장 높고, 궁주, 옹주의 순서였다. 세종대 정립된 내관제에도 빈은 정1품으로 후궁 중에서 가장 위계가 높았다(세종대 내명부와 그 관계는 이영숙, 앞 논문, 90쪽 〈표 3〉 참조).
1094) 명빈은 소생이 없었으나 신씨는 모두 3남 5녀를 두었고, 그 소생과 태종시질에서 세종 4년 옹주에서 궁주에 진봉되었다(『선원세계』 및 『세종실록』

는[1095] 민비의 시녀 출신이었다.[1096] 이를 볼 때 정도의 차이가 있겠지만 민씨가 계속하여 내사를 주관한 것으로 보인다. 또 1418년(태종 18)에는 태종과 민비가 총애하던 誠寧大君 褈이 죽고[1097] 세자 禔를 폐위하고 3남인 忠寧大君 祹를 세자에 책립한[1098] 불상사가 있기도 하였다. 그러나 후궁들에게서 厚寧君(모 淑儀 최씨)·益寧君(모 善嬪 안씨)와 淑慶翁主(모 愼寧翁主 辛氏)·淑安翁主(모 淑恭宮主 김씨)·敬愼翁主(모 안씨)·淑謹翁主(모 신씨)·淑順翁主(모 이씨)를 보았고,[1099] 世子 禔·孝寧大君 補·忠寧大君 祹·誠寧大君 褈·敬寧君 裶·諴寧君 䄄·溫寧君 裎·謹寧君 襛·譓寧君 祉·熙寧君 袉와 貞順公主·慶貞公主·慶安公主·貞善公主·貞惠翁主를 성가시켰으며, 당시까지 성가한 자녀로부터 많은 손자·손녀를 보는[1100] 등 활기차고 다복한 나날을 보내었다.

3. 上王期(1418 ~ 1422)

태종은 선위한 처음에는 갑작스런 양위로 인해 거처가 마련되지 못한 관계로 昌德宮에서 연화방 옛 세자궁으로 옮겨 살았고,[1101]

권15, 4년 2월 정미).

1095) 『세종실록』 권16, 4년 4월 경인.

1096) 『세종실록』 권11, 3년 3월 을축.

1097) 『태종실록』 권35, 18년 2월 을류.

1098) 『태종실록』 권35, 18년 6월 임오. 세자폐립과정은 최승희, 1990, 「태종말 세자폐립사건의 정치사적 의의」, 『이재룡박사환련기념 한국사학논총』, 303쪽 참조.

1099) 『선원세계』. 그 출생년은 뒤 〈표 28〉 참조.

1100) 성가년과 자손은 앞 102 ~ 103쪽 〈표 8〉과 뒤 제2장(〈표 27〉) 참조.

1101) 『태종실록』 권36, 18년 8월 을류.

1418년(세종 즉위) 11월에 상왕궁인 壽康宮이 준공되자 이곳으로 옮겨 거처하였다.[1102] 또 1420년에 豊壤 新宮,[1103] 1421년 蓮花坊 新宮,[1104] 1422년 泉達坊 新宮이[1105] 연이어 건축된 뒤에는 수강궁에 중심을 두고 이곳을 오가며 거처하였다.[1106] 또 1419년(세종 1) 경에 善嬪 安氏,[1107] 1421년에 淑善翁主 安氏,[1108] 1422년에 愼順翁主 李氏·淑順翁主 李氏·義貞宮主 趙氏를 새로이 후궁으로 들였다.[1109]

태종은 선위초에는 선위교서에 따라 병조를 親掌하면서 세종국구인 沈溫과 그 지지세력을 제거하였고, 대마도정벌을 지휘하는 등 군국중사를 주관한 관계로 분주하였다.[1110] 그런데 세종은 태종의 신망을 받아 즉위하기도 하였지만, 즉위 이래로 효성을 다하고[1111] 모든 정사를 상왕에게 아뢰고 가부를 물어 시행하는[1112] 등 원만하면서도 무난하게 국정을 운영하였다. 이점은 태종으로

1102) 『세종실록』 권2, 즉위년 11월 기유(준공), 권2, 즉위년 12월 기축(수강궁에서 수조).
1103) 『세종실록』 권7, 2년 2월 정사·계해.
1104) 『세종실록』 권12, 3년 5월 을축.
1105) 『세종실록』 권16, 4년 4월 경인.
1106) 『세종실록』 즉위년 8월 ~ 4년 5월조.
1107) 그 외 소생인 익령군이 후령군(1419 ~ 1450)의 동생이었음에서 추정함.
1108) 『세종실록』 권12, 3년 5월 경자.
1109) 『세종실록』 권15, 4년 1월 갑자, 권15, 2년 2월 신묘·을묘. 조씨는 절차를 마치고 입궁을 대기하던 중에 태종이 홍서한 관계로 그 후에 봉작을 받았다.
1110) 한충희, 1999, 「상왕기(세종즉위 1418 ~ 세종 4, 1422) 태종연구」, 『대구사학』 58, 96 ~ 108쪽.
1111) 위 논문 112 ~ 113쪽. 매일 거처인 수강궁·낙천정·풍양이궁 등처로 문안을 드리고 대소정사를 모두 품신하여 처리하였으며, 수시로 거처에 머무르거나 講武·觀獵 등 으로 출행하였을 때 수종하였다.
1112) 『세종실록』 권26, 6년 12월 임인 (전략) 自己亥(세종 1)至壬寅(세종 4) 予雖在位 其間國政 予皆稟太宗而後施行 無寡人自擅之事 (하략).

하여금 세종에 대한 신뢰를 높이면서 정무를 위임시키게 하였다. 그리하여 태종은 세종즉위 직후에 자신의 부재시에 군무를 세종으로 하여금 처리하게 하고 司直(정5) 이하 무반제수는 세종이 상계하여 집행하게 하였고,[1113] 이후 군국중사를 제외한 모든 정무를 점진적으로 세종에게 이양하였다.[1114] 이와 동시에 도성 근교와 강원도 철원 · 포천 · 평강, 경기도 양주, 황해도 해주 등지로 방응과 강무 · 수렵을 다니고[1115] 打毬[1116] 등 오락을 즐겼으며, 온천을 찾아 요양을 하면서[1117] 유유자적하게 살았다.

이 시기 궁중생활은 재위 말의 분위기가 계승되는 가운데 내사는 1420년(세종 2) 대비 민비가 홍서하기까지는 민씨가 주관하였고, 그 이후는 愼寧宮主 辛氏가 주관하였다.[1118] 태종은 대비 민씨를 잃기도 하였지만 세종의 극진한 효도를 받으면서 신령궁주 신씨 · 숙의 최씨 · 선빈 안씨 등이 중심이 된 후궁들과 다정하게 살면서 厚寧君(모 숙의 최씨) · 益寧君(모 선빈 안씨)와 淑慶翁主(모 신씨) · 淑安翁主(모 숙공궁주 김씨) · 敬愼翁主(모 안씨) · 淑謹翁主(모 신씨) · 淑順翁主(모 이씨)를 보았고,[1119] 貞懿翁主(모 권씨)를 성가시켰다.[1120] 태종비 민씨와 후궁들의 봉호와 가계 · 입궁시기 · 자녀를 표로 정리하여 덧붙이면 다음과 같다.

1113) 『세종실록』 권1, 즉위년 9월 경술, 권2, 즉위년 12월 무인.

1114) 3년에 병조정사는 병사와 마정 이외의 모두를, 이 · 호조 등의 정사도 중대사 이외의 모두를 각각 이관하였다(『세종실록』 권12, 3년 6월 신해 · 7월 병인).

1115) 『세종실록』 즉위년 8월 ~ 4년 5월조.

1116) 『세종실록』 권14, 3년 11월 갑신, 외.

1117) 『세종실록』 권11, 3년 4월 경술, 외.

1118) 『세종실록』 권16, 4년 4월 경인.

1119) 『선원세계』. 그 출생년은 뒤 320 ~ 321〈표 28〉참조.

1120) 『세종실록』 권3, 1년 1월 정묘.

〈표 26〉 태종대 내명부[1121]

봉호*1	생몰년	부*2	입궁시기	자녀	비고
厚德大妃 閔氏	1365 ~ 1420	정승 霽	고려 우왕	세종, 양령·효령·성령대군, 정순·경정·경안·정선공주.	
孝嬪 金氏		불명	태조 4년경	경령군	
愼寧宮主 辛氏		불명	태종 1년경	함령·온령·근령군, 정신·정정·숙정·숙경·숙근옹주	세종 2년 明嬪
懿嬪 權氏		正 權弘	태종 2	정혜·정의옹주	
惠善翁主 洪氏			태종 8		좌 염치용 폐출
?			태종 9 이후	소선옹주	
明嬪 金氏		김구덕	태종 11		
昭嬪 盧氏		노구산	태종 11	숙혜옹주	
淑恭宮主 金氏		김점	태종 11	숙안옹주	세종 3 坐父出宮
順惠宮主 張氏		장사길	태종 12 이전		
? 安氏			태종 14 이전	혜령군, 소숙·경신옹주	
淑儀 崔氏			태종 18이전	희령·후령군	
善嬪 安氏			세종 1경	익령군	
淑善翁主 安氏		안의	세종 2		
愼順翁主 李氏		이직	세종 4	숙순옹주	
淑順翁主 李氏		이운로	세종 4		
義貞宮主 趙氏		조뢰	세종 4(태종 사후)		

*1 최종 봉호, 2 입궁시의 관직.

1121) 『조선왕조실록』 태종 2년 ~ 세종 4년, 『璿源世譜紀略』 등에서 종합.

第2章

子孫

태종은 元敬王后 閔氏(1365 ~ 1420, 부 驪興府院君 霽)와 후궁인 孝嬪 金氏 등과의 사이에서 世宗 · 讓寧大君 禔 · 貞順公主 등 4대군 · 4공주와 敬寧君 裶 · 貞惠翁主 등 8군 · 13옹주의 12남 17녀를 두었다. 또 이들 자녀에게서 文宗 · 世祖와 安平大君 瑢 · 貞懿公主 등과 僉知中樞府事 趙英武 등 50여 손자 · 10여 손녀, 20여 외손을[1122] 두었다. 여기에서는 이들 자손을 선계(세종계), 3대군계, 8군계, 4공주 · 13옹주로 구분하여 그 면면과 활동상을 살펴본다.

1. 璿系(세종계)

世宗 祹(1397 ~ 1450, 재위 1418 ~ 1450)는 태종과 원경왕후의 3남으로 태어났다. 1408년 忠寧君에 봉군되었고, 1412년 충령대군에 진봉되었다. 1418년(태종 18) 6월 世子 禔(讓寧大君)의 폐위와 함께 세자로 책봉되었다가 동년 8월 태종의 양위를 받아 즉위하였다. 昭憲王后 沈氏(1395 ~ 1446, 부 靑川府院君 溫)와의 사이에서

1122) 족보에서 확인된 여계는 손녀 · 외손녀 모두 남계인 손자 · 외손자에 비해 그 수가 아주 적다. 이것은 남계 위주의 족보편찬에서 기인되었다고 추측된다. 이에서 여계의 실제 인원은 남계와 비슷하였을 것으로 추측된다.

世子 珦(뒤의 문종)과 首陽大君 瑈(뒤의 세조), 安平大君 瑢(1418 ~ 1453)·臨瀛大君 璆(1418 ~ 1469)·廣平大君 璵(1425 ~ 1444)·錦城大君 瑜(1426 ~ 1457)·平原大君 琳(1427 ~ 1445)·永膺大君 琰(1425 ~ 1484)과 貞昭公主(? ~ 1426, 미출가 졸)·貞懿公主(? ~ 1477, 夫 延昌尉 安孟聃)를 두었다. 또 令嬪 姜氏와의 사이에서 和義君 瓔(1425 ~ 1484), 愼嬪 김씨와의 사이에서 桂陽君 璔(? ~ 1464)·義昌君 玒(? ~ 1460)·密城君 琛(1430 ~ 1479)·翼峴君 璭(1431 ~ 1463)·寧海君 瑭(1435 ~ 1477)·潭陽君 璖(1439 ~ 1450), 惠嬪 楊氏와의 사이에서 漢南君 㺩(? ~ 1457)·壽春君 玹(? ~ 1455)·永豊君 瑔(1434 ~ 1457), 尙寢 宋氏와의 사이에서 貞顯翁主(? ~ 1480, 부 鈴川府院君 尹師路), 淑媛 李氏와의 사이에서 貞安翁主(? ~ 1461, 부 青城尉 沈安義)를 각각 두었다.[1123)]

文宗(1414 ~ 1452, 재위 1450 ~ 1452)은 1421년(세종 3) 세자에 책봉되었고, 1445년부터 부왕을 대신하여 攝政하였으며,[1124)] 세종을 이어 즉위하였다. 顯德王后 權氏(1448 ~ 1441, 부 花山府院君 專)[1125)] 와의 사이에서 世子 弘暐(뒤의 단종, 1441 ~ 1457, 재위

1123) 『선원세보기략』, 『만성대동보』, 『만가보』, 『璿源續譜』 권1(1988, 譜典出版社) 등에서 종합. 조선의 內命婦制는 태조 6년에 처음으로 제도화되고 태종 5년에 개정되었으며, 세종 10년에 정비되었다가 『경국대전』의 편찬과 함께 확립되었다. 嬪과 淑媛은 각각 정1(정1)품과 정4(종4)품의 후궁이고, 尙寢은 정5품의 궁녀이다(( )는 경국대전, 내명부의 정비와 그 내용은 李英淑, 1982, 「朝鮮初期 內命婦에 대하여」, 『역사학보』 96, 79 ~ 94쪽 참조).

1124) 세종의 신병악화에 따른 만기총람의 부담 경감과 관련되어 1443년부터 전년에 세자의 서무재결을 위한 기관으로 설치된 詹事院을 토대로 서무를 재결하기 사작하였다. 1445년 부터는 섭정으로서 인사와 군국중사를 제외한 국정 전반을 재결하였고, 1448년부터는 3품 이하의 제수를 전장하고 국왕의 儀仗으로 朝參을 받고 視事하였다(한충희, 2001, 「중앙 관부의 구성과 기능」, 『세종문화사대계』 3, 세종대왕기념사업회, 71 ~ 72쪽).

1125) 1431년 세자궁에 입궁하여 承徽(정4)가 되었고, 이어 良媛(정3)에 진봉되었

1452 ~ 1455)와 敬惠公主(? ~ 1474, 부 寧陽尉 鄭悰)를 두었고, 司則 楊氏와의 사이에서 敬淑翁主(? ~ ?, 부 班城尉 姜子順)를 두었다.

世祖(1417 ~ 1468, 재위 1455 ~ 1468)는 1428년(세종 10) 晉平大君에 봉군되고 1445년 首陽大君으로 개봉되었다. 세종대에는 內佛堂의 설치 · 佛書의 번역 · 鄕樂樂譜의 편찬 등사를 감독하였고, 문종대에는 관습도감 도제조로서 樂事를 지휘하였다. 단종대에는 종친의 정치참여를 금지시킨 의정부의 조치에 반발하면서 정치력을 신장시키고 謝恩使로서 명을 다녀왔으며, 쿠데타를 일으켜 집정대신인 左議政 金宗瑞 등과 동생인 安平大君을 살해 · 유배하고 집권하였다. 이어 1455년(단종 3) 단종을 퇴위시키고 즉위하였다.[1126] 貞熹王后 尹氏(1418 ~ 1483, 부 判中樞院事 璠)와의 사이에서 세자 暲(1438 ~ 1457, 뒤의 德宗[1127]) · 세자 晄(뒤의 예종) · 懿淑公主(? ~ 1477, 부 河城府院君 鄭顯祖)를 두었고, 謹嬪 朴氏와의 사이에서 德源君 曙, ? ~ ?) · 昌原君 晟(1457 ~ 1484)을 두었다.[1128]

아들인 안평대군은 형인 수양대군에 맞서 황보인 · 김종서 등과 힘을 합쳐 단종을 보호하려다가 유배된 후 사사되었다.[1129] 금성대군 · 한남군 · 영풍군은 단종을 퇴위시키고 즉위한 세조를 제거하고 단종복위를 도모하다가 유배된 후 사사되었다.[1130]

다. 1437년 세자빈(純嬪) 奉氏가 폐위 된 후 세자빈에 책봉되었고, 세손(단종)을 낳은 직후 난산으로 죽었다. 문종 즉위와 함께 현덕왕후에 추봉되었다(『세종실록』, 『단종실록』, 『선원계보』).

1126) 한충희, 1995, 「왕권의 재확립과 제도의 완성」, 『한국사』 22, 국사편찬위원회, 112 ~ 113쪽.

1127) 1445년 桃源君에 봉군되었고, 1455년 세조 즉위와 함께 세자에 책봉되었다가 2년 뒤에 졸하였다. 1471년(성종 2) 예종의 후사로서 즉위한 2남 성종의 교서에 따라 덕종에 추봉되었다(『세종실록』, 『세조실록』, 『선원계보』).

1128) 『세조실록』, 『성종실록』, 『선원세계』.

1129) 『단종실록』 권8, 1년 10월 을미 · 신축.

그러나 임영대군 · 계양군 · 밀성군 · 익현군은 세조의 즉위를 지지하였고, 세조의 종친 · 부마 등을 중용하여 공신을 견제하면서 왕권을 강화하려는 방침에 따라 內宗親이나 五衛都摠管 등에 중용되어 정치 · 군사에 큰 영향력을 발휘하였다.[1131] 또 駙馬인 尹師路와 沈安義는 佐翼1等功臣에 책록되고 左贊成(세조 2년 1월 ~ 10월) · 領中樞府事(2. 10 ~ 3. 3, 3. 8 ~ 4. 8)와 五衛鎭撫所 都鎭撫(10년 5월 이전) · 5衛都摠管(12. 5 ~ 13. 5) · 5部將(13. 5 ~ 예종 1. 10) 등을 역임하면서 정치 · 군사에 큰 영향력을 발휘하는 등[1132] 종친과 함께 왕권강화의 한 토대가 되었다.

1130) 『세조실록』 권1, 1년 윤6 을묘, 권9, 3년 10월 경술, 외.

1131) 한충희, 1995, 「조선 세조대(1455 ~ 1468) 종친연구」, 『한국학논집』 22, 198 ~ 200쪽, 201쪽 〈표 2〉, 204 ~ 205쪽 〈표 3〉 참조. 임영대군 · 영응대군은 常參 · 視事에 참여하고(1년 이후) 興福寺造成都提調(10년)로서 동 조성사를 감독하였다. 계양군 · 익현군 · 의창군은 상참 · 시사에 참여하고(1년 이후) 內宗親이라 불리면서(즉위 ~ 7년) 왕측근에서 시종하고 왕명을 출납하였다. 밀성군은 오위도총관(13 ~ 14년)과 知留都將相公事(14. 1)로서 군령권에 간여하고 세조 부재중의 국사와 도성방어를 총관하였다.
또 이들 등의 아들에 있어서도 龜城君 浚(부 임영대군)은 내종친이라 불리면서(8년 이후) 왕측근에서 시종하고 왕명을 출납하였고, 5위도총관 (13. 1, 13.9)을 역임하고 4道都摠制使로서(13. 5 ~ 8) 李施愛亂을 토벌하였으며, 領議政에까지 올랐다(14.7). 永順君 溥(부 광평대군)는 내종친이라 불리면서(8년 이후) 왕측근에서 시종 · 왕명을 출납하고 홍복사조성도제조로서(10. 5) 동 공사를 감독하였으며, 烏山君 澍(구성군 형)는 文昭殿과 司饔院의 도제조가 되어(12년경) 그 관아의 일을 지휘하였다.

1132) 한충희, 1996, 「朝鮮初期 儀賓研究」, 『朝鮮史研究』 5, 21 ~ 22, 27쪽.

2. 3大君系

讓寧大君 禔(1394 ~ 1462)는 부인 金氏(부 찬성 漢老) 및 측실과의 사이에서 順城君 諟(? ~ 1462)·咸陽君 誧(1416 ~ 1474)·瑞山君 譓(? ~ 1451)·古丁副正 謙(? ~ ?)·長川副正 訴(? ~ ?)·蓬山正 諄(? ~ ?)·安昌副正 諶(? ~ ?)과 군수 朴壽宗·영의정 韓致亨에게 각각 출가한 딸을 두었다.[1133]

孝寧大君 補(1396 ~ 1486)는 부인 鄭氏(부 찬성 易) 및 측실 孫氏(부 진사 仁孝)과의 사이에서 誼城君 寀(? ~ 1489)·瑞原君 천(1412 ~ 1475)·寶城君 容(? ~ 1503 이후)·樂安君 寧(? ~ ?)·永川君 定(? ~ 1497 이후)·原川君 宜(? ~ 1477 이전, 성령대군에게 출사)·安康正 寔(? ~ ?)과 군수 全晉亨·참찬 李塤에게 출가한 딸을 두었다.[1134]

誠寧大君 褈(1405 ~ 1418)은 부인 成氏(부 경창부윤 抑)와의 사이에 후사를 두지 못하였고, 효령대군의 아들 原川君으로 뒤를 이었다.[1135]

양령대군과 그 아들들은 양령대군의 폐세자와 관련되어 종친으로서의 봉록을 누렸을 뿐 정사에 참여하지 못하였다. 그러나 효령대군은 세종 ~ 세조대에 존친으로 우대되면서 각종 불사 등을 지휘하였고, 그 아들도 보성군은 세조대에 5衛鎭撫所 都鎭撫(9. 6 이전 ~)·講武衛將(8. 9, 10. 8, 10. 10, 12. 9)·扈駕大將(14.1) 등에 중용되면서 왕권강화의 한 토대가 되었다.[1136]

1133) 『선원세계』, 『만성대동보』, 『만가보』.
1134) 『선원세계』, 『蓮江先生(효령대군)遺集』 大君墓誌(1934, 鴻文齋印刷所).
1135) 『선원세계』, 『만가보』, 『만성대동보』.

3. 8君系

敬寧君 裶(? ~ 1467, 모 孝嬪 김씨)는 부인 金氏(부 첨총제 灌)와 측실과의 사이에서 高陽君 秩(? ~ 1449) · 銀川君 穳(1421 ~ 1481) · 梧城正 緻(? ~ ?) · 永善都正 利(? ~ ?) · 月城守 秬(? ~ ?) · 高興守 積(? ~ ?) · 福城守 穎(? ~ ?) · 毛陽守 稙(? ~ ?) · 嘉林守 秋(? ~ ?) · 丹山守 穗(? ~ ?)를 두었다.[1137)]

諴寧君 裀(? ~ 1467, 모 愼嬪 辛氏)은 부인 崔氏(부 찬성 士康)와의 사이에서 德城君 敏(1431 ~ 1473)과 副正 尹塢에게 출가한 딸을 두었다.[1138)]

1136) 한충희, 앞 「세조대(1455 ~ 1468) 종친연구」, 198 ~ 200, 202 ~ 204쪽. 또 서원군의 아들인 堤川君 葚(? ~ ?)은 오위위장(12. 2이전 ~, 13. 4) · 습진위장(13. 8) · 호가위장(14 .2) 등을 역임하였다. 보성군의 아들인 栗元君 倧(1433 ~ 1476)은 수렵위장(9. 8) · 이시애토벌군 총통도장(13. 7) · 함길도병마수군절도사(13. 11 ~), 春陽君 徠(? ~ ?)는 강무위장(8. 9, 10. 10) · 충청도병마도절제사(~ 12. 1) · 병조참판(13. 5 ~ 13.6) · 이조참판(13. 6 ~) · 오위도총부부총관(13. 7), 坪城君 偉(? ~ ?)는 수렵대장(9. 8, 12. 윤3) · 강무위장(10. 10) · 호가위장(14. 1) · 오위위장(12. 12 이전), 勿巨尹 徹(? ~ 1467)은 狩獵隊將(9. 8) · 六典詳定所提調(10. 5 이전 ~) · 강무대장(10. 10) · 호가치중장(12. 3)을 각각 역임하였다.

1137) 『선원세계』, 『全州李氏敬寧君派世譜』(1990, 回想社). 조선시대 종친에게 수여된 관작은 개국과 함께 고려 충선왕 때의 법제를 답습하면서 비롯되고 태조 7년과 태종 9 · 12 · 14 · 17년에 개정되면서 정비되었으며, 세종 25년에 다시 개정되면서 정립되었다가 『경국대전』의 편찬과 함께 확립되었다. 『경국대전』에 의하면 친왕자인 大君(왕비소생)과 君(후궁소생)은 무품이고 정1 ~ 종2품 君에는 大君承襲嫡長子 이하가 제수되었으며, 정3품 당상 都正 이하 正(정3 당하) · 副正(종3) · 守(정4) · 副守(종4) · 令(정5) · 副令(종5) · 監(정6)에는 世子衆曾孫 · 大君衆孫 · 王子君衆子承襲嫡長曾孫 이하 등이 제수되었다(관제 정비와 구체적인 내용은 金成俊, 1964, 「宗親府考」, 『史學硏究』 18) 39 ~ 54쪽 참조).

1138) 『선원세계』, 『全州李氏諴寧君派世譜』 권2(1981, 譜典出版社)에서 종합.

溫寧君 裎(? ~ 1454, 모 신빈)은 부인 朴氏(부 卒 副正 安命)에게서 자식이 없어 근령군의 아들 牛山守 踵(? ~ 1504 이후)으로 뒤를 이었다.[1139]

謹寧君 襛(? ~ 1461, 모 신빈)은 부인 許氏(부 졸 관찰사 之惠)와 측실에게서 玉山君 躋(1429 ~ 1490)와 牛山守 踵을 두었다.[1140]

惠寧君 祉(? ~ 1440, 모 안씨)는 부인 尹氏(부 졸 사직 忭)와의 사이에서 醴泉君 洙(? ~ 1456)를 두었다.[1141]

熙寧君 袉(? ~ 1465, 모 淑儀 최씨)는 부인 崔氏(부 졸 참지 淑生)와 측실에게서 花城君 堪(? ~ 1465 이전), 寧原正 培(? ~ ?), 曲江令 均(? ~ ?)을 두었다.[1142]

厚寧君 衦(1419 ~ 1450, 모 숙의 최씨)은 부인 申氏(부 령 敬宗)와 측실에게서 참판 申瀞에게 출가한 딸과 貞海都正 緝(? ~ ?) · 巖城守 綸(? ~ ?)을 두었다.[1143]

益寧君 袳(? ~ 1464, 모 善嬪 안씨)은 朴氏 부인(부 절제사 從智)과 측실과의 사이에서 판관 金信에게 출가한 딸과 義泉正 承恩(? ~ 1475 이후) · 秀泉正 貞恩(? ~ 1498)을 두었다.[1144]

종친은 태종대 이래로 부귀를 누리게 하되 사관은 금지시킬 것이 천명되고 법제화되었지만, 세조대에는 이들을 중용하여 왕권 안정 · 강화의 한 토대로 삼으려는 세조의 의지에 따라 다수가 정치 · 군사의 요직에 제수되어 활약하였다. 그리하여 경령군 · 함령

1139) 『선원세계』, 『만성대동보』, 『만가보』 에서 종합.
1140) 동상조.
1141) 동상조.
1142) 동상조.
1143) 동상조.
1144) 동상조.

군 · 근령군 · 희령군 · 익령군은 존친으로 우대되면서 常參과 視事에 참여하였고, 그 아들인 은천군 · 옥산군 · 복성수 · 모양도정 등은 세조의 총애를 받으면서 각급 정치 · 군사직에 제수되어 세조 왕권강화의 한 토대가 되었다.[1145]

4. 4公主와 13翁主

1) 4공주

貞順公主(? ~ 1460)는 1399년(정종 1) 淸平府院君 李伯剛(1381 ~ 1451)에게 출가하였고, 贊成 李季疄에게 출가한 딸을 두었다.[1146]

慶貞公主(? ~ 1455)는 1403년(태종 3) 平壤府院君 趙大臨(1387 ~ 1430)에게 출가하였고, 첨지중추부사 英武를 두었다.[1147]

慶安公主(? ~ 1442 이후)는 1404년 吉昌君 權跬(1393 ~ 1421)에게 출가하였고, 동지돈령부사 聃과 세자참군 聰을 두었다.[1148]

貞善公主(1404 ~ 1424)는 1416년 宜山君 南暉(? ~ 1454)에게 출가하였고, 주부 份 · 倜과 대사성 申自繩에게 출가한 딸을 두었다.[1149]

1145) 한충희, 앞 「세조대(1455 ~ 1468) 종친연구」, 199 ~ 205쪽. 은천군은 수렵대장(9. 8, 9. 9, 12. 윤3) · 겸대사헌(10. 6) · 육전상정소제조(10. 5) · 원각사조성제조(11. 2) · 도문폐사(12.) · 경상도도순찰사(13. 11), 옥산군은 원각사감역독찰관(10. 6) · 원각사조성제조(11. 2) · 수렵잡류장(12. 윤3) · 경기도문폐사(12. 8), 복성수는 도문폐사(12. 8), 모양도정 직은 육전상정소제조(12) 등을 각각 역임하였다.

1146) 『선원세계』, 『청주이씨족보』

1147) 『선원세계』, 『청구씨보』 권13.

1148) 『선원세계』, 『안동권씨대동보』 天(1982, 明文社).

1149) 『선원세계』, 『의령남씨족보』 首卷(1992, 의령남씨대종회). 조선의 부마는 개국 ~ 세조 12년 1월에는 관계에 관계없이 모두 駙馬 → 儀賓 → 부마라

2) 13翁主

貞惠翁主(1403 ~ 1424, 모 懿嬪權氏)는 1418년(태종 18) 雲城府院君 朴從愚(? ~ 1464)에게 출가하였고, 장군 繼孫과 貴孫 · 芝孫을 두었다.[1150]

貞信翁主(? ~ 1452, 모 愼嬪辛氏)는 鈴平君 尹季童(? ~ 1454)에게 출가하였고, 현감 三元과 찬성 李坡에게 출가한 딸을 두었다.[1151]

貞靜翁主(1410 ~ 1456, 모 신빈)는 1421년(세종 3) 漢原君 趙璿(1410 ~ 1437)에게 출가하였고, 직장 溪과 전적 許菖에게 출가한 딸을 두었다.[1152]

淑貞翁主(? ~ 1487 이후, 모 신빈)는 1422년 日城君 鄭孝全(? ~ 1459)에게 출가하였고, 內乘 克昌을 두었다.[1153]

昭善翁主(? ~ ?, 모 ?)는 柔川尉 邊孝順(? ~ 1457)에게 출가하였고, 자손은 불명이다.[1154]

淑惠翁主(? ~ 1464, 모 昭嬪 盧氏)는 星原尉 李正寧(1411 ~ 1455)에게 출가하였고, 이조판서 諿 · 대사헌 誼 · 돈령부도정 詮을 두었다.[1155]

불렀다. 그러다가 세조 12년에 그 관계별로 칭호를 달리하는 즉, 의빈(정 · 종1품) · 承嬪(정 · 종2) · 副嬪(정3) · 僉嬪(종3)으로 정립되었으며, 성종 15년에 某某尉(2품 이상) · 某某副尉(3품 당상) · 某某僉尉(4품 ~ 정3)로 확립되었다. 그러나 공신이거나 공신적장손인 경우는 그 관계에 따라 府院君(정1)이나 君(종1 ~ 종2)에 봉군되었다(부마 봉작제의 정비와 그 내용은 한충희, 1996, 「朝鮮初期 儀賓硏究」, 『朝鮮史硏究』 5, 1 ~ 6쪽 참조).

1150) 『선원세계』, 『韓國人의 族譜』(1977, 일신각).

1151) 『선원세계』, 『坡平尹氏版圖公派世譜』(1995, 大譜社).

1152) 『선원세계』, 『楊州趙氏族譜』 상(1980, 회상사).

1153) 『선원세계』, 『만성대동보』.

1154) 『선원세계』.

1155) 『선원세계』, 『靑邱氏譜』 권3.

淑寧翁主(? ~ ?, 모 신빈)는 1430년경 坡平君 尹愚(? ~ 1433)에게 출가하였고, 주부 元謹과 宋鐵山에게 출가한 딸을 두었다.[1156]

昭淑翁主(? ~ 1456, 모 안씨)는 1430년 海平君 尹延命(1419 ~ 1458)에게 출가하였고, 감찰 渾 · 사과 湄 · 사과 冽 · 첨지중추 浩와 봉사 安琯 · 참봉 李堤에게 출가한 딸을 두었다.[1157]

淑慶翁主(1420 ~ 1494, 모 신빈)는 1436년 坡平君 尹巖(? ~ 1461)에게 출가하였고, 첨지중추 俊元 · 사직 俊童 · 사직 俊生 · 주부 俊丁과 申從治에게 출가한 딸을 두었다.[1158]

敬愼翁主(? ~ 1469 이후, 모 안씨)는 1430년 全城尉 李梡(? ~ ?)에게 출가하였고, 참봉 悌忠 · 양근군수 信忠 · 현감 禮忠 · 직장 義忠 · 敬忠과 목사 姜子正에게 출가한 딸을 두었다.[1159]

淑安翁主(? ~ ?, 모 김씨)는 1432년 懷川尉 黃裕(1421 ~ 1450)에게 출가하였고, 돈령부 첨정 汀 · 公州判官 浩 · 찰방 濟 · 별좌 瀓 · 沼를 두었다.[1160]

淑謹翁主(? ~ 1450, 모 신빈)는 1432년 花川君 權恭(? ~ 1462)에게 출가하였고, 安川君 彭을 두었다.[1161]

淑順翁主(? ~ ?, 모 이씨)는 1435년 坡原尉 尹泙(1420 ~ 1467)에게 출가하였고, 참봉 杠 · 동지중추 桓 · 군자감첨정 沈安仁에게 출가한 딸을 두었다.[1162]

1156) 『선원세계』, 『坡平尹氏大同譜』(전).
1157) 『선원세계』, 『海平尹氏大同譜』 권1(1983, 회상사).
1158) 『선원세계』, 『坡平尹氏府尹公派譜』(전).
1159) 『선원세계』, 『全義李氏族譜』 제1집(1979, 農耕出版社).
1160) 『선원세계』, 『懷德黃氏大同譜』 상(1994, 회상사).
1161) 『선원세계』, 『안동권씨대동보』 천(1982, 명문사).
1162) 『선원세계』, 『파평윤씨판도공파세보』(1995, 대보사), 『국조인물고』 상 윤평 묘지명.

부마는 조선 개국으로부터 1400년(정종 2)까지는 제한없이 정치·군사의 요직에 제수되면서 정치에 큰 영향력을 발휘하였다. 그러나 그 후에 있어서는 종친과 같이 부귀를 누리게 하되 사관은 금지할 것이 천명되고 이것이 『속육전』(태종 13)과 『경국대전』에 법제화되면서 사관이 금지가 확정되었다. 그러나 이러한 사관금지의 천명과 법제화에도 불구하고 왕권을 안정시키고 강화시킬려는 국왕의 의지와 관련되어 조선초기를 통하여 다수가 정치, 군사의 요직에 제수되었다. 그리하여 이백강·조대림·권규·남휘·박종우·정효전·이정령·윤암·이완·권공 등 10여 명이 태종 ~ 세조대에 다음의 표와 같이 領中樞府事 이하의 문반직과 5衛鎭撫所 都摠管·5衛 都摠管 이하의 무반직을 역임하고, 공신에 책록되면서 당시의 정치·군사에 큰 영향력을 발휘함은 물론 태종·세종·문종·세조의 왕권을 안정·강화시키는 중요한 토대가 되었다.[1163]

〈표 27〉 태종부마 사관자(재직기간)[1164]

	경관			외관	
	문반직	무반직	기타	문반직	무반직
이백강		시위군절제사(세종즉위)	산릉도감도제조(세종2·4년)		전라도도절제사(태종 8. 11~9. 10),
조대림		도총제(태종 8.11~9.10), 시위군절제사(세종즉위)			평양도도절제사(태9.10~9.11)
권규		시위군상호군(태7), 도총제(태8.11~세종3), 시위군절제사(태18.6~8)			안주도도절제사(태9.10~9.11)

1163) 한충희, 앞 「조선초기 의빈연구」, 16 ~ 34쪽.
1164) 『조선왕조실록』 태종 8년 ~ 세조 13년조에서 종합.

	경관			외관	
	문반직	무반직	기타	문반직	무반직
남휘		시위군절제사(태18.6~세종즉)			
박종우% 정난1	호판(세종24.11~26.7), 이판(29.3~6), 좌찬성겸판이조사(29.6~31.12)	총제(세24.3이전~?)			경상좌도도절제사(세19.12~20.1), 함길도도절제사(27.3~29.3), 함길도도체찰사(31.8), 평안도도체찰사(단종2.11)
정효전		총제(세24), 3군진무소도진무(세31경~단종1.10)			
이정령			선공감제조(세24.12이전~?)	충청도도관찰사(세29.7~)	
윤암* 좌익2		강무대장(세24, 세조4), 궁성수비절제사(단즉.5)	의금부지사(세조7~?)		
이완		총제(세종24), 궁성수비절제사(단즉.5)			충청도도절제사(세종29.7~?)
권공* 좌익3		5위진무소도진무(문종1~단1.7), 단2~세조8.4), 강무등대장(문1, 단2, 세조3·4·5·7), 5위도총관(세12.5~13.5)			경상도도절제사(단1.7~8)

위에서 언급된 태종의 자손을 표로 정리하여 덧붙이면 다음과 같다.

〈표 28〉 태종 자손(자, 녀, 손, 손녀, 증손, 증손녀)[1165]

성명	봉작	생애	부	조	증조	세조대 주요관력	비고
祹	세종	1397~1450	태종	태조	환조		
禔	讓寧大君	1394~1462					
補	孝寧大君	1396~1486					
종	誠寧大君	1405~1418					
裶	敬寧君	?~1458					
裀	諴寧君	?~1467					
裎	溫寧君	?~1454					
襛	謹寧君	?~1461					
祉	惠寧君	?~1440					
袉	熙寧君	?~1465 이전					
衦	厚寧君	1419~1450					
袳	益寧君	?~1464					
1녀	貞順公主	?~1460					
2녀	慶貞공주	?~1455					
3녀	慶安공주	?~1422 이후					
4녀	貞善공주	1404~1424					
1녀	貞惠翁主	?~1424					
2	貞信옹주	?~1452					
3	貞靜옹주	?~?					
녀	淑貞옹주	?~1487 이후					
5	昭善옹주	?~?					
6	淑惠옹주	?~1464					

1165) 『선원세보』, 『조선왕조실록』 태조 1년 ~ 중종 10년, 『만성대동보』, 한충희, 1995, 「조선 세조대(1455 ~ 1468) 종친연구」, 『한국학논집』 10 등에서 종합.

성명	봉작	생애	부	조	증조	세조대 주요관력	비고
7	淑寧옹주	?~?	태종	태조	환조		
8	昭淑옹주	?~1456					
9	淑慶옹주	?~?					
10	敬愼옹주	?~1469 이후					
11	淑安옹주	?~?					
12	淑謹옹주	?~1450					
13	淑順옹주	??					
珦	문종	1414~1452	세종	태종	태조		
瑈	세조	1417~1468					
瑢	安平大君	?~1453					
璆	臨瀛大君	1418~1469				흥복사조성도제조	
璵	廣平大君	1425~1444	출(무안대군)				
瑜	錦城大君	1426~1457					
琳	平原大君	1427~1445					
琰	永膺大君	1424~1467					
瓔	和義君	1425~1484 이후					
璔	桂陽君	?~1464				내종친	
玒	義昌君	?~1460					
王於	漢南君	?~1457					
琛	密城君	1430~1479				오위도총관, 知留都將相公事	
玹	壽春君	?~1455					
璭	翼峴君	1431~1463				강무대장	
瑔	永豊君	1434~1457					
瑭	寧海君	1435~1477					

성명	봉작	생애	부	조	증조	세조대 주요관력	비고
璖	潭陽君	1439~1450	세종	태종	태조		
1녀	貞昭公主	?~1426					
2	貞懿공주	?~1477					
1녀	貞顯翁主	?~1480					
2	貞安옹주	?~1461					
譩	順城君	?~1462	양령대군				
誧	咸陽君	1416~1474					
譓	瑞山君	?~1451					
謙	古丁副正						
訴	長川副正	성종대					
諄	蓬山正						
諶	安昌副正						
여							*朴壽宗
여							*韓致亨
寀	誼城君	?~1489 이후	효령대군				
천	瑞原君	1412~1475					
寶	寶城君	?~1503이후				오위도진무, 해청위장	
寧	樂安君	?~?					
定	永川君	?~1497이후					
宜	原川君		출(성령대군)				
寔	安康正	성종대					
여							*이訓
宜	原川君	?~1476 이전	성령대군				
秩	高陽君	?~1449	경령군				

성명	봉작	생애	부	조	증조	세조대 주요관력	비고
穳	銀川君	1421~1481	경령군	태종	태조	대사헌, 원각사조성제조, 경상순찰사, 강무등대장	
緻	梧城正						
利	永善都正						
秬	月城守						
積	高興守						
穎	福城守				도문폐사		
稙	牟陽正						
秋	嘉林守	성종대					
穗	丹山守						
敏	德城君	1431~1473	함령군				
踵	牛山守	?~1504 이후	온령군				생부 근령군
躋	玉山君	1429~1490	근령군			원각사조성제조, 수렵대장	
洙	醴泉君	?~1455	혜령군				
堪	花城君	?~1465 이전	희령군				
培	寧原正						
均	曲江令						
緝	貞海都正		후령군				
綸	巖城守						
여							*신정
承恩	義泉正	?~1475 이후					
貞恩	秀泉正	?~1498 이후					
여							*김신

성명	봉작	생애	부	조	증조	세조대 주요관력	비고
弘暐	단종	1441~1457	문종	세종	태종		
여	敬惠公主						
여	敬淑翁主						
暲	德宗	1438~1457	세조				
曙	德源君	?~?					
晟	昌源君	1457~1484					
여	懿淑公主						
友直	宜春君		안평대군				
友良							
澍	烏山君	1437~1490	임영대군			문소전, 사옹원도제조	
浚	龜城君	1441~1479				종친, 도총관, 도총사, 영의정	
淳	定陽君						
淨	八溪守						
涵	英陽副正						
濯	輪山副正						
여	中牟縣主						*愼承善
溥	永順君		광평대군			적개익대공신	
孟漢	咸從君		금성대군				
琄	齊安大君	1466~1525	평원대군				생부 예종
源	淸風君		영응대군				
轅	驪興副正		화의군				
轓	驪城守						

성명	봉작	생애	부	조	증조	세조대 주요관력	비고
여			화의군	세종	태종		*金蘭守
灃	寧原君		계양군				
潚	江陽正						
湜	富林君	?~1489					
여							*安繼宋
여							*鄭敬祖
여							*韓瑊
灝	蛇山君		의창군				
衆生	興安君		한남군				
誠	雲山君	1453~1510	밀성군			정국공신	
鏳			출				
讃	遂安君		출				
譪	石陽君						
讃	遂安君		수춘군				생부 밀성군
여							*沈順路
湏	槐山君	?~1467	악현군				
正義	吉安都正		영풍군				
여							*李陽孫
仁	永春君	성종대	영해군				
義	吉安正						
潚	江陽君		담양군				생부 계양군
嗣宗	烏川副正	성종대	순성군	양령대군	태종		
玉石	伊山副守	성종대					
嗣祖	獻陽副正						

성명	봉작	생애	부	조	증조	세조대 주요관력	비고
여			순성군	양령대군	태종		*金老至
여							*蔡于忱
여							*邊祥
鎭	富原君		함양군				
鉉	湖山都正	세조대				선전관, 습진대장	
終南	鳳陽守						
終巖	波澄守						
終石	管山守						
頣	鶴林君		서산군				
潁	鷲城君						
靖	駒城守		고정부정				
順	富林令		장천부정				
碩	牛城令						
樹	臨淮令		안창부정				
植	沙川守						
悛	茂松君		의성군	효령대군			
惇	岑城正						
偪	雲林都正						
怡	永新君						
愼	蕙谷守						
萩	懷義都正						
蒳	德恩都正		의성군				
葚	堤川君		서원군			5위장, 습진호가위장	
蒨	藥川正						

성명	봉작	생애	부	조	증조	세조대 주요관력	비고
薰	高林正		서원군	효령대군	태종		
蕙	淸渠守	성종대					
여							*玄碩圭
循	新豊都正		보성군				
倧	栗元君	1433~1476				함길병사, 이시애 토벌총통대장	
徠	春陽君					충청병사, 병참판, 5위부총관, 강무등대장	
偉	坪城君	세조대				5위장, 강무등대장	
徹	勿巨尹	?~1467				내종친, 수렵강무등대장	
行	園山令						
徐	東陽正						
霂	淸原正		악안군				
仝	泰江守		영천군				
孝根	滋仁守		안강도정				
孝堅	陽良副正						
여							*任士洪
여							*尹甫
偕	烈山守		원천군	성령대군			
偵	岐城守						
份	加恩都正		고양군	경령군			
여							*姜居孝
楨	娥林正	성종대	은천군				
梓	河陰副正	성종대					
樚	岐山副守						

성명	봉작	생애	부	조	증조	세조대 주요관력	비고
裀	璋山副守		은천군	경령군	태종		
枋	桂城副守						
杠	豊山君		오성정				
金山	金陵副守	복성군	복성군				
末孫	青山副守	모양군	모양군				
承孫	仙佐正						
季孫	瑞興君						
여							*青?夏
여							*尹耕
楨	河廻副守		가림군				
權	恩山副守		단산수				
桓	蘇采正						
橃	安城副守						
悌	龍宮副守						
여							*具壽福
淨	八溪君		덕성군	함령군			생부 임영대군
援	龍城君		우산군	온령군			
揔	茂豊君						
珽	韓山君						
揀	花原君						
抃	錦山君		우산군	온령군			
揵	青陽君						
擢	始安正	성종대	옥산군	근령군			
楯	仁寧君	성종대					
振	薑源副正	성종대					

성명	봉작	생애	부	조	증조	세조대 주요관력	비고
挻	彭城副正	성종대	옥산군	근령군	태종		
攢	鎭江副正	성종대					
楫	劒城副正						
孝植	竺山君		예천군				
德植	瑞城副正						
潓	昌原郡		화성군	희령군			
欽	仁川副守		영원정				
範	迷原副正		정해도정	후령군			
凡讚	西江令						
培	自翎副守		암성수				
墩	砥山副令						
壽長	水城正		의천군				
萬石	朝宗令						
壽陽	柔山令						
彪	靑杞君		수천군				
玄	結杞守						
娎	성종	1457~1494	덕종	세조	세종		
婷	月山君	1454~1488					
糞	仁城大君		예종				
琄	齊安대군	1466~1525					出平原大君
여	顯肅公主						

〈도 8〉 세조대 등용종친 가계도(* 내종친, ** 강무등 대장)[1166]

- 태조
  - 정종
    - 從義君 貴生
      - 金山君 衎(오위장 참의 **, 생부 진남군)
    - 鎭南君 終生 (제주)
      - 居平君 復(오위장 병사 **)
      - 進禮君 衡(오위장 제주 병사 **)
    - 德泉君 厚生
      - 新宗君 孝伯(**)
      - 富潤守 孝叔(**)
      - 雲水君 孝誠(**)
    - 任城君 好生
      - 鵠城副守 金孫(**)
    - 桃平君 末生
      - 壽城君 昌(오위장 **)
    - 茂林都正 善生(도문폐사)
  - 태종
    - 讓寧大君 禔
      - 順城君 諿(내종친)
      - 咸陽君 誧
        - 湖山君 鉉(도문폐사 **)
    - 孝寧大君 補
      - 瑞原君 천
        - 堤川都正 蒀(오위장 **)
      - 寶城君 容 (도진무 **)
        - 栗元君 徖(병사 **)
        - 春陽君 徠(병사 참판 부총관 **)
        - 坪城君 偉(오위장 **)
        - 勿巨尹 徹(* 제주 **)
    - 세종
      - 臨瀛大君 璆
        - 烏山君 澍(도제주)
        - 龜城君 浚(* 도총관 의정)
      - 桂陽君 璔(*)
      - 義昌君 玒(*)
      - 密城君 琛(도총관 유도장상)
      - 翊峴君 璭(* **)
    - 敬寧君 緋
      - 銀川君 襸(겸대사헌 제조 순찰사 **)
      - 福城守 穎(도문폐사)
    - 謹寧君 禮
      - 玉山君 躋(제주 도문폐사 **)
  - 撫安大君 芳蕃
    - 廣平大君 璵
      - 永順君 溥(* 도제주)

1166) 한충희, 앞 「조선 세조대(1455 ~ 1466)종친연구」, 222쪽〈부도〉에서 전재.

結語

태종의 역사적 위상

지금까지 조선왕조의 개창에 크게 기여하고 조선왕조의 토대를 놓은 太宗의 생애와 치세를 잠저기, 재위기, 상왕기, 가정생활과 자손의 4부로 나누고, 이것을 다시 성장과 사관 · 왕조개창 참여와 집권, 왕권의 강화 · 정치제도와 국정운영체제의 정비 · 군사제도의 정비와 국방의 강화와 왕통의 확립 · 경제제도의 정비와 사회정책의 실시 · 사대교린책의 정립과 교육과거제의 정비, 선위 · 상왕기 정치군사의 지휘와 외척의 제거, 가정생활 · 자손의 11장으로 구분하여 고찰하였다. 지금까지 검토한 내용을 요약하면서 결론을 지어보면 다음과 같다.

01 태종 이방원은 태조 이성계와 신의왕후 한씨의 5남으로 1367년(고려 공민왕 16) 함흥에서 출생하였다. 1373년경 개경 경저로 옮겨 이성계와 서모 강씨와 함께 살면서 원천석에게 학문을 배우고 진사과에 급제하였고, 성균관에 입학하여 박석명 · 길재 등과 우의를 다지면서 수학하여 큰 성취를 이루었다.

1383년(우왕 9) 예부시에 급제하고 정6품 사설서령에 제수되면서 출사하였다. 이후 전리사정랑을 역임하였고, 1388년(창왕 1) 12월 ~ 1389년(공양왕 1) 4월에는 감국주청사 문하시중 이색의 서장관이 되어 명의 남경을 다녀왔다. 1390년 밀직사 우대언에 발탁되었으나 곧 모상으로 사직하였다. 1392년 4월 이성계와 혁명파의 최대 정적인 수문하시중 정몽주의 살해를 주도하였고, 이 직후에 복직하여 밀직제학에 승진하였으며, 이후 조준 · 정도전 등 혁명파와 함께 조선왕조의 개창을 주도하였다.

02 태종 이방원은 1392년(태조 1) 조선왕조의 개창과 함께 정안군에 책봉되고 도절제사로서 군사력이 가장 강력한 동북면의 군사를 관장하였다. 그러나 곧 이복동생인 무안군 방석이 세자로 책봉되고 강씨와 정도전이 중심이 된 실권파의 견제로 전라도도 절제사에 옮겨졌다. 이후 1398년 무인정변 직전까지 그를 꺼려한 실권파의 견제로 핵심이 된 정치, 군사의 참여를 금지당하였지만, 외척인 민무구 · 민무질 · 이거이 · 이저와 하륜 · 이숙번 · 송거신 · 김덕생 · 신극례 · 서익 · 문빈 · 심구령 · 윤저 · 김우 · 마천목 · 양춘무 · 권희달 등의 문 · 무신을 은밀하게 측근으로 포섭하면서 세력을 규합하였다.

1396년 왕비 강씨가 홍서하고, 이어 정도전 등 실권파가 '표전문제'를 돌파하기 위해 요동정벌을 계획하고 이를 위해 군사훈련을 강화한 여파로 다수의 종친과 공신 · 재상들이 실권파에 반발하는 등으로 정국이 동요되었다. 그 위에 1398년 태조가 병환으로 거동하지 못하게 되자 이를 기회로 정안군은 가병과 측근세력을 동원하여 정도전 등 집권파와 세자 방석 형제를 살해하고 집권하였다.

1398년(정종 즉위) 정종의 즉위와 함께 군국정사를 총관하였고, 집권에 기여한 측근과 문 · 무반을 정사공신에 책록하여 정치 · 군사기반으로 삼았다. 1400년 박포와 형 방간이 주동한 변란을 진압하고 정국 장악력을 강화하였며, 곧이어 왕세자로 책봉되었고, 즉위후의 왕권강화를 위해 사병을 혁파하여 모든 군사를 중앙군에 통합하고 도평의사사를 의정부로 개편하여 정치와 군사를 분리하였다.

1400년(정종 2) 11월에 그와 집권세력의 위세로 고립무원에 빠진 정종의 양위를 받아 조선 제3대왕으로 즉위하였고, 재위 18년과 상왕 4년의 22년간 군림하였다.

03

태종의 왕권은 정변을 일으켜 집권하고, 집정이나 세자로서 정종대의 정치·군사를 총령하였던 만큼 정치·군사적 기반이 강력하였고 즉위초부터 왕권이 강력하였다.

즉위한 이후의 왕권은 치세를 통하여 영민과단한 자질과 왕권강화를 염두에 둔 지속적인 신권약화, 국왕 중심의 정치·제도 정비와 국정장악력 증대, 측근세력의 확대와 활용 등을 통하여 점차로 강화되었으며, 치세말과 상왕기에는 백관의 반대를 일축하고 선위를 단행하는가 하면 세종국구인 심온을 제거하고 세종을 지휘하면서 청정할 정도로 전제왕권을 구축하였다.

1398년(정종 즉위) 집권과 함께 모 절비 한씨를 신의왕후에 추존하였고, 1408년 태조와 함께 신의왕후를 부묘하였으며, 이어 서모 현덕왕후 강씨의 정능을 도성 밖으로 천장하고 예전을 계실로 격하하여 신의왕후를 태조의 정처로 정립하였다. 1412년에 태조직계를 중심한 『선원록』을 성적하고 방계인 의안대군 화 등을 『유부록』에 성적하여 '태조 – 태종'의 왕통을 확립하였다.

04 태종은 치세를 통하여 국왕이 중심이 된 정치제도와 국정 운영체계를 정비하고 운영하였다. 즉위 이후 치세를 통하여 관직 운영의 토대가 된 관계를 정비하였다. 의정부 이하 모든 관아를 그 관아의 지위·정사보고체계 등과 관련하여 국왕에게 직접으로 정사를 보고하고 지시를 받으면서 관장사를 집행하는 직계아문(정1 ~ 정3품 당상아문)과 육조·제조의 지휘를 받아 집행하는 육조속아문(대개 정3품 당하아문 이하)으로 정비하였다. 돈령부·3군도총제부 등을 설치하고 승추부 등을 혁거하였으며, 의용순금사 등을 의금부로 개칭·승격하였다. 판문하부사 등을 영의정부사 등으로 개칭하고, 육조에 판서 등을 설치하고 전서 등을 혁거하였으며, 문한기구와 제시·감 등에 정3품 당상관 이상이 겸하는 영사·도제조 이하 겸직제를 정비하였다.

1405년(태종 5)에 육조의 지위를 정3품에서 정2품아문으로 격상시켜 정책·서무기관으로 개편함으로써 육조를 지휘하면서 국정을 총관하던 의정부의 기능을 약화시키고 국왕의 국정 장악력을 강화하였다. 1405년에 육조의 정책·서무기관화에 따라 이를 뒷받침하기 위하여 육조의 부속기관으로 각각 3사의 속사를 두었고, 국왕에게 직계하면서 정사를 관장하는 정3품 당상아문 이상 20여 직계아문을 제외한 정3품 당하아문 이하 100여 아문을 그 관장사와 관련시켜 육조에 분속시켜 속아문으로 삼았다.

1413년(태종 13)에 서·동북면의 명칭을 남방 6도와 같이 평안·영안도로 개칭하여 8도제를 정립하였다. 1413년까지 대대적으로 도역을 조정하여 8도의 영역을 정비하였고, 부와 감무관을 도호부와 현감관으로 개칭하여 군현을 부윤·대도호부·목·도호부 · 군 · 현(현령 · 현감)으로 정비하였고, 목관이 아니면서 '주'자가 군현의 명칭을 '산'이나 '천'자로 개칭하여 읍격과 명호를 일치시켰으며, 군소현을 대대적으로 통 · 폐합하여 군현의 규모를 조정하였다.

1405년에 국정운영체계를 의정부가 왕의 지시를 받아 6조 · 백사를 지휘하던 체계를 '의정부 - 육조 – 백사(육조속아문)체계'로 조정하였다. 1414년에는 육조로 하여금 관장사를 의정부를 거치지 아니하고 국왕에게 직접 보고하고 지시를 받으면서 처리하게 하였고, 이에 따라 의정부서사제가 육조직계제로 전환되었다. 이로서 태종은 6조를 친장하면서 모든 국정을 통괄하게 되었고, 강력한 왕권을 행사하였다.

05 태종은 정변으로 집권하였던 만큼 군사의 중요성을 절감하고, 치세를 통하여 국왕이 중심이 된 군사기구를 설치 · 확대하고 군령기구를 중첩적으로 설치하여 군권을 강력히 장악하였으며, 요해처에 진포를 증설하는 등 국방을 강화하였다.

1400년(정종 2, 태종 즉위)에 수하병을 갑사로 편입하고 별시위를 설치하였고, 이후 1409년까지 응양위, 내금위, 내시위, 겸사복 등의 시위군을 차례로 설치하였고, 그 군액을 크게 늘리고 선발기준을 강화하여 정예화하였다. 1409년에 3군 – 4 시위사 · 6 순위사의 중앙군을 3군 – 9 시위사 · 1 순위사체제로 정비하여 시위를 강화하였고, 10 사의 지휘관인 상장군 이하를 상호군 이하로 개칭하였다.

1403년(태종 3) 승추부에 예속된 중 · 좌 · 우군을 중 · 좌 · 우군도총제부로 독립시켜 승추부와 함께 군령기구로 삼았고, 이후 1418년까지 영삼군사처 · 3군진무소 · 의군부진무소 · 삼군부를 설치하고 군정기관인 병조에 군령권을 부여하여 3군도총제부의 상위 군령기구로 삼았고, 태종은 이러한 군령기구의 중첩 · 분산을 통하여 강력한 군령권을 행사하였다.

태종은 치세를 통하여 강무 · 진법훈련을 실시하였고, 무과를 실시하여 군사지휘관을 선발하고 등용하였다. 위력이 큰 화기를 많이 개발하여 북방국경 및 남방연안 요새와 병선에 배치함으로써 방어를 강화하였다. 해안요지에 추가로 다수의 진 · 포를 설치하고 그에 소속된 영 · 진군과 수성군의 군사를 늘였다. 군선을 대거 건조하여 배치하고, 잡색군을 설치하고 봉족제를 정비하였다.

06 태종은 1405년(태종 5)에 사평부를 혁파하여 전곡관장 기능을 호조에 귀속시켜 호조를 재정 전장기구로 삼았고, 이후 호조는 속사와 내자시 · 군자감 · 제용감 · 광흥창 등 속아문을 거느리면서 재정을 총괄하였다.

1401년 동 · 서계 토지의 양전을 시작으로 1413년까지 제주도를 포함한 전국의 토지를 양전하여 국초 80여 만결에 비해 40여 만결이 증가된 120만여 결의 토지를 확보하였다. 반면에 1406년에 사원정리에 따라 사원전 6만여 결이 속공되고 1409년에 민무구옥사에 관련되어 이무가 복주된 이후 1418년까지 10여 명의 공신이 복주되면서 2,100여 결의 공신전이 몰수되었으며, 공신전 세습제한 · 원종공신전 세습금지 · 외방퇴거 관인의 과전몰수 · 수신전과 휼양전 감액 등으로 국용전이 크게 확대되었다. 또 과전의 재조정 등으로 녹봉 등이 감소되면서 미곡 등의 지급이 크게 삭감되었다.

1408년과 1413년에 제주도와 함경·평안도의 공부를 상정하고, 1415년에 제주도의 수조법과 맥전조세법을 상정함으로써 전국으로부터 공부와 조세를 수취하였다. 이러한 전결의 확대, 국용의 축소, 전국에 걸친 공부와 조세의 징수 등으로 재정 수입이 크게 확대되면서 1417에는 비축곡식이 즉위초의 100여 만석에서 415만 석으로 크게 증가하였다.

태종대에는 치세를 통해 농민의 소득을 증대하면서 생활을 안정시키기 위한 수리사업이 대대적으로 추진되고, 농업서와 양잠서가 간행되어 보급되었다. 또 물가를 조절하기 위해 상평창을 설치하고, 상업유통을 촉진시키기 위하여 저화의 유통을 도모하였으며, 서울에 대시와 소시를 조성하고 개설하였다. 명에 조공한 금은을 조달하기 위하여 금은광의 개발을 대대적으로 추진하였다.

태종대에는 성리학의 장려와 관련되어 왕도정치의 구현을 위한 민생을 안정시킬 것을 천명하였고, 이와 관련되어 치세를 통하여 재난민에게 경차관을 파견하거나 외관을 신칙하여 집중적이고도 대대적인 진대, 구휼, 조세·공부·부역을 감면하거나 면제하였다.

태종대에는 노비변정도감을 설치하고 대대적이고도 집중적인 양천신분변정과 노비쟁송을 처결하여 개국이래로 현안사였던 노비변정사업을 일단락지었고, 동신에 양천혼효의 문란된 신분질서를 정립하고 국역부담 양인을 확보하였다. 또 호패법을 실시하여 백성의 유이·범죄를 방지하고 국역양인을 확보하였다.

또 사원정리를 단행하여 고려말 이래로 비대해진 사원의 토지와 노비를 정리하고 7만여 결의 토지는 물론 8만여 명의 노비를 몰수하여 공노비로 충당하였다.

07 태종은 태조대에 정치·군사의 실권을 장악하고 명과의 대립을 주도하였던 정도전 등을 살해하고 집권하면서 대명과의 우호를 모색하였고, 즉위와 함께 고명·인신을 내려줄 것을 요청하여 영락제로부터 고명·인장·칙서를 받고 건문제로부터 받은 고명·인신을 반납함으로서 대명국교를 정상화시켰다. 이어 정기적으로 사행이 왕래하고, 명이 무리하게 요구한 우·마·처녀 등을 정성을 다하여 진헌하고, 이를 명이 제대로 평가하여 줌으로써 대명 사대외교가 정착되었다.

대여진과 대외 외교에 있어서는 정치·지리·경제적인 여러 조건과 관련되어 침입을 당할 때에는 군사를 보내 토벌하거나 위무하였고, 또 관직을 수여하거나 미포 등을 하사 및 교역소를 열고 무역을 허락하는 등 강온책을 병행하였다.

태종대에는 태조 이래의 숭유억불책을 계승하여 유학을 숭상·진흥시키기 위하여 권근 등 성리학에 정통한 인사를 책임자로 하여 성균관과 5부학당의 학생을 교육하였고, 소실된 문묘를 재건하고 성균관 동·서재를 확장하며, 남부학당을 건축하여 4부학당의 기초를 놓았다. 성균관에 학전을 가급하고 군현 향교에 학전·제전·노비를 지급하여 그 교육과 운영을 뒷받침하였다. 1402년에 무과제를 상정하고 실시하여 문·무과제를 정비하면서 문·무양반제를 정착시켰고, 차례로 과거규식을 제정하여 과거제를 정립하였다.

『주자가례』에 의한 관혼상제를 신칙하고 가묘를 세우고 불교식 제사를 금지하였으며, 묘제·혼례·상제·조관복제를 제정하였다. 유교서적을 편찬·간행하여 보급하였고, 『태조실록』과 『원육전상절』·『속육전상절』을 편찬하였고, 『고려사』의 편찬을 도모하였다.

태종대에는 태조 이래의 억불책을 계승하여 전국의 사원을 11종 242사찰로 정리하고 1사에 100결·100구나 50결·50구만을 존치시키고 그 외의 전구를 속공하여 군자전과 공노비에 편입하였다. 도첩제를 실시하여 출가를 억제하였고, 여리경행과 상원·초팔일 연등행사를 금지하였다. 또 도참을 탄압하고 그 서적을 수집하여 소각하였다.

08 태종은 재위 18년 8월에 자신이 장성할 때 양위하여 후대왕의 왕권을 확립시키겠다는 복안하에 세자 양녕을 실덕하였다는 이유로 폐하고 3남인 충령대군 도를 세자에 책봉한 후 전격적으로 양위하고, 상왕이 되었다.

상왕인 태종은 전위시에

> 주상이 장성하기까지는 그 군사는 내가 친히 청단하겠다. 또 국가에 결단하기 어려운 일은 의정부와 육조로 하여금 각각 가부를 논하게 한 후 시행하게 하되 나도 당연히 참여하여 가부를 논하는 것이 옳을 것이다[1167]

라고 한 전교에 따라 전위한 때로부터 이후 홍서하는 1422년 5월까지 군사를 친장하고 세종의 보고를 받으면서 모든 중요정치를 재결하였다. 예컨대 세종국구인 심온과 그 당여를 숙청하여 외척

1167) 『태종실록』 권36, 태종 18년 8월 정해, 『세종실록』 권1, 세종 즉위년 8월 정축 세종총서 主上未壯之前 其軍事 予親聽斷 且國家難斷之事 令議政府六曹各陳可否而施行 予当參与於可否之一 可也.

이 대두할 여지를 없앴고, 대마도정벌을 단행하여 남방을 안정시켜 세종이 내실을 다질 토대를 놓았다.

09 태종은 원경왕후 민씨와 효빈 김씨 등과의 사이에서 세종과 3대군 4공주와 12군 17옹주를 두었고, 이들에게서 문종과 세조를 위시한 60여 명의 손자와 손녀를 보았다. 이 중 태종의 재위기와 상왕기를 통하여 양령대군·효령대군과 경령군 등 6 군, 정순공주 등 4 공주와 정혜옹주가 성가하였는데, 이와 관련되어 민무질과 권규 등 명의 외척과 부마가 이하에 문·무직에 중용되면서 태종의 왕권의 토대가 되었다.

이상에서 王子였던 太宗이 鄭道傳 등 실권파를 제거하면서 집권하고, 나아가 왕위에까지 나아가게 된 것은 태조의 중병에서 크게 기인되었지만, 정세에 대한 통찰력이 탁월하고 그에 맞추어 과감하고도 적절한 조치에서 기인되었다고 하겠다. 또 재위기와 상왕기에는 국정을 통찰하였고, 그에 덧붙여 국왕을 중심한 국정운영체제를 정비하고 왕권을 확립하면서 정치·군사·경제·사회·문교제를 정비하고 산업의 기초를 놓았다. 특히 이와 관련된 중앙·지방정치제도 정비, 왕 - 의정부 - 육조 - 속아문이나 왕 - 6조 - 속아문의 정치체제, 의례정비 등은 세종대와 세조대에 보완되면서 그 모두가 『경국대전』에 법제화 되는 등 조선 500년 통치의 근간이 된 경국대전체제의 토대가 되었다.

요컨대 태종은 탁월한 경륜과 통찰력을 구비하였기에 왕권을 강화하면서 국정전반을 강력히 지휘하였고, 그 결과 재위기와 상왕기를 통해 왕조개창초의 혼란을 극복하고 문물제도를 정비 및 국방과 민생을 안정시키는 위업을 이루었으며, 세종대에 정치, 경제, 사회, 문화가 극성함은 물론 『경국대전』 체제의 토대를 제공하였다고 하겠다. 즉 태종은 조선의 토대를 놓은 패왕이었다고 하겠다.

별표

부록

1. 환조계 가계
2. 태종계 가계
3. 조선초기 3공신
4. 주요 관직자
5. 태종대 주요 인사
6. 태종관련 주요사건 연보

1. 환조계 가계[1168]

- 桓祖
  - 太祖
    - 定宗
      - 義平君 元生
      - 順平君 群生(1392 ~ 1462)
      - 元尹 義生
      - 宣城君 茂生
      - 從義君 貴生
      - 鎭南君 終生(1393 ~ 1470)
      - 守道正 德生
      - 林堰正 祿生
      - 石保正 福生
      - 德泉君 厚生(1397 ~ 1465)
      - 任城君 好生
      - 桃平君 末生
      - 長川都正 普生
      - 貞石都正 隆生
      - 茂林君 善生(1410 ~ 1474)
    - 太宗(*〈도2〉)
    - 鎭安大君 芳雨
      - 奉寧君 福根
      - 恒寧君 德根
    - 益安大君 芳毅
      - 益平君 石根
      - 副正 昇
    - 懷安大君 芳幹
      - 義寧君 孟衆
      - 昌寧君 泰
      - 金城君 善(1409 ~ ?)
      - 金山君 仲窘
    - 元尹 芳衍
    - 撫安大君 芳蕃
      - (계)廣平大君 璵
    - 폐세자 芳碩
      - (계)春城君 당
  - 完城君 天桂 (출 백부 子興)
    - 蘭
      - 陽德, 思明, 領議政 思哲
    - 攝
      - 重卿, 重寶, 守仁, 守義, 重芳
    - 陟
      - 夏生, 夏成, 夏雲, 夏恭, 夏秀, 熙文
    - 實
      - 得成, 守成
    - 種
      - 裕生, 陽秀
    - 芬
      - 方
  - 完豊君 元桂
    - 完原府院君 良右
      - 善平君 興發(1389~?)
      - 善城君 興濟(1392 ~?)
      - 善山君 興露(1395 ~ 1454)
      - 興美
    - 完山府院君 天右
      - 驪陽君 宏(? ~ 1417)
      - 驪城君 完
      - 驪興君 宣
    - 完南君 朝
      - 將軍 君實
    - 郎將 曙
      - 永錫

1168) 『璿源世譜(系譜)』, 『全州李氏完昌大君派大同譜』, 『全州李氏完豊大君派大同譜』, 『萬姓大同譜』 등에서 종합.

└─宜安大君 ─┬─ 之崇 ──── 壽長
　和　　　　├─ 完川君 淑 ──── 吾望, 之發
　　　　　　├─ 鶴川君 澄 ──── 義敬, 微童
　　　　　　├─ 寧川君 湛 ──── 孝孫
　　　　　　├─ 皎
　　　　　　├─ 淮 ──── 福同
　　　　　　└─ 漸 ──── 實堅

2. 태종계 가계[1169)]

- ① 太祖
  - ② 定宗
  - ③ 太宗
    - ④ 世宗
      - ⑤ 文宗 — ⑥ 端宗
      - ⑦ 世祖
        - ⑧ 睿宗
          - ⑨ 成宗
            - ⑩ 燕山君
            - ⑪ 中宗
            - 桂城君
            - 安陽君
            - 完原君
            - 檜山君
            - 鳳安君
            - 甄城君
            - 益陽君
            - 利城君
            - 景明君
            - 全城君
            - 茂山君
            - 寧山君
            - 雲川君
            - 楊原君
          - 齊安大君
        - 德宗 (추존)
          - 月山君
          - 乽山君 (성종)
        - 德源君
        - 昌原君
      - 安平大君
      - 臨瀛大君
      - 廣平大君
      - 錦城大君
      - 平原大君
      - 永膺大君
      - 和義君
      - 桂陽君
      - 義昌君
      - 漢南君
      - 密城君
      - 壽春君
      - 翼峴君
      - 永豊君
      - 寧海君
      - 潭陽君
    - 讓寧大君
    - 孝寧大君
    - 誠寧大君
    - 敬寧君
    - 諴寧君
    - 溫寧君
    - 謹寧君
    - 惠寧君
    - 熙寧君
    - 厚寧君
    - 益寧君

1169) 『璿源世譜(紀略)』.

3. 조선초기 3공신[1170)]

성명	생몰년	본관	출신	공신책록	태종대주요관력	비고
高呂	?~1402	제주		개3		
權近	1352~1409	안동	문과	좌4	참찬, 찬성사	태종사돈
金梱	?~1398	경주	음서	개3, 정2		
金輅	1354~1416	연안		개3	지의정부사	
金士衡	1333~1407	안동	음서	개1, 정1	좌정승, 부원군	
金承霔	1354~1424	순천	음서	좌4	참찬, 병판, 판도총제	
金英烈	?~1404	의성		좌3	지의정, 참판승추부사	
金宇	?~1418	희천		좌4	총제, 도총제	
金仁贊	?~1392	양근		개1		
金定卿	?~1419	안산		좌4	도총제, 개경유후	
南誾	1354~1398	의령	음서	개1		복주
南在	1351~1419	의령	문과	개1	병·이판, 찬성사, 3의정	태종사돈
柳沂	?~1410	불명		좌3	대언, 전라관찰사	복주
柳亮	1355~1416	문화	문과	좌4	대사헌, 형·이판, 참찬, 우의정	
柳爰廷	?~1399	불명	문과	개3		
馬天牧	?~1431	장흥		좌3	동지총제, 총제, 시위군 절제사	
文彬	?~1413	남평		좌4		
閔無咎	?~1410	여흥		정2, 좌1	총제, 참지승추부사	사사, 태종 처남
閔無疾	?~1410	여흥		정2, 좌1	총제, 도총제	"
閔汝益	1362~1431	여흥	문과	개3	참찬, 예판	
朴錫命	1370~1406	순천	문과	좌3	지신사, 지의정	
朴訔	1370~1422	나주	문과	좌3	병·호·이판, 판도총제, 우·좌의정	
朴苞	?~1400	불명		개1, 정2		복주
裵克廉	1325~1392	京山	문과	개1		
徐愈	1356~1411	이천	문과	좌4	예·호판	
徐益	?~1412	부여		좌4	동지총제, 총제	

1170) 한영우, 1983, 「조선 개국공신의 출신에 관한 연구」, 『조선전기 사회경제연구』, 을류문화사, 정두희, 1983, 『조선초기 정치지배세력연구』, 일조각에서 종합.

성명	생몰년	본관	출신	공신책록	태종대주요관력	비고
成石璘	1338~1423	창령	문과	좌3	우·좌·영의정, 부원군	
孫興宗	?~?	불명		개3		
宋居信	1369~1447	여산		좌4	내금위절제사, 동지총제, 도총제	
辛克禮	?~1407	영산		정2, 좌1	참지승추, 참찬	
沈龜齡	1350~1413	풍산		좌4	동지총제, 시위군절제사	
沈淙	?~?	청송		정2		태조부마
沈孝生	1349~1398	순천	문과	개3		복주
安景恭	1347~1421	순흥		개3	판한성, 집현전대제학	
延嗣宗	?~1434	곡산		좌4	총제, 시위군절제사, 3군도진무	
吳蒙乙	?~1398	보성	문과	개1		
吳思忠	1327~1406	영일	문과	개3	판사평부사	
劉敞	?~1421	강릉	문과	개2	참찬, 부원군	
尹坤	?~1422	파평		좌3	총제, 참찬	
尹穆	?~1410	파평		좌4	평양부윤	복주
尹子當		안성		좌4		
尹柢	?~1412	칠원		좌3	병·이판, 찬성사	
尹虎	?~1393	파평	문과	개2		
李居易	1348~1412	청주	문과	정1, 좌1	부원군, 영의정부사	
李懃	?~1398	고성	문과	개3		
李來	1362~1416	경주	문과	좌2	동지총제, 공판, 지의정	
李茂	1355~1409	단양	문과	정1, 좌1	우정승, 영승추, 부원군	복주
李敏道	?~1395	불명		개2		
李芳幹	1364~1421	종친		정1		태종형
李芳遠				정1		태종
李芳毅	?~1404	종친		개1, 정1	대군	태종형
李伯由	?~1399	전주	문과	개3		
李福根		종친		정2		
李敷	?~1422	공주		개3	총제	
李舒	1392~1410	홍주	문과	개3	찬성, 우정승, 영의정	
李淑	1373~1406	종친		좌3	도총제, 찬성사	
李叔蕃	1373~1440	안성	문과	정2, 좌1	총제, 도총제, 병판, 찬성사	
李升商	?~1413	경주	문과	좌4	좌대언, 지의정, 형판	
李良祐	?~1417	종친		정2	도총제, 찬성, 부원군	

성명	생몰년	본관	출신	공신책록	태종대주요관력	비고
李原	1368~1429	철원	문과	좌4	병판, 찬성, 우의정	
李膺	1365~1414	영천	문과	좌4	호·형·병판, 지의정	
李佇	?~?	청주		정1, 좌1	찬성사, 겸도총제	태조부마
李濟	?~1398	성주	음서	개1		복주, 태조부마
李從茂	1360~1425	장수		좌4	시위군절제사, 판도총제	
李之蘭	1331~1402	青州		개1, 정2, 좌3	군	
李稷	1362~1431	성주	문과	개3, 좌4	이판, 찬성, 우의정	태종외척
李天祐	?~1417	종친		정2, 좌2	도총제, 찬성, 병·이판	
李和	1348~1408	종친		개1, 정1, 좌2	영의정부사	태종숙부
任彦忠	?~?	불명		개3		
張湛	?~1400	불명		개2, 정2		
張思吉	?~1418	안동		개1, 정2	도총제, 참찬	
張思靖	?~?	안동		개3, 정2	군	
張至和	?~1398	불명	문과	개3		
張哲	?~1399	불명		정2		
鄭道傳	1342~1398	봉화	문과	개1		복주
鄭龍壽	?~1412	불명		개2	군	
鄭摠	1358~1397	淸州	문과	개1		
鄭擢	1363~1423	淸州	문과	개1, 정2	판한성, 참찬, 부원군	
鄭熙啓	?~1396	경주	음	개1		
趙狷	1351~1425	평양	문과	개2	도총제, 공판	
趙琦	?~1395	白川		개2		
趙璞	1356~1408	평양	문과	개1, 정1, 좌4	참찬, 호판	태종동서
趙胖	1341~1401	白川	음서	개2		
趙涓	1374~1429	한양	문과	좌4	총제, 도총제, 시위군절제사, 공판, 판도총제	
趙英珪	?~1395	신창		개2		
趙英茂	?~1414	한양		개3, 정1, 좌1	판승추, 우·좌정승, 영삼군부사, 부원군	
趙溫	1347~1417	한양		개2, 정2, 좌4	병판, 찬성사, 부원군	
趙仁沃	?~1396	한양	음서	개1		

성명	생몰년	본관	출신	공신책록	태종대주요관력	비고
趙浚	1346~1405	평양	문과	개1, 정1	판문하, 여의정, 좌정승	태종사돈
趙希閔	?~1410	풍양		좌3	한성부윤	복주
河崙	1347~1416	진주	문과	정1, 좌1	우·좌정승, 영의정부사	
韓珪	?~1416	청주		좌4	총제, 시위군절제사, 판삼군부사	
韓尙敬	1360~1423	청주	문과	개3	공·호·이판, 참찬, 우·영의정	
韓忠	?~?	불명		개3		
咸傅霖	1360~1410	강릉	문과	개3	참지의정, 형판	
洪吉旼	1353~1398	남양	문과	개2		
洪恕	?~1418	불명		좌4	전라도도절제사	
黃居正	?~태종대	창원		개3, 좌3	참지의정, 형판	
黃希碩	?~1394	평해		개2		

4. 주요 관직자

(1은 친공신, 2는 외척, 3은 종친, 『조선왕조실록』 정종 2년 ~ 세종 4년조, 『국조인물고』 등에서 종합)

1) 태종즉위 ~ 4년

	영의정	좌정승	우정승	영 · 판승추부사	지신사	기타
즉. 11이전	李居易	閔霽	河崙		朴錫命	禹仁烈(判三司事) · 李茂(判3軍府事), 左 · 右政丞兼判尙瑞司事(~5.1)
1.1 1.윤3 1.4 1.7	趙浚 李舒	李居易 金士衡	 李舒 李茂	 趙英茂		 河崙(領三司事) 河崙(領司平府事)
2.1이전 2.2 2.10 2.11 2.12	 李居易 成石璘	 河崙		河崙 · 李茂 · 李佇(兼判)		李叔蕃(巡軍上萬戶) 金士衡(領司平府事) 趙英茂(東 · 江 · 忠 · 慶 · 全羅道都統使), 李居易(左道都統使), 閔霽(守城都統使) 李茂 · 李天祐 · 趙英茂 · 李和 · 李良祐 · 李佇 · 李居易 · 李淑 · 李彬(兼都摠制)
3.4 3.7	 趙浚		成石璘	 李茂(영), 尹柢(판) · 趙英茂(판兼兵曹典書)		 李居易(領司平府事)
4.6 4.8 4.10		趙浚	李舒			 閔無疾(知議政府事兼摠制) 南在(贊成事兼判義勇巡禁司事)

2) 태종 5년 ~ 세종 4년

	영의정	좌정승	우정승	판도총제부사	겸판의용순금사사(본직)	이판	병판	지신사	기타
5.1	趙浚	河崙	趙英茂			李稷	南在		
5.2					尹柢(				閔無疾(君兼摠制)
5.7	成石璘								
5.12								黃喜	
6.6									韓珪·李從茂·延嗣宗(君兼摠制)
6.윤7					南在(찬성)		趙溫		李叔蕃(參贊兼摠制)
6.8						南在	李貴齡		沈龜齡(君兼摠制), 左·右政丞兼判吏兵曹事
7.3					閔無疾(君)		尹柢		
7.6					南在(吏判)				
7.7	李和	成石璘	李茂						
7.10									
7.12							柳亮		李伯剛·李叔蕃·延嗣宗·李從茂·趙大臨·趙涓·馬天牧·權跬·韓珪·趙秩(10司兼上護軍), 좌·우정승해겸판이·병조사.

	영의정	좌정승	우정승	판도총제부사	겸판의용순금사사(본직)	이판	병판	지신사	기타
8.2	河崙					李稷			趙英茂(領3軍事), 좌·우정승겸판이·병조사(~세종 18.4)
8.3									朴子安(도총제京·忠·全羅道水軍都體察使)
8.7									趙璞(東北面都體察使), 李稷(西北面都體察使
8.10							南在		韓珪·延嗣宗·李從茂(10사겸상호군)
8.11									李叔蕃·權跓·韓珪·李從茂·趙涓·趙大臨·延嗣宗·馬天牧(3軍掌軍摠制)
8.12						南在	李貴齡		
9.3						柳亮	李天祐		
9.7			李舒						
9.8							李貴齡	安騰	
9.9									李天祐(贊成兼判義興府事)
9.10	成石璘		趙英茂						
10.9					李天祐(贊成)				
10.12							朴誾	金汝知	
11.4						李稷			

	영의정	좌정승	우정승	판도총제부사	겸판의용순금사사(본직)	이판	병판	지신사	기타
11.7							黃喜		
11.8	河崙								
12.8	成石璘	河崙			改義禁府都提調	柳廷顯			
13.4						李天祐	李叔蕃		
13.6					朴 訔(君)·李膺(〃)				
13.8									李天祐(서북면도체찰사)
13.10			南在			韓尙敬	柳廷顯		
13.11								李灌	
13.12					金 漢 老(大提學)				
14.1							李膺		
14.2					朴訔(君)				
14.6	河崙	南在	李稷						
14.8					李天祐(		金承霔		
14.12								柳思訥	
15.5						黃喜	朴信		
15.6			柳亮			朴訔			
15.10	成石璘	河崙	南在						
15.12				金承霔, 李之崇					
16.3						黃喜		趙末生	
16.5	南在	柳廷顯	朴訔				李原		
16.11	柳廷顯	朴訔	韓尙敬			朴信			
17.4				李和英					
17.윤5				李原			尹向		
17.6						沈溫	金漢老		
17.9				李 從 茂					

	영의정	좌정승	우정승	판도총제부사	겸판의용순금사사(본직)	이판	병판	지신사	기타
				鄭鎭					
18.1				朴信					
18.5							朴信		
18.6	韓尙敬		李原	李之崇		李原, 沈溫			柳廷顯(領敦寧), 權跬·南暉(侍衛軍節制使)
18.7						鄭易		李明德	
18.8							朴習	河演	李和英·文孝宗·趙涓·李植·李湛·柳殷之·李伯剛·馬天牧·趙大臨·郭承祐·李澄·朴實·權希達·禹博·權跬·沈증·南暉·李順蒙·洪海·成達生·李伯溫(侍衛軍節制使)
18.9	沈溫								
18.12	柳廷顯							元肅	
세종						朴信			
1.3						孟思誠			
1.4						尹坤			
1.9									
2.10						孟思誠			
2.12								金益精	
3.12		李原	鄭擢			許遲			
4.9						許稠		趙瑞老	

5. 태종대 주요 인사1171)

성명	공신책록	성분				태종 즉위 ~ 세종 4년 주요경력
姜尙仁					측근	순금사대호군, 병참판
高呂	개국3등					
權跬		부마			측근	
權近	좌명4등,	사돈				의정부참찬, 찬성, 예문관대제학
權緩				승지		참지의정, 경기관찰사
權弘		외척				첨서승추, 지의정, 판한성, 판돈령
權希達					측근	병마도절제사
金繼志					측근	병마도절제사
金科				승지		한성윤
金九德		외척				
金德生					측근	
金輅	개국3등					
金士衡	개국1등, 정사1등					좌정승, 영사평부사, 부원군
金小斤					측근	
金承霔	좌명4등					참판승추, 공판, 동북면도절제사, 동북면도체찰사, 참찬, 시위군절제사, 병판, 판도총제, 3군도진무
金汝知				승지	측근	대사헌, 공·예·형판, 판한성, 참찬
金英烈	좌명3등,					
金宇	좌명4등,					
金益精				승지		
金漸		외척				
金定卿	좌명4등					
金漢老		사돈				판한성, 예판, 참찬, 판도총제, 찬성, 병판
金孝孫				승지		

1171) 한충희, 2001,「태종왕권의 정치적 기반연구」,『대구사학』63,『조선왕조실록』태종 1년 ~ 세종 4년조에서 종합.

성명	공신책록	성분				태종 즉위 ~ 세종 4년 주요경력
南景文		사돈				
南在	개국1등,	사돈				찬성겸판의용순금사, 병·이판, 찬성겸대사헌, 우·좌·영의정, 부원군
南暉		부마				
盧龜山		외척				
盧閈				승지		경기관찰사, 동지총제
馬天牧	좌명3등				측근	
孟思誠				승지		예문제학, 이참판, 예·호·공·이판, 예대제학, 찬성
文彬	좌명4등,				측근	
文孝宗					측근	
閔無咎	정사2등, 좌명1	척족				
閔無疾	정사2등, 좌명1	척족				
閔無恤		외척				
閔無悔		외척				
閔汝益	개국3등					참지의정, 참찬, 공·예판, 판한성, 판도총제
閔霽		외척				
朴錫命	좌명3등,			승지	측근	지의정, 지의정겸대사헌
朴習				승지	측근	강·전관찰사, 호참판, 대사헌, 형·병판
朴信		사돈				대사헌, 참지의정, 공·호·병판, 찬성, 이판
朴安命		사돈				
朴誾	좌명3등				측근	형·호·이·병전서, 한성윤, 참지의정겸대사헌, 형·병·호판, 참찬겸판의용순금사사, 이판, 우·좌의정
朴子靑					측근	총제겸판선공감사, 도총제, 공판, 3군상진무, 참찬, 판도총제
朴從愚		부마				
朴從智		사돈				
朴苞	개국2등, 정사2				측근	

성명	공신책록	성분				태종 즉위 ~ 세종 4년 주요경력
徐選				승지		충청관찰사, 형참판
徐愈	좌명4등					풍관찰사, 예 · 호판
徐益	좌명4등				측근	
成灌		사돈				
成石璘	좌명3등					우 · 좌 · 영의정, 부원군
成抑		사돈				동지총제, 경창부윤
成揜				승지		형 · 호참판, 동지총제
孫興宗	개국3등					
宋居信					측근	
宋希美					측근	
申敬宗		사돈				
辛克禮	정사2등,				측근	풍도절제사, 참지승추, 참찬
申淑生		사돈				
辛有定					측근	
沈龜齡	좌명4등,	측근				
沈溫		사돈		승지		대사헌, 형 · 호 · 이판, 찬성, 영의정
沈淙	쩡사2등,	부마				
安景恭	개국3등					
安騰				승지		참지의정, 대사헌, 형판
安純				승지		동지총제, 참지의정, 개성부유후, 공판
安義		외척				
楊春茂					측근	
延嗣宗	좌명4등,				측근	대장군, 동지총제, 총제, 동북면도절제사, 3군도진무, 판도총제
吳思忠	개국3등					
吳陞				승지		병참의, 경기관찰사, 판한성
元肅				승지		이참판, 대사헌, 인수부윤
劉敬	개국2등					
柳沂	좌명3등					
柳亮	좌명4등					참지삼군부사, 예문대제학, 형 · 병 · 이판, 참찬, 찬성, 우의정

성명	공신책록	성분				태종 즉위 ~ 세종 4년 주요경력
柳斗明				승지		승지졸
柳思訥				승지		동지총제, 함길도관찰사
柳殷之					측근	
尹坤	좌명3등					총제, 병마도절제사, 참찬, 평안관찰사, 공판
尹珪				승지		이참의, 경승부윤
尹穆	좌명4등,					
尹忭		사돈				
尹思修				승지	측근	예문제학, 강관찰사, 참지의정
尹思永				승지		예문제학
尹須				승지		승지졸
尹子當	좌명4등					
尹柢	좌명3등,				측근	참판승추, 병·이판, 참찬, 찬성
尹向				승지		전관찰사, 참찬, 병·형판
李居易	정사1등, 좌명1	외척				좌·영의정, 영사평부사, 부원군
李灌				승지		경기·함관찰사, 이참판
李宏			종친			
李皎			종친			
李羣生			종친			
李君實			종친			
李貴齡					측근	도총제, 병판, 참찬, 판삼군부사, 판도총제
李貴生			종친			
李蘭			종친			
李祿生			종친			
李湛			종친			동지총제
李德根			종친			
李德生			종친			
李來	좌명2등					첨서승추, 대사헌, 예문대제학, 공판, 지의정, 세자빈객
李明德				승지	측근	이·병·예참판, 강관찰사
李茂	정사1등, 좌명1				측근	겸도총제, 영승추, 우정승

성명	공신책록	성분				태종 즉위 ~ 세종 4년 주요경력
李茂生			종친			
李潑				승지		한성윤, 대사헌, 공·호참판, 함·경상관찰사, 형판
李芳幹	정사1등					정종2년 유
李芳毅	정사1등					
李伯剛		부마				
李伯溫			종친			
李伯持				승지		강·전관찰사
李福根	정사2등,		종친			
李福生			종친			
李舒	개국3등					찬성, 우·영의정, 부원군
李曙			종친			
李石根			종친			
李淑	좌명3등,		종친			도총제, 찬성
李叔畝					측근	숙위사대호군, 상호군, 황관찰사, 중군절제사, 함관찰사
李叔蕃	정사2등, 좌명1				측근	시위군총제, 도진무, 참찬, 도총제겸판의용순금사사, 병판, 찬성
李順蒙					측근	
李承幹				승지		강·경상도절제사, 동지총제,
李升商	좌명4등,			승지		지의정, 형판
李安愚				승지		동지총제, 가관찰사겸병마도절제사, 공·호참판
李良祐	정사2등,		종친			도총제, 찬성, 부원군
李永錫			종친			
李完			종친			
李原	좌명4등					대사헌, 참지의정겸판의용순금사사, 예·병판, 참찬, 찬성, 우·좌의정
李元老		외척				
李元生			종친			
李垠				승지		병참의, 풍관찰사, 대사헌
李膺	좌명4등,			승지		참지의정, 호·형·병판, 지의정, 판

성명	공신책록	성분				태종 즉위 ~ 세종 4년 주요경력
						의용순금사사
李義生			종친			
李佇	정사1등, 좌명1	부마			측근	찬성, 판승추, 도총제
李漸			종친			
李慥				승지		동지총제, 참지의정
李朝			종친			
李從茂	좌명4등,					병마절제사, 총제, 도총제, 시위군절제사, 동북면도절제사, 참찬, 3군도체찰사, 찬성
李終生			종친			
李枝			종친			
李之蘭	개국1등, 정사2, 좌명3					청해군졸
李之崇			종친			
李稷	개국3등, 좌명4	외척				예문대제학, 참찬, 이판, 찬성, 동도체찰사, 우의정
李澄			종친			
李天祐	정사2등, 좌명2		종친		측근	도총제, 병·이판, 3군도진무도총제, 찬성
李詹				승지		승지졸
李和	개국1등, 정사1, 좌명2		종친			영의정
李和英					측근	
李淮			종친			
李興露			종친			
李興發			종친			
李興濟			종친			
任彦忠	개국3등					
張思吉	개국1등, 정사2					도총제, 참찬, 부원군
張思靖	개국3등					
張哲	정사2등					
田興					측근	

성명	공신책록	성분				태종 즉위 ~ 세종 4년 주요경력
鄭易		사돈				동지총제, 참지의정, 대사헌, 호판, 찬성
鄭龍壽	개국2등					
鄭擢	개국1등, 정사2					판한성, 참찬, 우의정
趙狷	개국2등					도총제, 충도절제사겸수군도절제사, 공판, 판도총제
趙卿	좌명4등					
趙大臨		부마			측근	
趙賚		외척				상호군, 동지총제
趙末生		사돈		승지	측근	이참판, 형·병판
趙璞	개국1등, 정사1, 좌명4					참지의정, 예문대제학, 개성유후, 호판, 동도체찰사
趙胖	개국2등					
曺備衡					측근	시위군절제사, 경상·함도절제사, 도총제, 호·예판
趙英茂	개국3등, 정사1, 좌명1				측근	찬성, 도총제, 참판승추겸병조전서, 우정승, 영삼군사
趙溫	개국2등, 정사2, 좌명4				측근	참찬의정, 병판, 찬성, 시위군절제사
曺援				승지		계림안동도도절제사
趙浚	개국1등, 정사1,	사돈				좌·영의정
趙治					측근	
趙希閔	좌명3등					
車指南					측근	
崔府				승지		인수부윤
崔士康		사돈		승지		예참의, 경기관찰사
崔潤德					측근	시위군절제사, 총제, 도총제, 3군도절제사, 공판
卓愼				승지		이·예참판, 예문제학, 참찬
河敬復					측근	시위군절제사, 동지총제, 3군도진무
河崙	정사1등, 좌명1				측근	우·좌·영의정
河演				승지	측근	동지총제, 예·병참판

성명	공신책록	성분				태종 즉위 ~ 세종 4년 주요경력
韓珪	좌명4등,				측근	
韓尙敬	개국3등,			승지		총제, 지의정겸대사헌, 공·호·이판, 우·영의정
韓尙德				승지		인수부윤, 강관찰사
韓承顔				승지		좌군총제졸
韓忠	개국3등					
咸傅霖	개국3등					참지의정, 동도순찰사겸병마도절제사, 경상관, 형판
許遲				승지		충·경기관찰사, 대사헌, 이참판, 형·이판
許之惠		사돈				
洪恕	좌명4등					
洪約					측근	
洪汝方				승지		이참의, 예·형참판, 대사헌
黃居正	개국3등					
黃喜				승지	측근	형판, 대사헌, 병·예·이·공판, 참찬, 판한성
합계						

6. 태종관련 주요사건 연보[1172]

		정치, 군사, 외교	사회, 경제, 문화	제도	기타(태종활동 · 관력외)
고려공민왕 16년			국학중창(5월)		밀직부사 이성계와 한씨부인의 5남으로 동북면에서 출생
공민왕	21 (6세)				이해를 전후하여 상경, 이후朴錫命 등과 사귀고 元天錫에게서 수학.
우왕	8 (16)				判典校寺事閔霽의 딸과 혼인, 진사과에 급제하고 성균관에서 吉再 · 李升商 등과 수학.
	9 (17)				禹玄寶 · 李仁敏 주재하의 예부시에 급제하고 司醞署令(정6)에 제수, 이후 동방인 金漢老 · 鄭易 · 朴習 등과 교우.
	13 (21)	명에 파견된 金庾 피수(8)	관복을 명제로 개정(6)		이해를 전후하여 典理司正郞(정5)에 승진.
창왕	1(우왕14, 22)	林堅味 · 廉興邦복주(1), 명 철령 이북을 요동에 소속 시킴(2), 요동정벌군출동(4), 李成桂 · 曺敏修위화도에서 회군하여 崔瑩을 제거하고 집권(5), 우왕을 폐위하고 창왕을 옹립(6), 최영사사(12)	趙浚제1차 전제개혁안상소(7)		동북면으로 가족을 피신시켜 조정의 체포 기도를 분쇄, 賀正使李穡의書狀官되어 명을 내왕(8월~익년 4월)
공양왕	1 (23)	이성계일파 창왕을 폐위하고 공양왕을 옹립(1), 박위 대마도 정벌(2), 우왕과 창왕 살해(12)	史官制 정비(3)	관제 개정(12)	禮儀司正郞知制敎에 체직, 이 때를 전후하여 동지를 널리 규합함.

1172) 『고려사』, 『고려사절요』, 『용비어천가』, 『조선왕조실록』 태조 1년 ~ 세종 4년조, 한국정신문화연구원, 2004, 『한국사연표』, 동방미디어(주) 등에서 종합.

		정치, 군사, 외교	사회, 경제, 문화	제도	기타(태종활동·관력외)
	2 (24세)	尹彛·李初獄事 발생, 禹玄寶·李穡 하옥(5)	公私田籍 소각(9)	한양으로 천도(9)	부의공훈으로 3계급이 승자됨. 이성계와 결속하려는 공양왕에 의해 密直司右副代言(정3)에 발탁(4월)
	3 (25)	이성계문하시중으로서3군도총제사를 겸임(1), 왕세자입명(9)	科田法공포(5)	3군도총제부 설치(1), 개경으로 환도(2)	우대언에 승진(6월경), 모상(8월)
조선태조	1(공양왕4, 26)	趙浚·鄭道傳등 공양왕을 폐위하고 이성계 추대(7), 芳碩을 세자에 책봉·개국공신 책록(8)		정몽주新定律 찬진(2), 문무관제 반포(7)	이성계의 정적인 정몽주 살해를 주도(4월), 곧密直提學(종2)에 승진, 靖安君에 책봉되고 東北面都節制使에 제수(7월~7.9)
	2 (27)	국호를 조선으로 정함		3군도총제부를 의흥삼군부로 개칭(9), 각도界首官을 정함(11)	
	3 (28)	공양군 부자와 모든 王氏를 죽임(4)	정도전〈〈朝鮮徑國典〉〉찬진(5)	시중을 정승으로 개칭(10), 한양에 정도(11)	南在·趙胖을 대동하고 명에 파견되어 현안 사인 사신 입국·사신 파견 회수를 타결(민씨와의 사이에서 장남 제 출생.
	4 (29)		정도전 등〈〈高麗史〉〉찬진(1), 종묘와 경복궁 준공(9)	서반 관제 개정(2), 한양부를 한성부로 개칭(6)	김씨와의 사이에서 裶출생, 이색몰(5)
	5 (30)	신덕왕후 강씨 사망(8), 김사형 등 대마도 정벌(12)	명과 表箋문제가 야기되면서 국교단절((1), 도성축조(9)	주군의 경계更定(10)	이해를 전후하여 河崙·李叔蕃·李居易 등을 포섭. 2남 補 출생.
	6 (31)	정도전 명의 압력을 극복하기 위해 요동 공격을 도모하고, 진법 훈련 실시 강화.	〈〈經濟六典〉〉 간행(12)		이해를 전후하여 徐益·李彬 등 무장을 포섭.

		정치, 군사, 외교	사회, 경제, 문화	제도	기타(태종활동 · 관력외)
	7 (32세)	정안군 정변을 일으켜정도전 등과 세자 방석을 살해하고 집권(8), 태조 퇴위하고 정종 즉위 · 정사 공신 책록(9).	각 도 토지 개량(7)	수군 관직 제정(윤5)	전라도도절제사(9~정종1.11), 의흥삼군부우군절제사(9~2.2) · 겸판상서사사(9~1.2)등으로서 국정 통령.개국 1등 공신에 추록(12).
정종	1 (33)	개성 유후사로 천도(3) 종친 · 공신에게 제도 군사를 관장시킴(11). 金士衡 등을 명에 파견하여 태조의 퇴위와 정종의 즉위를 승인받는 등 朝明선린 관계 구축(		條例詳定都監설치(10)	條例詳定都監判事(10월~2.2), 강원도동북면도절제사(11월~2.2)
	2 (34)	芳幹 · 朴苞亂 발생(1), 정안공왕 세제에 책봉(2), 정종 퇴위하고 왕세제(태종) 즉위(11)		사병을 혁파하고 병권을 의흥삼군부에 집중하며, 도평의사사와 중추원 등을 의정부와 삼군부 등으로 개칭(4). 별시위 설치(12).	도독내외제군사(2~4월)
태종	1 (35)	명으로부터 誥命 · 金印하사(6).	貢賦상정(5), 申聞鼓설치(7)	관제 개정(7)	
	2 (36)	趙思義모반(11~12).	공신전 · 사원전 收租法상정(2), 사원노비속공(4), 號牌발급(8), 楮貨통용(9).	최초의 무과 실시(1)	李之蘭졸
	3 (39)	명고명 · 인장하사(4).	鑄字所설치(2)	관제개정(6), 고만거관법제정(7)	
	4 (40)	명농우 1만필 청구(4), 한양에 정도(10).장자禔를왕세자에책봉(7)	각도의 호구 · 전답수 상정(4), 노비사사수수 금지(6), 일본국왕사 내빙(7)		

	정치, 군사, 외교	사회, 경제, 문화	제도	기타(태종활동 · 관력외)
5 (41세)	한양으로 천도(10).	충청 · 전라 · 경상도 토지개량(9), 창덕궁건설(10), 사사원 노비 혁거(11)	육조정2품아문으로 승격되면서 서무를 분장함(1), 6조의 관장사와 속사 · 속아문상정(3).	조준 졸(6).
6 (42)	1차 양위 사건(8)	사원 정리(3), 10學설치(11)	내시위 설치	
7 (43)	閔無咎 · 閔無疾옥사발생(7)	백관녹과개정(1), 문묘신축(2).	군정사목상정(4), 10司에 兼上護軍을 두고 각군총제를 폐지(12). 내금위 설치	金士衡 졸(6)
8 (44)	태상왕(태조) 승하(5).	공처 노비의 身貢 상정(8).	10사겸상호군을 폐지하고 다시 3군장군총제 설치(11).	閔霽 졸(9), 李和 졸(10), 權仲和 졸(11)
9 (45)	2차 양위사건(8)	공신전전급법제정(10)	3군진무소설치, 곧 3군진무소를 의흥부로개칭(8), 군정개정(10), 이전천전법제정(11).	權近 졸(2). 李茂 사사(10)
10 (46)	야인경원에 대거 침입(2), 경원부를 鏡城에 옮김(4), 3차 양위 사건(10)	市廛 설치(2), 저화 통행법 실시(7). 태조실록 수찬(1월~13.3)	주자소 서책을 간행하여 보급(2), 의례상정소 설치(8).	민무구 · 민무질 사사(3)
11 (47)	경원지역 포기(3)	반록제 제정(5), 동 · 서계토지측량(12)	종묘제례 제정(9).	
12 (48)		행랑 · 시전조성(2~14.2), 漕運法 실시(11), 단군 · 기자를 祀典에 올림(6),	의흥부를 폐지하고 병조가 군정을 전장하게 함(7).	

		정치, 군사, 외교	사회, 경제, 문화	제도	기타(태종활동 · 관력외)
	13 (49세)		동·서계토지양전(1), 諸祀制 상정(4), 노비중분법·호패법 제정(9).	『續六典』반포(2), 외방 각관 노비수 상정(4), 수군만호·천호 명호상정(7), 각도군현 명호상정(10)	
	14 (50)	六曹直啓制 실시(4)		관제 개정(1)	趙英茂 졸(7)
	15 (51)	공신정치 관여 금지(6)	녹과 상정(1), 공상인수세법 제정(4), 맥전조세법 제정(10)	보충군설치(3), 군정봉족수상정(11), 각역이정입표(12)	
	16 (52)	여연군 설치(7)	각도 공물 상정(8), 각도에桑木植栽(8), 賜田·賜奴婢의 자손상전 허락(10)	조관 관복제 제정(1), 영길도를 함길도로 개칭(9)	柳亮 졸(4), 이숙번제거(6), 河崙·韓珪 졸(11)
	17 (53)	慶源府 복설(8)	各道蠶所상정(1), 産銀地吹錬실시(5), 원종공신전신몰후군자전속공(6), 讖書금지(11)	풍해도를황해도로 개칭(12)	李良祐 졸(2), 李天祐 졸(4)
	18 (54)	세자禔를 폐하고 忠寧大君祹를 책립(6), 태종세자에게 선위하고 上王이 됨(8), 세종 즉위(8), '沈溫獄事'로 심온과 그일파 복주(11~12).	백관 사모 착용(1)	義勇衛 설치(6), 義興府를 義建府로 개칭(8), 吹角令 제정(8), 의건부를 3군부에 합속(9), 兵曹를 상왕에 소속(10).	黃喜세자 폐위에 반대하고 유배(5)
세종	1 (55)	3군도체찰사 李從茂등 대마도 정벌(6~7), 정종 승하(9)	제주도 양전(9)	各品根隨 상정(3)	南在 졸(12)

		정치, 군사, 외교	사회, 경제, 문화	제도	기타(태종활동 · 관력외)
	2 (56세)	대비 민씨 승하		護軍房 폐지(1), 향리 면역법 제정(윤1), 집현전 설치(3), 수군도절제사를 수군도안무처치사로 개칭(10)	
	3 (57)	元子 珦(뒤의 문종)을 세자에 책봉(), 상왕을 聖德神功太上王에 존봉()	법손노비속공(8), 死罪三覆法신칙(12)	訊杖制제정(6)	
	4 (58)	태종 승하(시호는 성덕신공문무광효대왕, 묘호는 태종, 능호는 獻陵)			황희사면((2), 朴訔졸(5)

참고문헌

1. 사료

『고려사』
『고려사절요』
『태조실록』
『정종실록』
『태종실록』
『세종실록』
『단종실록』
『세조실록』
『성종실록』
『사기』
『공양전』
『예기』
『목은문고』
『연려실기술』
『용비어천가』
『국조인물고』
『동사강목』
『대동야승』
『신증동국여지승람』
『경상도읍지』

『야은집』
『호정집』
『국조문과방목』(부 고려예부시등과록)
『열성어제』
『연강선생유집』

2. 족보

『만가보』
『만성대동보』
『청구씨보』
『全州李氏完昌大君派大同譜』
『全州李氏完豊大君派大同譜』
『全州李氏敬寧君派世譜』
『全州李氏諴寧君派世譜』
『璿源世譜紀略(1684년경 목판본, 계명대학교 도서관 소장)』
『璿源續譜』
『안동권씨대동보』
『의령남씨족보』
『淸州李氏族譜』
『坡平尹氏大同譜』(전)
『坡平尹氏府尹公派譜』(전)
『坡平尹氏版圖公派世譜』(1995, 大譜社)
『海平尹氏大同譜』 권1(1983, 회상사)
『全義李氏族譜』 제1집(1979, 農耕出版社)
『楊州趙氏族譜』 상(1980, 회상사)

『청주한씨대동보』
『懷德黃氏大同譜』 상(1994, 회상사)
『韓國人의 族譜』(1977, 일신각)

3. 논저

고려대학교 민족문화연구소, 1970, 『한국문화사대계-과학 · 기술사편-』.
高惠玲, 1981, 「李仁任정권에 대한 고찰」, 『역사학보』 91.
국사편찬위원회, 1994, 1995, 『한국사』 23, 24, 25, 22, 탐구당.
權延雄, 1982, 「世宗朝의 經筵과 儒學」, 『世宗朝의 文化硏究』 (1), 博文社.
權仁赫, 1982, 「朝鮮初期 貨幣流通硏究 -特히 太宗代 楮貨를 중심으로-」, 『歷史敎育』 32.
권인혁, 1991, 「저화」, 『한국민족문화대백과사전』 19, 한국정신문화연구원.
김갑주, 1973, 「원상제의 성립과 기능」, 『동국사학』 12.
김구진, 1995, 「여진과의 관계」 『한국사』 22.
金基烈, 1994, 「朝鮮 太宗의 忠義精神 高揚」, 『芝村金甲周敎授華甲紀念 史學論叢』.
金善坤, 1963, 「조선초기비빈고」, 『역사학보』 21.
金成俊, 1962, 「太宗朝의 外戚除去에 대하여」, 『歷史學報』 17 · 18.
金成俊, 1964, 「종친부고」, 『사학연구』 18.
김송희, 1998, 『조선초기 당상관 겸직제연구』, 한양대학교출판부.
金煐泰, 1988, 「朝鮮 太宗朝의 佛事와 斥佛」, 『(단국대)東洋學』 18.
金元龍, 1954, 『한국고활자개요』, 을류문화사.
金在瑾, 1980, 『조선왕조군선연구』, 일조각.

金泰永, 1971, 「조선초기 祀典의 성립에 대하여」, 『역사학보』 58.
김태영, 1994, 「토지제도」, 『한국사』 24.
김태영 외, 1995, 『한국사』 26 조선초기의 문화 1, 국사편찬위원회.
南智大, 1993, 「朝鮮時代 中央政治制度硏究」(서울대학교 박사학위논문).
노도양, 1991, 「세종실록지리지」, 『한국민족문화대백과사전』12, 한국정신문화연구원.
文炯萬, 1990, 「河崙의 勢力基盤과 그 家系」, 『李佑成博士 停年退職記念 史學論叢』.
閔賢九, 1983, 『朝鮮初期의 軍事制度와 政治』, 韓國硏究院.
朴廣成, 1962, 「조선초기의 의창제도에 대하여」, 『사총』 7.
박병호, 1995, 「경국대전의 편찬과 계승」, 『한국사』 22.
朴龍雲, 1990, 「고려시대 과거의 고시체계에 대한 검토」, 『고려시대 음서제와 과거제연구』, 일지사.
박용운, 1990, 「고려시대의 과거」, 위 책.
박원호, 1995, 「명과의 관계」, 『한국사』 22, 국사편찬위원회.
방동인, 1995, 「압록강 중상류 방면 영토개척」, 『한국사』 22.
방동인, 1995, 「두만강 하류방면 영토개척」, 위책.
申碩浩, 1959, 「조선왕조개창당시의 대명관계」, 『국사상의 제문제』 1.
원유한, 1994, 「무역」, 『한국사』 24.
劉璟娥, 1996, 「鄭夢周의 정치활동연구」(이화여자대학교 박사학위논문).
柳昌圭, 1992, 「太宗代 軍事指揮體系의 變化와 執權層의 葛藤」, 『水邨朴永錫敎授 華甲紀念史學論叢』.
尹炳奭, 1962, 「所謂 趙思義亂에 對하여」, 『西洋史論』 3.
李光麟, 1955, 「호패고」, 『백낙준박사환갑기념국학논총』.
이광린, 1961, 「선초의 사부학당」, 『역사학보』 16.
이광린, 1965, 「양잠경험촬요」, 『역사학보』 28.
李能和, 1949, 「여말선초의 화폐제도」, 『진단학보』 16.

李東熙, 1991, 「朝鮮 太宗代 承政院의 政治的 役割」, 『歷史學報』 132.
李相佰, 1949, 『이조건국의 연구』, 을류문화사.
이상백, 1954, 「서얼금고시말」, 『동방학지』 1.
이상백, 1978, 「정도전론」, 『이상백저작집』 1, 을류문화사.
李成茂, 1967, 「선초의 성균관연구」, 『역사학보』 35·36합집.
이성무, 1994, 「관학」, 『한국사』 23.
이성무, 1994, 『개정증보 한국의 과거제도』, 집문당.
李樹健, 1969, 「朝鮮 太宗朝에 있어서 對奴婢 施策」, 『大丘史學』 1.
이수건, 1971, 「조선초기의 군현제정비에 대하여」, 『영남사학』 1.
이수건, 1989, 『朝鮮時代 地方行政史』, 民音社.
이수건 외, 1994, 『한국사』 25 조선초기의 사회와 신분구조, 국사편찬위원회.
李英淑, 1982, 「朝鮮初期 內命婦에 대하여」, 『역사학보』 96.
李胤錫, 1992, 1993, 1994), 『완역 용비어천가』 상, 중, 하, 효성여자대학교(현 대구카톨릭대학교) 전통문화연구소.
李載龒, 1964, 「奉足에 대하여」, 『역사연구』 2.
이재룡 외, 1994, 『한국사』 24 조선초기의 경제구조, 국사편찬위원회.
李存熙, 1990, 『朝鮮時代 地方行政制度研究』, 一志社.
이존희 외, 1994, 『한국사』 23 조선초기의 정치구조, 국사편찬위원회.
李鉉淙, 1964, 『朝鮮前期 對日交涉史研究』, 한국연구원.
李喜寬, 1988, 「朝鮮朝 太宗의 執權과 그 王權의 性格」, 『歷史學報』 120.
장병인, 1978, 「조선초기의 관찰사」, 『한국사론』 4.
全相運 외, 1996, 『한국사』 27 조선초기의 문화 2, 국사편찬위원회.
鄭杜熙, 1983, 『조선초기 정치지배세력연구』, 일조각.
정두희, 1993, 「朝鮮初期 黃喜의 政治的 役割」, 『吉玄益教授 停年紀念 史學論叢』.
車文燮, 1959, 「선초의 갑사에 대하여」, 『사총』 4·5합집.

차문섭, 1964, 「선초의 내금위에 대하여」, 『사학연구』 18.
차문섭, 1973, 『朝鮮初期 軍制硏究』, 단국대학교 출판부.
차문섭, 1994, 「군비의 확충」, 『한국사』 23.
채연석, 1991, 「최무선」, 『한국민족문화대백과선권』 권22.
千寬宇, 1962, 「조선초기 오위의 형성」, 『역사학보』 17·18합호.
천관우, 1979, 『근세조선사연구』, 일조각.
崔先惠, 1995, 「朝鮮初期 太宗代 藝文館의 設置와 그 歷史的 意義」, 『震檀學報』 80.
崔承熙, 1968, 「집현전연구」 하, 『역사학보』 33.
최승희, 1976, 『朝鮮初期 言官·言論硏究』, 서울대학교출판부.
최승희, 1987, 「朝鮮太祖의 王權과 政治運營」,『震檀學報』64 .
최승희 외, 1995, 『한국사』 22 조선왕조의 성립과 대외관계, 국사편찬위원회.
최승희, 2002, 『조선초기 정치사연구』, 지식산업사.
최승희, 1990, 『太宗末 世子廢立事件의 政治史的 意義」, 『李載龒博士 還曆紀念 韓國史學論叢』.
최승희, 1991, 「太宗朝의 王權과 政治運營」, 『國史館論叢』 30.
崔完基, 1975, 「조선초기 조운시고」, 『백산학보』 20.
하우봉, 1995, 「유구와의 관계」, 『한국사』 22.
하우봉, 1995, 「일본과의 관계」, 위 책
韓永愚, 1969, 「여말선초의 한량과 그 지위」, 『한국사연구』 4.
한영우, 1969, 「太宗·世宗朝의 對私田施策」, 『韓國史硏究』 3.
한영우, 1983, 『朝鮮前期 社會經濟硏究』, 을류문화사.
韓㳓劤, 1956, 「신문고의 설치와 그 實際的 機能에 대하여」, 『李丙燾博士華甲記念論叢』.
한우근, 1957, 「여말선초의 불교정책」, 『서울대학교논문집』 9.
한우근, 1961, 「여말선초의 순군연구」, 『진단학보』 22.
한우근, 1966, 「훈관검교고」, 『진단학보』 29·30합집.

한우근, 1976, 「조선왕조초기에 있어서의 유교이념실천과 신앙·종교」, 『한국사론』 3.
韓忠熙, 1980, 1981), 「조선초기 의정부연구」 상, 하, 『한국사연구』 31, 32 .
한충희, 1982, 「朝鮮初期 六曹硏究 - 制度의 確立과 實際機能을 중심으로 -」, 『대구사학』 20·21합.
한충희, 1983, 「朝鮮初期 六曹屬衙門의 行政體系에 대하여」, 『韓國學論集』 10.
한충희, 1985, 「朝鮮初期 判吏·兵曹事硏究」, 『韓國學論集』 11.
한충희, 1987, 「조선초기 승정원연구」, 『한국사연구』 59.
한충희, 1991, 「태종」, 『한국민족문화백과대사전』 23, 한국정신문화연구원.
한충희, 1991, 「호패」, 위 책.
한충희, 1995, 「왕권의 재확립과 제도의 완성」, 『한국사』 22.
한충희, 1995, 「朝鮮 世祖代(1455 ~ 1468) 宗親硏究」, 『한국학논집』 22.
한충희, 1995, 「조선초기 음서의 실제와 역할 - 추요직 역임자와 거족출신 사관자를 중심으로 -」, 『한국사연구』 91.
한충희, 1996, 「朝鮮初期 儀賓硏究」, 『조선사연구』 5
한충희, 1994, 「조선초태조 2년 ~ 태종 1년) 의흥삼군부연구」, 『계명사학』 5.
한충희, 1998, 『朝鮮初期 六曹와 統治體系』, 계명대학교출판부.
한충희, 1998, 「潛邸期(1367 ~ 1400) 太宗硏究」, 『대구사학』 56.
한충희, 1999, 「上王期(세종즉위, 1418 ~ 세종4, 1422) 太宗硏究」, 『대구사학』 58.
한충희, 2000, 「朝鮮 太宗代(정종 2년 ~ 세종 4년) 摠制硏究」, 『이수건교수 정년기념 한국중세사논총』, 논총간행위원회.
한충희, 2001, 「太宗王權의 政治的 基盤硏究」, 『대구사학』 63.
한충희, 2001, 「조선초기 육조속아문연구 1 - 官員의 性分·官歷과

官職의 地位를 중심으로 -」, 『조선사연구』 10.

한충희, 2001, 「朝鮮初期 六曹屬衙門硏究 2 - 官職의 整備를 중심으로 -」, 『계명사학』 12.

한충희, 2001, 「중앙 정치 기구의 정비」, 『세종문화사대계』 3, 세종대왕기념사업회

한충희, 2001, 「중앙 관부의 구성과 기능」, 『세종문화사대계』 3, 세종대왕기념사업회.

한충희, 2003, 「경암 허조와 세종대의 정치 및 문화」, 『경암허조연구』, 하양허씨 종진회.

한충희, 2004, 「조선초기 도제와 군현제 정비연구」, 『계명사학 15.』

한충희, 2006, 『조선초기 정치제도와 정치』, 계명대학교출판부.

한충희, 2011, 『조선전기9정종 2년 ~ 선조 24년) 의정부와 정치』, 계명대학교출판부.

한충희, 2011, 「조선 중·후기 군현의 변천과 국방·지방통치」, 『인문학연구』 45.

허흥식, 1992, 「고려시대 부처형태와 그 변천」, 『역사학회편 한국친족가족제도사연구』, 일조각.

한국정신문화연구원, 2004, 『한국사연표』, 동방미디어(주).

말송보화, 1954, 「조선의정부고」, 『조선학보』 9(일본).

유정지덕, 1961, 「이조보충군고」, 『조선학보』 21·22합집(일본).

찾아보기

Abstract : Historical status of King Taejong (太宗)

Taejong (1367-1422, r. 1400-1418) the third king of the Joseon Dynasty in Korea and the father of King Sejong the Great(世宗大王), did not take the throne until the eighth year of the Joseon Dynasty, although he had already wielded much of the power in the kingdom since its founding in 1392 and even earlier. Among his father King Taejo(太祖)'s eight sons, he ultimately appears to have been the most able leader. His ascension to the throne was marred by bloody fighting with his brothers; however, he proved an able monarch, and worked hard to establish a strong administrative structure for the young dynasty during his 18 years on the throne.

In the beginning of Taejong's reign, the Grand King Former, Taejo, refused to relinquish the royal seal that signified the legitimacy of any king's rule. Taejong began to initiate policies he believed would prove his qualification to rule for enforcing king's power. One of his first acts as king was to abolish the privilege enjoyed by the upper echelons of government and the aristocracy to maintain private armies. His revoking of such rights to field independent forces effectively severed their ability to muster large-scale revolts, and drastically increased the number of men employed in the national military. Taejong's next act as king was to revise the existing legislation concerning the taxation of land ownership and the recording of state of subjects. With the discovery of previously hidden land, national income increased twofold.

In addition, he created a strong central government and an absolute monarchy. In 1399, Taejong had played an influential role in scrapping the Dopyeong Assembly(都評議使司), a council of the old government administration that held a monopoly in court power during the waning years of the Goryeo Dynasty, in favor of the State Council of Joseon, a new branch of central administration that revolved around the king and his edicts such as Ha ryun(河崙), Cho young-mu(趙英茂), Lee Suk-bun(李叔蕃), Park eun(朴訔) and Hwang hee(黃喜).

Taejong and his queen, Wongyung(元敬王后) had three princes, King Sejong, four princess, 12 princes by concubine and 17 princeses by concubine. They had 50 grandsons and 10 granddaughters comprising King Munjong(文宗) and King Sejo(世祖).

After passing the subject documentation and taxation legislation, King Taejong issued a new decree in which all decisions passed by the State Council could only come into effect with the approval of the king. This ended the custom of court ministers and advisors making decisions through debate and negotiations amongst themselves, and thus brought the royal power to new heights. Shortly thereafter, Taejong installed an office, known as the Sinmun Office(申聞鼓), to hear cases in which aggrieved subjects felt that they had been exploited or treated unjustly by government officials or aristocrats.

From the administrative headquarters, still in Kaeseong(開城), King Taejong set to work on continuing the reforms begun by his father. He organized a seven-member board of counselors, called a Uijongbu(議政府), and established Six boards(六曹) under the Uijongbu. Each of the boards answered to a member of Uijongbu, and the Uijongbu, in turn, answered to the King, establishing a strong central government. The country was divided into Eight provinces(八道).

Taejong promoted Confucianism, which was more like political philosophy than religion; thus demoting Buddhism(佛教) from the favored status it had enjoyed under the Goryeo kings. He ordered many Buddhist temples closed, redistributed the land they possessed, and seized their treasures for the national treasury. Other developments during King Taejong's reign included the introduction for paper money(楮貨) in Korea, made from mulberry bark, and important advances in printing technology, which meant that Korea could print and export books to Japan, and also made it possible to quickly produce large numbers of Confucian(儒教) texts to accelerate the study of Confucianism.